A formação da leitura no Brasil

MARISA LAJOLO
REGINA ZILBERMAN

A formação da leitura no Brasil

Edição revista pelas autoras

editora
unesp

Direitos de publicação reservados à:
Fundação Editora da Unesp (FEU)
Praça da Sé, 108
01001-900 – São Paulo – SP
Tel.: (0xx11) 3242-7171
Fax: (0xx11) 3242-7172
www.editoraunesp.com.br
www.livrariaunesp.com.br
atendimento.editora@unesp.br

Dados Internacionais de Catalogação na Publicação (CIP) de acordo com ISBD
Elaborado por Vagner Rodolfo da Silva – CRB-8/9410

L191f

Lajolo, Marisa
A formação da leitura no Brasil / Marisa Lajolo, Regina Zilberman. – ed. rev. – São Paulo: Editora Unesp, 2019.

Inclui bibliografia.
ISBN: 978-85-393-0819-4

1. Leitura. 2. Leitor. 3. Livros. 4. Brasil. I. Zilberman, Regina. II. Título.

2019-1949 CDD 028
CDU 028

Editora afiliada:

Asociación de Editoriales Universitarias de América Latina y el Caribe

Associação Brasileira de Editoras Universitárias

O nome do quarto [demônio] é Tenemu; foi ele que revelou aos filhos dos homens [...] todos os segredos da falsa sabedoria. E ensinou-lhes a escrita, e mostrou-lhes o uso da tinta e do papel. Foi também por sua causa que se multiplicaram aqueles que se perderam em sua vã sabedoria, desde o começo do mundo até este dia. Pois os homens não foram criados para consignar sua crença no papel através da tinta. Foram criados para imitar a justiça e a pureza dos anjos.

Livro de Enoch[1]

1 O livro de Enoch, p.108-10.

Dedico este livro à memória de minha mãe,
Guilhermina Levin,
leitora superlativa.

Regina Zilberman

As autoras agradecem o apoio que receberam das seguintes agências e instituições: Acordo Capes-Cofecub, Biblioteca Nacional, Conselho Nacional de Desenvolvimento Científico e Tecnológico (CNPq), Faep-Unicamp, Fapergs, Fapesp, Fundação Vitae e John Carter Brown Library.
E a colaboração de Antônio Dimas, Fernanda Daudt Kokot, João Roberto Faria, José Mindlin, Júlio Petersen, Márcia Abreu, Maria Isabel Daudt Giulian, Sergius Gonzaga e Thanira Pillar Chayub.

Sumário

Revisitando *A formação da leitura no Brasil* . *13*

Declaração de princípio . *17*

1. A construção do leitor . *23*
   - O leitor, esse desconhecido . 23
   - O brasileiro, um leitor em formação . 29
   - Leitores malcomportados . 37
   - O leitor aprendiz . 49
   - Diálogo de um só. Diálogo? . 56
   - Parceiros, enfim . 63

2. Direitos e esquerdos autorais . *81*
   - Musa industrial . 81
   - O escritor brasileiro, sem eira nem beira . 85
   - O caminho das pedras . 92
   - Fissuras em vez das finesses . 102
   - As letras inadimplentes . 110
   - Profissionalização à vista . 117
   - As letras remuneradas . 128
   - O dinheiro vem chegando . 138
   - O mercado das letras . 149

3. Livros didáticos, escolas, leitura . *159*
Livro didático, matéria da literatura . 159
Uma colônia sem imprensa. E sem livros . 161
Um reino unido sem escolas . 171
Um país independente. Ainda sem escolas . 181
A flor do Lácio nos jardins do império . 196
Uma república ainda sem livros nem leitores . 207
A formação de professores . 219
A escola na literatura . 226
Livros, livros a mancheias... . 234
Os livros que vinham de longe . 245
Os livros que aqui gorjeiam... . 260
A literatura na escola . 272
Leituras clandestinas . 292

4. A leitora no banco dos réus . *317*
Inventando a leitora . 318
As frágeis leitoras brasileiras . 321
Fantasiando a leitora . 332
Em cena, a professora . 346
A leitora, como ela foi . 355
Leitura sob tutela . 363
Mestras de leitura . 376
Leitoras do povo . 392

5. Fechando o livro . *407*

Quadro: Remuneração do trabalho intelectual no Brasil (1820-1930) . *413*

Referências bibliográficas . *451*

Revisitando A formação da leitura no Brasil

A primeira edição deste livro, de 1996, veio na esteira de duas outras obras nossas, *Literatura infantil brasileira: história e histórias* (1984) e *A leitura rarefeita* (1991). Na primeira delas, a presença do leitor se manifesta desde o título, uma vez que nele se anuncia seu tema e assunto – a literatura infantil, gênero literário definido a partir de seu destinatário. O título da segunda obra, *A leitura rarefeita*, ao informar que se debruça e discute a eventual precariedade das práticas leitoras ao longo da história brasileira, também traz para a cena – ainda que não explicitamente nomeada – a figura do leitor, sujeito da leitura.

Se, pois, a figura do leitor era central em trabalhos anteriores, é neste *A formação da leitura no Brasil* que sua presença se faz mais visível. Inspirada, desde o título, na lição de Antonio Candido que discute, a partir de 1959, a noção de sistema literário, ao qual o leitor comparece, em igualdade de condições, ao lado do autor e da obra, esta *Formação da leitura no Brasil* busca expandir um dos prismas do triângulo que o crítico propôs como vetor metodológico.

Nos idos de 1950, década da produção do livro de Antonio Candido, invocar o público leitor como um elemento tão relevante quanto obra e autor para compreender não apenas a atuação da literatura na sociedade, mas também sua historicidade, foi inovador e inquietante. Tanto que sua proposta foi rejeitada por uns e desconsiderada por outros, até que em

1965 o próprio Candido retoma a proposta em *Literatura e sociedade* (1965), sobretudo nos capítulos "A literatura e a vida social", "Estímulos da criação literária" e "O escritor e o público", alguns anos depois do aparecimento da primeira edição de *Formação da literatura brasileira*. E, ainda assim, os estudos historiográficos continuaram a ser praticados desde o enfoque do autor e seu produto, independentemente de sua circulação numa determinada época e de sua destinação a uma audiência específica e concreta.

A emergência e a expansão do Estruturalismo na passagem da década de 1960 para a seguinte em nada ajudaram, no que diz respeito a pesquisas historiográficas, menos ainda no que se refere à valorização do público leitor como agenciador da natureza social da literatura em suas distintas expressões.

Mas a força com que os estudos de origem linguística desaguaram nos estudos literários não impediu que vertentes diferenciadas das Ciências Humanas trouxessem para o palco novos figurantes, como o sujeito e o inconsciente, o dialogismo e o hibridismo, subalternos e empoderados. Dessa leva de novidades constava o leitor, não como uma personagem uniforme e homogênea, mas enquanto uma identidade que abrigava questões diversas, podendo responder pelo nome de recebedor, apresentando-se como cliente de cultura elevada, popular ou de massa, ou dissolvendo-se no conceito de público.

Para os pós-estruturalistas, o leitor era o destinatário; para os sociólogos, o consumidor; para os historiadores, público.

E para os estudiosos da literatura?

Adotassem eles a Estética da Recepção, o leitor correspondia ao horizonte de respostas possíveis com o qual interagiam as obras, corroborando-o ou transgredindo-o. Para os seguidores dos paradigmas da Fenomenologia ou das teses do efeito, o leitor era o sujeito capaz de preencher os vazios de que se compunha um texto e de converter o objeto artístico em objeto estético. Para os que inseriam elementos da psicanálise nas teorias da leitura, o leitor era o indivíduo que buscava no texto a realização de um desejo ou reconhecia nele as carências de que se constituía sua personalidade.

Nessas acepções, e em algumas outras não mencionadas aqui, era o leitor – em qualquer um de seus formatos – que adentrava a cena da literatura, reivindicando protagonismo e reacendendo a chama que animara a *Formação da literatura brasileira*.

Foi o que procuramos fazer com esta outra *Formação*. Ela nasceu precedida por *A leitura rarefeita*, cujo escopo inclui representações da leitura em livros-chave da tradição brasileira, destacando seus percalços no âmbito da produção e da difusão. A *Formação da leitura no Brasil* não desmente a irmã mais velha, mas busca introduzir novos atores com o fito de evidenciar a extensão do palco em que a literatura opera.

E, tomando como ponto de partida, para a representação do sistema literário, o triângulo proposto por Antonio Candido, cujos vértices são ocupados respectivamente pelos autores, pelas obras e pelo público, escolhemos examinar a mediação entre eles. Por isso, neste livro, estão presentes instituições, eventos, tecnologias e legislação que articulam os autores a suas obras, as obras a seus leitores, e estes aos autores.

Assim, para além da representação da leitura e do leitor nas obras brasileiras dos séculos XIX e XX, propõe-se uma reflexão sobre o papel do aparelho escolar no âmbito da criação e veiculação da literatura, e a identificação dos processos de remuneração do intelectual, com suas idas e vindas, avanços e recuos ao longo de duzentos anos de história. Por último, e não menos importante, introduz-se um leitor e um ator no feminino, pois é assim que a percepção da arte originária das mulheres é observada – ainda pelo viés da margem, pois, passado quase um quarto de século desde a primeira edição deste livro, os estudos de gênero continuam a se realizar pela via da contramão e, se não for exagero, da contravenção.

Talvez apenas mais de duas décadas depois de sua produção e lançamento tenhamos sido capazes de nomear a filiação deste livro, que procura levar adiante a lição da *Formação* de Antonio Candido. Filiação que – se correta – nos honra. Cabe aos leitores julgar se obtivemos sucesso nesse percurso.

Declaração de princípio

> *Não será tempo de escrever uma história literária perspectivada a partir das condições de produção específicas e suas transformações? E não seria também tempo de levar em conta as condições em que a literatura é lida e divulgada – uma história literária dos leitores e editores, e não apenas de autores e das obras?*
>
> Viktor Zmegac[1]

Esta é uma história cujas principais personagens são José de Alencar, Machado de Assis, Raul Pompeia, Mário de Andrade, Graciliano Ramos, Clarice Lispector, citadas em quase todos os capítulos e coadjuvadas por Tomás Antônio Gonzaga, Manuel Antônio de Almeida, Joaquim Manuel de Macedo, Visconde de Taunay, Adolfo Caminha, Coelho Neto, Olavo Bilac, Graça Aranha, Lima Barreto, Monteiro Lobato, Carlos Drummond de Andrade, Murilo Mendes, Erico Verissimo, José Lins do Rego, Jorge Amado, Mario Quintana, Cora Coralina, Rubem Fonseca e muitos mais.

Tais estrelas compartilham o enredo com nomes não tão conhecidos ou, pelo menos, não tão frequentes nos estudos literários, como pintores (Jean-Baptiste Debret e Edouard Manet), educadores (Maria Graham),

1 Zmegac, A história literária como problema. In: Barrento, *História literária: Problemas e perspectivas*, p.102.

jornalistas (Charles Ribeyrolles e Carl von Koseritz), missionários (Daniel Kidder e Robert Walsh), cientistas (Carl Friedrich Philipp von Martius, Johann Baptist von Spix e Louis Agassiz) e até comerciantes (John Luccock e Charles Expilly).

Ainda menos habituais em enredos assim são outros figurantes dessa história, os pedagogos e professores aqui encabeçados pelo mais conhecido deles, Abílio César Borges, o barão de Macaúbas.

A narrativa de que participam tantos astros, estrelas e satélites tem um centro, apresentado, todavia, sob uma faceta diversa, como se o relato tivesse de se partir para contar uma mesma história: a da paulatina e dificultosa formação do leitor brasileiro, processo por hipótese inconcluso. Como esse leitor assume várias máscaras – a da mulher, a do estudante, a do próprio escritor –, privilegiaram-se as diferentes identidades, tentando evitar a globalização desfiguradora das alteridades.

Eis a razão da forma poliédrica do texto, que, em sua constituição, contudo, indica seu ponto de fuga, o leitor. Este é protagonista dessa história; sua identidade, contudo, é escorregadia.

A Teoria da Literatura ainda não chegou, e provavelmente nunca chegará, a um consenso no que respeita essa solerte figura, o que é, contudo, uma vantagem: pode ser examinada como público, na perspectiva sociológica; como destinatário, conforme quer a Teoria da Comunicação; ou tal como a desenha o escritor, criatura igualmente fictícia com quem um narrador dialoga e a quem procura influenciar. Em qualquer uma dessas figurações, porém, o leitor é personagem da modernidade, produto da sociedade burguesa e capitalista, livre dos laços de dependência da aristocracia feudal e do estreitamento corporativista das ligas medievais.

Vários fatores, menos ou mais, antes ou depois, criaram o espaço social necessário para transformar certo número de pessoas associadas a determinadas práticas sociais em leitores: o individualismo da sociedade burguesa, a visão de mundo antropocêntrica estimulada pela Renascença e difundida pela filosofia humanista, o progresso tecnológico que facultou o desenvolvimento da imprensa, a expansão da escola e do pensamento pedagógico apoiado na alfabetização, o fortalecimento de instituições culturais como a universidade, as bibliotecas, as academias de escritores.

Disso resultaram duas noções: de um lado, a noção de público, massa coletiva e anônima que, não obstante o anonimato, pode ter vontade própria e direção definida, incidindo em linhas de ação que a literatura, em parte ou no todo, acata ou não; de outro, a noção de leitor, indivíduo habilitado à leitura, com preferências demarcadas, figura que o escritor busca seduzir, lançando mão de técnicas e artifícios contabilizados pela crítica e história da literatura.

Mesmo sendo presença suficientemente poderosa para influenciar os mecanismos literários, o leitor não se mostra uma figura unidimensional nem unidirecional. E exatamente o que é fugidio em sua história desdobra-se nos ângulos diferenciados que o tema foi assumindo ao longo do tempo. Por essa razão, a narrativa da história que aqui se tece é às vezes circular, tendo sido necessário repetir informações, citações e referências bibliográficas, procedimento que conferiu autonomia aos capítulos, muito embora, reunidos estes, recomponha-se a constelação de ideias do estudo inteiro.

Um desses ângulos tem a ver com a questão inicial: se o leitor nasce com a sociedade moderna, a história da leitura narra as condições em que, ao longo do tempo, se dá o processo de seu nascimento, desenvolvimento e emancipação. Da tutela inicial exercida sobre mulheres, crianças e escritores emerge sua liberação, produto do esforço na direção da ruptura, que tomará, também nesse caso, figurações diversas, representadas dentro e fora da literatura.

Em sua aparência fragmentada, *A formação da leitura no Brasil* procura respeitar a diversidade dos modos de rompimento, acompanhando o ritmo dos avanços, desdobramentos e retrocessos.

A emancipação do leitor encena, de certo modo, o processo de libertação de que se originou a sociedade moderna. Nesse sentido, narrar a formação da leitura no Brasil significa também narrar, sob esse viés, a história da modernização de nossa sociedade. Essa história que parece não ter um final feliz sinaliza que também a outra história, a do leitor, não termina bem.

Será?

Em uma obra anterior, *A leitura rarefeita*,[2] apontamos como é repetidamente inconclusa a trajetória do país rumo à modernização, vale dizer, rumo à

2 Lajolo; Zilberman, *A leitura rarefeita*.

efetiva revolução burguesa, como a definiu Florestan Fernandes.[3] No ângulo discutido no livro de agora, conquanto dispondo de outras personagens, a conclusão não pode ser outra, porque o país é o mesmo.

Há, todavia, um vencedor nessa história. Como sempre, vence o protagonista, que é também o herói desse enredo: o leitor.

Não que a leitura seja uma prática sólida no Brasil; nem que as instituições culturais e pedagógicas encarregadas de sua difusão tenham consistência ou estejam a salvo das críticas que, desde o século XIX, a elas são dirigidas. Desde a separação de Portugal, reclama-se (e com razão) uma atuação mais positiva e competente do Estado, no sentido de melhorar a educação e a cultura do país; nada indica que hoje essas reivindicações tenham perdido legitimidade e razão de ser.

Mesmo assim, o leitor é vitorioso.

O reconhecimento de sua força não se apoia exclusivamente na constatação do fato de que, de um modo ou de outro, a literatura e seus numes tutelares, sejam pessoas ou instituições, devam se render às necessidades de seus leitores, responder a seus apelos, orientar-se conforme suas aspirações. Decorre também da circunstância de que as instâncias encarregadas de pensar a literatura – a Teoria da Literatura, a Crítica Literária e a História da Literatura – precisam incluir a ótica do leitor. O Desconstrutivismo, a Literatura Comparada, a Estética da Recepção, a Teoria da Tradução, a Análise do Discurso – eis algumas das tendências que, minando a autoridade do texto e a soberania do autor, reconhecem que da perspectiva do público e do leitor também se constrói a história da literatura e calibra-se a reflexão sobre a criação literária.

E se fosse o leitor o diretor de cena, a quem se dobram personagens, escritores e demais figurantes do sistema literário?

Para se chegar à narrativa desse processo de liberação, foi preciso recorrer a textos literários e não literários, pois que todos eles escreviam o enredo que se desejava contar. Porém, também nesse caso procurou-se liberar o texto, e junto com ele o pesquisador, de outras amarras, as que vinculam a literatura a um campo específico, o da estética e/ou da literariedade, que

---

3 Fernandes, *A revolução burguesa no Brasil: Ensaio de interpretação sociológica.*

neutraliza – ou diminui bastante – sua atuação social e capacidade de representação e diálogo.

É em nome desse diálogo e dessas crenças que este livro foi feito. Talvez não por acaso ele tenha várias personagens e duas autoras. Que o escreveram a quatro mãos, todas femininas.

1
A construção do leitor

> *O povo brasileiro – não é sem mágoa que o dizemos –, posto que deva desempenhar em período talvez não muito remoto papel importante no teatro do mundo, não está ainda preparado para consumir o livro, substancial alimento das organizações viris e fortemente caracterizadas. Faltam-lhe as condições de gosto, instrução, meios, saudável direção de espírito, sem as quais não se pode cumprir a livre obrigação que equipara o artesão ao capitalista, o operário ao literato, o pobre ao milionário – a de comprar, ler e entender verdades ou ideias coligidas em um volume, cuja leitura demanda largo fôlego e cujo estudo requer tempo de que o povo em geral não dispõe.*
>
> Revista Brasileira[1]

O leitor, esse desconhecido

Quem é o leitor?

Se não podemos escrever a biografia do leitor, temos condições de narrar sua história, que começou com a expansão da imprensa e desenvolveu-se graças à ampliação do mercado do livro, à difusão da escola, à alfabetização

1 *Revista Brasileira*, n.1, p.5, 1879.

em massa das populações urbanas, à valorização da família e da privacidade doméstica, e a emergência da ideia de lazer. Ser leitor, papel que, enquanto pessoa física, exercemos, é função social, para a qual se canalizam ações individuais, esforços coletivos e necessidades econômicas.

A história do leitor principiou na Europa, aproximadamente, no século XVIII, quando convergiram fatores que vinham tendo desdobramento autônomo. Nessa época, a impressão de obras escritas deixou de ser um trabalho quase artesanal, exercido por hábeis tipógrafos e gerenciado pelo Estado, que, por meio de alvarás e decretos, facultava ou não o aparecimento dos livros. Tornou-se uma atividade empresarial, executada em moldes capitalistas, dirigida para o lucro e dependente de uma tecnologia que custava cada vez menos e rendia cada vez mais.[2]

Esse objetivo, no entanto, só começou a se realizar plenamente quando o negócio de livros passou a contar com uma clientela capaz de consumir o produto, isto é, pessoas que dominavam com a necessária desenvoltura a habilidade de ler, o que adveio do fortalecimento da escola e da obrigatoriedade do ensino. Todas as revoluções burguesas dos séculos XVIII e XIX, a começar pela paradigmática, a da França em 1789, tiveram, entre outras, estas metas: afastaram o Estado das operações econômicas, facilitando o comércio independente e o liberalismo financeiro, para envolvê-lo nos projetos sociais, predominantemente os relacionados à saúde e à educação. Com isso, o capital ficava livre para usar o mercado da maneira que lhe aprouvesse.

Para a leitura se expandir a ponto de se transformar em prática social, foi também necessária outra mudança: deu-se uma até então inédita e a partir daí permanente valorização da família. Até o século XVIII, predominavam, entre as elites, os grupos unidos por laços de parentesco, que, graças a matrimônios de conveniência, formavam alianças políticas poderosas; entre as classes baixas, prevaleciam as corporações profissionais, expediente a que

---

2 Febvre; Martin, *L'apparition du livre*; Labarre, *Histoire du livre*; Steinberg, *Five Hundred Years of Printing*. Para uma história social da leitura, veja Baumgärtner (org.), *Lesen: Ein Handbuch*; Dann (org.), *Lesegesellschaften und bürgerlische Emanzipation*; James (ed.), *Print and the People 1819-1851*; Schlieben-Lange (ed.), *Lesen: historisch*. A propósito da interferência do Estado, cf. Darnton, *The Literary Underground of the Old Regime*.

recorriam para se proteger da violência dos senhores feudais. Esse sistema se desfez depois do século XVII, quando se impôs o Absolutismo, fundado na soberania do Estado e corporificado na figura do monarca, e anularam-se as forças políticas adversárias, que impediam a centralização administrativa e desarticulavam a unidade nacional.

Esse modelo de Estado foi útil à burguesia enquanto ela precisou combater o feudalismo e a aristocracia, para quem o conceito de família confundia-se com os casamentos a ser negociados entre seus membros. As revoluções dos séculos XVIII e XIX foram demolindo o regime absolutista e substituindo-o pela democracia e o liberalismo, ao mesmo tempo que fortaleciam o padrão familiar resultante da ideologia burguesa ascendente.[3]

Como instituição, a família é imprescindível ao projeto burguês, por constituir ao mesmo tempo unidade e fragmento. Unidade porque apresenta laços internos sólidos, sustentados pela ideologia familista, que mitifica a maternidade, destaca o amor filial, invoca deveres entre pais e filhos, e sublinha o afeto entre seus membros; fragmento, por resultar da desagregação dos grandes grupos a que outrora se integrou.

A família é a miniatura da sociedade idealizada pela burguesia, pois contrapõe à força da ideologia que a sustenta a fragilidade de seu poder político. Seu âmbito de atuação é privado, ficando a esfera pública por conta e risco da economia de mercado. Sendo a privacidade o espaço que lhe é destinado, a família torna-se uma entidade política que se singulariza por sua despolitização.[4] Mas não deixa de constituir uma peça fundamental da sociedade moderna, pois a valorização da vida doméstica nasceu da desmontagem de outras forças capazes de desafiar o poder maior da burguesia e do tipo de Estado, despersonalizado e distante, por ela estabelecido. Por isso, ainda que não se confunda com uma camada social, com um partido ou com uma ideia, a família constrói e consolida a sociedade burguesa, organizando-a para aquém e para além das camadas sociais, partidos ou ideias.

---

3 Ariès, *História social da criança e da família*; Poster, *Teoria crítica da família*; Shorter, *The Making of the Modern Family*; Stone, *The Family, Sex and Marriage in England 1550-1800*.

4 Donzelot, *The Policing of Families*.

É no interior desse modelo moderno de família que se intensifica o gosto pela leitura, por consistir numa atividade adequada ao contexto de privacidade próprio à vida doméstica. De outro lado, o saber ler, principalmente para os grupos religiosos, entre os quais se contam acima de tudo os protestantes e reformistas, interessados no conhecimento e na difusão da *Bíblia*,[5] passou a ser considerado uma habilidade necessária à formação moral das pessoas. Atitude individual ou praxe coletiva, silenciosa ou em voz alta, a leitura do folhetim semanal ou das Sagradas Escrituras invade o lar burguês, integrando-se ao cotidiano familiar e passando a constar das representações imaginárias da classe média, traduzidas, por exemplo, por pinturas e fotografias que retratam a paz doméstica abrigada pelo livro.

A leitura fortalece-se e institucionaliza-se no avesso das práticas associadas aos modos tradicionais de narrar, de tipo oral, fundados na experiência vivida, de sentido comunitário e enraizados no meio rural, cujo desaparecimento Walter Benjamin lamenta.[6] Como se vê, não contradiz essas práticas, e sim as transporta para o meio urbano e para o universo domesticado da família burguesa. Não por acaso os primeiros livros de sucesso entre a infância europeia, iniciadores da literatura infantil, resultaram da apropriação dos contos populares que circulavam entre os homens do campo.[7]

Contudo, cabe lembrar que, em suas formas mais modernas, a propagação da leitura depende ainda de uma valorização positiva do lazer, já que os livros constituíram uma das primeiras manifestações baratas e acessíveis de entretenimento.

Tal como aconteceu à literatura infantil, a indústria do lazer descobriu seu material primitivo entre a população rural. Os primeiros exemplos provieram da literatura de cordel, molde para a fabricação do folhetim,

---

5 Altick, *The English Common Reader: A Social History of the Mass Reading Public 1800-1900*; Chartier, Du livre au lire. In: Chartier et al., *Pratiques de la lecture*; Jauss, Der Leser als Instanz einer neuen eschichte der Literatur, *Poetica*, v.7, p.325-44.

6 Benjamin, O narrador: Considerações sobre a obra de Nikolai Leskov. In: *Magia e técnica, arte e política: Ensaios sobre literatura e história da cultura*.

7 Richter; Merkel, *Märchen, Phantasie und soziales Leben*; Röhrich, *Märchen und Wirklichkeit*; Knoop, Die Verschriftlichung der Märchen durch die Brüder Grimm, *Zeitschrift für Literaturwissenschaft und Linguistik*, n.59, p.82-93.

gênero que se expandiu nos centros urbanos, graças à difusão do jornal, e que colaborou com a estruturação e o fortalecimento do romance.[8] Tornou-se, assim, o modelo das demais expressões da literatura de massa, até o momento em que o aparecimento de outros produtos, veiculados com mais propriedade pelos meios de comunicação, substituíram o livro e a leitura, satisfazendo as necessidades de fantasia e efabulação com outras linguagens, mais eficientes e diretas.

Se é certo que leitores sempre existiram em todas as sociedades nas quais a escrita se consolidou enquanto código, como se sabe a propósito dos gregos,[9] só existem o *leitor*, enquanto papel de materialidade histórica, e a *leitura*, enquanto prática coletiva, em sociedades de recorte burguês, onde se verifica no todo ou em parte uma economia capitalista. Esta se concretiza em empresas industriais, comerciais e financeiras, na vitalidade do mercado consumidor e na valorização da família, do trabalho e da educação.

É nessas condições que os leitores, cada vez mais numerosos, se transformaram em público consumidor de uma mercadoria muito específica. Esses leitores de carne e osso, dos quais se ocupam os censos e que sustentam o negócio dos livros, passíveis, portanto, de ser historicizados e estudados estatisticamente, têm sua contrapartida textual: o leitor empírico, destinatário virtual de toda criação literária, é também direta ou indiretamente introjetado na obra que a ele se dirige. Assim, nomeado ou anônimo, converte-se em texto, tomando a feição de um sujeito com o qual se estabelece um diálogo, latente mas necessário.[10]

Esse dublê do leitor de carne e osso, por hipótese, guarda com ele muitas semelhanças. Projeção do desejo do escritor, de suas memórias de leitura, da utopia de uma época ou reflexo de pesquisas de mercado, o leitor que o texto representa pode considerar-se, não sem razão, e com certeza sem

---

8 Schenda, *Die Lesestoffe der kleinen Leute*; Id., *Volk ohne Buch*; Chartier, Strategies éditoriales et lectures populaires, 1530-1660. In: Martin; Chartier, *Histoire de l'édition française*; Id., Livres bleues et lectures populaires, *Histoire de l'édition française*; Id., *Lecures et lecteurs dans la France d'Ancien Régime*.

9 Marrou, *História da educação na Antiguidade*; Harris, *Ancient Literacy*.

10 Iser, *The Implied Reader*; Id., *Der Akt des Lesens*; Rabinowics, *Before Reading*.

hipocrisia, irmão e semelhante do leitor empírico, óculos por sobre o nariz e olhos atentos a linhas e entrelinhas.

Assim sendo, não apenas porque consiste numa das primeiras manifestações da indústria do lazer, nem porque não perdeu a natureza pedagógica que a fez ser primeiramente patrocinada por grupos religiosos, a leitura apresenta particularidades concretizadas na conceituação do leitor. Este se configura como sujeito dotado de reações, desejos e vontades, a quem cabe seduzir e convencer. Todo escritor, voluntariamente ou não, se depara com essa instância da alteridade, procurando conquistá-la de um modo ou de outro. A forma como o faz sinaliza o tipo de comunicação que tem em vista e indica o modo como se posiciona diante da circulação de sua obra, vale dizer, da socialização de seu texto.

O tratamento dispensado ao leitor, que resulta na ficcionalização deste – forma de melhor gerenciar o que, por ficar aquém da página, fica além do alcance do escritor –, é um lugar privilegiado para o início do desenho de uma história social da leitura. Volker Roloff sintetiza a importância que têm a tematização da leitura e a formulação textual do leitor para a produção dessa história, pois, segundo aquele autor, "pode-se tomar como ponto de partida o fato de que os próprios autores" – devido à sua particular experiência de leitura e capacidade de representação – "detêm uma posição privilegiada para formular o problema 'leitura'"; também seus "textos literários podem ser vistos basicamente de modo mais ou menos explícito, como tematização da leitura". Assim sendo, completa Volker Roloff, "a história da leitura sempre pode aprender também com a análise de textos literários representativos como pontos de interseção nos quais se encontram ler e escrever".[11]

Torna-se, assim, a tematização da leitura um lugar privilegiado para a tessitura desta história, não só por representá-la ou questioná-la, mas sobretudo por tecê-la a partir da linguagem em que se criam tais leitores de papel e tinta.

11 Roloff, Von der Leserpsychologie des Fin de Siècle zum Lectüreroman: Zur Thematizierung der Lektüre bei Autoren der Jahrhundertwende. In: Schlieben-Lange (org.), *Lesen: historisch*.

O brasileiro, um leitor em formação

Se, na Europa, os livros publicados já no século XVII (ou até antes) textualizam o leitor,[12] sendo *Dom Quixote* (1605-1615), de Miguel de Cervantes, o exemplo mais notável, no Brasil, é só na ficção romântica que os esforços nessa direção mostram-se visíveis. Ainda que a poesia arcádica tenha reproduzido um sistema literário, como forma de mimetizar o modo de circulação de textos escritos, o resultado alcançado pelos autores revela o estreitamento dos canais de comunicação, reduzidos praticamente aos próprios artistas, eles mesmos criadores e leitores das obras que ali apareciam.[13]

Só por volta de 1840 o Brasil do Rio de Janeiro, sede da monarquia, passa a exibir alguns dos traços necessários para a formação e o fortalecimento de uma sociedade leitora: estavam presentes os mecanismos mínimos para a produção e circulação da literatura, como tipografias, livrarias e bibliotecas; a escolarização era precária, mas manifestava-se o movimento visando à melhoria do sistema; o capitalismo ensaiava seus primeiros passos graças à expansão da cafeicultura e dos interesses econômicos britânicos, que queriam um mercado cativo, mas em constante progresso.

Se os escritores talvez suspirassem por uma bem-vinda profissionalização, alguns deles, como Joaquim Manuel de Macedo, lutavam para seduzir o público e ainda consolidar o espaço para suas obras nascerem, crescerem e multiplicarem-se.

A forma como os autores e narradores do Romantismo brasileiro apresentam-se diante do leitor, nos livros de ficção, é sintomática dos cuidados tomados diante desse público incipiente. Manuel Antônio de Almeida, que, ao publicar, em 1852-3, *Memórias de um sargento de milícias* em folhetim, na imprensa carioca, é bem-sucedido, mas que, quando lança o texto em livro, em

---

12 Wutherow, *Im Buch die Bücher oder Der Held als Leser*. Essa obra examina a tematização da leitura e do leitor a partir de Dante, em *A divina comédia*, a quem se seguem Cervantes, Goethe, Flaubert, Huysmans, Jorge Luis Borges e Elias Canetti. Discute-se a questão do livro na Idade Média em Curtius, *Literatura europeia e Idade Média latina*; e Gellrich, *The Idea of the Book in the Middle Ages*. Veja também *Leser und Lesen im 18: Jahrhundert*.

13 Candido, *Formação da literatura brasileira*; Lajolo; Zilberman, *A leitura rarefeita*.

1854-1855, experimenta um notável fracasso, é representativo do empenho em tratar o leitor como um ser frágil e despreparado.[14]

Manuel Antônio de Almeida parece conduzir o leitor pela mão, como se o caminho a percorrer – vale dizer, a leitura autônoma da obra – fosse difícil. Atesta a ocorrência, em seu romance, de expressões como *vamos fazer o leitor tomar conhecimento*[15] ou *o leitor vai ver que o pobre homem era condescendente*,[16] que, chamando a atenção do destinatário para a continuidade do relato ou para a introdução nele de novos elementos, configuram um narrador que tutela seu leitor de modo paternalista, receoso de que a leitura, à menor dificuldade, seja posta de lado.

Leitor principiante, narrador permissivo e tolerante.

Recursos como a retomada de eventos apresentados em capítulos anteriores, estratégia escolhida para manter o leitor atento, também evidenciam a preocupação de Manuel Antônio de Almeida. Com tal objetivo, o narrador invoca o leitor na abertura no parágrafo, recapitula de modo sintético o lido e promete a continuação da história. Ou então explica o aparecimento de novas personagens:

> Os leitores estão lembrados do que o compadre dissera quando estava a fazer castelos no ar a respeito do afilhado e pensando em dar-lhe o mesmo ofício que exercia, isto é, daquele arranjei-me, cuja explicação prometemos dar. Vamos agora cumprir a promessa.[17]

> Os leitores terão talvez estranhado que em tudo quanto se tem passado em casa de família de Vidinha não tenhamos falado nesta última personagem; temo-lo feito de propósito, para dar assim a entender que em nada disso tem ele tomado parte alguma.[18]

Outra conduta narrativa bastante frequente, nessa primeira hora de formação do leitorado brasileiro, é simular reações do leitor e legitimá-las,

14 Possato, *O narratário em* Memórias de um sargento de milícias.

15 Almeida, *Memórias de um sargento de milícias*, p.37.

16 Ibid., p.12-3.

17 Ibid., p.40.

18 Ibid., p.188.

dando-lhe razão, sugerindo indiretamente sua competência e, às vezes, até mesmo sua superioridade. Indicativas dessa cortesia de salão são expressões que aludem ao fato de o leitor *já ter adivinhado* o que estaria acontecendo ou ser bastante *perspicaz* para compreender o que se passa e tirar conclusões próprias:

> Se o leitor pensou no que há pouco dissemos, isto é, que naquela família havia três primos e três primas, e se agora acrescentarmos que moravam todos juntos, deve ter cismado alguma coisa a respeito...[19]

> Quem tivesse alguma perspicácia conheceria, não com grande facilidade, que o major estava há muito tempo disposto a ceder, porém que queria fazer-se de rogado.[20]

No conjunto, tais técnicas funcionam como se o narrador estivesse a dizer que o *cliente tem sempre razão*, apostando nos procedimentos de sedução que tal concepção encerra. Num gesto em tudo semelhante, superestima o saber prévio do leitor, o que também acaba por conferir-lhe alguma superioridade: "Todos sabem o que é o império e por isso o não descrevemos".[21] "Ora, como sabem todos os que me leem, o Leonardo tinha abandonado Luizinha; ela aceitou portanto indiferentemente a proposta de sua tia."[22] Porém, ao mesmo tempo que lisonjeia seu leitor, reconhecendo-lhe os pré-requisitos necessários para a leitura, ao anunciar estratégias narrativas voltadas para sua preservação, parece encolher um pouco a competência anteriormente creditada a ele, atribuindo-lhe agora fôlego curto, ao qual facilmente cansa a repetição das informações: "para não cansar o leitor repetindo a história de mil travessuras de menino";[23] "Pouparemos aos leitores certos detalhes...".[24]

---

19 Ibid., p.147.
20 Ibid., p.218.
21 Ibid., p.96.
22 Ibid., p.167.
23 Ibid., p.55.
24 Ibid., p.191.

Tais e tantas estratégias, se não garantem ao narrador a fidelidade do leitor a um texto que se prolonga, sem dúvida estreitam a cumplicidade entre ambos: o leitor é uma figura para quem se conta *em segredo*[25] os acontecimentos da trama. Aparentemente a técnica, aplicada ao folhetim, deu certo; tanto é assim que é mantida no desenrolar do romance, reaparecendo mais adiante na obra de Machado de Assis.

A cumplicidade obtida por expedientes similares se faz presente num dos primeiros contos de Machado, "Questão de vaidade", de 1864, em que parece não haver limite para o esforço do narrador em estabelecer um clima de intimidade com o leitor. Com tal objetivo, constrói um cenário em que ambos compartilham um ambiente comum, íntimo e propício ao desfiar de histórias, ficcionais ou verídicas:

> Suponha o leitor que somos conhecidos velhos. Estamos ambos entre as quatro paredes de uma sala; o leitor assentado em uma cadeira com as pernas sobre a mesa, à moda americana, eu a fio comprido em uma rede do Pará que se balouça voluptuosamente, à moda brasileira, ambos enchendo o ar de leves e caprichosas fumaças, à moda de toda gente.
>
> Imagine mais que é noite. A janela aberta deixa entrar as brisas aromáticas do jardim, por entre cujos arbustos se descobre a lua surgindo em um límpido horizonte.
>
> Sobre a mesa ferve em aparelho próprio uma pouca de água para fazer uma tintura de chá. Não sei se o leitor adora como eu a deliciosa folha da Índia. Se não, pode mandar vir café e fazer com a mesma água a bebida de sua predileção.
>
> [...]
>
> Ora, como é noite, e como não hajam cuidados para nós, temos ambos percorrido toda a planície do passado, apanhando a folha do arbusto que secou ou a ruína do edifício que abateu.
>
> Do passado vamos ao presente, e as nossas mais íntimas confidências se trocam com aquela abundância de coração própria dos moços, dos namorados e dos poetas.

---

25 Ibid., p.42.

> Finalmente, nem o futuro nos escapa. Com o mágico pincel da imaginação traçamos e colorimos os quadros mais grandiosos, aos quais damos as cores de nossas esperanças e da nossa confiança.
>
> Suponha o leitor que temos feito tudo isto e que nos apercebemos de que, ao terminar a nossa viagem pelo tempo, é já meia-noite. Seriam horas de dormir se tivéssemos sono, mas cada qual de nós, avivado o espírito pela conversação, mais e mais deseja estar acordado.
>
> Então o leitor, que é perspicaz e apto para sofrer uma narrativa de princípio a fim, descobre que eu também me entrego aos contos e novelas, e pede que lhe forje alguma coisa do gênero.
>
> E eu para ir mais ao encontro dos desejos do leitor imaginoso, não lhe forjo nada, alinhavo alguns episódios de uma história que sei, história verdadeira, cheia de interesse e de vida. E para melhor convencer o meu leitor vou tirar de uma gaveta algumas cartas em papel amarelado, e antes de começar a narrativa, leio-as, para orientá-lo no que vou lhe contar.
>
> O leitor arranja as suas pernas, muda de charuto, e tira da algibeira um lenço para o caso de ser preciso derramar algumas lágrimas. E, feito isto, ouve as minhas cartas e a minha narrativa.
>
> Suponha o leitor tudo isto e tome as páginas que vai ler como uma conversa à noite, sem pretensão nem desejo de publicidade.[26]

Note-se que o leitor é qualificado de indivíduo *perspicaz e apto para sofrer uma narrativa de princípio a fim*. Com isso, parece estabelecer-se um tipo de familiaridade, que vai além daquela existente entre quem conta uma história e um ouvinte que se deseja atento. Trata-se agora de elevar o leitor, a partir da caracterização refinada e intelectual do ambiente e das atitudes, inscrevendo o interlocutor do narrador entre os membros da elite.

Dessa maneira, a descrição do cenário e a caracterização do leitor e do narrador patrocinam duas elevações: o primeiro é alçado acima da condição de destinatário simplório, como tinha sido o leitor de Manuel Antônio de Almeida, que requer atitudes paternalistas, explicações constantes e retrocessos no relato para lembrar acontecimentos passados; correlatamente,

---

26 Assis, Questão de vaidade. In: *Histórias românticas*, p.7-9.

o outro ultrapassa a posição de escriba que precisa dispensar permanente atenção a um interlocutor primaríssimo. As credenciais do narrador aqui o apresentam como homem sofisticado, frequentador assíduo das mais seletas rodas do segundo império brasileiro e com quem, *depois de contar esta história,* qualquer leitor sente-se honrado de poder "toma(r) a última gota de chá ou café, e deita(r) ao ar a última fumaça do charuto".[27]

Em *A mão e a luva*, romance de 1874 originalmente lançado como folhetim e obra de envergadura maior que um conto, Machado retoma essas técnicas, às quais associa algumas das práticas de Manuel Antônio de Almeida. No prefácio, simula modéstia, afirmando que espera agradar ao leitor e admitindo, complacente, que a leitura do livro só ocorra na falta de melhor alternativa: "O que aí vai são umas poucas páginas que o leitor esgotará de um trago, se elas lhe aguçarem a curiosidade ou se lhe sobrar alguma hora que absolutamente não possa empregar em outra coisa – mais bela ou mais útil".[28]

Na sequência desse jogo de salamaleques corteses, estabelece um diálogo com o leitor que coloca ambos no mesmo patamar, embora não disfarce o paternalismo com que trata o destinatário, atitude aparentemente justificada pela maturidade maior do narrador, que o texto sugere ser ligeiramente mais velho que o outro: "Os que escaparam daquelas guerras de alecrim e manjerona hão de sentir hoje, após dezoito anos, que despenderam excessivo entusiasmo em coisas que pediam repouso de espírito e lição de gosto".[29]

Assim como Manuel Antônio de Almeida, esse narrador machadiano não deixa de orquestrar antecipações e retrospectos: aquelas aguçam a curiosidade, e estes são imprescindíveis aos que se perderam no desenrolar da trama. No conjunto, constituem procedimentos que vão definindo os protocolos que regem a relação narrador/leitor, acabando por reuni-los num nós mais liberal:

> Suponho que o leitor estará curioso de saber quem era o feliz ou o infeliz mortal, de quem as duas trataram no diálogo que precede, se é que já não

---

27 Ibid., p.89-90.

28 Id., Advertência de 1874. In: *A mão e a luva*, p.7.

29 Id., *A mão e a luva*, p.27.

> suspeitou que esse era nem mais nem menos o sobrinho da baronesa – aquele moço que apenas de passagem lhe apontei nas escadas do Ginásio.[30]
>
> Mas em que pensava ele, se não era em Estêvão, nem nos autos, nem também, por agora, nas suas esperanças eleitorais? Paciência, leitor; sabê-lo-ás daqui a nada.[31]
>
> O noivo sorriu, mas nada lhe disse, e todavia podia dizer-lhe alguma coisa – aquilo, pelo menos, que o leitor lhe ouviu num dos capítulos anteriores.[32]
>
> Vamos nós com eles, escada acima, até a sala de visitas, onde Luís foi beijar a mão de sua mãe.[33]

Como se vê, o nós é escalonado: a cumplicidade, que em "Questão de vaidade" fazia narrador e ouvinte dividirem um espaço íntimo, em *A mão e a luva* se fortalece, beirando, por assim dizer, a promiscuidade, já que o primeiro tem prazer em lembrar ao segundo que, graças à sua posição privilegiada, ambos têm acesso a informações de outra maneira inalcançáveis, o que os torna confessos *voyeurs*:

> Estêvão, da distância e na posição em que se achava, não podia ver todas estas minúcias que aqui lhes aponto, em desempenho deste meu dever de contador de histórias.[34]
>
> Ninguém a observava; mas é privilégio do romancista e do leitor ver no rosto de uma personagem aquilo que as outras não veem ou não podem ver. No rosto de Guiomar podemos nós ler, não só o tédio que lhe causava aquela opinião unânime contra o projeto da baronesa, mas ainda a expressão de um gênio imperioso e voluntário.[35]

Recurso de sedução do leitor, o estabelecimento da cumplicidade corre por diferentes caminhos, desvelando, algumas vezes, sua natureza instru-

30 Ibid., p.87.
31 Ibid., p.145.
32 Ibid., p.236.
33 Ibid., p.12.
34 Ibid., p.37-8.
35 Ibid., p.154.

mental: veja-se quando o narrador chama a atenção para as virtudes do interlocutor, cujas inteligência e sensibilidade seguidamente celebra, o que transforma o leitor em pessoa arguta e capaz tanto de acompanhar os passos da intriga como de refletir sobre ela. Mas como, no decorrer da narrativa, nem todos os leitores que nela contracenam manifestam tal desenvoltura, o recurso desvela sua exemplaridade, isto é, a comparação entre o que é retratado e as expectativas antecipadas pelo livro funcionam como projeção do leitor idealizado pelo autor e, com grande probabilidade, modelo do comportamento esperado do leitor empírico:

> Não será preciso dizer a um leitor arguto e de boa vontade... Oh! sobretudo de boa vontade, porque é mister havê-la, e muita, para vir até aqui, e seguir até o fim, uma história, como esta, em que o autor mais se ocupa de desenhar um ou dois caracteres, e de expor alguns sentimentos humanos, que de outra qualquer coisa, porque outra coisa não se animaria a fazer; não será preciso declarar ao leitor, dizia eu, que toda aquela jovialidade de Guiomar eram punhais que se lhe cravavam no peito ao nosso Estêvão.[36]

> Um leitor perspicaz, como eu suponho que há de ser o leitor deste livro, dispensa que eu lhe conte os muitos planos que ele teceu, diversos e contraditórios, como é de razão em análogas situações.[37]

Outra dimensão da solidariedade da leitura é a que se desenha, não mais entre leitor e narrador, mas entre leitor e leitor, a partir da representação de situações de leitura domésticas e coletivas.

Mais de uma vez, em *A mão e a luva*, são retratadas cenas de leitura em grupo que, silenciosas ou em voz alta, contam sempre com uma plateia e com leitores interessados. Numa dessas situações, Guiomar e a governanta inglesa contratada pela baronesa, a rica madrinha da protagonista, leem em silêncio obras de suas respectivas preferências, como John Milton e Walter Scott, autores entre os quais oscila o gosto de Mrs. Oswald.

---

36 Ibid., p.106.
37 Ibid., p.138.

Tal familiaridade com clássicos europeus sem dúvida qualifica as personagens femininas, às voltas com livros, que muitas vezes são intermediários que legitimam, nas discussões e expectativas que provocam, negaceios e volutas de jogos amorosos, cuja manifestação explícita é socialmente condenada. É o que se passa em outra cena do mesmo livro, na qual Jorge, sobrinho da baronesa e candidato à mão de Guiomar, lê, em voz alta, para as senhoras da casa, um romance da moda.

Mas nem sempre o leitor construído é um leitor exemplar. Na composição da personagem Estêvão, estouvado e preterido apaixonado de Guiomar, *A mão e a luva* registra descaminhos da leitura.

Leitores malcomportados

Já no início do romance Estêvão é apresentado como leitor de *Werther*, romance de Goethe que, segundo a tradição romântica, tanto prejuízo causou à juventude da época, gerando uma onda de suicídios e infortúnios.[38] É essa obra que o bacharel cita, quando confessa ao amigo Luís Alves sua paixão sem futuro. No transcurso da cena, Alves recomenda a terapia de outras leituras: que cure seus males "em cima dos compêndios; direito romano e

---

38 Dos efeitos provocados pelo romance de J. W. Goethe é representativo o trecho retirado de um texto de J. M. Pereira da Silva, ficcionista e crítico romântico, parceiro de Gonçalves de Magalhães na redação da revista *Niterói*. O "Devaneio de 1838", denominado "Uma paixão de artista", conta a história de Egídio, enamorado pela jovem e bela Fortunata, mas ignorado pela moça. Sabedor de que ela está em vias de casar, o moço desespera-se. O narrador conta: "Apenas reganhou o seu domicílio, atirou-se sobre o leito, e dormiu um largo sono até as quatro horas da tarde. Quis, acordando, que lhe dessem o volume de *Werther*. Opus-me. Sabia quanto mal produzira a composição entusiástica e fogosa de Goethe, particularmente em cabeças ainda juvenis, ou enfraquecidas pelo sofrimento, como estava a de Egídio. Tomei a responsabilidade da recusa, e tratei de sossegá-lo, chegando-me para o leito". Silva, Uma paixão de artista: Devaneio de 1838. In: *Variedades literárias*, p.177. Para Brito Broca, esse devaneio, segundo o crítico, típico gênero pré-romântico, foi inspirado diretamente pelo *Werther*. Cf. Broca, Antes de *A moreninha*, *Românticos, pré-românticos, ultrarromânticos: Vida literária e Romantismo brasileiro*.

filosofia, não conheço remédio melhor para tais achaques;[39] mas Estêvão reincide, ao abrir uma página de *Werther*; onde leu meia dúzia de linhas, e o acesso voltou mais forte que nunca".[40]

Estêvão parece corresponder ao estereótipo do leitor formado pela estética romântica, leitor que é principalmente poeta, o que se confirma em várias outras passagens da obra; a que o introduz apresenta-o como alguém que escrevia versos, publicados nos jornais acadêmicos, "todos repassados do mais puro byronismo, moda muito do tempo", nos quais "confessava o rapaz à cidade e ao mundo a profunda incredulidade do seu espírito, e o seu fastio puramente literário".[41]

A caricatura de Estêvão completa-se em sua descrição enquanto um estudante muito pouco prático:

> Posto fizesse boa figura na academia, mais prezava do que amava a ciência do direito. Suas preferências intelectuais dividiam-se, ou antes abrangiam a política e a literatura, e ainda assim, a política só lhe acenava com o que podia haver de literário nela. Tinha leitura de uma e outra coisa, mas leitura veloz e à flor das páginas. Estêvão não compreenderia nunca este axioma de lorde Macaulay – que mais aproveita digerir uma lauda que devorar um volume.[42]

Embora caricato, Estêvão não contradiz o tipo de leitor estudado por Brito Broca, que observa nos românticos "leitura [...] muitas vezes apressada, e até *de lombada*".[43] Também o que ele escreve indicia uma personalidade volúvel, cujas ideias "flutuavam no espírito, sem se fixarem nunca, indo e vindo, alçando-se ou descendo, conforme a recente leitura ou a atual disposição do espírito".[44] Suas relações com o mundo e com a sociedade

---

39 Assis, op. cit., p.17.

40 Ibid., p.19.

41 Ibid., p.28.

42 Ibid., p.29.

43 Broca, O que liam os românticos. In: *Românticos, pré-românticos, ultrarromânticos: Vida literária e Romantismo brasileiro*, p.100, grifo do autor.

44 Assis, op. cit., p.29-30.

são mediadas por essas mesmas leituras, nas quais prevalece a perspectiva romântica, como se vê nesse trecho em que ele caracteriza Guiomar:

> O jovem bacharel, para não perder o sestro dos primeiros tempos, avocava todas as suas reminiscências literárias; a desconhecida foi sucessivamente comparada a um serafim de Klopstock, a uma fada de Shakespeare, a tudo quanto na memória dele havia mais aéreo, transparente, ideal.[45]

Ser leitor romântico, no caso de Estêvão, equivale a ser um mau leitor, isto é, ser incapaz de estabelecer a necessária distância entre o lido e o vivido. Tradicionalmente, na obra machadiana, personagens de tal feitio são vencidas ao largo da trama, o que efetivamente acontece com Estêvão, em tudo oposto ao pragmático Luís Alves, cujas leituras não ultrapassam os livros técnicos exigidos pela profissão, mas que lhe asseguram a conquista de Guiomar e a eleição para um cargo político, prova de futuro garantido.

Decididamente não são *estêvãos* os destinatários que o narrador machadiano tem em vista, nem nesta, nem em nenhuma de suas outras obras. Com interlocutores de semelhante estatura intelectual não é possível manter o diálogo que a ficção de Machado pretende entabular com os leitores.

Provavelmente limitado pelas expectativas românticas vigentes ao tempo em que escreveu e publicou *A mão e a luva*, expectativas reforçadas por ter a obra sido inicialmente lançada sob a forma de folhetim, Machado parece estar querendo criar certo padrão de leitura e de leitor que não se deixa consumir pela febre romântica. Desse modelo, Estêvão – espécie de Álvares de Azevedo que não deu certo, pois os versos são maus, e o autor sobrevive ao insucesso sentimental – é a caricatura. Talvez por isso narrador e leitor, já colocados num patamar social elevado no conto "Questão de vaidade", manifestam em *A mão e a luva* um grau intelectual ainda superior. Ambos se aliam na sátira a Estêvão e não por acaso o narrador se qualifica de "Plutarco desta dama ilustre",[46] alusão cujo sentido irônico somente o leitor informado, arguto e perspicaz – vale dizer, um leitor *não estêvão* – perceberia.

---

45 Ibid., p.38.
46 Ibid., p.174.

É entre esses dois sujeitos que a comunicação se instala, é a esse tipo de consumidor mais sofisticado que o narrador, maduro e experiente, se dirige, deixando de lado os leitores românticos que, homens ou mulheres, são seguidamente matéria de crítica por parte de Machado. Se Estêvão representa o gênero masculino, ninguém melhor que Elvira para exemplificar os efeitos deletérios de leituras perniciosas na cabeça de mocinhas casadouras.

"Pálida Elvira", poema publicado em 1870 em *Falenas*, constitui-se de 97 estrofes de oitava rima.[47] Nele, um escritor, misto de poeta e pesquisador de manuscritos antigos, apresenta a história de Elvira, moça que, com o tio, "o velho Antero",[48] habita uma casa, "junto à encosta de um outeiro",[49] à beira de um lago. O poema é narrativo e, ao longo de seus versos, conta o romance da moça com Heitor, poeta que aparece em casa de Antero, promete casar com a sobrinha, seduz a jovem e foge. Depois de muito vagar pelo mundo, Heitor retorna, para descobrir que Elvira falecera, mas lhe deixara um filho. Desconsolado, o rapaz atira-se às águas do lago e morre.

A última estrofe, logo depois de referir o suicídio de Heitor, é interrompida, sob a alegação de que o manuscrito, fonte de informações do narrador, termina abruptamente:

> *Pouco tempo depois ouviu-se um grito,*
> *Som de um corpo nas águas resvalado;*
> *À flor das vagas veio um corpo aflito.*
> *Depois... o sol tranquilo e o mar calado.*
> *Depois... Aqui termina o manuscrito,*
> *Que ora em letra de fôrma é publicado,*
> *Nestas estrofes pálidas e mansas.*
> *Para te divertir de outras lembranças.*[50]

---

47 Assis, Pálida Elvira, *Falenas*. In: *Poesias*. O poema foi publicado originalmente em 1869, no *Jornal das Famílias*, revista patrocinada pela Editora Garnier.

48 Ibid., p.184.

49 Ibid., p.181.

50 Ibid., p.212.

Essa estrofe encerra um longo diálogo iniciado no primeiro verso e que se sustenta durante as 776 linhas do poema. Lançando mão de recursos já mencionados a propósito de sua ficção, o narrador se dirige à "leitora amiga" e inscreve-a num cenário crepuscular, "quando [...] no ocidente/ surge a tarde esmaiada e pensativa e vem apontando a noite, e a *casta diva/* [sobe] lentamente pelo espaço",[51] condição ideal para a leitora compreender Elvira, protagonista da narrativa versificada. Sendo essa uma "hora de amor e de tristeza", a leitora pode "voar às lúcidas esferas", e então entender Elvira,

> *Que assentada à janela, erguendo o rosto,*
> *O voo solta à alma que delira*
> *E mergulha no azul de um céu de agosto;*
> *Entenderás então por que suspira,*
> *Vítima já de um íntimo desgosto,*
> *A meiga virgem, pálida e calada,*
> *Sonhadora, ansiosa e namorada.*[52]

O último verso do poema encerra o diálogo encetado no primeiro; mas, ao mesmo tempo, altera-lhe o sentido, rebaixando a solidariedade leitora/ Elvira, aparentemente aprovada e mesmo incentivada na abertura do texto, quando invoca a "leitora amiga" que, diante da natureza sugestiva, divaga e alça-se a voos poéticos. Afinal, as "lúcidas esferas" mencionadas na segunda estrofe pareciam afiançar a identificação da leitora com Elvira, condição primeira para o acompanhamento e consumo da história subsequente, apresentada pelo narrador cordial. Este, porém, ao final, substitui a cordialidade pelo enfado, ao exprimir o desejo de meramente distrair o leitor, vale dizer, a leitora, afastando-a de outras lembranças. Reconhece ter composto um texto escapista, que, se faz voar, como fazem a leitora e Elvira, também as retira do contato com a realidade imediata, talvez menos desejável, porém mais dura.

51 Ibid., p.180, grifo do autor.
52 Ibid., p.181.

Eis a contradição aparente do poema de Machado de Assis, contradição que parece nascer da manutenção, nesse texto, do diálogo entre o narrador e o leitor, já verificado nas narrativas, como o citado "Questão de vaidade". Ambos partem de uma situação inicial análoga, em que narrador e leitor partilham uma relação igualitária, pré-requisito para a audição da história. Além disso, em ambos, o leitor está no ambiente apropriado para a apreensão da narrativa, o que se soma ao privilégio de ser equiparado ao narrador. Em "Questão de vaidade", contudo, não há o movimento de desconstrução do tom assinalado do poema e tampouco o conto se encerra pela ruptura indicada a propósito de "Pálida Elvira".

No conto, depois de concluir a história, anuncia o narrador à guisa de fechamento:

> CONCLUSÃO
>
> Depois de contar esta história, o leitor e eu tomamos a nossa última gota de chá ou café, e deitamos ao ar a nossa última fumaça do charuto.
>
> Vem rompendo a aurora e esta vista desfaz as ideias, porventura melancólicas, que a minha narrativa tenha feito nascer.[53]

Uma primeira razão para a ruptura observada a propósito do poema diz respeito ao gênero: enquanto o narrador de "Questão de vaidade" faz o relato para um ouvinte masculino, o de "Pálida Elvira" escreve para uma "leitora amiga". É, pois, no bojo da relação masculino/feminino que se vai aos poucos desconstruindo a igualdade com a leitora e estabelecendo mediações que crescentemente distanciam o narrador da destinatária do texto, trazendo para este uma divisão de papéis sexuais: leitores homens e leitoras mulheres comportam-se de modo diferente.

E a leitura conforme o modelo feminino não parece aconselhável.

A leitora feminina, a quem se dirige o narrador, é capaz de entender Elvira. Mas, ao contrário do leitor "perspicaz e apto" de "Questão de vaidade", que, junto com o narrador, analisa personagens e situações relatadas, a leitora de "Pálida Elvira" só pode entender a protagonista por se identificar com

---

53 Assis, op. cit., p.89-90.

ela, vivendo a situação de leitura pelo lado emocional. Essa concepção de leitura emocionalmente envolvida reproduz-se na Elvira-personagem, também leitora, e leitora de Lamartine, poeta que amou uma Elvira e escreveu os versos de "Le lac", por sua vez inspirador dos sentimentos manifestados pela heroína do poema de Machado de Assis:[54]

> *Sobre uma mesa havia um livro aberto;*
> *Lamartine, o cantor aéreo e vago,*
> *Que enche de amor um coração deserto;*
> *Tinha-o lido; era a página do Lago.*
> *Amava-o; tinha-o sempre ali bem perto,*
> *Era-lhe o anjo bom, o deus, o orago;*
> *Chorava aos cantos da divina lira...*
> *É que o grande poeta amava Elvira!*[55]

A trajetória posterior da Elvira machadiana é determinada por esta circunstância: admiradora de Lamartine, e influenciada por essa admiração, apaixona-se por um poeta, o jovem Heitor que rouba seu coração, uma vez que a leitura predileta da moça a predispusera a esse sentimento:

> *Elvira! o mesmo nome! a moça os lia,*
> *Com lágrimas de amor, os versos santos,*
> *Aquela eterna e lânguida harmonia*
> *Formada com suspiros e com prantos;*
> *Quanto escutava a musa da elegia*
> *Cantar de Elvira os mágicos encantos,*
> *Entrava-lhe a voar a alma inquieta,*
> *E com o amor sonhava de um poeta.*
> *Ai, o amor de um poeta! amor subido!*

54 No mesmo ano de 1869, quando o poema de Machado de Assis foi publicado pela primeira vez, foi lançada a tradução de "O lago", na coletânea *Lamartinianas*, organizada por A. J. de Macedo Soares.

55 Assis, op. cit., p.182.

Indelével, puríssimo, exaltado,
Amor eternamente convencido,
Que vai além de um túmulo fechado,
E que através dos séculos ouvido,
O nome leva do objeto amado,
Que faz de Laura um culto, e tem por sorte
Negra foice quebrar nas mãos da morte.[56]

A identificação com o lido é a atitude que pauta a leitura de Elvira, criando-lhe expectativas para o futuro e fazendo-a entender o mundo e as pessoas a partir dos livros. E outra não é a atitude da leitora de Machado: também dela, desde a abertura do poema, espera-se que compreenda o desenrolar da história de Elvira desde suas experiências pessoais, as quais facultariam – pela identificação – a aproximação entre protagonista e leitora. E mais: o poema insinua que, sem uma tal aprendizagem literária, não há como se decifrarem os acontecimentos. Machado, fazendo largo uso do diálogo com outros mestres de amores – as estrofes a seguir são, por exemplo, ricas em ecos camonianos –, inscreve o amor à primeira vista de Elvira por Heitor nessa matriz desaconselhada de uma educação sentimental pela literatura:

E trava-lhe da mão, e brandamente
Leva-o junto d'Elvira. A moça estava
Encostada à janela, e a esquiva mente
Pela extensão dos ares lhe vagava.
Voltou-se distraída, e de repente,
Mal nos olhos de Heitor o olhar fitava,
Sentiu... Inútil fora relatá-lo;
Julgue-o quem não puder exp'rimentá-lo.
[...]
Entra a leitora numa sala cheia;

56 Ibid., p.183.

Vai isenta, vai livre de cuidado:
Na cabeça gentil nenhuma ideia,
Nenhum amor no coração fechado.
Livre como a andorinha que volteia
E corre loucamente o ar azulado.
Venham dois olhos, dois, que a alma buscava.
Eras senhora? ficarás escrava![57]

Tanto a leitora de Machado, interlocutora do poema "Pálida Elvira", quanto a leitora de Lamartine, a Elvira do poema, não estabelecem o devido distanciamento entre o lido e o vivido. Eis por que o narrador prefere o desencanto irônico do verso final do poema, tônica da ruptura de que se fala, providência totalmente dispensável no mundo dos homens, onde o leitor masculino, por agir de modo diferente em relação ao texto, não corre riscos.

O mundo da leitura encenado por "Pálida Elvira", entretanto, não é só feminino.

Ainda o frequentam leitores masculinos, que, de sua parte, também atuam nos dois planos construídos pelo poema: tanto no do diálogo entre o narrador e seus destinatários como no das personagens, elas também leitoras. Esses leitores no masculino, no entanto, não são genéricos, como a "leitora amiga", e sim profissionais da leitura, vale dizer, homens de letras que dominavam as regras da poética e podiam criticar sua aplicação:

Não me censure o crítico exigente
O ser pálida a moça; é meu costume
Obedecer à lei de toda a gente
Que uma obra compõe de algum volume.[58]
[...] *Perdão, leitores,*
Eu bem sei que é preceito dominante
Não misturar comidas com amores;[59]

---

57 Ibid., p.189-90.
58 Ibid., p.182.
59 Ibid., p.185.

O mesmo se passa no âmbito da história narrada: Antero, tio de Elvira, em casa de quem vive a moça e aonde chega o jovem Heitor, é sem dúvida leitor sério e desapaixonado, dedicado ao conhecimento dos clássicos:

> *Erudito e filósofo profundo,*
> *Que sabia de cor o velho Homero,*
> *E compunha os anais do Novo Mundo;*
> *Que escrevera uma vida de Severo,*
> *Obra de grande tomo e de alto fundo;*
> *Que resumia em si a Grécia e Lácio,*
> *E num salão falava como Horácio;*[60]

Mas Antero avalia igualmente a literatura de seu tempo, dizendo a Heitor que "um bom poeta é hoje quase um mito",[61] juízo que desqualifica a produção artística contemporânea a Machado, por tabela os próprios versos que estão sendo apresentados ao leitor. Supõe-se, por isso, que o leitor-*homem sisudo* rejeite obras como a que o narrador lhe oferece agora:

> [...] *Neste lance*
> *Se o meu leitor é já homem sisudo,*
> *Fecha tranquilamente o meu romance,*
> *Que não serve a recreio nem a estudo;*[62]

Homens sisudos, críticos exigentes, eruditos não são leitores de "Pálida Elvira", obra para mulheres jovens, por hipótese fúteis, pouco rigorosas e nada cultivadas. Aqueles senhores aproximam-se do texto por força da profissão ou curiosidade, mas logo se afastam dele porque a obra não corresponde às suas expectativas. Não serve para o estudo e tampouco tem a densidade dos clássicos, requisitos ambos da leitura masculina e desnecessários na feminina, ao fim e ao cabo desqualificada pelo narrador,

60 Ibid., p.184.
61 Ibid., p.189.
62 Ibid., p.183.

mas à qual ele não pode escapar. Daí talvez a a última das mediações presentes, a ironia, que deixa a "leitora amiga" fora do campo das pretensões do narrador.

A ironia recorta o poema no uso recorrente da linguagem empolada do ultrarromantismo, no excesso de exclamações e na presença de personagens estereotipadas, como a virgem pálida, o sedutor leviano e depois arrependido, o tio severo porém acolhedor. A ironia aumenta de intensidade, quando o narrador desconstrói as regras de composição de narrativas sentimentais que, em princípio, constituem a matriz de sua história. Diferentes procedimentos realizam essa tarefa, como o fato de o narrador contestar o significado de metáforas e clichês do Romantismo:

> [...] *Eu não vi, nem sei se algum amante*
> *Vive de orvalho ou pétalas de flores;*
> *Namorados estômagos consomem;*
> *Comem Romeus, e Julietas comem.*[63]

Também fator de ironia é a informação de que o texto segue a norma da poética do gênero apenas para desmascará-la, como na cena em que, logo depois de ter aureolado o poeta Heitor, comenta:

> *Demais, era poeta. Era-o. Trazia*
> *Naquele olhar não sei que luz estranha*
> *Que indicava um aluno da poesia.*
> *Um morador da clássica montanha,*
> *Um cidadão da terra da harmonia,*
> [...].
> *Um poeta! e de noite! e de capote!*
> *Que é isso, amigo autor? Leitor amigo,*
> *Imagina que estás num camarote*
> *Vendo passar em cena um drama antigo.*
> *Sem lança não conheço D. Quixote*

63 Ibid., p.185.

Sem espada é apócrifo um Rodrigo;
Herói que às regras clássicas escapa,
Pode não ser herói, mas traz a capa.[64]

No mesmo sentido, funciona a observação de que o narrador precisa autocontrolar-se, para não perder a atenção do leitor, sinal de que domina plenamente a matéria ficcional:

Resumamos, leitora, a narrativa.
Tanta estrofe a cantar etéreas chamas
Pede compensação, musa insensiva,
Que fatigais sem pena o ouvido às damas.
Demais, é regra certa e positiva
Que muitas vezes as maiores famas
Perde-as uma ambição de tagarela;
Musa, aprende a lição; musa, cautela![65]

Todos esses são indícios de que o escritor conhece as regras do fazer literário e de que pode articulá-las e desarticulá-las à vontade, para melhor cumprir os objetivos de sua escrita. Ao mesmo tempo, submissão à norma e infração dela revelam que, embora ele represente, dentro e fora do relato, leitores possíveis, não espera que o leitor implícito necessariamente se identifique com esses modelos.

Com efeito, nem a "leitora amiga" nem o "homem sisudo" parecem se situar no horizonte das expectativas de leitura de "Pálida Elvira".

Da primeira o narrador se despede antes de a história terminar, porque, quando isso acontece, ele já tem outro sujeito leitor em mente; do segundo o narrador espera o abandono, pois, como o "romance [...] não serve a recreio nem a estudo, o *homem sisudo* condena tudo;/ Abre um volume sério, farto e enorme,/ Algumas folhas lê, boceja... e dorme".[66] "Pálida Elvira"

64 Ibid., p.188.
65 Ibid., p.198.
66 Ibid., p.183.

não se dirige, pois, nem a um nem a outra, e sim àquele que, conhecendo as regras do gênero ultrarromântico sentimental e de aventuras, não mais acredita nelas, podendo então se distanciar o suficiente para se divertir com os efeitos obtidos por quem as critica e desconstrói.

Com isso, Machado rejeita igualmente o tipo de leitura que serve de base ao comportamento da "leitora amiga" e de Elvira: a leitura desejável não pode ocorrer a partir da identificação, mas, pelo contrário, deve favorecer o distanciamento que diverte e conscientiza. Leituras daquela natureza são virtualmente condenáveis, e não é para leitores dessa espécie que Machado deseja escrever. Mas, como também não pode evitar os leitores que têm à disposição, sintetizados na "leitora amiga", no "homem sisudo" e no "crítico exigente", representa-os retocados, ao sugerir que quem o lê – seja quem for – não segue esse caminho, estando, pelo contrário, na trilha desejada pelo escritor. A identificação é substituída pela pedagogia, e o leitor converte-se no bom aluno que vai acompanhar as pegadas designadas pelo mestre de leitura.

O leitor aprendiz

Quincas Borba, romance de 1891 do mesmo Machado, marca outra etapa dessa aprendizagem que, também aqui, consiste em modular, de uma forma determinada, a cumplicidade entre narrador e leitor. Este agora é introduzido na intimidade do texto e das personagens, sendo-lhe atribuída, nesse exercício de *voyeurismo*, uma perspicácia não poucas vezes igual ou superior a do narrador que aparentemente se desdobra em lisonjas a seu leitor, com o qual ele compartilha um nós igualitário: "Vem comigo, leitor; vamos vê-lo, meses antes, à cabeceira de Quincas Borba";[67] "Quando o testamento foi aberto, Rubião quase caiu para trás. Adivinhais por quê."[68] "Mas já são muitas ideias – são ideias demais; em todo caso são ideias de cachorro, poeira de ideias – menos ainda que poeira, explicará o leitor. [...]"; "Quando acorda,

67 Assis, *Quincas Borba*, p.10.

68 Ibid., p.31.

esqueceu o mal; tem em si uma expressão, que não digo seja melancolia, para não agravar o leitor".[69]

Quando é preciso contradizer a opinião do leitor, o narrador emprega toda a diplomacia de que é capaz:

> Tudo esperava o outro, menos isto. Daí o espanto em que se dissolveu a cólera; daí também uma sombrinha de pesar, que é o que o leitor menos espera.[70]

> No capítulo X deste livro ficou escrito que os remorsos deste homem eram fáceis, mas de pouca dura; faltou explicar a natureza das ações que os podiam fazer curtos ou compridos.[71]

Consciente de que a atenção do leitor é fugaz, o narrador machadiano, à semelhança de Manuel Antônio de Almeida, mas sem a paciência desse, a cada recapitulação, dá-se ao trabalho de indicar com precisão a ocorrência anterior de fato similar na narrativa: "Sofia estava magnífica. Trajava de azul escuro, mui decotada – pelas razões ditas no Capítulo XXXV"; "os braços nus, cheios, com uns tons de ouro [...]".[72] "A filha estava ainda qual a deixamos no Capítulo XLIII, com a diferença que os quarenta anos vieram".[73] "Carlos Maria, Teófilo... Outros nomes relampejavam no céu naquela possibilidade, como ficou expresso no Capítulo CLIV."[74]

Nem sempre, contudo, o narrador age de boa vontade; a necessidade de ter repetidamente de remeter o leitor à passagem do livro em que se encontra tal ou qual informação deixa-o impertinente, como revelam, neste trecho, o emprego da abreviaturas e a redação telegráfica: "Restavam ainda algumas daquelas que o Palha confessou à mulher, na noite de Santa Teresa, cap. L".[75] Na economia que representam, verifica-se a paciência narrativa

69 Ibid., p.52.
70 Ibid., p.114.
71 Ibid., p.115.
72 Ibid., p.149.
73 Ibid., p.167.
74 Ibid., p.325.
75 Ibid., p.272.

reduzida, mantida apenas pelo respeito às aparências; afinal, a cumplicidade é condição para a história ser narrada.

Assim, ainda que enfraquecida, a cumplicidade instaurada desde o início do romance continua beneficiando a leitora, em relação à qual o narrador demonstra compreensão e de quem espera tolerância:

> Perdoem-lhe esse riso. Bem sei que o desassossego, a noite mal passada, o terror da opinião, tudo contrasta com esse riso inoportuno. Mas, leitora amada, talvez a senhora nunca visse cair um carteiro. [...] Senhora minha, com certeza nunca viu cair um carteiro.[76]

Mesmo assim ressoa, na voz do narrador, o tom paternalista e de homem maduro, indivíduo compreensivo face à imaturidade alheia, a qual pode acarretar um julgamento equivocado das personagens:

> E Sofia? interroga impaciente a leitora, tal qual Orgon: *Et Tartuffe?* Aí, amiga minha, a resposta é naturalmente a mesma; também ela comia bem, dormia largo e fofo – coisas que, aliás, não impedem que uma pessoa ame, quando quer amar. Se esta última reflexão é o motivo secreto da vossa pergunta, deixai que vos diga que sois muito indiscreta, e que eu não me quero senão com dissimulados.[77]

Fatores estruturais também podem responsabilizar-se pelo empenho inesperado em obter a cumplicidade do leitor, sobretudo quando o narrador precisa dissimular problemas no argumento do romance. É o que ocorre num dado momento da narrativa, quando Rubião suspeita que sua bem-amada Sofia, esposa de Palha, mantém encontros com o pernóstico Carlos Maria, numa casa na rua da Harmonia. Quem provoca a desconfiança é um cocheiro que comenta a possibilidade de um *rendez-vous* clandestino naquele local, acobertado pela costureira proprietária da residência.

---

76 Ibid., p.111.
77 Ibid., p.285.

Ao público fiel a Machado de Assis, a cena lembra de imediato um episódio similar de *Memórias póstumas de Brás Cubas*, obra de 1880, expectativa legítima, já que nas primeiras páginas o narrador sugere lidar com o mesmo leitor.[78] Mas a associação de ambas as obras tem consequências narrativas instigantes e nem sempre favoráveis: faria com que, para o leitor dos dois livros, *Quincas Borba* ficasse reduzido à condição de variação sobre um mesmo tema, apresentado agora sob o ângulo do amante-que-não-foi, espécie de anti-Brás Cubas, papel que cai como uma luva ao matuto Rubião, enriquecido por uma herança inesperada e logo dilapidada em maus negócios.

Assim, a suspeita de Rubião (e também do leitor) precisava, a partir de certo ponto, transformar-se, de forma indiscutível, em mero mal-entendido, o que, ao mesmo tempo, evitava as semelhanças com o romance anterior e mantinha o adultério de Sofia apenas virtual, o que equivalia a uma frustração a mais, no contexto do livro. É, pois, talvez, para despistar o leitor neste (mal resolvido?) labirinto narrativo que o narrador dedica a seguir um capítulo inteiro a explicações pouco ou nada convincentes sobre o engano cometido não por ele, narrador, mas pelo leitor, com quem estabelece um diálogo não mais cordial nem tampouco simétrico:

> [...] ou, mais propriamente, capítulo em que o leitor, desorientado, não pode combinar as tristezas de Sofia com a anedota do cocheiro. E pergunta confuso:
>
> – Então a entrevista da rua da Harmonia, Sofia, Carlos Maria, esse chocalho de rimas sonoras e delinquentes é tudo calúnia? Calúnia do leitor e do Rubião, não do pobre cocheiro, que não proferiu nomes, não chegou sequer a contar uma anedota verdadeira. É o que terias visto, se lesses com pausa. Sim, desgraçado, adverte bem que era inverossímil que um homem, indo a uma aventura daquelas, fizesse parar o tílburi diante da casa pactuada. [...]
>
> – Bem; o cocheiro não soube compor. Mas que interesse tinha em inventar a anedota?[79]

---

78 "Este Quincas Borba, se acaso me fizeste o favor de ler as *Memórias póstumas de Brás Cubas*, é aquele mesmo náufrago da existência que ali aparece, mendigo, herdeiro inopinado, e inventor de uma filosofia. Aqui o tens agora em Barbacena." Ibid., p.11.

79 Ibid., p.218.

A cumplicidade narrador/leitor fica aqui comprometida; mas o leitor, se erra em interpretar maliciosamente o comportamento de Sofia, não erra sozinho: fazer julgamentos errados parece ser uma tendência das personagens secundárias do romance, várias das quais têm sérias dúvidas quanto ao fato de a fidelidade conjugal de Sofia se manter incólume ao longo de toda a narrativa. É o que pensa primeiro o major Siqueira, que flagra a conversa no jardim de Rubião com Sofia, e é também o que julga o dr. Falcão, médico que tenta curar a loucura do protagonista.

Julgamentos equivocados são desmentidos apenas pelo narrador que, ao usar e abusar da onisciência, torna o leitor testemunha privilegiada. Privilégio, no entanto, que depende sempre do gesto tutelar do narrador, já que o leitor, deixado a seu próprio critério, toma inevitavelmente o bonde errado; cabe àquele, pois, corrigi-lo, direcionando-o para a conclusão correta. A desigualdade da interlocução vai, assim, se impondo de forma sutil, embora ainda coexista com continuadas, mas cada vez menos convincentes, deferências do narrador que sempre se coloca em posição superior, de intérprete indiscutível da história.

Esse narrador superior a tudo e a todos parece contagiado da megalomania que terá na loucura de Rubião sua manifestação mais exacerbada. Megalomania e onipotência, ainda quando desejo irrealizado, são talvez os traços mais assustadores de *Quincas Borba*, pela violência com que se manifestam, e sobretudo porque nem sempre são atitudes condenadas. Seu desfecho é, com frequência, positivo.

Interiorano e professor fracassado, Rubião é vítima da ânsia de elevação social a qualquer preço; mas sua vitimização não criminaliza, em absoluto, o desejo de riqueza e de mando. Carlos Maria, avesso de Rubião em tudo, é um ambicioso que dá certo: é rico de nascença, narcisista ao extremo[80] e, sem fazer força, conquista Sofia; ou seja, tem sucesso sempre. A oposição

80 "Ele ia lendo, lendo, lendo. Maria Benedita foi atenuando a carícia, retirando os dedos aos poucos, até que saiu da sala, onde Carlos Maria continuou a ler um estudo de Sir Charles Little, M. P., sobre a famosa estatueta de Narciso, do Museu de Nápoles." Ibid., p.350.

entre os dois reequaciona a questão moral: o que é condenável não é querer mandar ou pretender ser superior, mas sim desejar tais superioridades sem ter condições para tanto.

Portanto, o problema não é ser megalômano, mas poder sê-lo...

A mesma relação identidade de propósitos/diferença de realização aplica-se ao duo narrador-leitor, que, por assim dizer, duplica o par Carlos Maria-Rubião, em que o primeiro está para o aristocrata como o segundo para o professor de Barbacena. Paradoxalmente, contudo, o papel docente compete na verdade ao narrador, que está sempre a dar lições, sendo a principal a que recomenda cautela diante das seduções de poder da sociedade – e da leitura, também.

Eis por que Rubião também precisa ser mostrado como leitor. Como tal, ele se aparenta ao já mencionado Estêvão, de cuja comparação sai, aliás, rebaixado, porque a Goethe e Klopstock, escolhas do bacharel de *A mão e a luva*, prefere Dumas e Feuillet, modelos do folhetim sentimental ou de aventuras, equivalentes na época à literatura de massa, de fácil consumo:

> Ultimamente ocupava-se muito em ler; lia romances, mas só os históricos de Dumas pai, ou os contemporâneos de Feuillet, estes com dificuldade, por não conhecer bem a língua original. Dos primeiros sobravam traduções. Arriscava-se a algum mais, se lhe achava o principal dos outros, uma sociedade fidalga e régia. Aquelas cenas da corte de França, inventadas pelo maravilhoso Dumas, e os seus nobres espadachins e aventureiros, as condessas e os duques de Feuillet, metidos em estufas ricas, todos eles com palavras mui compostas, polidas, altivas ou graciosas, faziam-lhe passar o tempo às carreiras. Quase sempre, acabava com o livro caído e os olhos no ar, pensando. Talvez algum velho marquês defunto lhe repetisse anedotas de outras eras.[81]

Enquanto leitor, Rubião integra a galeria de tipos representados por Estêvão e Elvira. Como se passa com Sofia, no mesmo romance, os livros deixam tais leitores devaneando, com os olhos no ar e o pensamento nas

---

81 Ibid., p.170.

nuvens. Definitivamente, não é este o modelo de leitura que agrada aos narradores de Machado de Assis.

Por vários ângulos de análise de *Quincas Borba*, o leitor é minimizado, o que talvez combine com a mediocridade do meio representado. De qualquer modo, cassa-se a palavra ao leitor, dócil aos mandos e desmandos do narrador que, ao fim e ao cabo, fica falando sozinho, tanto quanto o ensandecido Rubião; e o leitor, como o fiel cão Quincas Borba, acompanha-o com fidelidade, encanto e prazer.

Não fosse por estar lendo *Quincas Borba*, já ter lido *Memórias póstumas de Brás Cubas* e, provavelmente, pelo menos Cervantes, Shakespeare, Molière, Fielding, citados no decorrer da obra, o consumidor de Machado, a julgar pela severidade com que este o trata, seria um leitor-Rubião. Então estaria a perigo; mas escapa, uma vez que conta com a mão experiente do narrador, cuja voz titular dá sua última lição e seu derradeiro comando no parágrafo final do romance:

> Queria dizer aqui o fim do Quincas Borba, que adoeceu também, ganiu infinitamente, fugiu desvairado em busca do dono, e amanheceu morto na rua, três dias depois. Mas, vendo a morte do cão narrada em capítulo especial, é provável que me perguntes se ele, se o seu defunto homônimo é que dá o título ao livro, e por que antes um que outro – questão prenhe de questões, que nos levariam longe... Eia! chora os dois recentes mortos, se tens lágrimas. Se só tens riso, ri-te! É a mesma coisa. O Cruzeiro, que a linda Sofia não quis fitar, como lhe pedia Rubião, está assaz alto para não discernir os risos e as lágrimas dos homens.[82]

Esse parágrafo caracteriza a irremediável ruptura da cumplicidade narrador-leitor; este, aprendiz, fica na expectativa dos rumos que o outro lhe oferece; aquele, como o Cruzeiro, indiferente à questão humana, distancia-se. Exemplo da megalomania que deu certo, o narrador de Machado só não parodia a si mesmo e, por isso, fica com a última palavra.

---

82 Ibid., p.394.

Diálogo de um só. Diálogo?

Da aparente humildade do memorialista que assina o livro de Manuel Antônio de Almeida à notável arrogância com que, da ótica das estrelas, o narrador de *Quincas Borba* encerra o romance, vai uma considerável distância.

Nesse percurso desfaz-se a pretensa igualdade da interlocução narrador/leitor e autor/consumidor; e verifica-se que, enquanto o narrador conquistou mais autoridade, o leitor continua sendo julgado incapaz para andar por suas próprias pernas. Mas já se trata de uma incapacidade eventualmente disfarçada, uma vez que, à primeira vista, os parâmetros do leitor de *Quincas Borba* são mais elevados que os de seus antecessores. Mas só à primeira vista; afinal, o narrador precisa confiar que o leitor disponha de um certo saber literário para entender a constante intertextualidade; e, mesmo que credite a esse leitor o domínio dos pré-requisitos, considera-o um parceiro imaturo, de conhecimento incipiente, não suficientemente *arguto* e *perspicaz* para dispensar a tutela daquele que desfia a história.

Tal modelo narrativo de recorte autoritário diminui o leitor, ao qualificá-lo, direta ou sub-repticiamente, de incompetente. Sob esse aspecto, a presença da loucura é altamente funcional: *Quincas Borba*, como *Memórias póstumas de Brás Cubas*, começa por um delírio, o do ricaço Quincas Borba, que submete o pseudodiscípulo às agruras de sua filosofice; depois, acredita ser Santo Agostinho e, nesta crença, morre. Rubião, herdeiro do Humanitas do filósofo, recebe dele o dinheiro e a insanidade, sendo que esta dissipa aquele, e o pobre professor volta ao ponto onde iniciou sua trajetória, a Barbacena de sua miséria e de seu fracasso.

A loucura não é privilégio de Rubião nem de Machado de Assis. Também Policarpo Quaresma, cujo *Triste fim* Lima Barreto conta, é internado no hospício quando, por exagero do patriotismo, quer convencer o país a adotar o tupi-guarani como língua oficial. Na melhor tradição quixotesca, a insanidade de Policarpo resulta de suas leituras feitas; o diligente e modelar funcionário público deixou-se levar pelo ufanismo que celebrava as maravilhas da terra brasileira em obras na sua biblioteca:

> aposento vasto, com janelas para uma rua lateral, e todo ele era forrado de estantes de ferro.

> Havia perto de dez, com quatro prateleiras, fora as pequenas com os livros de maior tomo. Quem examinasse vagarosamente aquela grande coleção de livros havia de espantar-se ao perceber o espírito que presidia a sua reunião.
>
> Na ficção, havia unicamente autores nacionais ou tidos como tais: o Bento Teixeira, da *Prosopopeia*; o Gregório de Matos, o Basílio da Gama, o Santa Rita Durão, o José de Alencar (todo), o Macedo, o Gonçalves Dias (todo), além de muitos outros. [...]
>
> De História do Brasil, era farta a messe: os cronistas, Gabriel Soares, Gandavo; e Rocha Pita, frei Vicente do Salvador, Armitage, Aires do Casal, Pereira da Silva, Handelmann (*Geschichte von Brasilien*), Melo Moraes, Capistrano de Abreu, Southey, Varnhagen, além de outros mais raros ou menos famosos. Então no tocante a viagens e explorações, que riqueza! Lá estavam Hans Staden, o Jean de Léry, o Saint-Hilaire, o Martius, o príncipe de Neuwied, o John Mawe, o Von Eschwege, o Agassiz, Couto de Magalhães e se se encontravam também Darwin, Freycinet, Cook, Bougainville e até o famoso Pigafetta, cronista da viagem de Magalhães, é porque todos esses últimos viajantes tocavam no Brasil, resumida ou amplamente.
>
> Além destes, havia livros subsidiários: dicionários, manuais, enciclopédias, compêndios, em vários idiomas.[83]

Essa biblioteca condensa o cânone da literatura brasileira, cuja excessiva leitura deixou em Quaresma irredutíveis princípios, bem como valores nacionalistas e patrióticos, mas cuja exacerbação conduziu à loucura. Ao contrário de Rubião, Policarpo é um poço de virtudes e, ao contrário do narrador machadiano, o narrador de Lima Barreto não inferioriza o protagonista nem as personagens, nem mesmo as figuras populares que introduz na narrativa, como o menestrel Ricardo Coração dos Outros. Sua crítica volta-se contra os donos do poder, da boca para fora ardentes defensores do país e autores da ideologia ufanista, mas, na prática, responsáveis pelo sacrifício de homens como Policarpo, leitor ingênuo, que entendeu de maneira literal o que poderia ter, no máximo, sentido figurado.

83 Barreto, *Triste fim de Policarpo Quaresma*, p.31.

Se, em Machado, leitor e protagonista são apequenados por se entregarem de corpo e alma ao que leem, em Lima Barreto inverte-se a equação: Policarpo leitor se eleva, quando transforma em ideal o conteúdo de suas leituras. Com isso, o leitor se eleva junto, porque se solidariza com o herói e acompanha suas desventuras. De lambuja, ao autor do *Triste fim de Policarpo Quaresma* talvez possa ser conferido o crédito de ter escrito uma obra melhor que as que o major Quaresma lê, não obstante seja tão envolvente quanto elas. De todo modo, espera que seu leitor saia da leitura conscientizado e alerta, inclusive para os riscos dos equívocos a que conduz a leitura ingênua de historiadores e ficcionistas do passado.

Muitos anos depois, Mário de Andrade faz um experimento similar em *Amar verbo intransitivo*, que, em 1927, publicou às suas expensas. No livro, está presente outro pobre professor, agora mulher e estrangeira, a Fräulein Elza, que, sob o pretexto de ensinar piano e alemão, inicia os rapazes da alta burguesia paulista nos prazeres do amor e do sexo.[84]

O paradigma seguido por Mário de Andrade talvez provenha longinquamente de *O banquete*, de Platão, pois a obra trata da introdução de Eros na vida de Carlos, o aprendiz, que, só quando maduro nas coisas do amor, terá a oportunidade de mostrar-se sábio e preparado. Reforçando a hipótese da matriz platônica dessa obra de Mário de Andrade, cabe lembrar que um de seus últimos textos, publicado postumamente, chamou-se *O banquete*[85] e tem a forma do diálogo, conforme o modelo dos textos do filósofo grego. A acreditar-se nessa genealogia, Fräulein tem em Diotima uma antecedente ilustre, de quem, no entanto, se afasta, ao mesclarem-se, no texto brasileiro, teoria e prática, mistura ausente na reflexão do pensador grego.[86]

À aproximação com Platão podem também se creditar as largas doses de dialogismo do texto, enquanto o gênero idílio, indicado no subtítulo da

84 Conforme supõe Antônio Callado, Mário de Andrade inspirou-se na obra da professora alemã Ina von Binzer, que esteve no Brasil nos anos 80 do século XIX e trabalhou como educadora em casa de famílias de ricos fazendeiros paulistas. Cf. Callado, Em busca de Ina. In: Binzer, *Os meus romanos: Alegrias e tristezas de uma educadora alemã no Brasil*.

85 Andrade, *O banquete*.

86 Schüler, *Eros: Dialética e retórica*.

obra, intensifica ainda mais essa expectativa. Com efeito, o narrador, intencionalmente vestindo a *persona* do escritor, procura, ao longo da sequência narrativa, amiúde conversar com o leitor, interlocução que se organiza de diferentes maneiras.

A mais comum é o narrador valer-se da primeira pessoa, para conferir transparência à identidade que não hesita em revelar. Adota a personalidade de um sujeito maleável, incerto no que diz respeito a datas e locais, e liberal, cordato ao aceitar opiniões divergentes. Trata-se, em suma, de um narrador nada autoritário, que, quando relata o primeiro encontro em que Sousa Costa está contratando a moça, confessa: "dia primeiro ou dois de setembro, não me lembro mais".[87] Mais adiante, ele faz questão de sublinhar sua flexibilidade: "estou disposto a reconhecer nela essa faculdade prática de adaptação dos alemães em terra estranha".[88]

Ao admitir que, se o livro tivesse cinquenta leitores, então haveria cinquenta Elzas, 51 com a sua, todas igualmente legítimas, o narrador de Mário de Andrade parece abrir mão de suas prerrogativas autorais, atitude rara – como estamos vendo – na tradição da narrativa brasileira, onde poucos poderiam assinar o compromisso firmado por este democrático sujeito: "não tenho a mínima intenção de exigir dos leitores o abandono de suas Elzas e impor a minha como única de existência real".[89] Talvez se possa, aí, encontrar uma discreta retomada da abertura de *Memórias póstumas de Brás Cubas*, onde, no mesmo parágrafo em que se compara a Stendhal, o narrador registra uma expectativa decrescente de leitores.[90]

A presença do narrador na condição de *sujeito que diz eu* acaba dando lugar, nessa obra, a dois planos narrativos, o primeiro ocupado pelo próprio narrador, o segundo pelas personagens, sem que os dois níveis se comuniquem. Nesse sentido, é exemplar o segmento em que o narrador afirma que "um dia, era uma quarta-feira, Fräulein apareceu diante de mim e se

87 Andrade, *Amar verbo intransitivo*, p.50.

88 Ibid., p.53.

89 Ibid., p.57.

90 "O que não admira nem provavelmente consternará é se este outro livro não tiver os cem leitores de Stendhal, nem cinquenta, nem vinte, e quando muito dez. Dez? Talvez cinco." Assis, *Memórias póstumas de Brás Cubas*, p.9.

contou. O que disse está com poucas vírgulas, vernaculização acomodatícia e ortografia",[91] observação afinada com o pensamento de Mário de Andrade que entendia a criação como produto de uma inspiração irracional primeira, a requerer depois, recuperada a lógica e a racionalidade, arranjos e adaptações estilísticas:[92]

> Os personagens, é possível que uma disposição particular e momentânea do meu espírito tenha aceitado as somas por eles apresentadas, essa toda a minha falta. Porém asseguro serem criaturas já feitas e que moveram sem mim. São os personagens que escolhem os seus autores e não estes que constroem as suas heroínas.[93]

Outra forma de interlocução é a comunicação com o leitor num diálogo proposto inicialmente de maneira coletiva, como quando o narrador comenta a validade de sua Elza, tão legítima quanto as imaginadas pelos leitores. A liberalidade, no entanto, não o impede de descrever a sua, com a qual os leitores ficam até o final do idílio e mesmo mais adiante. Não obstante as proclamações de abertura, são grandes as chances de que a Elza *dele* se torne a *nossa* Elza, isto é, a do leitor.

Hipótese que se fortalece quando percebemos que o narrador não vai longe com essa liberalidade: a composição da personagem Carlos, o rapaz iniciado por Fräulein, é fechada, e o narrador insiste nela: "Não sei se pus alguma coisa de Carlos nestas últimas páginas. Tive intenção de. Relendo o capítulo, sinto que aí estão a pureza, a inocência, os ossos e a graça sutil do rapaz. E determinei bem que ele era um machucador de marca maior".[94]

Em outros momentos, utilizando rubricas próprias de peças de teatro, o narrador chama a atenção do leitor para certas passagens, na esperança de que os efeitos de leitura fortaleçam sua perspectiva:

---

91 Andrade, op. cit., p.79.

92 A respeito da noção de criação literária por Mário de Andrade, veja Kiefer, *Mercúrio veste amarelo: A poética nas cartas de Mário de Andrade*.

93 Andrade, op. cit., p.79.

94 Ibid., p.94.

(Aqui o leitor recomeça a ler este fim de capítulo do lugar em que a frase do etc. principia. E assim continuará repetindo o cânone infinito até que se convença do que afirmo. Se não se convencer, ao menos convenha comigo que todos esses europeus foram uns grandessíssimos canalhões.)[95]

Revelando-se narrador intransigente, não se importa de contrariar expectativas do leitorado: omite a cena do primeiro encontro amoroso entre Fräulein e Carlos, em vez disso comentando as divergências entre a professora e o criado japonês; e rejeita veementemente a necessidade de estabelecer um mínimo de verossimilhança psicológica para as personagens, verossimilhança esta evidentemente reivindicada pelos leitores: "Não me amolem com histórias de concordância psicológica. Vocês se esquecem do deus encarcerado?".[96]

Ressurge nas entrelinhas da obra de Mário de Andrade o leitor machadiano, aparentemente inapto para entender as sutilezas da narrativa, já que sua visão de literatura é convencional, carecendo, também ele, de uma espécie de pedagogia. Movimento que aproxima o narrador e Fräulein, os dois no mesmo nível, porque ambos estão ensinando algo a alguém inexperiente.

A superioridade do narrador e da protagonista expressa-se na força intelectual de ambos: Fräulein, assim como o narrador, tem discernimento literário e artístico. Isso, porém, de nada lhe vale, já que o aprendiz Carlos se revela ao final superior à mestra: submete-a nas lides amorosas, Elza se apaixona por ele que não a reconhece, na última cena, quando ambos desfilam na Avenida Paulista, cada um acompanhado de novo parceiro, sinal de que ela não se livrara de sua profissão.

Mas, ao contrário de Carlos, o leitor não cresce; e, em certos momentos, parece mesmo aproximar-se perigosamente de seu longínquo antecedente, o leitor machadiano. Na cena passada na biblioteca, quando o narrador aponta que "os grandes amorosos, Dante, Camões, Dirceu, espiavam" o casal apaixonado, faz questão de chamar a atenção do leitor que seu idílio

95 Ibid., p.61.
96 Ibid., p.100.

inspira-se no de Bernardin de Saint-Pierre, *Paulo e Virgínia*: "Ahn... ia me esquecendo de avisar que este idílio é imitado do francês de Bernardin de Saint-Pierre. Do francês. De Bernardin de Saint-Pierre".[97]

A repetição sugere não só um leitor obtuso, para quem se devem reiterar as informações para bem entendê-las, mas, mais do que isso, um leitor para o qual os padrões de leitura não são os grandes clássicos, e sim, pelo contrário, o romance-folhetim, o mesmo *Paulo e Virgínia* lido por uma multidão de personagens do romance brasileiro.

O recurso devolve o leitor à sua ignorância, de que ele não avança. A duplicação da informação pode, ainda, fazer calar uma eventual discordância do leitor quanto, por exemplo, às fontes de Fräulein. Só que o leitor não pode mais opinar, nem mesmo para dizer se concorda com a comparação com *Paulo e Virgínia*, obra que, desde o século XIX, a começar pela protagonista do ilustre *Madame Bovary*, compunha o acervo mínimo das leituras românticas, femininas ou masculinas.

A menção a Saint-Pierre não parece visar, contudo, dirigir *Amar verbo intransitivo* para o paradigma do popular ou do tradicional, considerando o passado das leituras no Brasil.[98] Pelo contrário, compõe o panorama erudito a que o livro se integra, junto com os "grandes amorosos", Dante, Camões e Gonzaga, citados na mesma passagem. Nesse sentido, a alusão caracteriza uma mudança no horizonte de leituras do brasileiro médio, mudança de que o narrador participa, mas de que não passa recibo, atribuindo a pecha de ignorante apenas ao leitor.

A recorrente alusão a leituras, comuns ou não, feitas pelo narrador ao leitor constitui um terceiro modo da interlocução estabelecida entre os dois, interlocução tão unilateral quanto as anteriores. Contudo, *Amar verbo intransitivo* supõe, no plano das personagens, e ao contrário de *Quincas Borba*, uma possibilidade de amadurecimento, transmitida por Fräulein a Carlos e a tantos outros, como ela recorda na cena final, apoteose do amor e de sua deusa, bem à moda do Carnaval, de que está fazendo parte:

97 Ibid., p.90.

98 Sobre esse tópico, veja os capítulos subsequentes.

> E uma comoção materna se desencadeou no corpo dela, nem via mais Carlos, os olhos batendo de auto em auto pela gente colorida, Carlos... José... Alfredo já casado... Antoninho também casado... E, mein Gott, tantos!... tomou-a maravilhosa alucinação. Estavam todos por ali amando. Felizes. Habilíssimos. Familiares. Ela era mãe do amor! Estava até bonita! Mãe do amor! Mãe...[99]

Desse júbilo toma parte o leitor, todavia, como mero assistente: e, como não participa da apoteose, confinado à sua inferioridade, sua menoridade fica reforçada, alijando-o do processo de amadurecimento verificado nos grupos dominantes, aqui representados pela família de Carlos. Sinal de que o leitor não pertence a esses segmentos nem virá a participar deles. Apequenado intelectual e socialmente, o leitor permanece à espera do diálogo que, contudo, não se realiza na geração dos narradores de Mário de Andrade.

Parceiros, enfim

Quem vai inaugurar esse diálogo e, com ele, conferir maturidade ao leitor, é Graciliano Ramos.

Nesse sentido, talvez nunca seja demais destacar a importância dos capítulos iniciais de seu *São Bernardo*, lançado em 1934. Centrado na história de Paulo Honório, o romance abre-se com o retrospecto que o narrador, o próprio protagonista, faz da origem do texto que redige: "Antes de iniciar este livro, imaginei construí-lo pela divisão do trabalho".[100] Ao falar do livro com a linguagem moderna do modo de produção capitalista, Graciliano Ramos muda o patamar ocupado pelo leitor na metalinguagem da ficção brasileira.

A "divisão do trabalho" inclui todas as etapas da produção industrial de um livro: começa pela escrita, de que participam o Padre Silveira, que "ficaria com a parte moral e as citações latinas", João Nogueira, responsável pela "pontuação, a ortografia e a sintaxe", Arquimedes, a quem confiaria "a composição tipográfica", e Lúcio Gomes de Azevedo Gondim, a quem competiria "a composição literária". Figura mais importante, porque geren-

---

99 Andrade, op. cit., p.147.
100 Ramos, *São Bernardo*, p.61.

te e financiador do projeto, Paulo Honório "traçaria o plano, introduziria na história rudimentos de agricultura e pecuária, faria as despesas e poria o [s]eu nome na capa".[101]

João Luís Lafetá já sublinhou a ótica capitalista com que Paulo Honório compreende o modo de produção literário,[102] indício, pode-se inferir, de sua modernidade. Destaca-se, na projetada divisão dos papéis, o desejo de que seu nome figure na capa, não por ter escrito o texto, e sim por financiá-lo.

Sua projeção do futuro do livro é otimista e completa o processo, porque acrescenta, à produção, a circulação e a difusão do resultado final: "já via os volumes expostos, um milheiro vendido graças aos elogios que, agora com a morte do Costa Brito, eu meteria na esfomeada *Gazeta*, mediante lambujem".[103]

Mas o projeto se frustra: ao cabo de algumas tentativas, Paulo Honório conclui que *o* "mingau virou água",[104] pois os parceiros de escrita não se entenderam: "João Nogueira queria o romance em língua de Camões, com períodos formados de trás para diante";[105] e o padre Silvestre estava mais preocupado com política revolucionária. Paulo Honório concentra suas esperanças em Azevedo Gondim, "periodista de boa índole e que escreve o que lhe mandam",[106] a quem, em longas conversas, conta o que deseja ver colocado no livro.

Repete-se o desencontro de expectativas: primeiro, porque "a conversa era longa, mas cada um prestava atenção às próprias palavras, sem ligar importância ao que o outro dizia". Depois, porque as concepções divergem radicalmente: "Eu por mim, entusiasmado com o assunto, esquecia constantemente a natureza do Gondim e chegava a considerá-lo uma espécie de folha de papel destinada a receber as ideias confusas que me fervilhavam na cabeça".[107]

---

101 Ibid.

102 Lafetá, O mundo à revelia. In: Ramos, op. cit., p.189-213.

103 Ramos, op. cit., p.61.

104 Ibid., p.63.

105 Ibid., p.62.

106 Ibid., p.62.

107 Ibid., p.62.

Gondim, por sua vez, sabe que não se pode escrever como se fala. Interpelado por Paulo Honório, que o acusa de escrever de modo pernóstico, pois "há lá ninguém que fale dessa forma",[108] retruca com a especificidade do discurso literário: "A literatura é a literatura, seu Paulo. A gente discute, briga, trata de negócios naturalmente, mas arranjar palavras com tinta é outra coisa. Se eu fosse escrever como falo, ninguém lia".[109]

Inexequível nos moldes propostos, a empresa é temporariamente abandonada, mas, conforme conta o segundo capítulo, é retomada em padrões inteiramente novos: "um dia destes ouvi novo pio de coruja – e iniciei a composição de repente, valendo-me dos meus próprios recursos e sem indagar se isto me traz qualquer vantagem, direta ou indireta".[110] Não se viabiliza a escrita conforme o modelo da divisão do trabalho, sendo antes motivada pelo pio da coruja, que carrega consigo a lembrança de Madalena. O processo tem sua origem no inconsciente do artista e nasce de um jato, tal como as personagens prontas que se apresentam ao narrador de *Amar verbo intransitivo*.

A partir daí, Paulo Honório é já um narrador embarcado num projeto profundamente distinto do original. Não mais espera vantagens da publicação e até admite que a obra trará revelações que ele não faria aos colaboradores cogitados antes. Sente-se aliviado por "privar-[s]e da cooperação de padre Silvestre, de João Nogueira e do Gondim, pois há fatos que eu não revelaria, cara a cara, a ninguém. Aceita narrá-los porque a obra será publicada com pseudônimo e conclui: se souberem que o autor sou eu, naturalmente me chamarão potoqueiro".[111]

A alteração é digna de nota, porque afeta igualmente o *nome na capa*, que desaparece, substituído pelo pseudônimo, que disfarça e recobre a autoria. E, dos colaboradores anteriormente escalados, Paulo Honório dispensa todos, menos o leitor, seu interlocutor permanente, a quem se dirige já na

108 Ibid., p.63.
109 Ibid., p.63.
110 Ibid., p.64.
111 Ibid., p.64.

primeira página, quando, referindo-se ao estilo de João Nogueira, exclama: "Calculem".[112]

O procedimento é em tudo homólogo à estratégia de cumplicidade discutida a propósito dos livros românticos. Mas *São Bernardo* vai mais longe: Paulo Honório deseja e precisa contar com a solidariedade do leitor, em nome da qual recusa o estilo empolado proposto por Nogueira e todo o compromisso com a literatura convencional. Como ele carece de um ouvinte, a aproximação entre ambos jamais se exerce na tradição autoritária de um narrador que se julga superior a seu leitor; pelo contrário, Paulo Honório equipara-se ao leitor, buscando sua compreensão. É por serem iguais que o narrador dirige-se ao leitor, tanto para explicar-lhe seu modo de escrever quanto para encontrar respostas a dilemas interiores.

Explicações sobre a redação do texto aparecem já no segundo capítulo, quando esclarece: "tenciono contar a minha história". Mas sabe ser difícil e tortuoso, porque "talvez deixe de mencionar particularidades úteis, que me pareçam acessórias e dispensáveis. Também pode ser que, habituado a tratar com matutos, não confie suficientemente na compreensão dos leitores e repita passagens insignificantes". Mas não desiste: "de resto isto vai arranjado sem nenhuma ordem, como se vê. Não importa. Na opinião dos caboclos que me servem, todo o caminho dá na venda".[113]

É como se, no caráter fortuito e inesperado de sua condição de narrador, Paulo Honório construa o espaço necessário para romper com a prepotência tradicional do romance brasileiro, prepotência que, como proprietário de terras e mandachuva local, caracterizou-o desde que adquiriu a fazenda São Bernardo. O planejamento do livro pela divisão do trabalho – manifestação derradeira dessa onipotência –, ao revelar-se inviável, deixa-o a sós com a escrita e com sua plateia, impedindo-o de lançar mão do antigo artifício de fingir humildade para conquistar a cumplicidade do leitor. Ao antecipar, de forma verossímil, suas deficiências pessoais, só lhe resta esperar que o destinatário seja compreensivo, o que, sem dúvida, é um marco

112 Ibid., p.61.

113 Ibid., p.64.

novo nos protocolos da relação narrador/leitor: "aqui sentado à mesa da sala de jantar, fumando cachimbo e bebendo café, suspendo às vezes o trabalho moroso, olho a folhagem das laranjeiras que a noite enegrece, digo a mim mesmo que esta pena é um objeto pesado".[114]

A essa confissão do limite segue-se o reconhecimento de que juízos anteriores podiam ser incorretos e que agora, talvez, seja a última chance de revisá-los: "volto a sentar-me, releio estes períodos chinfrins". E, mais uma vez, acata os próprios limites: "ora vejam. Se eu possuísse metade da instrução de Madalena, encoivarava isso brincando. Reconheço finalmente que aquela papelada tinha préstimo".[115]

Novas manifestações dos limites do narrador prosseguem no outro capítulo, ao lado da reiterada expressão de sua expectativa de que os leitores aceitem o que vier; expectativas baixas, não há dúvida, mas jamais a confissão deles adquire o tom de blague de similar contabilidade de leitores do machadiano narrador de *Memórias póstumas de Brás Cubas* ou de *Amar verbo intransitivo* de Mário de Andrade. No caso de Paulo Honório, efetivamente, nada justifica que o produto final de sua escrita venha a ser lido por alguém: "as pessoas que me lerem terão, pois, a bondade de traduzir isto em linguagem literária, se quiserem. Se não quiserem, pouco se perde. Não pretendo bancar escritor. É tarde para mudar de profissão". A confissão se encerra num diálogo imaginário com o leitor:

> – Então para que escreve?
> – Sei lá!
> O pior é que já estraguei diversas folhas e ainda não principiei.[116]

Se "o estilo é o homem", como queria Buffon, nada melhor para conhecer Paulo Honório que a leitura dos dois capítulos iniciais de seu texto autobiográfico. Revela seu caráter dominador e a arrogância de seu comportamento, traduzida sobretudo nas inflexões autoritárias da voz com que se

---

114 Ibid., p.64.
115 Ibid., p.65.
116 Ibid., p.65-6.

dirige a seus interlocutores, inclusive aqueles que pretendia sócios de seu projeto narrativo, como o Gondim, a quem manda para o inferno e acusa: "você acanalhou o troço".[117] A truculência do discurso jamais desaparece, mesmo quando solicita bondade do leitor, ao transplantar seu texto para linguagem literária.

A ironia matiza a brutalidade do homem e o despojamento do estilo; mas não se trata da ironia do narrador machadiano, pois Paulo Honório não quer bancar escritor, sabendo que isso corresponde a outra profissão. Pelo contrário, posiciona-se ao lado do leitor, com quem estabelece um novo patamar de solidariedade, ao desfazer de um sistema literário – personificado pelos parceiros do projeto original do romance – de que ambos não fazem parte e que está muito próximo de mimetizar as diferentes posições e funções disponíveis para o homem de letras no próprio sistema literário brasileiro do tempo de Graciliano.

Assim, não diminui o leitor, nem tampouco o despreza, como fez com os projetados colaboradores – a quem julgou inferiores, porque descobriu não só que não carecia deles, mas que eles eram impeditivos de seu projeto. Precisa do leitor, reconhecendo que, pelo diálogo, talvez alcance entender o que lhe aconteceu.

Desvencilhando, pois, o narrador da pele antiga da onipotência, o romance de Graciliano Ramos mantém o relato em dois planos: o dos eventos passados, constituídos sobretudo pela apropriação de São Bernardo, informação dada no segundo capítulo,[118] e o do presente, tempo da duração da escrita do outro *São Bernardo*, o livro,[119] também esta, a seu modo, uma forma de apropriação. Entre os dois níveis, transita Madalena: o pio da coruja, associado permanentemente à moça, parece determinar a produção da obra. O recurso ao presente do indicativo visibiliza esse outro plano, que terá

117 Ibid., p.63.

118 "O meu fito na vida foi apossar-me das terras de S. Bernardo, construir esta casa, plantar algodão, plantar mamona, levantar a serraria e o descaroçador, introduzir nestas brenhas a pomicultura e a avicultura, adquirir um rebanho bovino regular." Ibid., p.65.

119 Zilberman, *São Bernardo e os processos da comunicação*.

seu próprio desenvolvimento, enquanto Paulo Honório recupera os fatos principais dos últimos cinco anos.

Os dois capítulos iniciais, esclarecedores do esquema psicológico e cronológico da obra, apresentam um forte componente metalinguístico, que, sem mostrar teor experimentalista, revelam o compromisso anticonvencional, até revolucionário, que assinala o romance. Discutindo o modo como recorta o passado e transforma-o em linguagem artística, o narrador voluntariamente exclui-se do mundo dos familiarizados com as convenções da escrita literária. Introduzindo o leitor no processo de redação da obra, o narrador estabelece um pacto original, em que se alia a outro excluído, não, porém, para contestar, e sim para se abrir e romper o anel de autoritarismo de que ele mesmo, enquanto proprietário e membro da classe dominante, fazia parte.

A citação ilustra a combinação de diversos elementos que, entrelaçados, vão compor um narrador cuja pedagogia de leitura se tece de partes iguais de concisão, ruptura voluntária da praxe narrativa e distanciamento das esferas literárias oficiais. O Capítulo 13, que inicia com a surra que Paulo Honório aplica no jornalista da *Gazeta*, e prossegue com o reencontro do protagonista com Madalena e D. Glória, é uma lição de escrita criativa.

Primeiro, o narrador comenta que "essa conversa, é claro, não saiu de cabo a rabo como está no papel, pois houve suspensões, repetições, mal-entendidos, incongruências, naturais quando a gente fala sem pensar aquilo que vai ser lido". A distância temporal entre o vivido e o redigido permite ao narrador reproduzir o que julga interessante, suprimir "diversas passagens, modificar outr[a]s". Assim, "o discurso que atirei ao mocinho do rubi, por exemplo, foi mais enérgico e mais extenso que as linhas chochas que aqui estão". Por sua vez, "a parte referente à enxaqueca de d. Glória (e a enxaqueca ocupou, sem exagero, metade da viagem) virou fumaça", tendo ele também cortado, na cópia, "numerosas tolices ditas por mim e" pela companheira de viagem. Sumaria o narrador: "é o processo que adoto: extraio dos acontecimentos algumas parcelas; o resto é bagaço". O resultado é outra aula de metalinguagem, pois Paulo Honório explica que, quando arrastou "Costa Brito para o relógio oficial", aplicou-lhe "uns quatro ou cinco palavrões obscenos"; mas não narra o episódio, porque

> Esses palavrões, desnecessários porque não aumentaram nem diminuíram o valor das chicotadas, sumiram-se, conforme notará quem reler a cena da agressão, cena que, expurgada dessas indecências, está descrita com bastante sobriedade.[120]

Critério similar é empregado quando o objetivo é descrever, ou não, a paisagem. O protagonista explica ao leitor que "uma coisa que omiti e produziria bom efeito foi a paisagem". Julga, porém, que, nesse quesito, "andei mal", pois "efetivamente a minha narrativa dá ideia de uma palestra realizada fora da terra". Ao explicar-se, confessa que viu "de relance", pela janela, "pedaços de estações, pedaços de mata, usinas e canaviais", culturas que não o interessam nem o agradam: "este gênero de agricultura não me interessa. Vi também novilhos zebus, gado que, na minha opinião, está acabando de escangalhar os nossos rebanhos".[121]

Não é sob esse aspecto que se coloca o problema, segundo o narrador. O caso é que, "hoje isso forma para mim um todo confuso, e se eu tentasse uma descrição, arriscava-me a misturar os coqueiros da lagoa, que apareceram às três e quinze, com as mangueiras e os cajueiros, que vieram depois". Por sua vez, continua ele, "essa descrição, porém, só seria aqui embutida por motivos de ordem técnica", mas – reforçando a proposta transgressiva da narração – "não tenho o intuito de escrever em conformidade com as regras".[122] Tanto é assim que, confessa, "vou cometer um erro", ou, ao menos, o que ele "presum[e]que é um erro": "Vou dividir um capítulo em dois. Realmente o que se segue podia encaixar-se no que procurei expor antes dessa digressão. Mas não tem dúvida, faço um capítulo especial por causa de Madalena".[123]

É com as tintas de uma estética da secura e da objetividade que Paulo Honório explica seu método de produção de texto: reproduz só o que interessa; corta os excessos e as tolices; omite os palavrões e indecências. Admite

120 Ramos, op. cit., p.134-5.

121 Ibid., p.135.

122 Ibid., p.135.

123 Ibid., p.136.

as imperfeições: a ausência da paisagem, que a memória não consegue mais reconstituir; e as agressões às regras de composição, para a introdução da digressão no decorrer do relato, obrigando-o a dividir o capítulo em dois. A primeira parte das explicações leva em conta o interesse do leitor, a quem poupa, para não atulhar o texto de informações irrelevantes ou inconvenientes; a segunda, a estética modernista, que se deseja enxuta e provocativa.

Paulo Honório não se configura uma personagem de recorte realista, o típico coronel do Nordeste, latifundiário e mandão exatamente porque, como narrador, esse senhor de terras, afetado pela saudade da mulher morta, se põe a escrever um livro, durante o qual recorda o que ocorreu e vai mantendo um diálogo permanente com o leitor, aproximando-se dele a todo momento. Contudo, a diferença de Paulo Honório não se situa apenas na intenção de recordar o passado e entender o presente, mas também na linguagem em que se perfaz essa sua busca.

Se, de um lado, Paulo Honório expõe ao leitor o processo de produção de seu texto, por outro, interroga-o, na busca de resposta às suas inquietações pessoais. Nesse sentido, o narrador em vários pontos lança a pergunta – "acham que andei mal?" – e, a seguir, uma explicação, como se quisesse a conivência de seu interlocutor: "A verdade é que nunca soube quais foram os meus atos bons e quais foram os maus. Fiz coisas boas que me trouxeram prejuízo; fiz coisas ruins que deram lucro".[124]

Se, na primeira parte da obra, dedicada ao relato da apropriação de S. Bernardo, Paulo Honório faz, como no exemplo anterior, perguntas retóricas, na continuidade, voltada à narração do fracasso de seu casamento, a dramaticidade das questões é crescente. Ponto culminante desse trajeto ocorre no Capítulo 19, quando o narrador volta a interrogar o sentido do relato que faz: "E, falando assim, compreendo que perco o tempo. Com efeito, se me escapa o retrato moral de minha mulher, para que serve esta narrativa? Para nada, mas sou forçado a escrever".[125]

O discurso se desarticula e parece beirar a insanidade, e diante disso, de novo, o leitor se encontra a cavaleiro: "A toalha reaparece, mas não sei

124 Ibid., p.96.
125 Ibid., p.159.

se é esta toalha sobre que tenho as mãos cruzadas ou a que estava aqui há cinco anos".[126] Logo a seguir, complementa-se o quadro da desarticulação: "Penso que chamei Casimiro Lopes. A cabeça dele, com o chapéu de couro de sertanejo, assoma de quando em quando à janela, mas ignoro se a visão que me dá é atual ou remota".[127]

A perda da dimensão do tempo, num texto em que se estabeleceu de saída a diferença entre passado e presente, é significativa: afeta a continuidade da narrativa e deixa o narrador à deriva, até o ponto em que, restabelecida a distinção entre os tempos, Paulo Honório retoma as rédeas do relato: o "conforme declarei",[128] que abre o vigésimo capítulo, reinstaura a ordem, a partir de então até o final do romance, que prossegue transmitindo ao interlocutor dúvidas de recorte existencial pelo qual se mantém o protocolo de respeito mútuo entre narrador e leitor:

> Já viram como perdemos tempo em padecimentos inúteis? Não era melhor que fôssemos como os bois? Bois com inteligência. Haverá estupidez maior que atormentar-se um vivente por gosto? Será? Não será? Para que isso? Procurar dissabores! Será? Não será?[129]

O capítulo final traduz as incertezas do narrador, projetadas para o futuro. Em vez de trazer paz interior, a narrativa acirrou os conflitos, pois confirmou a perda irremediável de Madalena, somada à consciência de sua responsabilidade ao longo do processo, com o subsequente sentimento de culpa. As reflexões finais dão conta da falta de sentido da existência, questão maior atirada ao leitor, como sempre sem preâmbulo e para a qual não espera resposta: "Mas para quê? Para quê? Não me dirão?".[130]

Depois, o narrador faz um curto retrospecto, justificando-se para o leitor: tendo começado como "guia de cego, vendedor de doce e trabalhador

---

126 Ibid., p.160.
127 Ibid., p.161.
128 Ibid., p.163.
129 Ibid., p.206.
130 Ibid., p.242.

alugado, colocou-se acima da [sua] classe", acreditando "que [s]e elev[ou] bastante". Por isso, pôde contar com "os recursos intelectuais necessários para engendrar esta narrativa", em que reconhece "pedaços melhores que a literatura do Gondim". O balanço leva-o a concluir que "sou, pois, superior a mestre Caetano e outros semelhantes". O resultado, porém, está longe de satisfazê-lo: "Considerando, porém, que os enfeites do meu espírito se reduzem a farrapos de conhecimento apanhados sem escolha e mal cosidos, devo confessar que a superioridade que me envaidece é bem mesquinha".[131]

A autoavaliação é compartilhada com o leitor, porque a escrita, mediada pelo texto e pelo livro, impede a revelação cara a cara temida por Paulo Honório. O leitor, dublê de analista, é invariavelmente inominado, dado mais saliente devido ao emprego da terceira pessoa do plural, marca de indeterminação que reforça, na outra ponta do arco da interlocução, a distância e o anonimato, condições que favorecem a sinceridade do relato. Eis por que, apesar dos apelos ao leitor, Paulo Honório está mais só do que nunca nas últimas linhas do relato, solilóquio que, nas reiterações que o oralizam, também reforça a ideia de franqueza máxima consentida: "E eu vou ficar aqui, às escuras, até não sei que hora, até que, morto de fadiga, encoste a cabeça à mesa e descanse uns minutos".[132]

Finda a narração, não há apoteose nem interlocutores pacientes. Como toda personagem de tragédia, Paulo Honório sabe de sua culpa, mas também da impossibilidade de resgate ou salvação. A solidão mais completa metaforiza-se na escuridão e literaliza-se na ausência de discurso.

São Bernardo-livro resulta da tragédia pessoal de Paulo Honório, diferenciando-se de *Quincas Borba*-livro, que revela a comédia de Rubião. Nesse intervalo, outra diferença se instalou, e ela tem a ver com o fato de que, se na obra de Machado de Assis a megalomania da personagem também se transcreve na arrogância do narrador, no romance de Graciliano Ramos a prepotência do primeiro vai sendo paulatinamente erodida pela revelação da fragilidade do sujeito.

131 Ibid., p.242-5.

132 Ibid., p.248.

A fragilidade do sujeito contagia o narrador, para quem o apelo ao leitor constitui uma maneira de acreditar no próprio eu. Essa é outra faceta da modernidade do romance, que, retratando um modo de vida que se esboroava, como o dos desmandos de um coronel nordestino, apresenta também o processo de fragmentação do eu e a necessidade de parcerias igualitárias, como a que a relação entre narrador e leitor mimetizam.

As cidades grandes brasileiras não parecem muito generosas com seus imigrantes, venham eles do interior de Minas, como o inventado Rubião, das Alagoas de Graciliano Ramos, ou da Europa de Fräulein Elza. Tenham dinheiro, projetos ou esperanças, são muitos os infortúnios que os aguardam, apresentados por uma voz narrativa que, impiedosa, destaca os malefícios da metrópole, que ataca para se preservar ou defender de alguma maneira.

Essa por assim dizer desterritorialização do protagonista é um dos traços que pode unir os romances de Machado de Assis e Mário de Andrade ao de Clarice Lispector, *A hora da estrela*, de 1977. Também nessa direção trabalha o fato de o narrador nas três obras envolver-se com a sorte do herói através da enunciação em primeira pessoa que, menos ou mais ostensiva, separa-o dos acontecimentos e preserva sua esfera particular de ação. São ainda aspectos a aproximá-las a criação de campos narrativos distintos, sendo o do narrador mais elevado, como nos textos de Machado e Mário, e a interlocução com o leitor.

A hora da estrela também é protagonizado por alguém que chega de longe, a alagoana Macabéa que vem ao Rio de Janeiro, repetindo o trajeto de tantos outros nordestinos. Tão importante quanto ela é o narrador do livro, identificado como Rodrigo S. M., que explica o aparecimento da personagem com palavras aparentadas às do criador de Fräulein, na obra de Mário de Andrade: "eu não inventei essa moça. Ela forçou dentro de mim a sua existência".[133] Contudo, a participação do narrador, se comparada com o que ocorre em *Amar verbo intransitivo*, é mais saliente, dando visibilidade maior ao plano metalinguístico da obra: Rodrigo ocupa no relato quase tanto espaço quanto Macabéa, sendo o tratamento da personagem e o desenvolvimento

---

133 Lispector, *A hora da estrela*, p.45.

do tema questões candentes para ele, requerendo, mas nem sempre alcançando, uma solução.

Passos e passagens sempre compartilhados com o leitor, cuja solidariedade, nessa obra, alcança um patamar novo de nunca vista maturidade.

Embora apresentando já de começo a importância do assunto da moça nordestina, que "numa rua do Rio de Janeiro peguei no ar de relance",[134] a narração de *A hora da estrela* custa a deslanchar. Em sucessivos comentários, Rodrigo aponta suas dificuldades, confessando: "desconfio que toda essa conversa é feita apenas para adiar a pobreza da história, pois estou com medo".[135] Depois, informa-nos que "o que me proponho contar parece fácil e à mão de todos. Mas a sua elaboração é muito difícil. Pois tenho que tornar nítido o que está quase apagado e que mal vejo".[136]

A dificuldade da enunciação narrativa também, na esteira de Paulo Honório, encontra, na forma interrogativa, não só reforço dos empecilhos da tarefa, mas o engajamento da solidariedade do leitor, ao qual tais questões são dirigidas. Nem abaixo nem acima da competência do narrador, o leitor virtual de *A hora da estrela* vê-se a braços com questões caudalosas: "Para que escrevo? E eu sei? Sei não".[137]

Ao contrário dos narradores que o antecederam, contudo, Rodrigo não busca a solidariedade do leitor, recusando as estratégias de cumplicidade de que alguns eram mestres. Pelo contrário, hostiliza-o abertamente, na hipótese de que o leitor não está preparado para a matéria que vai apresentar.

Essa hostilidade gera uma atitude de rejeição, dirigida primeiro às "mentes que muito exijam e ávidas de requintes". Estas não podem absorver o que Rodrigo escreve, "pois o que estarei dizendo será sempre nu".[138] Sabe que necessariamente atinge o leitor rico, mas é para ele que volta sua escrita, ao dar-lhe a conhecer o outro, que é também o socialmente carente; leitores pobres não leem o texto de Rodrigo, mas nem precisam fazê-lo: "Se o leitor possui alguma riqueza e vida bem acomodada, sairá de si para ver como é às

---

134 Ibid., p.26.
135 Ibid., p.31.
136 Ibid., p.33.
137 Ibid., p.52.
138 Ibid., p.30.

vezes o outro. Se é pobre, não estará me lendo porque ler-me é supérfluo para quem tem uma leve fome permanente".[139]

A última observação explica a razão da hostilidade, relacionada à condição do escritor, que, como o leitor, não tem problemas econômicos: "sou um homem que tem mais dinheiro do que os que passam fome", fato determinante de uma conclusão de natureza ética: "o que faz de mim de algum modo um desonesto". Essa circunstância não o situa numa classe social nem afeta sua escrita:

> Quando escrevo não minto. Que mais? Sim, não tenho classe social, marginalizado que sou. A classe alta me tem como um monstro esquisito, a média com desconfiança de que eu possa desequilibrá-la, a classe baixa nunca vem a mim.[140]

A mesma aproximação com a classe baixa, vislumbrada por Rodrigo na rua e representada por Macabéa, é o que deseja obter do leitor, aguçando sua sensibilidade para o problema social: "cuidai dela porque meu poder é só mostrá-la para que vós a reconheçais na rua, andando de leve por causa da esvoaçada magreza".[141]

A mesma intenção se manifesta mais adiante, expressada, todavia, de modo mais agressivo: "e também porque se houver algum leitor para essa história quero que ele se embeba da jovem assim como um pano de chão todo encharcado".[142]

Que o narrador é capaz de cumprir a contento essa tarefa, sugere-o o fato de ele estar consciente de, com a linguagem do texto, poder manipular as expectativas e emoções do leitor: "Na verdade sou mais ator porque, com apenas um modo de pontuar, faço malabarismos de entonação, obrigo o respirar alheio a me acompanhar o texto".[143]

139 Ibid., p.46.
140 Ibid., p.33.
141 Ibid., p.33.
142 Ibid., p.55.
143 Ibid., p.37.

O modo como o narrador emprega esse poder é o que define a orientação de sua narrativa. No caso, Rodrigo insiste na perspectiva social, a que chegou por força da percepção, e que ambiciona provocar no leitor, por força da leitura. Nas últimas páginas da obra, explicita o objetivo de modo nítido e irretorquível: "os que me lerem, assim, levem um soco no estômago para ver se é bom. A vida é um soco no estômago".[144]

O *livro-soco no estômago* resulta de uma tomada de posição por parte da literatura brasileira, que, desde a década de 1930, e talvez antes, com o Naturalismo do final do século XIX, foi assumindo crescentemente uma ótica social, voltada à revelação das mazelas do país. Nos anos 1970, essa tendência assumiu conotação *antiestablishment*: os padrões dominantes estavam fortemente relacionados à ditadura militar e à euforia desenvolvimentista. Aparentemente, a literatura tomou a si a tarefa de arrancar a máscara dessa sociedade satisfeita consigo mesma, procedendo a denúncias: a da perda da liberdade, como faz Erico Verissimo, em *Incidente em Antares*, de 1971, e Ignácio de Loyola Brandão, com *Zero*, de 1975; da tortura e da perseguição política, como Fernando Gabeira, nos livros memorialistas, e Tabajara Ruas, na ficção; da dissipação dos movimentos revolucionários, como Antônio Callado, em *Bar Don Juan*, de 1971, e *Reflexos do baile*, de 1977; da dizimação dos índios, como Darci Ribeiro, em *Maíra*, de 1976, e Antônio Callado, em *Expedição Montaigne*, de 1982.

A estética do *soco-no-estômago* tem talvez sua expressão mais acabada nos livros de contos de Rubem Fonseca, *Feliz ano novo*, de 1976, e *O cobrador*, de 1979, com seguidores entre João Antônio e José Louzeiro, entre outros. Trata-se de uma estética eminentemente masculina, que discute a justiça social – ou sua falta – num meio que se moderniza e progride tecnologicamente, mas acirra as clivagens entre os grupos dominantes e os carentes de poder, levando esses últimos à marginalidade ou à revolta.

Os livros revelam diferentes imagens do poder, desde o político ao policial, passando pelo literário. Nenhum tão claramente tematiza o poder do/sobre o leitor como o de Clarice Lispector, que não por acaso escolhe um narrador que assume a identidade masculina, sublinhada pelo S. M.

---

144 Ibid., p.102.

[substantivo masculino?], e nome de justiceiro, como o substantivo próprio parece significar a partir da literatura espanhola, a julgar pelo depoimento de Erico Verissimo.[145]

Rodrigo narrador não foge ao modelo geral, pois ocupa na história posição distante do universo de Macabéa, Glória e Olímpico, e é personagem tão fictícia quanto as outras. Apenas, ao contrário deles, vive num meio refrigerado e alheio de onde, num dado momento, e sem razão aparente, se sente sacudido pela visão da protagonista, Macabéa, a única que não tem projetos, não só por lhe faltar a perspectiva de futuro, mas também por não ter espaço na sociedade.

A esse Rodrigo-narrador, incerto quanto às suas possibilidades de criação, mas seguro relativamente a seus objetivos, contrapõe-se um leitor por hipótese acomodado e inconsciente, que tem de ser despertado para a vida, com os meios da própria vida, o *soco no estômago*. Com isso, o eventual poder que tem o leitor, como membro dos grupos dominantes, segundo Rodrigo, torna-se poder sobre o leitor de *A hora da estrela*, conquistado pelo narrador por intermédio de sua obra. O romance integra-se à estética contemporânea, comprometida com a denúncia social, mas revela por onde começa seu efeito: agindo sobre o destinatário, comprometido de um modo ou de outro com a realidade desigual representada.

Corporificando o narrador na pele de Rodrigo e deixando visível sua natureza textual, já que seu nome é um substantivo próprio masculino como os outros presentes na obra, Clarice Lispector confere concretude a um papel cumprido pela narrativa, mas seguidamente obscurecido por estratégias estilísticas. Aqui, a visibilidade de Rodrigo é equivalente à do leitor que, pela mesma razão e pelos mesmos procedimentos, se mostra como uma função do texto, de existência unicamente literária.

---

145 O romancista lembra, em *Solo de clarineta*, como chegou à escolha do nome Rodrigo para batizar a principal personagem masculina de *O continente*, provavelmente a mais conhecida de toda a trilogia *O tempo e o vento*: "O primeiro nome que me ocorreu para o homem foi o de Severo. [...] Repeli-o, optando pelo de Rodrigo. (Pergunto agora a mim mesmo se o 'computador' não me teria proposto esse nome por causa de El Cid Campeador)". In: Verissimo, *Solo de clarineta: Memórias*, p.296.

São estes dois papéis, contudo, o do narrador e o do leitor, que mimetizam, na intimidade do texto, a natureza comunicativa da literatura. Não que o leitor real deva necessariamente se identificar com o leitor imaginado, verbalizado no transcurso do relato. Mas sua presença, ostensiva ou velada, antecipa a concepção que o narrador formula a respeito de seu destinatário. Os de Manuel Antônio de Almeida, Machado e Mário de Andrade careciam de tutela, para seguir seu caminho sem tropeços. Graciliano cria um narrador para quem o leitor é a última porta aberta para a comunicação, pois seu protagonista foi se isolando até beirar a insanidade. Rodrigo também se mostra inseguro, indo "de fracasso em fracasso",[146] mas a superação das dificuldades só se faz pelo desafio às expectativas do leitor.

Não mais tutelado, nem mais parceiro menor a ser seduzido, mas agora efetivamente cúmplice, o leitor prossegue seu périplo de aprendizagens, pois há sempre novos ensinamentos à sua espera, no avesso dos novos narradores. É, parece, através do par narrador-leitor, cujas estratégias textuais são a contrapartida de situações culturais históricas, que a literatura brasileira encontra condições de existência.

Comprometida, desde as origens, com a dupla função de *docere cum delectare*, compete à literatura produzir seu interlocutor/consumidor. É o que se faz, por dentro e por fora da instituição literária, mas também e inclusive nas linhas e entrelinhas do texto.

Por hipótese projeto sempre inconcluso, a formação do leitor é tarefa de Sísifo, construção e desconstrução constante, dialética entre vanguardas e permanências, e que proscreve, portanto, pela necessária mobilidade do plano e do produto, a utopia do *operário construído* com que sonhou Vinícius de Moraes.[147] Mas se, nessa perspectiva, a história do leitor é uma história sem final feliz, a contemplação de vários segmentos da história desse leitor de papel e tinta encena a história do leitor de carne e osso.

Esse leitor não está sozinho em cena: seu parceiro é o narrador, cuja posição diante do leitor decorre, em certa medida, de sua posição diante da matéria narrada, diante da tradição e mesmo da instituição literária.

146 Lispector, op. cit., p.32.

147 Moraes, O operário em construção. In: *Vinícius de Moraes*.

A instituição literária, na complexidade de seus meandros, traz novas questões para a história da leitura. É o lugar das convenções e protocolos literários, sendo sua dimensão a da regulamentação do negócio literário, isto é, do modo de produção da mercadoria livro, em nome de cujo consumo é preciso que narradores e leitores estabeleçam certa parceria, constantemente rompida e refeita, e que favorecendo, de um lado, a legibilidade das obras, assegura, de outro, a vendabilidade delas.

Parte incômoda, exatamente porque a mais objetiva da inconsútil e voluntariamente assumida como evanescente instituição literária, o modo de produção dos livros é parte da história da leitura, já que é essa última atividade que possibilita a produção deles, sua circulação e seu consumo.

Ajustados, pois, narradores e leitores, "como se aquela luva tivesse sido feita para aquela mão",[148] consumo e circulação, mercado e preço, ocuparão o próximo capítulo. Ao leitor inventado sucede o leitor histórico.

---

148 Assis, *A mão e a luva*, p.242.

2
Direitos e esquerdos autorais[1]

Meu amigo, a literatura, entre nós, não dá para o charuto.

Coelho Neto[2]

Musa industrial

Os estudos literários, não só no Brasil, parecem prestar pouquíssima atenção ao livro, objeto material através do qual a literatura existe, tendendo a se ocupar dele, no melhor dos casos, quando o toma metonimicamente como translúcido portador de um conteúdo transcendente: o texto. Mas tampouco esse conteúdo desfruta de materialidade: salvo raras exceções, quando se examinam as marcas gráficas que cobrem os papéis, de cuja reunião o livro se compõe, é para mostrar que também elas constituem metonímia de alguma outra coisa, cuja intangibilidade afiança a natureza intelectual e abstrata – respeitável porque especulativa – do saber literário e de seus profissionais.

No entanto, a literatura tem uma face concreta, com componentes históricos passíveis de recuperação e análise.

---

1 Anexamos ao final uma tabela organizada com os dados até agora disponíveis relativa à remuneração do trabalho intelectual no Brasil.

2 Coelho Neto, *A conquista*, p.217.

Quando Gutenberg, por volta de 1450, apresentou na Alemanha o primeiro exemplar impresso da *Bíblia*, resultado de uma tecnologia que, com o tempo, se revelou cada vez mais eficiente e econômica, deu-se o passo inicial do processo de popularização do livro. Esse acontecimento teve consequências decisivas para o que hoje se chama de literatura, porque o continente do texto escrito deixou de ser matéria de feitura artesanal e passou, sobretudo depois do século XVIII, a ser fabricado em grande quantidade, até ser alvo da atual produção maciça.

O livro, suporte físico de um saber, mas também objeto industrializado submetido à compra e venda, vale dizer, mercadoria, é parte integrante, até essencial, dos mecanismos econômicos próprios ao capitalismo. Assume marcas da sociedade burguesa ao se transformar em propriedade privada; nesse caso, contratos de edição e impressão, meios de distribuição e venda, regras de tradução e condensação constituem operações que visibilizam a dimensão econômica do processo inteiro que se abre com um original e desemboca num livro.

Pioneiro na utilização da divisão de trabalho[3] e da produção em série,[4] o livro começa com uma ideia na cabeça e termina como objeto nas livrarias. Inúmeros profissionais envolvem-se com ele; ainda na França do século XVII, impressores, ilustradores e livreiros reuniram-se numa corporação (1618-1619)[5] para defender os interesse de todos. Como se vê, o negócio de livros já era florescente nessa época, quando o escritor era apenas um, não dos mais importantes, dos vários artesãos envolvidos em sua produção. Foram, aliás, tipógrafos e livreiros, e não profissionais da pena, os primeiros beneficiários da regulamentação dos direitos e deveres que afetavam livros e escrita. Só paulatinamente, em decorrência de uma ideia nova que concebia o texto como o principal dentre os vários constituintes do livro, da

3 Como se viu antes, Graciliano Ramos, por intermédio do projeto de Paulo Honório, apresenta a produção original de *São Bernardo* desde a ótica da divisão do trabalho.

4 Sobre a relação entre livro e produção em série, cf. Verne, Literacy and Industrialization: the Dispossesseion of Speech. In: Bataille (ed.), *A Turning Point for Literacy*.

5 Cf. Labarre, *Histoire du livre*.

manufatura do papel à ilustração e impressão, começaram a desenvolver-se e concentrar-se privilégios em torno do escritor.[6]

O filólogo Bernard Cerquiglini considera a imutabilidade do texto, assegurada pelos avanços da arte da impressão, "um dos valores de nossa modernidade". Começando por escapar às oscilações do escriba e do copista, o texto fixado pela imprensa acaba por tornar-se independente do próprio autor, melhor servindo aos propósitos da indústria tipográfica, realizando-se, assim, "um sonho antigo, formulado sem dúvida desde o nascimento da escrita: o da cópia fiel".[7] Na adesão a um tal conceito de texto associado à fixidez do escrito, Teoria da Literatura e indústria tipográfica dão-se as mãos.

Contraparte necessária do processo de congelamento do conceito de texto é o do reconhecimento da autoria,[8] fundamento da noção de propriedade literária que adquire força de lei na passagem do século XVIII para o XIX. Conforme a legislação que vinga e as palavras de Cerquiglini, "a lei enuncia que todo texto é primeiramente a coisa daquele que o concebeu: origem e paternidade. [...] A ideia de autor se instala no centro da noção de texto".[9] A proteção dada aos direitos autorais nasceu na França revolucionária, que promulga em 21 de julho de 1793 a lei que confere certidão de batismo ao autor moderno.

Seus primeiros beneficiários foram os românticos.

O Romantismo, identificando o literário com o novo, único e original, e o trabalho do escritor com uma atividade particular e solitária, expressão íntima de um indivíduo, ajuda a difundir o privilégio do texto. Ao sublinhar valorativamente a inventividade e o subjetivismo, ele rompe com a tradição medieval e clássica, que encarava atos de escrita, literários ou não, como retomada ou imitação de outros já existentes e consagrados. Para essa tradição, escrever era re-escrever; o Romantismo proclamou o contrário, destacando a criatividade do texto e a genialidade do autor.

---

6 Cf. Woodmannsee; Jasci, *The Construction of Authorship*.

7 Cerquiglini, *Éloge de la variante: Histoire critique de la philologie*, p.18.

8 Cf. Foucault, What is an Author? In: Harari (ed.), *Textual Strategies: Perspectives in Post Structuralist Criticism*.

9 Cerquiglini, op. cit., p.25.

Só aparentemente o processo de reificação da literatura, segundo o qual ela circula como mercadoria, produto manufaturado a ser comercializado com vistas ao lucro, contradiz a noção de texto, conforme a modernidade o concebe. Ambas as esferas se diferenciam, o que garante a harmonia de sua mútua convivência: de um lado, o universo ideal da obra, resultante congelada e imutável da criatividade única de um autor; de outro, o livro, face material do texto, objeto fabricado em escala industrial para ser consumido pelo público leitor.

A contradição instala-se na articulação dos conceitos de autor e texto: enquanto este último pode ser idealizado, porque o livro o materializa na condição de objeto de consumo, o autor não dispõe de um *alter ego*, dividindo-se entre duas facetas: de um lado, é o gênio inspirado que cria uma obra original e única, de outro, é pessoa física que precisa de dinheiro para (sobre)viver. A obra assume o papel de mediador entre as duas partes: é uma criação artística e, como tal, foco da Teoria da Literatura; mas tem um dono, que, para proteger seu bem, exige legislação adequada, análoga à que regula a propriedade privada na sociedade capitalista.

Leis de direito autoral não por acaso surgem no bojo da Revolução Francesa, marco da tomada do poder pela burguesia urbana europeia. Mas está fora de seu alcance resolver o problema e superar a contradição; com legislação ou sem ela, mantêm-se distintos e separados o universo da criação artística e o da circulação comercial, prolongando as dificuldades. O escritor, ainda que seja um produtor de textos, não manufatura livros, de modo que da transação participa mais uma instância, o editor, este sendo o fabricante propriamente dito da mercadoria em questão. A normalização torna-se mais complexa, expressando-se por uma grande quantidade de leis e artigos, periodicamente refeitos, em resposta tanto aos novos pactos sociais estabelecidos entre os participantes do negócio de livros quanto às inovações tecnológicas.

Essas relações, ainda tão mal digeridas e profundamente idealizadas no interior do aparelho cultural, têm dupla mão: englobam, de um lado, o artista, indivíduo alheio ao mundo concreto da realidade prática segundo o estereótipo vigente; de outro, os segmentos diretamente envolvidos na produção e no consumo de livros, agentes pragmáticos e voltados à finalidade legítima de ganhar dinheiro. Como um enigma, o problema precisa ser decifrado pelo escritor, que pode aceitar a imagem de gênio distante, ilhado em sua torre de marfim, indiferente ao financiamento da indústria e do público; pode desprezá-la, como fazem as variadas correntes marginais; pode ainda entregar-se à indústria cultural; ou então tentar acomodar-se às três margens do rio. Nenhuma dessas alternativas, uma até economicamente viável, exclui a possibilidade de, próximo ou *far from the madding crowd*, como a chamou o romancista inglês Thomas Hardy, o escritor ganhar muito dinheiro e converter-se em *griffe* altamente rentável.

De todo modo, compete ao artista posicionar-se quanto à questão relativa à sua profissionalização, questão que cresce de importância ao longo do tempo. Quanto mais moderna a época para a qual olhamos, tanto mais essas relações aparecem, dando conta do estágio da sociedade na qual ocorrem.

Os dispositivos, que regulam essas relações por meio de leis ou as traduzem em contratos e similares documentos, não só fixam a gama de direitos e deveres a ser negociados entre escritores e editores; eles registram o tratamento dispensado pela sociedade aos produtores de cultura. Esses registros e significado também transparecem em depoimentos e relatos ficcionais que dão conta do modo como os próprios escritores percebem, expressam e gostam de ver representada sua inscrição social.

O escritor brasileiro, sem eira nem beira

No Brasil do século XIX não foi possível à maioria dos escritores viverem de sua literatura. O aparecimento tardio da imprensa foi empecilho notável, determinando, desde o século XVII, a tradição de o escritor depender, para a preservação de seus textos, da aceitação deles por um editor português ou, como foi o caso de Gregório de Matos, da memória popular. Sinal da precariedade da infraestrutura disponível é o proclamado orgulho de Manuel Botelho de Oliveira, autor da *Música do Parnaso*, que afirma "ser o primeiro filho do Brasil que faça pública a suavidade do metro",[10] o que só ocorre em 1705.

10 Oliveira, *Música do Parnaso*, p.3.

As dificuldades técnicas, contudo, não eram o problema maior. Pior era o fato de a população, até o final do século XIX, contar com mais de 70% de analfabetos, problema para o qual intelectuais como Machado de Assis e José Veríssimo alertam. A permanência da escravidão negra, fator de violenta clivagem social entre os poucos brancos educados e o grande número de pretos analfabetos,[11] era a marca mais ostensiva do atraso cultural, emblema de uma economia a quem a modernização escandalizava.

Quando o século XIX começa, e a modernidade avança na esteira da Revolução Industrial, na Inglaterra, e da Francesa, em Paris, o Brasil vegetava intelectualmente, carente de imprensa e livrarias. A Impressão Régia, depois as tipografias aparecidas no Rio de Janeiro, mais adiante os editores Laemmert, Garnier e outros foram preenchendo lacunas; homens como Paulo Martim e Manuel Jorge da Silva, depois Evaristo da Veiga e Mongie, mais adiante Paula Brito e o próprio Garnier ocuparam o papel de livreiros.[12] Mas os lamentos continuavam, reclamando do preço dos livros, caros ou porque eram importados, ou porque a produção nacional era pequena.

Santiago Nunes Ribeiro, redator da *Minerva Brasiliense*, é um dos queixosos, na resenha que escreve nos anos 1840 sobre o *Parnaso brasileiro*, coletânea organizada por J. M. Pereira da Silva e editada por Laemmert. Elogiando a iniciativa, Nunes Ribeiro reivindica "meios de imprimir e vender livros recreativos e morais, por preços cômodos", indignado porque os livros baratos são publicações de baixo nível que, em vez de ensinar, deseducam os leitores:

> A barateza relativa é uma das causas de maior extração que têm as imorais e estúpidas produções – *Vida de Flaubas, Citador, Compadre Mateus* –, e outras que, por muito espalhadas, chegam à mão das mães de famílias, da donzela, do jovem

---

11 Em 1870, realizou-se o primeiro censo no Brasil, que verificou, para uma população de 10 milhões de habitantes, a existência de 66,4% de analfabetos. Cf. Renault, *Rio de Janeiro: A vida da cidade refletida nos jornais* (1850-1870); Id., *O dia-a-dia no Rio de Janeiro segundo os jornais* (1870-1889).

12 Sobre editores e livreiros, cf. Azevedo, Origem e desenvolvimento da imprensa no Rio de Janeiro. *Revista Trimestral*, p.169-224; Cabral, *Anais da Imprensa Nacional do Rio de Janeiro de 1808 a 1822*; Hallewell, *Books in Brazil: A History of the Publishing Trade*.

que principia os seus estudos etc., e que tanto pervertem a razão, a imaginação e o sentimento desses leitores.

A seguir, cita medidas que poderiam ser copiadas:

> A imprensa belga parecia habilitada para dar os livros franceses por um preço muito inferior ao de Paris. Entretanto, Charpentier publicou a sua biblioteca, e mostrou que podia dar edições mais corretas e em tudo preferíveis às contrafeitas pelos belgas, e por preços muito baixos. Temo que alguns exemplos destes poderiam ser imitados no Brasil.[13]

Santiago acredita que, se a imprensa "tivesse sido mais ativa, a instrução pública teria ganhado muito", exemplificando com a atitude dos Laemmert, de encomendar e patrocinar o *Parnaso*. O crítico parece referendar o "A quem ler" que abre a antologia de Pereira da Silva, na qual os editores, sem qualquer modéstia, apresentam a obra como "agradável e interessante, muito útil a todos os brasileiros, que com sua leitura adquirirão gosto e instrução, equivalendo ela a um curso de literatura, e seleção de modelos de boa e sã poesia".[14] O artigo de Santiago Nunes Ribeiro flagra raro momento de lua de mel entre o crítico, o editor e o autor; usualmente não são comuns afinidades de interesses nem de pontos de vista entre a tríade, mesmo quando se trata de obras com finalidade didática. A precariedade de condições disponíveis para a vida intelectual do Brasil do século passado era tal que nem sempre a produção envolvia a dupla instância autor/editor (livreiro) inaugurada pela modernidade.

Na falta de editores, apelava-se para o governo. Manuel Antônio de Almeida, que, quando trabalhava na imprensa carioca, pôde publicar seu *Memórias de um sargento de milícias*, viu-se ao final da década de 1850 sem editor. Recorreu a José de Alencar, então membro do Parlamento e capaz de auxiliá-lo a lançar o segundo volume de *O Brasil pitoresco*, de Charles

13 Ribeiro, Parnaso brasileiro, *Minerva Brasiliense*, ano 1, n.2, p.54.

14 Os editores, A quem ler. In: Silva, *Parnaso brasileiro, ou Seleção de poesias dos melhores poetas brasileiros desde o descobrimento do Brasil*.

Ribeyrolles, com tradução feita pelo ficcionista, desde que obtivesse ajuda do orçamento público. A carta de 13 de junho de 1861 registra a operação proposta ao escritor cearense, que acabou não se realizando, talvez devido à morte do remetente, ocorrida no mesmo ano:

> V. há de ter paciência de ler esta carta até o fim, por comprida e malsoante que ela lhe pareça. Trata-se de um negócio para mim da mais decidida importância, e espero das boas relações que nos ligam, que isso lhe não será indiferente. V. sabe se eu tenho ou não lutado com a vida, e se mereço dos que me são afeiçoados auxílio e proteção. É um grande favor que lhe quero pedir, mas V. deve crer que, com tudo quanto lhe vou dizer, não tenho de modo algum a pretensão [de] violentar a sua integridade: V. me servirá se a isso se não opuser o voto de sua consciência.
>
> V. conhece a ideia da obra publicada pelo Victor Frond e pelo Ribeyrolles – O Brasil Pitoresco. – Pela parte até hoje conhecida pode-se desprevenidamente verificar se houve ou não consciência no trabalho e boa-fé nos compromissos. Morto o Ribeyrolles, nem por isso desistiu o Frond de completar o seu plano, isto é de prolongar a todo o Império o trabalho até aqui unicamente feito sobre o Rio de Janeiro. Já vê V. que é uma empresa grandiosa. Chamou-me o Frond para seu sócio, e eu não duvidei aceitar, visto a honestidade e utilidade do trabalho: a empresa é hoje, pois, de nós ambos.
>
> [...]
>
> Para empresa porém de semelhante vulto, sabe V. muito bem que não bastam unicamente os recursos particulares; se não houver auxílio oficial nada se poderá levar a efeito. Tínhamos pensado a princípio em pedir às Câmaras um auxílio de loterias, e já se havia disposto tudo para isso, quando nos ocorreu a lei do ano passado, que acabou com esse modo de auxílio oficial. O João de Almeida Pereira, que é nosso principalmente protetor, e que se tem conosco empenhado pelas promessas mais formais, lembrou-se então de fazer passar na lei do orçamento deste ano um artigo autorizando o governo a prestar-nos o seu concurso. É nisto que V. nos pode prestar a maior utilidade, não só pelo seu voto simples como Deputado, mas principalmente como membro da comissão de orçamento.

> Segundo as asseverações de João de Almeida, o governo está disposto em nosso favor, e por promessas que nos têm sido feitas a ideia não sofrerá impugnação alguma por parte da oposição. Não trago isto para pesar sobre o seu espírito com autoridade de gênero algum, mas unicamente para pô-lo ao corrente do estado do negócio.
>
> Já vê pois V. que tudo está bem encaminhado. Espero portanto que de sua parte não virão embaraços. V. pode entender-se com o João de Almeida a respeito, e pelo que ele lhe disser conhecerá melhor a veracidade do que assevero.[15]

O historiador Francisco Adolfo de Varnhagen preferiu um caminho mais curto, dirigindo-se logo a Pedro II, de quem aparentemente era íntimo, a se julgar por sua correspondência. Numa carta de 2 de dezembro de 1853, não pede para si mesmo, e sim para o amigo Ferdinand Denis, conhecido dos brasileiros, mas carente de editores:

> Em Paris parei só o tempo necessário para me entender com os artistas, e de novo serviu de muito a intervenção do benemérito do Brasil Ferdinand Denis, que trabalha tanto em favor de V. M. e do Império, que quase me atrevo a dizer que ainda está por gratificar convenientemente. É um literato que vive bastante modicamente; e que nem pode imprimir o que tem escrito quando não encontra editor. Assim lhe acontece agora com uma *Bibliografia do Brasil* que tem pronta, e que por falta de uns dois contos de réis não imprime. Creio que seria bela a ocasião para V. M. I. poder, sem lhe ofender o melindre, poder gratificá-lo das despesas que ele deverá ter feito com o célebre álbum de que ainda em Paris se fala.[16]

Dois anos depois, pronto o segundo volume de sua *História geral do Brasil*, Varnhagen não hesita em recorrer de novo ao imperador, a quem homenageia com um retrato na abertura do livro, pedindo para liberá-lo do pagamento dos direitos de importação, já que teve muitas despesas com a impressão da obra:

---

15 Almeida, *Obra dispersa*, p.107-8.

16 Varnhagen, *Correspondência ativa*, p.209.

Não hesitei em responsabilizar-me por todos os gastos adiantados. E a obra já está cara; e ainda seu preço tem de aumentar para o público com o acréscimo do transporte; e por fim do tributo que cada exemplar de entrada na alfândega, se, por influxo de V. M. I., o Seu ilustrado governo não tomar a este respeito algum arbítrio protetor, *dispensando a obra nesta edição dos direitos de entrada.*[17]

Na falta de livreiros, apelava-se para a venda direta, como mostram, ao longo do século XIX, os registros de autores oferecendo seus livros por meio de subscrições. Januário da Cunha Barbosa, ainda que na época diretor da Tipografia Nacional, anuncia a venda de seu *Parnaso brasileiro*, coletânea que antecedeu e inspirou a de Pereira da Silva:

Subscreve-se para esta obra nas casas dos srs. Veiga, rua da Quitanda, esquina da de S. Pedro; E. S. Plancher, rua do Ouvidor n. 95, e na Tipografia Nacional. O preço da subscrição é de 2$000 rs. pelo volume, pagos adiantados, e o de cada um dos quatro números avulsos, é de 600 rs., quando não contenham mais de oito folhas de impressão.

Acham-se à venda nas mencionadas casas os números do primeiro volume, e se vendem pelos preços anunciados.

Os srs., que subscreverem, poderão mandar receber esta obra nas casas em que fizerem a assinatura, logo que pelos diários se anuncie a publicação de cada um dos números do *Parnaso brasileiro*.[18]

A prática se reproduz em outras regiões do Brasil: Antônio Álvares Pereira Coruja, professor gaúcho e autor de obras didáticas, também patrocina anúncios pela imprensa, incluindo-se uma botica e vários negociantes locais entre os pontos de venda de sua mercadoria:

Nas lojas dos srs. João Baptista da Silva, João Pedro Freire Barém, e Cândido José Ferreira Alvim, se vendem os *Compêndios da gramática nacional* de A. A. P. Coruja.[19]

---

17 Ibid., p.229, grifo do autor.

18 Barbosa, *Parnaso brasileiro* ou Coleção das melhores poesias dos poetas do Brasil, tanto inéditas, como já impressas.

19 Publicado em *O Mensageiro*, jornal farroupilha de Porto Alegre. Transcrito em Mottin et al., *O ensino universitário e as fontes da Revolução Farroupilha*, p.44.

> Acha-se impresso o *Compêndio da gramática da língua nacional* por Antônio Álvares Pereira Coruja, contendo muitas regras da sintaxe modernamente adaptadas, e várias observações úteis aos principiantes; ficará encadernado até o fim do corrente mês.
>
> Subscreve-se a 1.280 rs. cada exemplar na loja do sr. João Ferreira de Assis, na do sr. João Pedro Freire Barém, e na botica do sr. Antônio Simões Pereira Júnior.[20]

Também a venda direta foi um recurso a que apelou o mesmo Coruja, que, em meio a outras vendas (como a de escravas), anuncia livros de diferentes gêneros e autores, inclusive o seu, sinal da improvisação que marcava o comércio livreiro:

> Na Rua da Graça, na casa de Antônio Álvares Pereira Coruja vende-se uma escrava crioula ainda moça que faz todo o serviço de uma casa, e tem muito préstimo para roça. Também se vendem os livros seguintes: Sintaxe de Dantas, dicionários franceses da Academia, obras grandes de Virgílio, Eutrópio, Horácio e Fedro, Ortografia de Madureira, Dicionário de Moraes 4ª edição, Magnus Lexicon Latino, 6 volumes da Coleção de Leis do Brasil, e Dicionário Geográfico de Vosgien, e Compêndios da Gramática Nacional.[21]

João do Rio lembra como, ao tempo do Romantismo, funcionava o regime de venda direta dos livros, "quando se manda(va) vender, como José de Alencar e o Manuel de Macedo por um preto de balaio no braço, as suas obras de porta em porta, como melancias ou tangerinas".[22] Exemplo dramático da precariedade da infraestrutura disponível vem de Aquiles Porto Alegre. Membro de uma conhecida família de poetas e educadores, não se livra de ter de bater de porta em porta à procura de interessados em suas publicações, como recorda seu ex-aluno, o crítico Augusto Meyer:

---

20 Publicado em *O Recopilador Liberal*, jornal farroupilha de Porto Alegre. Transcrito em Mottin et al., op. cit., p.72.

21 Publicado em *O Mensageiro*, jornal farroupilha de Alegrete. Transcrito em Mottin et al., op. cit., p.46.

22 Rio, *O momento literário*, p.326.

Eu também não sabia que era tão compreensivo e humano o velhinho Aquiles. Via-o às vezes na Praça da Matriz, arrastando os passos pela calçada, a carregar a maleta cheia de livros, que oferecia à venda, de porta em porta: *Folhas caídas*, *Homens ilustres do Rio Grande do Sul*, *Flores entre ruínas*, *Através do passado*, *Paisagens mortas*, *Serões de inverno*, *Palavras ao vento*, *À sombra das árvores*. Foi a primeira imagem viva que receberam os meus olhos ingênuos do destino de um escritor em nossa terra, imagem melancólica mas ao mesmo tempo homérica e pitoresca, do poeta errante e pobre, que bate de porta em porta, e ouve resmungos vagos, promessas de promessas:

– A vida está cada vez mais cara...[23]

O caminho das pedras

Em muitos escritores, fica difícil separar o papel de vítimas das regras do sistema vigente do papel de coniventes com elas, ao editarem e venderem livros por conta própria, renunciarem aos direitos autorais, aceitarem pagamentos simbólicos por sua produção. O romance de Orígenes Lessa *O feijão e o sonho*, publicado em 1938, ilustra a situação.

Protagonizado pelo poeta Campos Lara, conta as agruras de sua família e dele, representante do artista pouco prático, indiferente ao dinheiro. A cena em que é obrigado a fazer versos de propaganda para um açougue, como maneira de pagar a carne, emblematiza o conflito vivido pela personagem.

A cena abre com o açougueiro explicando a Campos Lara por que pede a ele que atenda a seu pedido: "[...] Eu podia recorrer a qualquer outro. O sr. sabe que poetas não faltam. Eu podia pedir a qualquer vagabundo que me fizesse uns versitos... Mas eu não sou desses. Poesia, eu quero-a bem feita, por quem sabe fazer...".[24]

Só depois é que ele esclarece o que tem em mente: "E eu queria que o doutor me fizesse uns versitos, de propaganda da casa". Como Campos Lara hesita, o açougue avança: "Não pense que vim me prevalecer da situação,

23 Meyer, *No tempo da flor*, p.64.

24 Lessa, *O feijão e o sonho*, p.21.

doutor. Eu pago. Eu pago. Posso até descontar aí na conta...". O resultado é um conjunto de oito quadras que seguem o padrão da primeira:

> *Carne boa, de primeira,*
> *Para a janta e para o almoço,*
> *Sá a vende a Açougue Ceuta,*
> *Peso certo e pouco osso...*

Aparentemente, o crime compensara, pois, embora fosse "doloroso" o processo, Campos Lara recebera "o pagamento do homem: um quilo de filé, bem pesado...".[25]

Contudo, o desconforto da personagem com a situação não vai além de vago mal-estar, pois ele não concebe seu trabalho como rentável, nem tampouco que caiba a editores o financiamento da publicação de textos. Talvez nem se possa identificar com o editor a figura do dono de uma papelaria e tipografia, o *Romano*, segundo o protagonista, "um grande protetor dos escritores, um grande amigo dos livros, com quem conversara sobre os dois volumes que tinha prontos para o prelo". Entusiasma-se com a hipótese de ver sua obra publicada pelo livreiro, comentando para a esposa: "É mais um livro que sai. Eu até não sei qual deles publico primeiro, se *Mãe Vicência*, ou o *Borba Gato*".

Conhecedora dos arroubos do marido, Maria Rosa logo pergunta: "quanto você vai ganhar?". Comenta o narrador, evidenciando a natureza pouco pragmática do escritor:

> Nunca passara pela cabeça de Campos Lara que um livro de versos fosse objeto de lucro. Dava graças a Deus que um livreiro estivesse disposto a fazer a bobagem de publicá-lo. Parecia-lhe até um crime pensar quanto em dinheiro lhe poderia render o *Borba Gato* ou qualquer outro poema.
>
> – Você também só pensa em dinheiro![26]

25 Ibid., p.27.
26 Ibid., p.112-6.

Representante de uma tradição cultural em que talento não se mistura com dinheiro, Campos Lara corporifica a inserção pré-capitalista do escritor no mercado de trabalho. Ao considerar Romano "um grande protetor dos escritores", faz regredir a relação editor/autor e, fora de qualquer lugar, espera que, com o tempo, o reconhecimento venha, e com ele a remuneração apropriada. Quando os tem, suas expectativas de pagamento são baixas; além disso, os honorários não precisam decorrer, diretamente, de uma adequada mercantilização de seus escritos.

Mas a recompensa por tanta abnegação chega, enfim; depois de muito penar, Campos Lara consegue negociar a edição de um romance, "pela primeira vez com vantagem. Recebera um conto e pico, antes mesmo da entrega dos originais. Um editor novo e audacioso, a quem lera os originais, entusiasmara-se com o trabalho".[27] Esse romance abre-lhe as portas da imprensa, onde tem "trabalho para quase toda a noite e ordenado modesto. Mas pago em dia. Não chegava a cobrir as despesas. Deixava de pé, violentas, ameaçadoras, as velhas dívidas. Mas já entrava pão, o açougue fornecia".[28] O sucesso indiretamente obtido com os livros tem um efeito colateral digno de atenção: parece tornar Campos Lara um homem mais objetivo, criador de obras rentáveis, novo perfil ao qual o estilo indireto livre não deixa de conferir uma ponta de amargura, transparente na despedida do velho modelo: "o êxito do romance dera-lhe alma nova. E certo de que passara a ser um homem prático, materialão, desistira da poesia. Verso não dava lucro. Só faria romances".

Todavia, Campos Lara, embora a caminho, não é ainda um profissional da literatura; escritor com público garantido, encontra enfim o lugar de trabalho ideal para conciliar emprego com atividade de criação – o serviço público: "o seu nome enchera de tal forma o país, que um deputado amigo se lembrou de arranjar-lhe uma achega. Campos Lara, além de ser o maior romancista nacional, era amanuense de uma secretaria de estado".[29]

27 Ibid., p.181.
28 Ibid., p.185.
29 Ibid., p.191.

É nessa passagem que o romance de Orígenes Lessa remete a uma prática vigente no Brasil desde a transplantação do governo português para terras americanas. Incapaz (ou incapacitado) de articular uma política cultural que ultrapassasse as funções mecenáticas do Estado, o governo acabou transformando o serviço público em instância supletiva de uma política cultural e educacional pouco eficiente, já que falhou sempre na construção da infraestrutura essencial à modernização da produção literária.

Se o Estado não se responsabilizava pela alfabetização do público nem preservava os interesses do país no mercado nacional, a nomeação de escritores para cargos públicos consistia, de um lado, na confissão de sua impotência institucional; de outro, na tentativa de remendar a impotência de forma canhestra, mutilando simultaneamente a instituição literária, por não reconhecê-la como tal, e o serviço público, no qual postulava a existência do ócio necessário à criação.

Na figura de Campos Lara concentram-se traços de vários autores brasileiros, o que o faz uma espécie de arquétipo: redige reclames, como Olavo Bilac, é amanuense de prestígio, como Machado de Assis, possui bela cabeleira branca, como Coelho Neto e, como este, é violentamente criticado pelos modernistas, que veem nele o cânone tradicional a derrubar. Por sua vez, seus poemas alinham-se à estética parnasiana, e seu alheamento combina bem com o Simbolismo. Síntese do escritor brasileiro do final do século XIX, em Campos Lara se representa a falta de profissionalismo reinante no âmbito das Letras e o conformismo com que o artista lida com a ausência de estrutura socioeconômica que possibilite a mudança de situação.

Antes de alcançar o relativo sucesso que lhe permite obter emprego público e repercussão entre leitores e letrados, Campos Lara, recém-casado, endividado e acossado pela esposa, concorda em dar aulas no interior de São Paulo. Abraçar a profissão de professor é a alternativa que se oferece ao intelectual das letras, quando o jornalismo não é financeiramente compensador ou o cargo de amanuense ainda não apareceu.

Essa é também a opção que resta, em 1861, a Manuel Antônio de Almeida, cuja pobreza, somada à necessidade de sustentar irmãs e mãe, levou-o a buscar "um dos lugares da inspetoria itinerante da escola na Província", que lhe renderia "coisa de 3:600$",[30] conforme comunica a Quintino Bocaiuva, com quem mantém uma correspondência regular. A mesma escolha faz seu contemporâneo Salvador de Mendonça, que, quando se muda para São Paulo, leciona latim:

> Ao chegar a São Paulo, fui morar no Largo de Santa Ifigênia, para ficar próximo do Colégio Júlio Galvão, em que havia ajustado por cento e cinquenta mil-réis mensais, três horas de aula diárias, que de mais a mais eram sempre as mesmas aulas de Latim, que parecia estarem sempre por toda parte à minha espera.[31]

Por uma parte, escritores como os que inspiraram Orígenes Lessa aceitam a marginalidade decorosa, transformando-a em estilo de vida, ou dirigem-se para o magistério, profissão apenas colateralmente associada às Letras, mas na época já dominada pelas mulheres. Por outra, o sistema incentiva o compadrio e a colaboração mútua, na base do relacionamento com os famosos que podem abrir facilmente as portas das editoras. Ilustra o segundo caso o correspondente de Machado de Assis, Magalhães de Azeredo, que procura o socorro do romancista e, valendo-se do prestígio deste, converte-o de certo modo em seu agente literário. Machado é a alavanca de que Azeredo precisa, para ter seus livros lançados no mercado carioca, como indica a correspondência trocada entre os dois durante anos.

O primeiro pedido de Azeredo, diplomata que vive no exterior, diz respeito à publicação de um volume de poemas. Solicita a Machado que intermedeie o contato com Lombaerts, editor a quem oferece os originais, na carta de 2 de junho de 1889:

> V. Excia. teve a bondade de tomar sobre si o encargo de propor ao sr. Lombaerts a impressão do meu livro de versos e informar-me do que houver a respeito.

30 Almeida, op. cit., p.111.

31 Mendonça, Cousas do meu tempo, *Revista do Livro*, p.144.

> Aproveitando-me dessa fineza, a qual de todo o coração sou grato, devo dizer a V. Excia. – porque convém que o editor o saiba – que o volume com certeza não passará de 200 páginas, quando muito, em 8º, que o papel deverá ser bem regular, o tipo proporcional à dimensão das folhas, e que não são precisos mais do que 450 ou 500 exemplares. Isto, V. Excia. far-me-á o obséquio de comunicá-lo ao sr. Lombaerts, não esquecendo empregar toda a sua influência com ele para que faça tudo pelo mínimo preço; pois, ainda que sei que um escritor, ao publicar o seu primeiro trabalho, não deve mirar a nenhum lucro, contudo cumpre reconhecer que a economia deve presidir aos gastos de quem, como eu, embora haja de que viver, ainda, por sua pouca idade e suas condições, não pode ganhar honradamente com o suor de seu rosto aquilo que consome.
>
> Espero que Va. Excia., logo que puder, me escreverá sobre este negócio, e me fará o prefácio, que gentilmente prometeu para o meu livro.[32]

O texto é primoroso: ao mesmo tempo em que proclama sua pertença às classes superiores ("embora haja de que viver"), o missivista aceita as regras do jogo segundo as quais escrever não é lucrativo ("um escritor, ao publicar seu primeiro trabalho, não deve mirar nenhum lucro") e amolda-se ao sistema como método de vida ("a economia deve presidir aos gastos") sem que, no entanto, o mesmo princípio se aplique a seu destinatário a quem, ao lado de fastidiosos detalhes, encomenda um prefácio.

A novela prossegue: em 3 de julho do mesmo ano, Azeredo dá novas informações sobre o andamento da negociação com Lombaerts:

> O caso é este: na véspera da minha vinda, fui ao Lombaerts tratar da impressão do meu livro. Pediram-me por mil exemplares um conto e cem mil-réis. Como vê, não é soma para desdenhar; e não sei se nesta ocasião me acho em condições de despendê-la. Não seria possível entrar em um acordo com a casa Lombaerts, ou outra de mesmo gênero, já não digo para me comprarem

32 *Correspondência de Machado de Assis com Magalhães de Azeredo*, p.15.

a edição, mas para m'a fazerem, com o papel e o tipo que eu escolhesse, gratuitamente, ou por preço muito menor, ficando ela pertencendo ao editor, e tendo eu apenas direito a 150 ou 200 exemplares? Como V. Excia. deve ter grande prática destas coisas, e eu não tenho nenhuma, pensei logo em consultá-lo acerca desta ideia; rogo-lhe me diga com franqueza se haverá possibilidade de realizá-la. Creio que, continuando eu a colaborar por algum tempo na *Gazeta*, adquirindo assim o meu nome certa publicidade aí, o livro será procurado – tanto mais que terá no prólogo de V. Excia. a melhor apresentação para o público.[33]

O persistente diplomata consegue enfim ver o livro editado e, sempre recorrendo a Machado, pede-lhe a ajuda na divulgação da obra. Como é escritor prolífico, logo tem um novo manuscrito pronto: de Montevidéu, em 7 de novembro de 1895, solicita que Machado o ponha em contato com Laemmert. Longe do país, Azeredo gerencia, sempre prevendo o auxílio do romancista, o lançamento de nova obra durante uma projetada estada no Rio de Janeiro:

Aproveitarei a ocasião para publicar aí as *Procelárias*, que, já prontas, estão pesando inutilmente na minha bagagem. Não esqueceu seguramente a sua promessa de escrever o prólogo desse livro. Mandar-lho-ei para esse efeito, logo que as composições dele estejam definitivamente classificadas. Outro favor que lhe peço desde já é o de entender-se com o Laemmert, seu editor, para que ele se associe a mim, mediante uma comissão razoável, para a venda do volume. Bem sabe que certos cuidados comerciais, necessários à vida de um livro, não os pode empregar o autor, incompetente e inexperto em tal assunto. A casa Laemmert pela sua influência e pela sua honradez oferece as melhores garantias.

O meu primeiro intento era propor ao Laemmert a edição das *Procelárias* vendendo ou mesmo cedendo o manuscrito para que ele tomasse a si as despesas da impressão, ficando com a propriedade da obra, ou as dividisse comigo, dividindo também os lucros na mesma proporção. Creio que não seria difícil realizar um contrato assim; mas o que me impede de oferecê-lo é a quase ab-

33 Ibid., p.17.

> soluta certeza de que o meu livro, imprimindo-se aí, não estaria pronto, nem em quatro, nem, porventura, em seis meses. *A Alma primitiva* foi uma boa lição a tal respeito. Levou-me quase um ano.[34]

Mesmo registrando a incompatibilidade entre tino comercial e talento literário, Magalhães de Azeredo, nas entrelinhas, revela-se uma exceção à regra, tão atento está aos mínimos gestos que podem favorecer uma recepção mais favorável de seu livro, como o prometido prólogo de Machado. No entanto, ao levantar a alternativa de ceder/dividir a propriedade de sua obra, parece estar fazendo apostas muito mais altas do que o cacife de que dispõe.

Aparentemente Machado cumpre com diligência a missão que lhe fora confiada, de modo que, em 20 de janeiro de 1896, presta contas de seu trabalho:

> Já lhe escrevi respondendo à carta última que daí recebi. Disse-lhe então que falaria ao Laemmert, e mandaria resposta por um bilhete. Este é o bilhete. [...] Confessou-me que a impressão não ficaria acaba [*sic*] nos quatro ou cinco meses. Quanto à proposta de ocupar-se somente da venda e das despesas de anúncio e distribuição, disse-me que pede 40%. Pedirá apenas 20%, se as despesas de distribuição e anúncios correrem por conta do autor. Creio que a primeira forma é preferível; um autor é menos próprio para cuidar das minúcias, e isso mesmo creio que me disse em sua carta.[35]

Como se vê, editores sabem bem fazer jogar a seu favor a (tantas vezes assumida) fragilidade canhestra do escritor – sobretudo do poeta – na instituição literária. Os Laemmert reconhecem o que lhes convém; nem por isso a pertinácia de Azeredo esfria: não aceita a proposta, nem Laemmert, a sugestão de arcar com as despesas da impressão no exterior. Sem saída, o poeta opta por financiar a edição, agora na Itália, onde se encontra no final da última década do século.

---

34 Ibid., p.70-1.

35 Ibid., p.76.

As transações tomam tempo, mas enfim o livro fica pronto. O autor enfrenta a próxima etapa de sua batalha: a divulgação dos poemas, socorrendo-se mais uma vez das amizades brasileiras, com o que de novo desmente, na minúcia das solicitações, a imagem de "incompetente e inexperto em certos cuidados comerciais, necessários à vida de um livro", como se apresenta numa carta anterior.

A nova solicitação, além de atestar a eficiência de Azeredo para mascatear o elogio do público, desvela, nas entrelinhas, o compadrio vigente na crítica militante, cuja inocência, de resto, já se perdera no papel desempenhado por Machado, protetor do diplomata e alcoviteiro de livros:

> Eu lhe peço também que se esforce por que o volume seja lido, muito lido no Brasil; se encontrar ocasião, anime e favoreça o aparecimento de algum estudo crítico sobre ele, pois isso é o que eu desejo – notícias de jornais não me bastam. O José Veríssimo prometeu-me que escreveria ele próprio sobre as *Procelárias*; lembre-lhe isso, e consiga que o faça breve. O Araripe também pode escrever alguma cousa. Não cuide que eu ande à cata de elogios; longe de mim tal ideia! O que eu quero – e que todo o escritor sério tem o direito e quase a obrigação de querer – é ser estudado com atenção, obter o juízo sincero dos competentes, mesmo que eles sejam um pouco severos. O que acharia triste e desolador seria ver apenas mencionado, e vagamente louvado, em notícias banais da imprensa diária, um livro feito com amor, e que diz e vale alguma cousa.[36]

A dar conta das muitas solicitações que lhe faz o poeta, Machado não tem mãos a medir, encomendada que está a tramitação dos livros de seu amigo em todas as instâncias da instituição literária.

A aparentemente justa expectativa de Magalhães de Azeredo de que "sua obra seja estudada com atenção" não representa pouca coisa. Ser "estudada com atenção" constitui a primeira etapa da canonização de um escritor, de vez que a simples atenção da crítica – na época muito bem representada pelas citadas figuras de Veríssimo e Araripe Jr. – já vale como reconhecimen-

36 Ibid., p.157.

to da literariedade do texto, pré-requisito fundamental para a legitimação de sua qualidade. Por isso, a proclamada modéstia da pretensão declarada vela a desbragada ambição de uma recepção festiva e favorável na república das Letras.

A roda-viva continua: na mesma carta, Azeredo anuncia a existência de um novo original, pronto para o prelo, e pede-lhe, mais uma vez, a interferência junto a Laemmert para ver o inédito lançado na forma de livro, no Brasil:

> A propósito das *Baladas e fantasias* vou pedir-lhe um favor, com a confiança do costume. É o de tomar a si o encargo de perguntar ao Laemmert se quer ser o editor desse livro; exponha-lhe estas condições que me parecem bem pensadas: 1. pelo original ele dará a retribuição que tem dado a outros autores, nesta época, em circunstâncias idênticas; e nesse ponto fica o meu querido Mestre inteiramente senhor de agir como quiser. 2. Quanto à impressão do livro, parece-me conveniente fazê-la aqui na Europa, não porque assim sairá imensamente mais barata que sendo feita no Brasil, mas também porque estando eu aqui para fiscalizar tudo a garantia será completa para a boa revisão das provas e a beleza artística do volume; para isso eu tenho certo gosto, e o livro das *Procelárias* impresso e arranjado todo segundo as minhas ideias o prova bastante. Entenda-se com a casa Laemmert a esse respeito, e mande-me a resposta. Eu não estarei mesmo longe, se esse negócio das *Baladas e fantasias* sair bem, de comprometer-me com essa livraria e tomá-la como editora de todas as minhas obras futuras *em prosa*, em termos razoáveis para mim e para ela. Sonde um pouco esses homens, e veja o que dizem. As obras poéticas eu prefiro reservá-las para mim, pois assim terei liberdade para fazer delas edições a meu gosto, da mais elegante forma.[37]

Como se vê, Magalhães de Azeredo não é só um escritor prolífico, mas também um missivista incontinente; ao lado, é claro, de um escritor que conhece, de dentro e de cima, as normas da república das Letras. Recorrer,

---

37 Ibid., p.159.

na última década do século XIX, à mediação de Machado de Assis equivalia a estabelecer parceria com nada menos que o patriarca da literatura brasileira, tornando-se assim a aliança Azeredo/Machado a combinação da aristocracia com o talento.

Mas não obstante a aparente liberalidade dos termos nos quais Magalhães de Azeredo quer negociar sua obra, ele também (re)conhece as regras do jogo: antecipa, por um lado, as dificuldades de financiamento de uma obra a ser impressa na Europa, mas não deixa, por outro, de elencar as vantagens dessa publicação desterritorializada. Com razão: a precariedade do parque editorial brasileiro era, ao mesmo tempo, consequência e causa da precariedade da infraestrutura.

Assim, pois, entre mesuras e finesses, Magalhães de Azeredo representa, na vida real, outra dimensão da mesma situação vivida pelo Campos Lara da ficção. Desejando ver seu livro publicado, não hesita em apelar às mãos influentes que poderão ajudá-lo a atingir seu objetivo e chegar ao *hall* da fama. Vaidoso, administra o aparecimento e a divulgação de sua obra com eficiência, lançando mão dos mecanismos que o sistema vigente, baseado no clientelismo e na proteção, facultava e, mais que isso, requeria.

Autores, editores e comerciantes eram, nesse sentido e nessa época, coniventes com o *status quo*, e nem Magalhães nem Machado parecem estranhar que esse seja o sistema, pois jogam segundo suas regras. Se esse foi cunha para o diplomata ter acesso aos círculos mais altos das letras cariocas do fim do século, Azeredo escreveu "Machado de Assis", lançado em 1897 e reeditado em 1902, na obra *Homens e livros*, ensaio publicado em defesa do ficcionista, quando este foi atacado por Sílvio Romero em 1895.[38] Outra vez "aquela luva" estava sendo "feita para aquela mão"?[39]

Fissuras em vez das finesses

Tanto jogo de influência e salamaleques ao sistema não quer dizer que não houvesse fissuras.

38 Zilberman, *Estética da recepção e história da literatura.*

39 Assis, *A mão e a luva*, p.242.

Havia.

O mesmo Machado, e na mesma época, reproduz na ficção e em tom de ironia o regime do mecenato, que buscava para uma obra um patrocinador dentre os novos-ricos da Corte, lisonjeados com a hipótese de serem considerados benfeitores das Letras e das artes. É nesse papel que reencontramos Rubião, o matuto mineiro protagonista de *Quincas Borba*, de 1891, que dilapida sua fortuna, entre outras razões, pela proteção, tal qual o Pedro II requisitado por Varnhagen, dada a escritores, jornalistas e sociedades literárias:

> Rubião protegia largamente as letras. Livros que lhe eram dedicados entravam para o prelo com a garantia de duzentos e trezentos exemplares. Tinha diplomas e diplomas de sociedades literárias, coreográficas, pias, e era juntamente sócio de uma Congregação Católica e de um Grêmio Protestante, não se tendo lembrado de um quando lhe falaram do outro; o que fazia era pagar regularmente as mensalidades de ambos. Assinava jornais sem os ler.[40]

Também serve de exemplo do avesso do conformismo vigente a medida de Quintino Bocaiuva, que, em 1862, idealizou a Biblioteca Brasileira, com o fito de *publicar* "mensalmente uma obra de autor nacional sobre qualquer ramo do conhecimento humano";[41] adotou também "o sistema de subscrições [...], com a assinatura a Rs. 12$000 por ano, para a Corte, o volume avulso a Rs. 1$500". Mas, como em vez de direitos autorais, o escritor "recebia cem exemplares gratuitamente",[42] parece que mesmo as iniciativas progressistas vinham marcadas por vícios antigos.

Na edição de 24 de março de 1862 do *Diário do Rio de Janeiro*, Machado de Assis comenta os preliminares e a importância patriótica da iniciativa:

> Pode-se dizer que o nosso movimento literário é dos mais insignificantes possíveis. Poucos livros se publicam e ainda menos se leem. Aprecia-se muito

---

40 Id., *Quincas Borba*, p.283.

41 Sousa, A *Bibliotheca Brasileira* e sua história. In: *Machado de Assis e outros estudos*, p.235.

42 Ibid., p.236.

a leitura superficial e palhenta, do mal travado e bem acidentado romance, mas não passa daí o pecúlio literário do povo.

É no meio desta situação que se anunciam duas publicações literárias: *Biblioteca Brasileira*, publicação mensal de um volume de literatura ou de ciência, de autores nacionais, e o *Futuro*, revista quinzenal e redigida por brasileiros e portugueses.

[...] A *Biblioteca* é dirigida por uma associação de homens de Letras. Tem por fim dar publicidade a todas as obras inéditas de autores nacionais e difundir por este modo a instrução literária que falta à máxima parte dos leitores.

Como se vê, serve ela a dois interesses: ao dos autores, a quem dá a mão, garantindo como base da publicação de suas obras uma circulação forçada; e ao do público, a quem dá, por módica retribuição, a posse de um bom livro cada mês.

Com tais bases, não há negar que entra nesta instituição de envolta com o sentimento literário muito sentimento patriótico. Em que pese aos que fazem limitar a pátria pelo horizonte das suas aspirações pessoais, é assim. E são destes serviços ao país que mais fecundam no futuro.[43]

A iniciativa durou apenas um ano, mesmo assim, com frutos: o primeiro volume de *As minas de prata*, de José de Alencar, e a reedição de *Memórias de um sargento de milícias*, de Manuel Antônio de Almeida. Embora promissora, a coleção teve de ser suspensa depois de lançadas doze obras; Quintino ainda tentou manter a ideia transformando-a numa revista, que, todavia, não ultrapassou o terceiro número.

Escritores e intelectuais no papel de editores foi uma das soluções buscadas para sanar a carência de meios de divulgação do trabalho literário. Experiências como a da Biblioteca Brasileira se repetiram em outras partes do Brasil, dando origem, por exemplo, à Biblioteca Rio-Grandense, cuja intenção, conforme os proprietários da Livraria Americana, de Porto Alegre, em 1875, era funcionar segundo um sistema de assinaturas, o que garantiria a continuidade das publicações. É esse, pelo menos, o plano defendido por J. J. da Silva, editor de *Paisagens*, contos de Apolinário Porto Alegre, na última página desse livro, que constituía o primeiro volume da projetada série:

43 Assis, Diário do Rio de Janeiro. In: *Crônicas*, p.148-9.

Do romance e do drama, que representam a feição característica de um povo, se ocupará especialmente a publicação que intento.

O Rio Grande do Sul, cujo passado tradicional fá-lo elevar-se grandioso entre as suas coirmãs do império, tem inesgotável assunto para a sua literatura.

É tempo que seus fastos heroicos, suas lendas, seus usos e costumes, venham à luz.

Com estas vistas tomei a ombros a empresa, para a qual peço a proteção pública.

Farei aparecer mensalmente um volume de duzentas ou mais páginas, com leitura instrutiva e amena.

Enceto a minha edição com as *Paisagens*, coleção de contos, cuja autoria é da ilustrada pena de "Iriema", tão conhecida, quanto entusiasticamente festejada.

Hilário Ribeiro, que na literatura dramática já elevou seu nome, no conceito de autoridades, preencherá o segundo volume com o drama *Lucinda*.

O Crioulo do pastoreio, lenda rio-grandense, ainda por "Iriema", fechará a primeira série de assinaturas.

Se, além das assinaturas que espontaneamente vierem-me animar, a solicitude pública corresponder ao apelo que daqui lhe faço, em breve darei maior desenvolvimento a esta útil publicação.[44]

Mas o plano gaúcho de J. J. da Silva teve o mesmo destino inglório do de Quintino Bocaiuva, limitando-se a poucos livros além do inaugural de Apolinário Porto Alegre.

Com Adolfo Caminha em "Editores", uma de suas *Cartas literárias*, de 1895, o encaminhamento da questão muda de patamar. Embora a alteração não seja definitiva, o crítico ataca o problema pela raiz, fazendo pesadas acusações aos editores, cujos "monopólio, [...] ganância e desenfreada ambição"[45] considera responsáveis pelo triste quadro do escritor nacional:

Não há por aí quem desconheça que o escritor brasileiro, na maioria dos casos, vive tristemente de um mísero emprego público, sem recursos de outra

44 Silva, Duas palavras. In: Iriema [Apolinário Porto Alegre], *Paisagens*, p.262-3.

45 Caminha, Editores. In: *Cartas literárias*, p.147.

> espécie, ocultando-se da sociedade para não ser visto com os seus trajos de boêmio à força, macambúzio, chorando suas necessidades, alimentando-se mal, contraindo favores, enquanto não lhe chega o minguado subsídio com que vai pagar aos agiotas que o socorreram durante o mês.[46]

Para Caminha, a contraparte de um tal editor-vilão é o autor-vítima complacente, que

> não se incomoda muito com essa questão de brio ou dignidade literária; tanto lhe faz que o editor lhe ofereça um conto de réis ou um níquel por sua obra; viverá do mesmo modo alegre, feliz, cachimbando a sua indiferença pelos cafés, pela Rua do Ouvidor, pelo jornalismo. Todo seu interesse é que o livro seja publicado.[47]

Na outra extremidade do arco, Caminha aponta os escritores para os quais há "nada mais triste, nada mais ridículo que essa esmola dada misericordiosamente em paga do trabalho intelectual". Opondo a situação nacional à francesa, confessa que gostaria que o Brasil fosse como a França, onde, segundo ele, "os escritores vivem de seus livros, de sua pena, e chegam mesmo a enriquecer, quando a simpatia pública os protege". Caminha vai longe nas acusações, identificando na "febre de lucro, furor de riqueza, que acomete a todo editor brasileiro, a responsabilidade pela nossa miséria intelectual, porque se encarrega de perverter o gosto público, editando economicamente baboseiras a dez tostões o volume".[48]

É grande o rancor de Caminha pelos editores, a ponto de se recusar a prantear a morte de Garnier, para quem, segundo ele, "quase todos os escritores brasileiros, desde Alencar, pagaram seu tributo: os serviços que o velho Garnier prestou às letras foram largamente, abundantemente recompensados. Que o digam Machado de Assis e Aluízio Azevedo...".[49]

Machado não diria. Aliás, não disse.

---

46 Ibid., p.147-8.
47 Ibid., p.148.
48 Ibid., p.148-51.
49 Ibid., p.153.

Ou se disse, não escreveu. Nas resenhas que publicou, lê-se o elogio do já na época seu editor Garnier, como na referência ao livro do cônego Joaquim Caetano Fernandes Pinheiro, *Meandro poético*, de 1864, em que destaca "a impressão, feita em Paris: é o que são as últimas impressões da casa Garnier: excelente". E complementa: "Numa terra em que não há editores é preciso animar os que se propõem, como o sr. Garnier, a facilitar a publicação de obras".[50]

Por sua vez, o necrológio que fez de Garnier é famoso, e nele o ficcionista lembra o homem, de "gesto obsequioso, a fala lenta, os olhos mansos, [que] atendia a toda gente, a livraria, ponto de conversação e de encontro", e principalmente o editor, que apostou no escritor brasileiro:

> Editar obras jurídicas ou escolares não é mui difícil; a necessidade é grande, a procura certa. Garnier, que fez custosas edições dessas, foi também editor da obras literárias, o primeiro e o maior de todos. Os seus catálogos estão cheios dos nomes principais, entre os nossos homens de letras. Macedo e Alencar, que eram os mais fecundos, sem igualdade de mérito, Bernardo Guimarães, que também produziu muito nos seus últimos anos, figuram ao pé de outros, que entraram já consagrados, ou acharam naquela casa a porta da publicidade e o caminho da reputação.[51]

---

50 Assis, Diário do Rio de Janeiro. In: *Crônicas*, p.246.

51 Publicado em 8 de outubro de 1893, na *Gazeta de Notícias*, do Rio de Janeiro. Transcrito em: Assis, *A Semana*, p.395-400. Vale acrescentar a lembrança de Melo Morais Filho: "Éramos em plena revolta./ Maus fados dividiram os brasileiros em dois campos inimigos. O firmamento desta cidade semelhava à cúpula de um túmulo: precisava-se de ar e de luz./ Na manhã de 1º de outubro de 1893, artigos editoriais, tarjados de luto, nas folhas diárias, davam notícia do falecimento de Baptiste L. Garnier, o benemérito estrangeiro que levou mais longe os créditos intelectuais do Brasil, que todos os nossos diplomatas passados e presentes./ Amigos de há trinta anos, afrontando apavorado o feroz bombardeio da tarde, fomos à sua residência, no morro de Santa Teresa render-lhe as últimas homenagens./ Parecerá estranho! Ao saimento do magnânimo editor de tantas gerações de escritores, apenas três homens de letras compareceram: Machado de Assis, Leopoldo Pinheiro e o desvaloroso autor destas *Memórias*./ No mais, empregada de sua casa, e duas mulheres e em pranto". Morais Filho, *Factos e memórias*, p.291-2.

O que o texto não diz é que Garnier morreu rico, conforme Luís Edmundo,

> deixando quase sete mil contos, por uma época em que as livrarias, como a do Briguiet, eram montadas com dez contos de réis, legando toda a sua imensa fortuna ao irmão, já podre de rico, livreiro em Paris. À pobre mulher com quem vivia maritalmente deixou apenas 80 contos...[52]

Tampouco o necrológio diz que Garnier apostou principalmente em Machado de Assis, cujas primeiras produções escritas, novelas sentimentais destinadas ao público feminino, apareceram a partir de 1865 nos volumes do *Jornal das Famílias*, patrocinado pelo editor francês.

Mas Machado, que viveu primeiro do jornalismo e, depois, de um emprego público, sempre se deu bem com editores, como sugere outro necrológio, dedicado a Lombaerts, o mesmo que procurou a pedido de Magalhães de Azeredo:

> Durante muitos anos entretive com Henrique Lombaerts as mais amistosas relações. Era um homem bom e bastava isso para fazer sentir a perda dele; mas era também um chefe cabal da casa herdada de seu pai e continuada por ele com tanto zelo e esforço. Posto que enfermo nunca deixou de ser o mesmo homem de trabalho. Tinha amor ao estabelecimento que achou fundado, fez prosperar e transmitiu ao seu digno amigo e parente, atual chefe. *A Estação* e outras publicações acharam nele editor esclarecido e pontual. Era desinteressado em prejuízo dos negócios a cuja frente esteve até o último dia útil da sua atividade.[53]

Se Machado silenciou a respeito das relações entre editor e escritor, Coelho Neto não deixou de se manifestar, ao menos ficcionalmente. No romance *A conquista*, de 1898, segundo Lúcia Miguel-Pereira, "livro precioso para quem quiser reconstituir a vida literária dos fins do século passado",[54]

52 Edmundo, *O Rio de Janeiro do meu tempo*, p.705.

53 Escrito em 15 de julho de 1897, está publicado em Assis, *Obra completa*, p.1019.

54 Miguel-Pereira, *Prosa de ficção: 1870-1920*, p.267-8.

o narrador insinua que Garnier explorou Alencar, um dos carros-chefe de sua editora: "Alencar vendia os seus romances ao Garnier por quatrocentos mil-réis. Quantas edições tem *O guarani*? Está ainda na primeira e é conhecido em todo o Brasil. O editor fez com o romance o milagre de Tiberíade: multiplicou-o".[55] Noutro ponto da obra, discute a falta de remuneração do trabalho intelectual:

> – Por que não escreves contos? Tens tantas ideias...
>
> – Mas quanto pode dar um conto?
>
> – Um conto? Nada.
>
> – Então não pagam?
>
> – Não. Se queres ganhar alguma coisa emprega-te como noticiarista, mas vê lá: não digas que fazes literatura.
>
> [...]
>
> – Mas de que hei eu de viver então?
>
> – Sei lá!
>
> – Mas tu ganhas.
>
> – Ah! sim: escrevo um romance de seiscentas páginas e vendo-o por oitocentos mil-réis. Achas que vivo...?[56]

Segundo o livro, as alternativas limitam-se a tirar o diploma e exercer uma profissão liberal, ficando a literatura para as horas de ócio, "nas horas vagas, escrev(endo) o seu soneto, a sua quadra, sem querer viver da literatura", pois, como ali se explica, "o verso não paga a casa nem corre no armazém";[57] ou trabalhar no serviço público ou na imprensa, como, aliás, faziam os escritores e intelectuais da época de Coelho Neto, autor desse romance e dono de um currículo no qual se acumulam jornalismo, política e magistério, ao lado da caudalosa e contínua produção literária.

Como era essa imprensa, que pagava a conta das Letras?

---

55 Coelho Neto, op. cit., p.264.

56 Ibid., p.197.

57 Ibid., p.220.

As letras inadimplentes

Desde os anos 1850, quando se estabiliza o regime monárquico de Pedro II, a imprensa vinha constituindo a opção preferida dos postulantes a escritores. A partir da campanha pela Independência e, depois, durante o reinado de Pedro I, o jornalismo brasileiro era fortemente politizado, tomando posição ostensiva diante das candentes questões políticas da época. Charles Ribeyrolles, jornalista francês que conheceu o Brasil do final da década de 1850, talvez por essa razão tenha considerado aquele período uma fase heroica não mais reprisada pela imprensa de seu tempo:

> Neste período, que foi assinalado por uma queda imperial, por tristes colisões internas e seus rigores, a imprensa teve rudes dias e contou mais de um sinistro; mas reergueu-se sempre.
>
> Os espíritos mais firmes da revolução, os Andrada, os Feijó, os Bento, a serviram. Ela teve entusiasmo, energia, talento, e esta rude época de batalhas animadas ficou sendo a sua mais bela página.[58]

A seus olhos, a decadência se instalara porque, não obstante o aumento quantitativo de publicações e sua expansão por todo o país, o jornalismo carecia de seriedade. Os jornais, em vez de expressarem "uma consciência, um pensamento bem decidido", preocupam-se com escândalos e intrigas, ou então fazem "o elogio dos mortos, epitáfios em prosa e verso, hinos aos ministros".[59] O periodista francês exorta a imprensa a mudar de conduta, para ser fiel à sua natureza combativa:

> Entre, pois, a imprensa brasileira nesta senda de estudos sérios, diga ao país que adormece quais são as cruas necessidades do tempo e abra em face da Europa um inquérito permanente sobre os valores de toda a espécie que têm de ser postos em relação.[60]

58 Ribeyrolles, *Brasil pitoresco*, p.149.
59 Ibid., p.152-3.
60 Ibid., p.156-7.

Essa não era a opinião de todos; numa pesquisa sobre a história da imprensa no Rio de Janeiro, Moreira de Azevedo, membro do Instituto Histórico e Geográfico Brasileiro, expõe uma ótica totalmente contrária à de Ribeyrolles:

> Já se foram os tempos em que o jornal político era o pelourinho das reputações, o cepo cruento onde se sacrificavam a honra, o nome, a dignidade, os brios de todos; felizmente hoje é moderada, digna e respeitosa a linguagem da imprensa política; há mais gravidade e sisudeza na expressão, mais escrúpulo e consciência na frase; o jornalismo já não é o pasquim antigo, é o farol que guia, educa e doutrina o povo; não é a sátira grosseira e poluta de outrora, porém a crônica, a história, a crítica, o pensamento, a vida do progresso social.[61]

A atuação diferenciada dos escritores nos jornais corrobora, de certo modo, o juízo de Ribeyrolles. Alencar e Machado, em seus primeiros anos de jornalismo, quando o segundo trabalhava ao lado de Quintino Bocaiuva no *Diário do Rio de Janeiro*, parecem ter vivido o tempo da imprensa militante. Da sua parte, Joaquim Manuel de Macedo, cronista, produzia textos folhetinescos, exemplo do que a avaliação de Ribeyrolles rejeitava.[62] Em situação similar fica o Machado de Assis posterior ao *Diário*: depois que se tornou colaborador das publicações amenas de Garnier, como o citado *Jornal das Famílias*, acomodou-se aos *status* vigente, deixando para a ficção escrita depois dos anos 1880 a tarefa de, nas sutilezas das metáforas e alegorias, criticar a sociedade do Segundo Império.[63]

Eram, pois, antigas e diferenciadas as relações imprensa/literatura ao longo do século passado. E nem sempre muito positivas, pelo menos ao final do século, a se julgar pela sugestão dada pela personagem de Coelho Neto ao jovem candidato a escritor, aconselhado a diplomar-se e, assim, fugir da imprensa, para não ter de abandonar suas pretensões literárias. São muito

61 Azevedo, op. cit.

62 Sobre a atividade jornalística de Joaquim Manuel de Macedo, cf. Serra, *Joaquim Manuel de Macedo ou os dois Macedos*.

63 Sobre a atividade jornalística de Machado de Assis, cf. Massa, *A juventude de Machado de Assis*.

próximos dos de Ribeyrolles os argumentos sobre os quais se fundamenta a recusa em trabalhar na imprensa:

> – Eu? não trabalho em jornais. Considero a imprensa um indústria intelectual. Entra a gente para o jornalismo com um bando de ideias originais e retalha-as para o varejo do dia a dia. [...] O jornalismo está para a Arte como um desses anjos bojudos de cemitérios estão para o Laocoonte.
>
> [...]
>
> O redator não quer saber se temos ideais ou não; quer espremer. Quanto mais suco melhor. O prelo é a moenda e lá se vai o cérebro, aos bocados, para repasto do burguês imbecil e, no dia em que o grande industrial compreende que nada mais pode extrair do desgraçado que lhe caiu nas mãos sonhando com a glória literária, despede-o e lá vai o infeliz bagaço acabar esquecidamente, minado pela tuberculose.[64]

Bastante diferente é o juízo de Olavo Bilac, contemporâneo de Coelho Neto e, também ele, jornalista consagrado. Define o jornalismo como "baía salvadora em que vêm ancorar os náufragos de todas as outras profissões"[65] e faz o elogio da imprensa de seu tempo, especialmente da *Gazeta de Notícias*, onde todos os aspirantes a literatos queriam trabalhar, inclusive o próprio poeta, por representar o primeiro passo para a fama e a consagração:

> É que a *Gazeta* daquele tempo, a *Gazeta* de Ferreira de Araújo, era a consagradora por excelência. Não era eu o único mancebo ambicioso que a namorava: todos os da minha geração tinham a alma inflamada daquela mesma ânsia. Não era o dinheiro o que queríamos: queríamos consagração, queríamos nome e fama, queríamos ver os nossos nomes ao lado daqueles nomes célebres.[66]

Na entrevista a João do Rio, publicada em 1904, Bilac é ainda mais enfático, declarando que "o jornalismo é para todo o escritor brasileiro um

64 Coelho Neto, op. cit., p.262-3.

65 Bilac, *Ironia e piedade*, p.183.

66 Ibid., p.8-9.

grande bem, por se tratar do único meio do escritor se fazer ler".[67] Não é essa a visão de Coelho Neto, menos ainda a de Lima Barreto, que procede a implacável crítica do jornalismo carioca em *Recordações do escrivão Isaías Caminha*, de 1909.

O protagonista do romance, Isaías Caminha, tem um nome cheio de presságios letrados, herdeiro que soa da profissão e sobrenome do escriba da frota de Cabral. Moço preto, pobre e interiorano, encontra emprego – nesse ponto referendando Bilac – na imprensa carioca. Depois de trabalhar mais de um ano num importante periódico da Capital Federal, sua opinião não difere da de Ribeyrolles, emitida quarenta anos antes:

> A gente dos jornais do Rio só tem ideias feitas e *clichés* de opiniões de toda natureza incrustrados no cérebro.
>
> A não ser o *Jornal do Comércio*, pode-se dizer que os diários do Rio nada têm o que se leia e todos eles se parecem, pois todos têm a preocupação de noticiar crimes, escândalos domésticos e públicos, curiosidades banais [...].[68]

Outra personagem, o calejado Leiva, tem uma visão ainda mais radical; chama a imprensa de "quadrilha" e compara jornalistas a piratas, identificando em ambos "a mesma franqueza de meios, servida por uma coragem de salteador".[69] Mas a Lima Barreto não interessa desqualificar o jornalismo para valorizar a literatura, uma vez que traça um panorama igualmente negativo do meio literário. A veia satírica do escritor concentra-se na figura de Veiga Filho, síntese do artista brasileiro da *Belle Époque*, impiedosamente retratado como vaidoso, preciosista, adulado e adulador:

> De perto, ali a dois passos de mim, o seu olhar fixo, atrás de fortes lentes, a testa baixa e fugidia, quase me fizeram duvidar que fosse aquele o Veiga Filho, o grande romancista de luxuoso vocabulário, o fecundo *conteur*, o enfático escritor

67 Rio, op. cit., p.9.
68 Barreto, *Recordações do escrivão Isaías Caminha*, p.179.
69 Ibid., p.143-4.

> a quem eu me tinha habituado a admirar desde os quatorze anos... Era aquele o homem extraordinário que a gente tinha que ler com um dicionário na mão? Era aquela a forte celebração literária que escrevia dois e três volumes por ano e cuja glória repousava sobre uma biblioteca inteira? Fiquei pasmado. Com aquele frontal estreito, com aquele olhar de desvairado, com aquela fisionomia fechada, balda de simpatia, apareceu-me sem mobilidade, sem ductibilidade, rígido, sinistro e limitado.[70]

A pintura demolidora prossegue na cena em que Veiga Filho resume, para a plateia de jornalistas, uma palestra sua, leitura emocionada, mas cômica, porque "lia cheio de paixão, esquecido de que fora ele mesmo o autor de tão lindos elogios".[71] Motivo para escândalo desse narrador inapelavelmente crítico é também o fato de Veiga Filho cobrar pelo que escreve e de morar bem, "numa casa apalaçada, numa rua do bairro das Laranjeiras, com altos e baixos, dois andares", cuja "sala de visitas, transformada em gabinete de trabalho, está mobiliada com relativa opulência".[72]

Na ótica de Lima Barreto, a profissionalização aparentemente não é bem-vinda. E, na condenação a Veiga Filho, mistura-se, ao julgamento moral de sua falta de caráter, o provincianismo escandalizado por uma forma de produção mais inserida no mercado.

Num nível distinto, o romancista mostra outra modalidade de pacto entre periodismo e literatura, a qual também sobrevive de favores jornalísticos. O apadrinhamento, presente na política da República Velha e que, quando transferido para a literatura, se expressa em relações como as que Magalhães de Azeredo e Machado de Assis representaram, também tem lugar na imprensa. Outra personagem de *Recordações do escrivão Isaías Caminha*, o Floc, responsável, no jornal, pela divulgação dos livros, dá oportunidade para que o narrador sintetize, na ironia com que relata os modos do exercício da crítica, a política literária da imprensa:

70 Ibid., p.170.
71 Ibid., p.173.
72 Ibid., p.263.

> Os livros nas redações têm a mais desgraçada sorte se não são recomendados e apadrinhados convenientemente. Ao receber-se, lê-se-lhe o título e o nome do autor. Se é de autor consagrado e da facção do jornal, o crítico apressa-se em repetir aquelas frases vagas, muito bordadas, aqueles elogios em *cliché* que nada dizem da obra e dos seus intuitos; se é de outro consagrado mas com antipatias na redação, o *cliché* é outro, elogioso sempre mas não afetuoso nem entusiástico. Há casos em que absolutamente não se diz uma palavra do livro.[73]

De todo modo, Lima Barreto parece não acreditar que, pela remuneração do trabalho intelectual, o escritor possa conquistar independência econômica digna, a se julgar pelas restrições do narrador à rica residência do fictício Veiga Filho. Mas esse prestigiado artista teria realizado, em sua opulência, o ideal de outro Caminha, o já citado Adolfo, para quem – não custa repetir – "os escritores vive(ria)m de seus livros, de sua pena, e chega(ria)m mesmo a enriquecer".

Tanto João do Rio como Olavo Bilac encaram a questão de modo diferente de Lima Barreto, mais próximos de Adolfo Caminha. O primeiro, no comentário que faz ao final de sua enquete, justifica a necessidade da opulência como forma de marcar a profissionalização do escritor. Reconhece que a literatura "é uma profissão que carece do reclamo", e que o escritor é uma "marca" que, para vender, precisa ser "boa". O mesmo vale para a opulência, que coopera para a expansão da genialidade do artista:

> Uma nova necessidade infiltrou-se nos nossos hábitos: a necessidade de higiene e do confortável. O escritor precisa de higiene, de cuidados, de luxo. Eu acredito que o gênio profundo e fecundo de Coelho Neto não se expandiria de maneira tão maravilhosa, se não tivesse o ambiente de luxo e de conforto da sua sala de trabalho [...]. Os tempos mudaram, meu caro. Há vinte anos um sujeito para fingir de pensador começava por ter a barba por fazer e o fato cheio de nódoas. Hoje, um tipo nestas condições seria posto fora até mesmo das confeitarias, que são e sempre foram as colmeias dos ociosos.[74]

---

73 Ibid., p.237.

74 Rio, op. cit., p.324-7.

Bilac, talvez por ter sido usuário mais hábil do sistema, sublinha, com entusiasmo, que coube à sua geração "desbravar o terreno", pois foi ela que "fez da imprensa literária uma profissão remunerada, impôs o trabalho".[75] Tanto otimismo, no entanto, não impede que a questão permaneça polêmica: com o recurso à imprensa alcançava-se a modernidade no âmbito das relações do escritor com os meios de produção intelectual? Bilac é categórico:

> Há quarenta anos, não havia propriamente homens de letras no Brasil; havia estadistas, parlamentares, professores, diplomatas, homens de sociedade, ou homens ricos, que, de quando em quando, invadiam por momentos o bairro literário – alguns deles com um certo vexame, encapotando-se, disfarçando-se, escondendo-se, cosendo-se às paredes, com medo da murmuração da gente séria, com se entrassem em lugares proibidos, centros de frívolas ou condenáveis diversões. E esse vexame não era descabido, porque raramente a gente séria lhes perdoava a fraqueza moral revelada por essas rápidas e furtivas incursões nos domínios das letras.
>
> [...]
>
> Que fizemos nós? Fizemos isto: transformamos o que era até então um passatempo, um divertimento, naquilo que é hoje uma profissão, um culto, um sacerdócio; estabelecemos um preço para o nosso trabalho, porque fizemos desse trabalho uma necessidade primordial da vida moral e da civilização da nossa terra; forçamos as portas dos jornais e vencemos a inépcia e o medo dos editores.[76]

Tanto imprensa quanto literatura são formações discursivas diferentes, emanadas de lugares sociais igualmente distintos; mas ambas integram o mesmo sistema da escrita. Não se confundem, posto sejam intercomunicantes. E o fato de a imprensa, durante um certo tempo e em certos casos, financiar a literatura é, talvez, a manifestação mais visível dessa intercomunicabilidade.

---

75 Bilac, op. cit., p.8-9.

76 Ibid., p.75-8.

De todo modo, com a imprensa bancando, a questão do financiamento da literatura ainda é resolvido de forma externa a ela, literatura.

Vamos ao seu interior.

Profissionalização à vista

Só na primeira década do século XX vem de um então ainda desconhecido Monteiro Lobato o testemunho do que pode ser considerada, no contexto brasileiro, uma precoce percepção da natureza da relação que o mundo moderno impõe ao escritor. Muito atento, Lobato discute, em cartas de 1909, o valor de troca do trabalho intelectual, contabilizando, em mercadorias adquiridas, o que lhe pagam pela colaboração para o jornal:

> Donde recebi convite foi da *A Tribuna* de Santos, jornal cor-de-rosa que o Valdomiro Silveira dirige, e já mandei como pano de amostra uma coisa cruel contra o Hermes. Prometem pagar a colaboração logo que concluam lá umas reformas. É preciso que a literatura renda ao menos para o papel, a tinta e os selos. A primeira coisa paga que escrevi foram artigos sobre o Paraná, coisa de oitiva. Renderam-me 10$000 cada, uma assinatura da *Revue Philosophique* (33 francos), um Aristófanes completo e um belo canivete de madrepérola com saca-rolha. Não foi mau o negócio, e assim pilhemos tão alta remuneração para tudo quanto produzirmos.[77]

Mais de vinte anos depois, em 1930, em carta a Fontoura, um Lobato já plenamente amadurecido dá provas de que sua crença no valor de troca da produção escrita entranhara-se em seu modo de relacionar-se com o mundo dos livros e da literatura:

> Hoje escrevi ao Octales propondo uma série de novos livros infantis, que ele anda querendo publicar, em troca de ele me custear as despesas da doença do Edgard. Caso ele aceite, irá conversar com você para combinar o pagamento

77 Lobato, *A barca de Gleyre*, p.129.

do que já forneceste a Teca. Minha moeda sempre o livro e vamos ver agora se reduzo a moeda os livros em estado potencial que tenho na cabeça.[78]

Com Lobato, estamos no século XX. Mas há que retornar, temporariamente, ao século anterior, quando, ao lado da contraditória relação do escritor com a imprensa, encontram-se indícios, esgarçados na maioria das vezes, que atestam as frágeis manifestações de profissionalização do escritor.

Na soleira do século XIX, Maria Beatriz Nizza da Silva localiza um documento relativo à *Corografia brasílica*, do padre Manuel Aires de Casal, da qual se ocupa um alvará de 21 de maio de 1817, transcrito por ela:

> Hei por bem conceder ao suplicante privilégio exclusivo por tempo de catorze anos consecutivos, contados da data deste, para que nenhum livreiro, impressor, ou outra qualquer pessoa possa vender, imprimir ou mandar vir de fora de meus reinos e domínios a dita obra intitulada *Corografia brasílica*, debaixo da pena de perderem todos os exemplares dela, que lhes foram achados, metade para o denunciante, e outra metade para os cativos. E hei, outrossim por bem, que o mesmo privilégio possa por morte do suplicante passar aos seus herdeiros, ou a quem ele o deixar, contanto que não exceda o espaço dos ditos catorze anos concedidos.[79]

O que este material ensina excede as informações que fornece sobre a *Corografia brasílica*. Enquanto texto legal, assinala o ano de 1817 como um tempo no qual questões relativas à comercialização de livros e material escrito ainda se expressavam, no Brasil, por alvarás reais, documentos que presentificavam o Estado como mediador da venda, impressão e importação de obras: o governo mediava as operações que envolviam, como partes interessadas, escritores, livreiros e impressores. O monopólio real da imprensa, que dura até o início da década de 1820,[80] impedindo o crescimento da eco-

78 Nunes (org.), *Monteiro Lobato vivo*, p.31.

79 Silva, Livro e sociedade no Rio de Janeiro (1808-1821), *Revista de História*, São Paulo, ano XXIV, v.XLVI, p.446.

80 Alfredo do Vale Cabral comenta que, "graças às Cortes gerais e extraordinárias da nação portuguesa, pouco tempo depois [de 1820] já novas tipografias entravam em concorrência com a Imprensa Nacional". In: Cabral, op. cit.

nomia capitalista, deixava pouca margem para o florescimento do negócio de livros. Nesse contexto, a profissionalização dos escritores era uma meta quase inconcebível por nossos intelectuais.

Mas a paisagem muda. Na segunda metade do século XIX, o todo-poderoso e onipresente Estado parece sair de cena, ou melhor, parece reduzir sua presença a uma colorida estampilha na delgada folha de papel azul, datada de 12 de janeiro de 1872, que registra o contrato firmado entre o cônego Fernandes Pinheiro e a Editora Garnier, tratando da edição e comercialização das *Postilas de retórica e poética*:

> Entre os abaixo-assinados, o cônego Joaquim Caetano Fernandes Pinheiro, autor, e B. L. Garnier, editor, foi convencionado e contratado o seguinte:
>
> I
>
> O cônego Joaquim Caetano Fernandes Pinheiro cede a B. L. Garnier suas *Postilas de retórica e poética* mediante as seguintes condições:
>
> 2
>
> B. L. Garnier retribuirá ao autor a quantia de 20% sobre o preço anunciado de cada exemplar, devendo esse pagamento ser feito no dia em que for exposta a venda de cada edição.
>
> 3
>
> A primeira edição será de mil exemplares e as seguintes como achar conveniente o editor.
>
> 4
>
> O cônego dr. Joaquim Caetano Fernandes Pinheiro obriga-se a não escrever nenhuma outra obra sobre o mesmo assunto.
>
> 5
>
> E por assim terem justo e contratado mandarão passar dois do mesmo teor que entre si trocarão depois de devidamente assinados.
>
> Rio de Janeiro, 12 de janeiro de 1872.[81]

Quase dois anos depois, em 22 de dezembro de 1873, outro papel azul contém o contrato agora firmado entre Joaquim Manuel de Macedo e o

81 Esse documento encontra-se na Secção de Manuscritos da Biblioteca Nacional, guardado sob o número I-7.9.25.

mesmo editor, relativo a *Lições de corografia brasileira*, redigido nos seguintes termos:

> Entre os abaixo-assinados dr. Joaquim Manuel de Macedo, autor, e B. L. Garnier, editor, foi contratado o seguinte:
>
> 1
>
> O dr. Joaquim Manuel de Macedo cede a B. L. Garnier sua obra intitulada *Lições de corografia brasileira* mediante as seguintes condições.
>
> 2
>
> B. L. Garnier retribuirá ao autor a quantia de quinhentos réis (500) por cada exemplar da dita obra, pagáveis no ato de expor à venda cada edição.
>
> 3
>
> A primeira edição será de três mil exemplares, e as seguintes do número de exemplares que o editor julgar conveniente
>
> 4
>
> O autor não poderá publicar outra obra sobre o mesmo assunto.
>
> 5
>
> E por terem assim convencionado, passarão dois contratos de igual teor, por cujo cumprimento obrigam-se, para si e seus bens, bem como por seus herdeiros e sucessores, cujos contratos entre si trocarão depois de assinados.
>
> Rio de Janeiro, 22 de dezembro de 1873.
>
> *Em adendo: Ficou entendido que desta primeira edição se imprimirão mais cem exemplares para serem distribuídos gratuitamente e sem indenização do autor.*[82]

Ambos os documentos são contratos relativos a obras didáticas, que, por estarem atreladas à sala de aula, gozavam de circulação previsível e segura, mesmo a um tempo em que era escasso o número de escolas. Além disso, ambos os signatários, Fernandes Pinheiro e Macedo, eram, já nessa época, autores muito respeitáveis, donos de um currículo que lhes deveria garantir bom cacife para a negociação de seus livros.

---

82 Esse documento encontra-se na Secção de Manuscritos da Biblioteca Nacional, guardado sob o número I-7.9.19.

No entanto, a existência de instrumentos legais para a regulamentação das relações profissionais entre editores e escritores, no Brasil dos anos 1870, não significa, em absoluto, que a profissionalização do escriba já constituísse o padrão do modo de produção do livro no país. À primeira vista, a profissionalização se firma primeiro no mercado escolar, onde o retorno do investimento financeiro se assegurava pela importância de que o livro didático desfrutava na paisagem da educação brasileira, apesar de ele ser ininterrupta e alternadamente avaliado como vilão ou herói de um sistema de ensino falido e ineficiente.

Para fora desse domínio, a lentidão da profissionalização se retrata em quase todos os (poucos) registros disponíveis que franqueiam ao pesquisador acesso a informações sobre como o escritor se inscreve no modo de produção de sua época. Talvez seja melhor dizer: como o escritor não se inscreve no que João Ribeiro chama de "economia intelectual", discutida por ele com envergadura que ultrapassa a mágoa e o ressentimento que davam o tom à quase totalidade das discussões do assunto:

> Desde que a literatura, entre nós, é um produto de gancho, incrustrada como belas orquídeas no tronco vigoroso do emprego sério, não é fora de tempo educar a vista do leitor para a apreciação desse quadro da nossa economia intelectual.
>
> O estado dos literatos brasileiros é, na substância, idêntico ao dos antigos vates portugueses dos séculos passados, que pediam galinhas aos marqueses, através de hendecassílabos que mal disfarçavam adiado apetite de semanas.[83] E se entre nós as coisas não apresentam o mesmo único aspecto, a razão está em que o progresso da dignidade literária já se envergonha da esmola, ou talvez está

83 Machado de Assis usa, em 1859, uma expressão similar, quando destaca a revolução do jornal, que garantiu uma posição ao homem de letras: "O jornal, abalando o globo, fazendo uma revolução na ordem social tem ainda a vantagem de dar uma posição ao homem de letras; porque ele diz ao talento: 'Trabalha! vive pela ideia e cumpres a lei da criação!'. Seria melhor a existência parasita dos tempos passados, em que a consciência sangrava quando o talento comprava uma refeição por um soneto?". Assis, O jornal e o livro. In: *Obra completa*, p.963-5.

> em que já desapareceram os mecenas e marqueses, que abriam os galinheiros à vorace intemperança de citaristas e letrados.[84]

Reforçando o diagnóstico que o travo da ironia tão bem tempera, o autor, mais adiante, sintetiza a precariedade da vida do homem de letras, registrando que, se o candidato a escritor não fosse nascido em berço de ouro, tinha de valer-se de um "lápis de duas pontas, uma para ter direito ao almoço, e outra para ter direito à posteridade".[85]

Essa perspectiva desalentadora parece secundar o que diz José de Alencar, na "Bênção paterna", com que prefacia o romance *Sonhos d'ouro*, de 1872. A amargura que lhe inspira o pseudônimo Sênio marca a reflexão do ficcionista e tem por base o fato de que, no percurso do livro europeu, o refúgio de que dispunha o escritor para os instáveis humores de mecenas e marqueses era o público leitor, multiplicado pela escolarização em massa e seduzido pelas artimanhas do folhetim, cujo consumo financiava a literatura.[86]

Mas o que Alencar também sabe, e contra o que esperneia, é que a popularidade também tinha seu preço; o sucesso de tantas de suas obras não tinha sido poupado do escárnio por parte de grupos de intelectuais brasileiros:

> Não faltará quem te acuse de filho de certa musa industrial, que nesse dizer tão novo, por aí anda a fabricar romances e dramas aos feixes.
>
> Musa industrial no Brasil!
>
> Se já houve deidade mitológica, é sem dúvida essa de que tive primeira notícia, lendo um artigo bibliográfico. Não consta que ninguém já vivesse nesta abençoada terra do produto de obras literárias. E nosso atraso provém disso mesmo, e não daquilo que se vai desacreditando de antemão.

---

84 Ribeiro, *Crítica*. João Ribeiro alude ao Clube Rabelais, do qual faziam parte Lúcio Mendonça, Machado de Assis, Araripe Jr., Rodrigo Octávio, Valentim Magalhães, Capistrano de Abreu. Cf. Araripe Junior, Recordações do *Club Rabelais*. In: *Obra crítica*.

85 Ibid., p.75.

86 Lajolo; Zilberman, *A leitura rarefeita*.

> Quando as letras forem, entre nós, uma profissão, talentos que hoje apenas aí buscam passatempo ao espírito convergirão para tão nobre esfera suas poderosas faculdades.[87]

As farpas alencarianas prosseguem, voltando-se mais ferinas para a crítica, a quem credita parte grande do infortúnio do escritor. Desaprova com ironia o grande peso do sucesso de público na desqualificação de uma obra, frisando a contradição de um tal elitismo num país de letras tão ralas e, consequentemente, de tão poucos leitores:

> Dá-te, pois, por advertido, livrinho; e, se não quiseres incorrer na pecha passando por um produto de fábrica, já sabes o meio. É não caíres no gosto da pouca gente que lê, e deixares-te ficar bem sossegado, gravemente envolto em uma crosta de pó, à espera do dente da traça ou da mão do taberneiro que te há de transformar em cartucho para vender cominhos.[88]

No autobiográfico *Como e por que sou romancista*, Alencar refere-se ao contrato obtido junto a Garnier, atribui ao fato de ter militado na imprensa a consolidação de seu nome e reconhece a importância do editor no mundo moderno. Queixa-se, ao mesmo tempo, da reação negativa que a existência de um contrato regular provoca, como se prostituísse o escritor:

> Ao cabo de vinte e dois anos de gleba na imprensa, achei afinal um editor, o sr. B. Garnier, que espontaneamente ofereceu-me um contrato vantajoso em meados de 1870. [...]
>
> Deixe arrotarem os poetas mendicantes. O *Magnus Apollo* da poesia moderna, o deus da inspiração e pai das musas deste século, é essa entidade que se chama editor e o seu *Parnaso* uma livraria. Se outrora houve Homeros, Sófocles, Virgílios, Horácios e Dantes, sem tipografia nem impressor, é porque então escrevia-se nessa página imortal que se chama a tradição. O poeta cantava; e seus carmes se iam gravando na memória do povo.

---

87 Alencar, *Sonhos d'ouro*, p.29.
88 Ibid., p.10.

> Todavia ainda para o que teve a fortuna de obter um editor, o bom livro é no Brasil e por muito tempo será para seu autor um desastre financeiro. O cabedal de inteligência e trabalho que nele se emprega daria, em qualquer outra aplicação, lucro cêntuplo.
>
> Mas muita gente acredita que eu me estou cevando em ouro, produto de minhas obras. E ninguém ousaria acreditá-lo, imputam-me isso a crime, alguma cousa como sórdida cobiça.
>
> Que país é este onde forja-se uma falsidade, e para quê? Para tornar mais odiosa e desprezível a riqueza honestamente ganha pelo mais nobre trabalho, o da inteligência![89]

São raros os momentos em que escritores, críticos e letrados de diferentes graus descem à miudagem das contas. O mais das vezes, as poucas fontes existentes para o estudo da questão são monocórdicas no choro que calibra a queixa. Calibre de dupla clave, onde ressoa ao mesmo tempo resmungo e orgulho pisado, são poucas as ocasiões em que alguma luz se projeta para iluminar a infraestrutura das letras para além de resmungos, amuos e basófias. Algumas dessas oportunidades vêm de lugares inesperados, como do manifesto dos trabalhadores gráficos, de 1867, ao qual não falta um puxão de orelhas nos letrados distraídos:

> A maior parte das obras de que se compõe a grande livraria do sr. Garnier [...] é fabricada na Europa; isto é coisa tão sabida, que ninguém pode contestar, apesar de virem com designação de sua manufatura no Rio de Janeiro e ter esse senhor um revisor por conta própria em Paris; quando os srs. Laemmert e companhia, por maneira diversa, possuem um magnífico estabelecimento tipográfico e oficina de encadernação à Rua dos Inválidos, onde acolhem os artistas brasileiros e dão-lhes a ganhar o seu dinheiro que também é por eles ganho neste país. O sr. Garnier, porém tendo o seu estabelecimento tipográfico em Paris, dizem que de sociedade com um seu irmão, ali manda manufaturar as obras de que é incumbido pelos escritores brasileiros e aufere disto espantoso lucro!

89 Alencar, *Como e por que sou romancista*, p.70-2.

> Ora sabemos que há no país muitos homens ilustrados, que, dando-se ao trabalho de escrever, baldos dos meios pecuniários para as impressões de suas obras as levam a este ou aquele livreiro, e esse senhor, quando o seu escritor procura o seu concurso a fim de fazer sair à luz da publicidade o fruto de seus estudos e de suas vigílias, não aceita a obra nem que seja por contrato, não sabemos se da propriedade perpétua da publicação ou se por edições; são tratos estes que se dão entre o escritor e o fabricante, ficando, contudo, este mais bem aquinhoado do que aquele.
>
> Desta boa capital envia as obras ao seu grande Paris; lá é ela composta, revista, encadernada etc., e volta ao Rio de Janeiro; aqui é vendida pelo preço que lhe convém dar a cada exemplar, e desta forma a mão de obra é sempre estrangeira, ao passo que as nossas oficinas tipográficas definham e os tipógrafos brasileiros veem-se a braços com todas as necessidades e muitos compositores por aí andam sem achar trabalho.[90]

O manifesto é muito interessante por várias razões.

Sem deixar de lado a hipótese de que o protesto dos tipógrafos pode estar cumprindo papel encomendado na acirrada disputa pela hegemonia do mercado entre as duas maiores casas editoras brasileiras de seu tempo, Garnier e Laemmert, é com razão que o texto alude à fachada carioca da firma de Garnier. Ao compará-la com sua arquirrival Laemmert, o manifesto autoriza interrogar se o abrasileiramento desta não se articula de alguma maneira à, por assim dizer, desqualificação dos produtos que ela edita, basicamente manuais e publicações populares, produtos de segunda categoria no horizonte literário. Por essa época, e com mais intensidade nas décadas posteriores, apenas nomes consagrados tinham seus livros contratados pelo editor francês.

O manifesto também mostra que a falta de profissionalismo não era problema exclusivo dos letrados, afetando o sistema de produção por inteiro, desde editores que tinham de se haver com as matrizes europeias até os operários, que, numa sociedade escravocrata e com fumos de nobreza,

90 Reproduzido por Hallewell, op. cit., p.95-6.

não remunerava o trabalho artesanal nem tampouco valorizava o trabalho assalariado.

O percurso dos contratos assinados por Machado de Assis, cedendo os direitos de suas obras a Garnier, o editor na mira dos tipógrafos cariocas, exemplifica o modelo vigente de intercâmbio comercial entre o escritor e aquela casa.

O primeiro contrato, datado de 1864, trata da impressão de *Crisálidas*, livro pelo qual o autor recebeu 150 réis por exemplar, na ocasião de expor cada um deles à venda; a condição imposta por Garnier era a cessão da "propriedade plena e inteira não só da primeira como de todas as seguintes"[91] edições do mesmo livro. O contrato posterior, assinado em 1869, relativo ao lançamento de mil volumes, respectivamente, de *Contos fluminenses* e *Falenas*, não exclui essa cláusula, aumentando, porém, o valor da obra, que passa a duzentos réis por exemplar.

Quando Garnier, também em 1869, contrata a impressão de *Ressurreição*, *O manuscrito do licenciado Gaspar* e *Histórias da meia-noite*, Machado deveria ser um autor bem-sucedido em vendas, porque o aumento é substancial. Ainda que continue a vender "a propriedade plena e inteira da primeira e demais edições"[92] dessas obras, o escritor recebe 400 mil-réis por livro, portanto, cerca de quatrocentos réis por obra comercializada. Sublinhe-se que, na mesma época, segundo Delso Renault, "os livros de Machado de Assis são vendidos aos preços de 2$ e 3$ mil-réis";[93] logo, mesmo que se descontem os custos relativos à mão de obra, impressão e divulgação, o lucro deveria ser formidável.

Helena, comprado em 1876, rende os mesmos 600 mil-réis por 1.500 exemplares, "pagáveis no ato de entrega da dita edição";[94] a diferença é que o editor aumenta a tiragem e contrata o livro antes de o autor começar a publicar o texto, em folhetim, no jornal *O Globo*, sinal de que estava interessado em manter o ficcionista em seu catálogo:

---

91 Ministério de Educação e Saúde, *Exposição Machado de Assis*, p.177.

92 Ibid., p.178.

93 Renault, *O dia-a-dia no Rio de Janeiro segundo os jornais* (1870-1889), p.66.

94 Ministério de Educação e Saúde, op. cit., p.178.

> Joaquim Maria Machado de Assis vende a B. L. Garnier a primeira edição, que vai mandar imprimir na tipografia do *Globo*, depois de ter saído em folhetim, de seu romance intitulado *Helena do Vale*, composta de mil e quinhentos exemplares (1.500 exemplares), o qual formará um volume do formato do das *Histórias da meia-noite*, e igual pouco mais ou menos em tudo a este último volume, pela quantia de seiscentos mil-réis (Rs. 600$000) pagáveis no ato da entrega da dita edição.[95]

A partir daí, não se verificam alterações notáveis; com *Quincas Borba*, contratado em 1891, obteve os mesmos seiscentos réis por exemplar, e pela segunda edição, de 1896, Machado recebeu 250 mil-réis. *Várias histórias*, comprado pela Laemmert, em 1894, rendeu 400 mil-réis, obra que, na segunda edição, foi adquirida pela Garnier por um conto de réis.

Nos anos 1890, Machado preocupa-se em publicar pela Garnier novas edições de seus primeiros livros, e a casa editora não lhe paga mais de 250 mil-réis por texto, no caso *Memórias póstumas de Brás Cubas* e *Iaiá Garcia*. Morto o velho Garnier em 1893, Machado continuou interessando a editora, representada pelo sucessor de Baptiste Louis, François-Hippolyte Garnier, que compra, segundo um contrato datado de 16 de janeiro de 1899, "a propriedade inteira e perfeita"[96] de sua obra literária por oito contos de réis. A partir daí, o romancista só pode negociar livros novos, como as *Poesias completas*, vendidas por 800 mil-réis, *Esaú e Jacó*, que custou ao editor 1 conto e quinhentos mil-réis, a mesma quantia paga por *Relíquias de casa velha*.

Mesmo que, ao contratar essas obras, tenha aceitado a cláusula pela qual renunciava "a todo e qualquer direito que como autor lhe concedem as leis brasileiras",[97] Machado não se desinteressou pelo destino comercial de seus livros. Quando *D. Casmurro* estava para ser colocado nas livrarias do Rio de Janeiro, tomou a iniciativa de alertar seu editor para a urgência de se ter à mão a segunda remessa do livro, pois o esgotamento da primeira e a falta da seguinte poderiam prejudicar as vendas:

---

95 Ibid., p.178-9.
96 Ibid., p.185.
97 Ibid., p.193.

> *Monsieur H. Garnier,*
>
> [...] *Nous attendrons* Dom Casmurro *à la date où vous l'annoncez. Je vous prie, dans notre interêt à tous, que le premier envoi d'exemplaires soit assez nombreux, car il peut s'épuiser vitement, et le retard du second envoi fera mal à la vente.*[98]

Mesmo assim, no auge de seu prestígio, em torno dos anos 1890, o preço de seus originais mantém-se igual; e, ao contrário de Fernandes Pinheiro e Macedo, nunca recebeu percentual por venda de livros, sendo obrigado a se desfazer dos direitos e a produzir novos textos para receber mais dinheiro. Talvez por ter resistido ao apelo do livro didático.

As letras remuneradas

A questão é que o didático rendia. Ou, pelo menos, Fernandes Pinheiro rendia, a se julgar por sua contabilidade, minuciosamente registrada no *Livro d'Assentos e notas pertencentes a J. C. Fernandes Pinheiro desde o ano de 1870*, conforme seu biógrafo, Melo Braga, "caderno de notas, precioso documento manuscrito, caderno-índice de quatrocentas páginas pautadas, onde o cônego registrava todos os seus negócios relativos às edições, tiragens etc., de suas obras com o livreiro Garnier".[99] Contrastados com os de Machado, os rendimentos de Fernandes Pinheiro, prolífico autor de obras escolares, evidenciam como o gênero era, já naquele tempo, muito mais rentável que a literatura.

O *Catecismo da doutrina cristã*, obra de 1855, foi assim contabilizado:

> Vendi a 6ª edição desta obrinha ao livreiro B. L. Garnier pela quantia de um conto e oitenta mil-réis! A tiragem foi de quatro mil trezentos e sessenta exemplares – Recebi esta quantia a 14 de fevereiro de 1876. – Cada exemplar é vendido a mil-réis, cabendo-me pelos direitos de autor duzentos e setenta mil-réis por cada mil exemplares. (Entreguei o exemplar correto a 29 de março de 1869).

---

98 [Sr. H. Garnier, [...] Vamos esperar *Dom Casmurro* na data em que você o anunciar. Peço-lhe, no nosso interesse de todos, que a primeira remessa de cópias seja suficiente, porque pode ser esgotada rapidamente, e o atraso da segunda remessa prejudicará a venda]. Ibid., p.201.

99 Braga, Cônego Fernandes Pinheiro (ensaio bibliográfico), *Revista do Instituto Histórico e Geográfico Brasileiro*, p.232-77.

O cônego também registrou o destino das diferentes edições de *História sagrada illustrada* para uso da infância, obra igualmente voltada para o ensino de religião:

> Vendi a 4ª edição desta obra ao Garnier pela quantia de um conto e oitocentos mil-réis. – A edição deve ser de três mil exemplares vendidos a 3$rs cada exemplar. Entreguei o exemplar corrigido a 1 de Março de 1870 (1.600$rs cada mil exemplares).
>
> Desta obra tiraram-se mais 169 exemplares chamados de *main passe* – elevando a tiragem a 3.026 exemplares que me deram 1.959.000 réis, sendo pela tiragem de 3.000 ex. 1.800.000 réis e 159.000 pelo aumento chamado *main passe*.
>
> Vendi a 5ª desta obra ao Garnier nas mesmas condições da anterior (Entreguei o exemplar corrigido a 31 de outubro de 1872) .
>
> A edição deverá ser de três mil exemplares, e a razão de seiscentos mil-réis cada um, cabe-me de direitos de autor um conto e oitocentos mil-réis.
>
> NB Chegou esta obra em outubro de 1873, e não foi exposta a venda por ainda restarem muitos exemplares da anterior edição.
>
> Foi a tiragem desta 5ª edição de 3.230 exemplares cabendo-me os direitos de autor 1:938$000 réis (a razão de 20%).

Sobre *Meandro poético*, de 1864, Fernandes Pinheiro informa percentualmente seus direitos autorais, ao dizer que vendeu a primeira edição do livro (que ele chama de obrinha elementar) "ao Garnier pela quantia de trezentos mil-réis. A edição foi de mil exemplares, o que equivale a 20% de direitos de autor, mesmo percentual obtido pelas *Postilas de retórica e poética*". Como tudo parece indicar, desde esse tempo, as oportunidades de o escritor alcançar rendimentos consideráveis passavam por sua proximidade com a escola, já naquela época um mercado animador para o escriba.

Ao lado da escola, também a tradução podia se apresentar como profissão disponível para o homem de letras ou, ao menos, como trabalho intelectual a ser remunerado. Manuel Antônio de Almeida, sempre lutando com dificuldades de dinheiro, foi um dos que viveu parcialmente de traduções, vertendo para o português folhetins editados pelos jornais cariocas, como informa em sua correspondência:

Aí vai a carta para o Souza Lima.

Não mandei, nem posso ainda mandar romance apesar de já ter muito adiantado: o que estou traduzindo é pequeno, e quero mandar o primeiro volume de uma vez.

Tenho recebido Mercantis e Diário. Por este último vi que se começou a publicar novo folhetim. O meu sairá quando puder ser.

Se souberes por lá de algum romance bonito, manda-mo: os dois que trouxe são ruins, e só me decidi a traduzir um deles para não perder tempo.[100]

Por sua vez, Machado de Assis, agora na posição de intermediário entre escritores e editores, melhor dito, de porta-voz destes, recusa, em carta de 16 de abril de 1873 e em nome de Garnier, o trabalho de tradução para o qual se oferecia o poeta Lúcio de Mendonça:

Conversei com o Garnier e miudamente lhe expus a sua proposta com as vantajosas condições que me indicou; sua resposta foi que neste momento acha-se ele com cinco tradutores, que trabalham assiduamente e são mais que suficientes para fornecer o mercado do Rio de Janeiro. Mostrou sentir não poder aceitar a sua proposta, alegando que não podia despedir nenhum dos outros, um dos quais parece que é o Salvador (de Mendonça), se me não engana a memória. Diante desta resposta, compreende que eu nada podia fazer, salvo ao que fiz logo do princípio.[101]

Anos depois, porém, faz uma tentadora proposta de correspondente estrangeiro a Salvador de Mendonça, irmão de Lúcio, numa carta que lhe enviou em 8 de outubro de 1877:

Vai aparecer no dia 1º do ano de 78 um novo jornal, *O Cruzeiro*, fundado com capitais de alguns comerciantes, uns brasileiros e outros portugueses. O diretor será o dr. Henrique Correia Moreira, teu colega, que deves conhecer. – Incumbiu-me este de te propor o seguinte: – 1º Escreveres duas correspondências mensais. – 2º Remeteres cotações dos gêneros que interessem ao Brasil,

---

100 Almeida, op. cit., p.99.

101 Assis, *Correspondência*, p.296.

principalmente banha, farinha de trigo, querosene e café, e mais, notícias do câmbio sobre Londres, Paris etc., e ágio do ouro. – 3º Obteres anúncios de casas industriais e outras. – Como remuneração: – Pelas correspondências, 50 dólares mensais. – Pelos anúncios, uma porcentagem de 20%. – Podes aceitar isso? No caso afirmativo, convém remeter a primeira carta de maneira que possa ser publicada em janeiro. Caso não te convenha, o dr. Moreira pede que vejas se o nosso amigo Rodrigues, do Novo Mundo, pode aceitar o encargo, e em falta deste algum outro brasileiro idôneo. – Os industriais que quiserem mandar os anúncios poderão também remeter, se lhes convier, os clichés e gravuras. Quando ao preço dos anúncios, não está ainda marcado, mas regulará o do *Jornal do Comércio* ou ainda alguma coisa menos.[102]

Em *O velho comércio do Rio de Janeiro*, Ernesto Senna apresenta os tradutores e seus salários, similares àqueles que o editor pagava por original de livro:

> Para a publicação das obras que editava, reuniu então Baptista Luís [Garnier], como tradutores de sua casa, Salvador de Mendonça, Fernandes Reis, Jacinto Cardoso, Abranches Galo e outros, pagando 400 réis por milheiro de letras, o que regulava 250$ e 280$ por volume de Verne, Montepin e Gaboriau, os autores mais procurados por então.[103]

Anos depois, cabe a Machado haver-se com o comércio da tradução. Em carta de 10 de junho de 1889, discute com Alfredo Ellis uma promissora oferta de edição na Alemanha mediada pelo destinatário da missiva:

> Exmo. sr. dr. Alfredo Ellis:
>
> Acabo de escrever para Paris ao sr. H. Garnier, pedindo-lhe que diretamente dê autorização à senhora, de quem V. Ex. me fala no seu bilhete, para a tradução dos meus livros em alemão. A razão disto é, conforme já disse a V. Ex., haver eu transferido àquele editor a propriedade de todos eles, até agora publicados.
>
> Logo que receba a resposta (se ele não puser objeção, o que não espero) farei entrega dela a V. Ex. para que se sirva dar-lhe o conveniente destino.[104]

---

102 Ibid., p.333-4.

103 Senna, *O velho comércio do Rio de Janeiro*, p.20-1.

104 Assis, op. cit., p.373.

Cumprindo a promessa, na mesma data, Machado escreve a Garnier, propondo a autorização da tradução e frisando seu completo desinteresse pecuniário: "*Pour moi, Monsieur, je ne lui exigerait aucun bénéfice, trouvant que c'ést déjà un avantage de me faire connaitre dans une langue étrangère qui a son marché si different et si eloigné du notre*".[105]

A resposta de Garnier não tarda e, contra as ingênuas expectativas do escritor, veta a tradução proposta; a argumentação, não desprovida de humor, ancora a recusa na perda da qualidade estética da obra traduzida:

> *Vous n'ignorez pas, monsieur, qu'un auteur quelque bien traduit qu'il soit, – perds toujours de son originalité dans une langue autre que la sienne; les admirateurs d'un écrivain aiment mieux le lire dans sa langue mère. Vous n'avez rien à gagner à être traduit en allemand.*[106]

A anunciada "perda estética" não impede Garnier de pôr um preço às obras de Machado e de enfatizar, através de um raciocínio tortuoso, que compete ao tradutor remunerar o editor dos originais: "*Aussi ai-je le regret de ne pas pouvoir accorder gratuitement le droit de traduction demandé. – Les allemands savent fort bien se faire payer de leur coté; Mme Highland devra donc me verser cent francs par chaque volume de vous qu'elle se proposerait de traduire*".[107]

Nada resta a Machado, senão se desculpar com Alfredo Ellis e encerrar o assunto. O que, sem dúvida, deve ter-lhe apurado a "pena da galhofa e a tinta da melancolia".

O tempo da maturidade intelectual e literária de Machado era tempo de aprendizagem para o escritor brasileiro, que engatinhava, junto com o país,

---

105 [Para mim, senhor, eu não exigiria nenhum lucro, achando que já é uma vantagem me tornar conhecido em uma língua estrangeira que tem seu mercado tão diferente e tão distante do nosso]. Ministério de Educação e Saúde, op. cit., p.199.

106 [Você não ignora, senhor, que um autor, por mais bem traduzido que seja, sempre perde sua originalidade em outro idioma que não o seu; admiradores de um escritor gostam de lê-lo em sua língua materna. Você não tem nada a ganhar ao ser traduzido para o alemão]. Ibid.

107 [Lamento não poder conceder gratuitamente a taxa de tradução solicitada, – os alemães, por sua vez, sabem cobrar muito bem; A Sra. Highland terá que me pagar cem francos por cada volume que ela se propõe a traduzir]. Ibid., p.199.

em direção à modernidade. Naqueles idos, mecenato e mercado coexistiam como alternativas para o escritor e, ao que parece, a relação entre editor e editado estava bastante contagiada de traços do primeiro. O relacionamento de Machado com Garnier é exemplar das contradições que vincavam as maneiras pelas quais muitos dos melhores dos escritores se viam inscritos no modo de produção cultural. Quando da inauguração da nova sede da Garnier, em 1900, contando com um estoque de 20 mil volumes, 22 empregados e três elevadores,[108] o mesmo Machado não se nega a abrilhantar a festa, permitindo que obras suas, autografadas, sejam distribuídas aos convidados. Figura emblemática da respeitabilidade intelectual, seu vulto, presidindo os fins de tarde na livraria, como reza a tradição, transfere para a editora o prestígio de seu editado, dando assim dupla direção à relação ambígua que João Ribeiro registra ter vigorado entre escritores de um lado e marqueses de outro.

No entanto, sem dúvida o conflito de interesses entre escritores de um lado e marqueses e editores de outro era uma questão que incomodava. E, diante do desconforto, foram vários os caminhos sugeridos para solucioná-la. Em 1890, o assunto vai encontrar em alguns intelectuais um encaminhamento mais político e moderno, como parece ser experiência relatada por Brito Broca em "O fracasso de uma sociedade literária em 1890", que, não obstante tenha gorado, representava uma resposta coletiva ao problema:

> A 5 de maio, Pardal Mallet iniciou no *Correio do Povo* uma série de artigos chamando a atenção para a necessidade de fundar-se no Rio uma sociedade capaz de defender o direito dos escritores.
>
> [...] No Brasil não existira, durante a Monarquia, uma lei regulando os direitos autorais. Não somente podia-se publicar a obra de qualquer autor brasileiro sem pagar direitos, como traduzir-se a obra de qualquer autor estrangeiro nas mesmas condições. Quando d. Pedro II esteve pela primeira vez em Lisboa, os escritores e editores portugueses quiseram dirigir-se a ele a fim de

108 Cf. Renault, op. cit., p.271.

pedir-lhe apoio para a assinatura de um tratado literário entre os dois países; mas desistiram sabendo que Herculano era contrário ao pagamento de direitos autorais e o imperador se louvava por ele nesse assunto. Alexandre achava que o Estado é que devia dar meios de subsistência aos escritores e que os direitos autorais só serviam para trazer o enriquecimento de escritores medíocres de grande penetração popular, como acontecia com Ponson de Terrail, Xavier de Montepin e outros, na França.[109]

Um dos artigos de Pardal Mallet, datado de 9 de maio de 1890, transcrito por Brito Broca, aborda a questão da propriedade literária de um ponto de vista bastante objetivo. Na esteira de Adolfo Caminha, aponta a dupla origem da reificação da literatura, fruto tanto da ganância dos proprietários das mídias quanto da ingenuidade dos escritores. Estes, não poucas vezes considerando-se acima do que chamam essas questiúnculas, acabam deixando campo livre a iniciativas inescrupulosas. O articulista reclama:

> Corta-se com a maior sem-cerimônia uma poesia ou um conto de autor brasileiro publicado em qualquer jornal e estampa-se o mesmo em outro jornal ou revista sem dar a menor satisfação ao autor. Os contos de Coelho Neto e Artur Azevedo são reproduzidos em dezenas de jornais em todo o Brasil sem que eles recebam um níquel por isso. Enquanto isso, a família de Fagundes Varela está na miséria. Até agora nada se sabe sobre o pedido de pensão da viúva de Macedo. E a viúva de José de Alencar costuma comprar um camarote para assistir a *O guarani*.[110]

Segundo Brito Broca, a *Gazeta de Notícias*, jornal de Ferreira de Araújo, toma a defesa da corporação e responde, deselegantemente, dizendo quanto pagava a seus colaboradores, a saber, 50 mil-réis por conto publicado para Machado de Assis, 25 mil a 30 mil-réis por crônica, e argumentando ainda com os concursos literários, iniciativas que, segundo ela, incentivavam a

109 Broca, *Naturalistas, parnasianos e decadentistas: Vida literária do Realismo ao Pré-Modernismo*, p.133-4.

110 Transcrito por Broca, op. cit., p.134.

literatura. A tudo isso, Pardal Mallet retruca, lembrando a excepcionalidade dos nomes arrolados e a natureza estrutural, e não circunstancial, da questão, o que rebateria o argumento dos concursos. Para Mallet, "a questão consiste não em dar dinheiro a literatos, mas sim em desenvolver os meios de produção literária"; propõe então aos "escritores se reunirem em sociedade e obterem do governo um decreto estabelecendo a obrigatoriedade do pagamento de direitos autorais".[111]

Em 15 de maio, o *Correio do Povo* noticia a fundação de uma Sociedade dos Homens de Letras. A ambiguidade do significado disso vem da informação de ser a dita sociedade dirigida por Ferreira de Araújo, o proprietário do jornal que revidara antipaticamente ao artigo inicial de Mallet. Pertencem também à diretoria Machado de Assis, José do Patrocínio, Emílio Roède, Alcindo Guanabara e Pardal Mallet; nos estatutos, outras assinaturas mostram a adesão à causa por parte de Valentim Magalhães, Aquiles Varejão, Olavo Bilac, Aluísio Azevedo e Artur Azevedo.[112]

Aparentemente, a ideia frutifica: logo depois da notícia da organização da sociedade carioca, a *Gazeta de Notícias* informa o aparecimento de uma entidade similar em São Paulo, em cuja diretoria figuravam Almeida Nogueira (presidente), Filinto de Almeida e Américo de Campos. O *Correio do Povo* conta, em 30 de maio, a primeira reunião da diretoria, mas Brito Broca conclui que o projeto deu em nada. Alguns artigos do estatuto, reproduzidos pelo crítico, são indicadores dos objetivos do grupo e incluem:

> [...] Conseguir do governo brasileiro uma lei regulando os direitos autorais.
>
> [...] Socorrer, a juízo da diretoria, os que sendo reconhecidamente homens de letras caírem na indigência, ou às suas famílias, em caso de morte.
>
> [...] Influir para a publicação de obras de reconhecido mérito escritas pelos sócios.
>
> [...] Estabelecer as condições para a formação de um fundo social.[113]

---

111 Ibid., p.135.
112 Ibid., p.137.
113 Ibid.

Percebe-se, assim, pela variedade de iniciativas, que a ideia de providências a ser tomadas volta e meia materializava-se em projetos, dentre os quais se inclui a formação da Academia Brasileira de Letras, criada em 1896 graças à liderança de Machado de Assis e outros que assinaram a ata de fundação da Sociedade dos Homens de Letras. Só que, de uma proposta a outra, desaparece o componente reivindicatório, trabalhista e profissionalizante que parecia marcar os objetivos da primeira entidade. A Academia presidida por Machado corresponde antes ao projeto descrito em *A conquista*, de Coelho Neto, onde, depois de discutir com os colegas escritores e jornalistas frustrados o fato de a literatura nada render financeiramente, uma das personagens propõe organizar:

> as bases de uma sociedade artística e literária. Não temos um centro de reunião, não temos uma sala onde possamos conversar um minuto em intimidade. Vem um estrangeiro aqui, é uma vergonha: temos de recebê-lo em um botequim ou em um hotel, se há dinheiro. Somos tantos, reunamo-nos e, contribuindo cada um com uma cota mensal, podemos ter perfeitamente uma sala para discussão de teses, palestra, recepção de confrades etc. [...] Conto com uns vinte e tantos membros, tenho os nomes aqui na minha lista. Que dizem? Patrocínio achou a ideia excelente e todos aplaudiram, ficando imediatamente convocada a primeira reunião para a quinta-feira próxima. O título "Grêmio de Letras e Artes" proposto pelo Neiva foi aceito sem discussão.[114]

Na carta de 1904 de Joaquim Nabuco, dirigida a Machado de Assis, revela-se de modo mais enfático o esvaziamento da função profissionalizante sofrido no trajeto da reivindicativa Sociedade dos Homens de Letras para a celebrativa Academia Brasileira de Letras. Seus termos mostram a face conservadora de associações desse porte, ao reunir escritores consagrados e servindo antes para canonizá-los que para profissionalizá-los (ou, ao menos, conscientizá-los de que a profissionalização é possível). Faz parte igualmente do jogo levado a cabo por Nabuco e Machado atrair para a

114 Coelho Neto, op. cit., p.322-3.

associação segmentos poderosos da sociedade e, assim, fortalecer o próprio grupo:

> A minha teoria já lhe disse, devemos fazer entrar para a Academia as superioridades do país. A Academia formou-se de homens na maior parte novos, é preciso graduar agora o acesso. Os novos podem esperar, ganham em esperar, entretanto depois por aclamação, em vez de entrarem agora por simpatias pessoais, ou por serem de alguma *coterie*. A Marinha não está representada no nosso grêmio, nem o Exército, nem o Clero, nem as Artes, é preciso introduzir as notabilidades dessas vocações que também cultivem as letras. E as grandes individualidades também. Assim, o J. C. Rodrigues, o redator do *Mundo Novo*, o chefe do *Jornal do Comércio*, que neste momento está colecionando uma grande livraria relativa ao Brasil, e o nosso Carvalho Monteiro, de Lisboa? A este, o Mecenas, V. poderia dar o voto de Horácio. É verdade que Você é Horácio, mas que ele nada lhe deu, ainda assim V. consagrava o tipo de Mecenas. Etc. etc. etc. Com o Jaceguaí entrava a glória para a Academia. É verdade que ele nenhuma afinidade tinha com o Martins Júnior, mas a cadeira ainda estava vaga – é a cadeira de Taunay, e patrono Otaviano, e desses dois o Jaceguaí seria o substituto indicado por eles mesmos.[115]

Não deixa de ser irônico registrar que, simultaneamente a essa discussão epistolar travada entre figurões como Nabuco e Machado, que analisavam honrarias e formas de promoção pública do letrado,[116] fazendo-os ombrear com a farda e a imprensa, a situação do escritor não era, em absoluto, confortável. Continuavam a ser remunerados ou divulgados, conforme anota Luiz Edmundo, de forma constrangedora:

> Paga-se a um bom autor, por um bom romance ou um bom livro de contos, que quinhentos mil-réis a um conto de réis; por uma novela popular, de cinquenta a quinhentos mil-réis. Para os livros de versos, abundantíssimos, não há tarifa. Em geral, são impressos por conta do próprio autor, ou entregues ao editor, sem compromisso de paga. As exceções à regra são raras.

115 Assis, *Correspondência*, p.76-7.

116 Carvalho, As duas repúblicas. In: Assis; Nabuco, *Correspondência*.

> Os grandes romancistas que vivem e que então mais se editam são: Machado de Assis, em primeiro lugar, Aluísio de Azevedo, logo a seguir e depois, então, Valentim Magalhães, Gonzaga Duque, Coelho Neto...
>
> Olavo Bilac, Luís Murat, Alberto de Oliveira, Raimundo Correia, B. Lopes e Guimarães Passos são os poetas mais lidos e festejados. Os livros que imprimem, porém, não alcançam grandes tiragens; mil, dois mil, no máximo dois e quinhentos ou três mil exemplares.[117]

Tanto em termos de tiragem quanto de pagamento de direitos, as exceções são tão raras que os próprios editores fazem questão de registrá-las, como ocorre ao romance de Afrânio Peixoto, *Uma mulher como as outras*, lançado em 1928, cujo prefácio reproduz as manifestações da imprensa a respeito da excepcionalidade do sucesso do livro:

> "É um livro que merece registro especial porque surge com 10.000 exemplares, a mais numerosa tiragem, ao que parece, de produção artística no Brasil, e os seus direitos autorais 10:000$000, pagos à entrega do manuscrito, são também os mais elevados que um homem de letras brasileiro recebe por uma edição." "Já vão, portanto, longe, os heroicos tempos em que Joaquim Manuel de Macedo, José de Alencar e Machado de Assis recebiam uns magros 200$, 400$ ou 600$000 em troca das suas novelas ainda hoje lidas e apreciadas." E umas tiragens de 500 a 1.000 exemplares...[118]

O dinheiro vem chegando

O alvoroço causado pela excepcionalidade do caso Afrânio Peixoto mostra que os tempos magros dos escritores não estavam assim tão longínquos. Mas, se aos trancos e barrancos os autores iam encontrando formas menos insatisfatórias de remuneração, não se pode dizer que a profissionalização se estendesse de modo igualitário a todas as atividades letradas.

---

117 Edmundo, op. cit., p.702-3.

118 Peixoto, *Uma mulher como as outras*, p.315.

Relativamente à tradução, em meados do século XX o panorama não difere muito do do século anterior. Depoimentos de Erico Verissimo discutem o que poderia ser o avesso da cena em que Machado de Assis foi personagem, ao registrar o tratamento que o Brasil dispensa(va) à tradução brasileira de romances estrangeiros. E, embora o caso narrado desemboque em *happy end*, a matéria continuava carecendo de uma legislação mais abrangente, sem a qual os direitos dos autores ficavam à mercê da boa ou má índole de editores menores e maiores.

O relato pode abrir-se com os detalhes que Erico fornece relativos à tradução de Pearl Buck, que circulou, com êxito, no Brasil, por volta dos anos 1940 e 1950, época em que o país já dispunha de capitais nacionais no negócio e no mercado editoriais.

No caso, substituem os Garnier do eixo Paris-Rio de Janeiro os Bertaso, de Porto Alegre, a quem Verissimo explica seu plano: "escreveria uma carta a Pearl Buck contando-lhe de nossa condição de editores pequenos, perdidos numa remota província dum remoto país chamado Brasil". A carta conteria a pergunta fundamental e até, digamos, indecorosa: "não quereria ela contribuir para que os leitores brasileiros – tão poucos ainda! – pudessem ler na sua própria língua o maravilhoso *The Good Earth*? O mais que podíamos oferecer-lhe era cinquenta dólares [...] pelos direitos autorais definitivos".[119]

A resposta demora quatro semanas, mas é positiva, com a aceitação dos "direitos definitivos de *The Good Earth*, por apenas cinquenta dólares!". Mas, provavelmente arrependido de seu comportamento, em 1941, num encontro privado com a escritora, Verissimo conta a ela a história, acompanhada da promessa de recompensá-la pelo prejuízo:

> Contei-lhe a história. [...] A escritora soltou uma bela risada. E eu lhe fiz uma promessa: a de lhe devolver, a partir daquele momento, os direitos autorais de língua portuguesa sobre *The Good Earth* e a de pagar-lhe dali por diante os 10% habituais.[120]

---

119 Verissimo, *Um certo Henrique Bertaso*, p.80.
120 Ibid., p.81.

Os aguilhões de consciência que acometem Verissimo nos anos 1940 são dignos e, felizmente, resgatam o direito. Mas nem por isso dissipam a sensação difusa de que, na república das Letras, vige uma espécie de lei da selva.

Cada época dispõe de parâmetros próprios para dimensionar as formas de inserção da literatura no modo de produção vigente. Na modernidade, tem lugar uma cadeia de funções a intermediar o relacionamento entre o autor e a editora, por extensão, entre o autor e o público; tal é o papel desempenhado pelo agente literário.

Na função de herói, ou na de vilão da história, essa personagem passa a integrar o elenco de outro capítulo da mesma peça narrada por Erico Verissimo. O caso, agora, envolve Somerset Maughan, que a Globo editava, e para cuja tradução se acreditava autorizada, por ter tratado com o agente do escritor inglês. Erico conta a história que ganha lances de superprodução folhetinesca, ao ter como pano de fundo a Riviera francesa.

Narra primeiramente a visita ao escritório de Jacques Chambrun, que, em Nova York, atuava como agente literário de Somerset Maughan. O escritor gaúcho não se sente à vontade diante o interlocutor, percebendo nele "algo falso, uma atmosfera equivocada". Avisa-o que a "Globo tencionava publicar uma coleção de obras do mestre Maughan, razão por que gostaria de consultar o Velho sobre o tipo de encadernação com que deviam aparecer". A reação é imediata: "Mr. Chambrun fez um gesto rápido e brusco: 'Não! Não consultem Mr. Maughan. Ele está idoso demais e detesta tratar destes assuntos. Posso falar em nome dele. Tenho confiança na Globo. O que vocês fizerem está bem-feito'".[121]

Alguns anos depois, Verissimo depara-se com a informação que Maughan não sabia que seus livros circulavam no Brasil:

> Passados, porém, alguns anos, W. Somerset Maughan concedeu em sua Vila Mourisca de Cap Ferat, na Riviera francesa, uma entrevista a um jornalista brasileiro, na qual se mostrou surpreso ao saber que seus livros eram traduzidos no Brasil, pois ele jamais havia recebido um centavo sequer de direitos autorais brasileiros.[122]

121 Ibid., p.81.
122 Ibid., p.81.

Erico procura solucionar o problema com outra entrevista, em que explicaria "o equívoco" e exibiria "fotografias dos recibos dos dólares que todos os anos costumávamos enviar, invariavelmente, ao sr. Chambrun". Mas Henrique Bertaso escolhe atalhar o caminho, limitando-se a "escrever uma carta a Mr. Maughan, mandando-lhe cópias fotostáticas de todos os recibos, num total de cerca de 32 mil dólares".[123]

O patamar legal agora envolvido é superior em quantidade, lidando com milhares de dólares, e em qualidade, pois todos se movem em compasso cordial, ao lado da lei, cuja existência reconhecem e cujas diretrizes acatam, menos o agente, de antemão apresentado como vilão. Conforme o relato de Erico, no cenário da entrevista, percebe-se "algo de falso, uma atmosfera equivocada", o que contagia o agente; por contraste, dá fiança de boa-fé ao editor e à editora, de resto, mais tarde, plenamente reconhecidos por Maughan na carta com que em 3 de abril de 1959 responde a Bertaso. O escritor confessa que, idoso, não pretende viajar até Nova York para processar Chambrun, de modo que aceita a oferta do esperto agente: "*He has already paid in to my bank the sum of five thousand dollars, and it remains to be seen if he will pay the two hundred dollars a month he has promised to pay*".[124] Depois, agradece à editora, almejando que os leitores não o levem a mal por sua entrevista, já que conta com amplo público entre os leitores brasileiros:

> *Thank you for sending me the neat little booklet you have prepared. I am hoping that now everything is clear, the readers of Brazil will not hold it against me that I told interviewers what had happened. I am, in fact, very glad to know by the account you sent me that my books have been so widely read in your country. Yours sincerely.*[125]

---

123 Ibid., p.82.

124 Ele já pagou no meu banco a quantia de cinco mil dólares e resta ver se ele pagará os duzentos dólares por mês que prometeu pagar.

125 [Obrigado por me enviar o pequeno livreto que você preparou. Espero que, agora que tudo esteja claro, os leitores do Brasil não confiem em mim que contei aos entrevistadores o que havia acontecido. De fato, estou muito feliz em saber pelo relato que você me enviou que meus livros foram tão lidos em seu país. Com os melhores cumprimentos]. Ibid., p.83.

Como o assunto tradução por força ultrapassa as provincianas fronteiras nacionais, a precariedade do aparato legal tempera a questão com iniludível sabor de escroqueria internacional, confundindo os documentos com segmentos de histórias quase policiais, nas quais não há também como negar que, ao fim e ao cabo, tudo acaba bem, recompensados os bons e punidos os maus. Ilustram essas frágeis relações internacionais da leitura brasileira como é tortuoso o caminho do profissionalismo das letras no país.

Ser tradutor, de todo modo, constituía uma concreta alternativa de trabalho. Ao menos na ótica de Monteiro Lobato, que, em 16 de junho de 1934, escrevendo a seu fiel confidente Godofredo Rangel, discorre sobre as canseiras e alegrias de um tradutor *part time*, ao mesmo tempo que analisa de forma positiva a política de tradução da editora para a qual trabalha, a Nacional:

> Tenho empregado as manhãs a traduzir, e num galope. Imagine só a batelada de janeiro até hoje: Grimm, Andersen, Perrault, *Contos* de Conan Doyle, *O homem invisível* de Wells, e *Pollyana moça*, *O livro da jungle*. E ainda fiz *Emília no país da gramática*. [...]
>
> Gosto imenso de traduzir certos autores. É uma viagem por um estilo. E traduzir Kipling, então? Que esporte! Que alpinismo! Que delícia remodelar uma obra de arte em outra língua! Estou agora a concluir um Jack London, que alguém daqui traduziu massacradamente. Adoro London com suas neves do Alasca, com o seu Klondike, com os seus maravilhosos cães de trenó.
>
> Ando a fiscalizar as traduções para o Otales, e bom dinheiro perde ele com essa fiscalização! Mas, faça-se-lhe justiça: perde-o com prazer. Prefere perder dinheiro a enfiar no público uma tradução que eu condene. Que outro editor faz isso? Já perdeu assim mais de vinte contos esse ano. E o público engoliria do mesmo modo todas as infâmias condenadas, porque o público é o maior bueiro do mundo. Eu às vezes até me revolto de dar à bola em certos trechos de difícil tradução, ao lembrar-me do que é a média do público. Mas sou visceralmente honesto na minha literatura. Duvide quem quiser desta honestidade. Eu não duvido. Nem você.[126]

126 Lobato, *A barca de Gleyre*, p.350-1.

Com Lobato, a discussão muda definitivamente de envergadura, já que ele não focaliza casos isolados, mas trata da tradução em si, apresentando-a como opção profissional ao escritor. Em carta dirigida à nora Gulnara, de 7 de outubro de 1943, mais de dez anos depois da enviada a Rangel, Lobato desfia as vantajosas condições do exercício da tradução num Brasil que se modernizava e no qual ele parecia disposto a apadrinhar a moça, para quem elenca direitos, vantagens e investimentos de um tradutor *full time*, atividade que ganha, em sua descrição, o atavio das profissões liberais:

> Vou mostrar essa carta ao Artur e ao Edgard Cavalheiro para que eles te tenham em alta consideração "como escritora" e te procurem quando quiserem boas traduções. Ligada assim às três maiores casas editoras do país, você terá sempre serviço bem pago e conveniente. Quando comparo o que ganha uma moça que tem "ótimo ordenado" com o que pode ganhar uma tradutora diligente, acho que todas as vantagens pendem para esta. Não está sujeita à prisão, ou a horários, pode residir onde lhe der na veneta. Ganha mais do que qualquer secretária. E beneficia-se com um lucro imaterial, mas valiosíssimo, que é do nome que vai fazendo. Quantos mais livros aparecerem com teu nome como tradutora, mais pontos você sobe na bolsa das Cotações dos Valores Não Materiais, e dum ponto em diante, isso começa a capitalizar-se, isto é, a render.[127]

De certo modo, o autor paulista estava à frente de seu tempo. Intuía o valor da *griffe* numa percepção fina da imaterialidade provisória da moeda em que se pagavam algumas transações no mundo das letras. Intuía também a importância de investir no currículo que, a seu tempo, se convertia em valor de troca.

No mesmo campo, e ainda para Lobato, entretanto, nem tudo são sempre flores. Neste mesmo ano, outra carta sua navega na contramão da euforia anterior, ao desfilar diante dos olhos de Flávio Campos exemplos da difícil sobrevivência de um tradutor no mundo das letras. Contradições do autor ou da realidade? Ou o fato de ser o candidato a tradutor um homem casa-

127 Id., *Cartas escolhidas*, p.194.

do, responsável, portanto, pelo provimento de uma família, deixa o outro mais cético na avaliação que faz da instabilidade e oscilação do mundo da tradução? Lobato é categórico:

> Flávio, que imprudência a tua de pensar em traduções como ganha-pão. Que horror! Varre tal ideia da cabeça. Precisas de uma coisa segura, fixa, já que não dispões de boa saúde – e estás casado. Esqueça o intelectualismo e faça prosa. Estude outro caminho. O intelecto está em plena *chomage*. Jorge Amado foi esconder-se numa aldeia do Norte onde "se vive sem dinheiro". Rubem Braga sumiu. Compre os *Anais* de Tácito e leia. A teoria da Eterna recorrência de Nietzsche parece certa. Tudo vai e volta.[128]

Era antiga a atenção de Lobato aos poderes econômicos ao ritmo dos quais orbitava o mundo das letras. Já em 1909, uma carta de 27 de junho, para Rangel, testemunha a precocidade com que Lobato compreende a complexidade, bem como as contradições das forças em jogo quando se trata de modernização do modo de produção da cultura:

> Não vacilo em aceitar o plano do livro de contos a dois – mas com leves modificações. Em vez de fazê-lo a nossa custa, procuraremos editor. Há no Rio o Garnier. Quem sabe se esse Garnier... Com boas cunhas, Rangel, acho que podemos interessar um editor. Só em caso contrário editar-nos-emos por conta própria. Minha ideia é que quem se edita por conta própria faz uma coisa antinatural – como entre as mulheres o parir pela barriga, na cesariana.[129]

Ao perceber a intermediação do editor como necessária e indispensável, ao aderir a ela e mesmo ao preconizá-la, Lobato está, à sua própria revelia, preparando-se para os papéis que cumprirá nos arredores dos anos 1920. Sua compreensão da complexidade da questão torna-se mais e mais aguçada, já que a vive de diferentes perspectivas, quando, comprando a *Revista do*

---

128 Nunes (org.), op. cit., p.60.
129 Lobato, *A barca de Gleyre*, p.131.

Brasil, torna-se editor e passa à posição de quem banca a produção do livro, ótica, sem dúvida, diferente da do escritor.

De produtor de textos a produtor de livros, muda a condição do sujeito e muda o objeto com que lida; por consequência, alteram-se os pontos de vista.

Na roupagem de editor, a palavra ainda pertence a Lobato, em carta de 24 de setembro de 1917, destinada a Valdomiro da Silveira, relação que mantinha de longa data. Valdomiro dirigia o jornal em que o outro colheu, sob a forma de remuneração, suas primícias de escritor moderno. Ao trocar de lado em 1917, Lobato não faz segredo – pelo contrário, faz propaganda – de seu interesse no negócio:

> Amigo Valdo:
>
> Quando aí te propus editar os contos, conhecia pouco da tramoia do negócio. Julgava que estes 25 milhões de brasis lessem um pouco mais, e que a literatura tipo 1, 2 e 3 recebesse dos editores paga, se não digna do mérito, pelo menos decente. Verifiquei que a recebe indecente. O comum é darem eles – Alves e outros – 10% sobre o preço do livro à proporção da venda, caso não adquiram a propriedade por uns mil-réis que raro chegam a conto (o Euclides recebeu 700$000 pelos *Sertões*). De modo que, tudo ponderado, inclusive os 30% que levam os livreiros pela consignação, faço-te esta indecorosíssima proposta! ou 500$ pela propriedade da 1ª edição, ou 10% sobre o preço do vol. à medida que forem vendidos, entendida uma tiragem de 2.000 exemplares a 3$000 o volume. Que vergonha, hein? Acho que deves recusar com indignação. Todavia, se por mal-entendida modéstia te degradares ao ponto de aceitares a irrisória proposta, o livro que tanta falta faz à nossa literatura virá iluminar as estantes de todas as criaturas de bom gosto. Responda com indignação.[130]

A precisão e variedade das informações fornecidas pelo texto registram as relações econômicas que vigem entre os diferentes segmentos envolvidos na

130 Nunes (org.), op. cit., p.44.

produção e comercialização do livro, traduzidas em metáfora que tem como matriz transações envolvendo o comércio cafeeiro. Enreda-se no comentário menção ao valor do pagamento feito ao autor de *Os sertões*, *best-seller* no ano de seu lançamento, comparação ali colocada talvez para atenuar o descabido da proposta apresentada. Finalmente, e com detalhes, lança a proposta que, nem por ser reconhecida como indecorosa, deixa de ser formulada.

De todo modo, o propósito de tratar com correção autores lançados por sua editora pode ser constatado na proposta dirigida a Lima Barreto, numa carta de 15 de novembro de 1918, de publicar *Vida e morte de M. J. Gonzaga de Sá*. A proposta é lançada, apesar de o ficcionista carioca ser fraco de vendas, conforme ele próprio confessa: seu *Triste fim de Policarpo Quaresma*, "do qual [ele] tirou 2.000, há dois anos, está longe de esgotar-se, apesar de tê-lo vendido (a edição) quase pelo preço da impressão":[131]

> A *Revista do Brasil* tem muito gosto de editar essa obra e o faz nas seguintes condições: como é pequena, podendo dar um volume aí de 150 páginas, mais ou menos, convém fazer uma edição de 3.000 exemplares em papel de jornal, que permita vender-se o livro a 2$000 ou máximo 2$500; nesse caso, proponho 50% dos lucros líquidos ao autor, pagáveis à medida que se forem realizando.
>
> Podemos fazer mais outra proposta: a Revista explorará a primeira edição tirada nas condições acima mediante o pagamento de 800$000 no ato da entrega dos originais e a outra de 3 meses depois de saído o livro.[132]

Em outras passagens de sua correspondência, Lobato vai respingando aqui e ali outros detalhes dos bastidores da história do livro. Ensina a prioridade do didático sobre qualquer outro tipo de impressão, o que se justifica pela certeza de retorno do investimento financeiro, garantido pela adoção da obra. São cartas da década de 1920, nas quais, falando de sua editora, informa estar:

131 Cavalheiro, *A correspondência entre Monteiro Lobato e Lima Barreto*, p.23.

132 Ibid., p.14.

refreando as edições literárias para intensificação das escolares. O bom negócio é o didático. Todos os editores começam com a literatura geral e por fim se fecham na didática. Veja o Alves.[133]

A proximidade da abertura das aulas põe a mercadoria didática à frente de tudo mais. Só cuidamos agora de cartilhas, gramáticas, aritméticas – todos os instrumentos de torturar crianças.[134]

À compreensão que o autor tem do peso do livro didático na indústria livreira, logo, de sua rentabilidade imediata, soma-se a arguta percepção da inadequação de grande parte do material didático disponível, definido como "instrumento de torturar crianças". Se modernização e adequação às expectativas do público, juntas, serão responsáveis pelo impacto da obra infantil de Lobato num mercado empoeirado e sonolento, os anos 1930 marcam igual renovação nos livros paradidáticos. Em agosto de 1934, ele exulta:

A minha Emília está realmente um sucesso entre as crianças e os professores. Basta dizer que tirei uma edição inicial de 20.000 e o Octales está com medo que não aguente o resto do ano. Só aí no Rio, 4.000 vendidas num mês. Mas a crítica de fato não percebeu a significação da obra. Vale como significação de que há caminhos novos para o ensino das matérias abstratas. Numa escola que visitei a criançada me rodeou com grandes festas e me pediram: "Faça a Emília do país da aritmética". Esse pedido espontâneo, este grito d'alma da criança não está indicando um caminho? O livro como o temos tortura as pobres crianças – e no entanto poderia diverti-las, como a gramática da Emília o está fazendo. Todos os livros podiam tornar-se uma pândega, uma farra infantil.[135]

A modernidade do agir de Lobato manifesta-se também em áreas ainda mais materiais da produção de textos, como em sua adesão à datilografia, tecnologia inovadora louvada em correspondência remetida em 15 de agosto de 1934 a Oliveira Viana:

---

133 Lobato, *A barca de Gleyre*, p.321.

134 Ibid., p.321.

135 Nunes (org.), op. cit., p.96.

> Ora graças que se civilizou – deixou a pileca antediluviana do escrever com as unhas e passou ao teclado. Quantas vezes não insisti com você para que mudasse? Dedo humano não foi feito para escrever, e sim para meter no nariz, para fazer cócegas nas mulheres, para coçar etc. [...]
>
> Vais ver como a máquina te alerta o pensamento. Cada pancadinha é uma chicotada que repercute nas células cerebrais e fá-las pular.[136]

Várias são as facetas da modernidade desse autor: à adesão à datilografia e à percepção da oportunidade dos paradidáticos soma-se ainda acurada percepção da força do mercado e, consequentemente, da publicidade na nova ordem que se instaurava entre livros e leitores. Por isso, em 12 de abril de 1921, *O Estado de S. Paulo* tem uma página inteira de propaganda de *Narizinho Arrebitado, segundo livro de leitura para uso das escolas preliminares*; na reprodução da capa, um pinto carteiro e uma raposa; a obra era anunciada ao preço de 2.500 réis, com desconto de 25% a revendedores. A manchete apresenta "um novo livro escolar aprovado pelo governo de S. Paulo" e em diferentes seções reproduz "opiniões dos professores, opinião da crítica, opinião das crianças".

A transcrição de algumas dessas opiniões infantis vale pelo que permite de cotejo entre diferentes recepções e pela observação de que são todos depoimentos voltados para criar, no leitor do jornal, a vontade de tornar-se leitor do livro. Técnica ainda hoje utilizada, o testemunho do consumidor, quando aplicado a livros, de certa maneira repessoaliza a leitura que, quanto mais avança a modernidade, mais tende a impessoalizar-se:

> Dei boas risadas com o seu livro, mas não gostei de ser tão pequeno. Por que não faz sair todo o mês um pedaço, como o *Tico-Tico*? Eu queria que a história de Narizinho não acabasse mais – e que casasse com o Príncipe. Antes ela do que Emília. O marquês de Rabicó é continuação? Belinha Novaes.
>
> Fiquei muito triste no fim. Por que a menina não se casou com o príncipe? Até chorei de dó do coitadinho... Quando sai o resto? Estou ansiosa de saber o resto da história. Ele ainda casa? Nenê Ramos.

136 Ibid., p.95.

> O livro que eu gostava mais era *Os contos da avozinha*. Agora é o que o senhor mandou. Já li três vezes e estou lendo para a Carmita que já riscou com o lápis a barata invejosa, de raiva. Vovó também leu. Disse que gosta de livro assim, de letras bem grandes e figuras engraçadas. Eu queria saber como é que se pinta as figuras. Nenezinha disse que vai escrever uma história como aquela, veja que prosa!... Tem continuação?[137]

Os depoimentos transcritos apontam todos para uma recepção favorável, moldada, no entanto, por expectativas que não parecem construídas pela escola: as risadas, o consumo parcelado, a expectativa de um *happy end* sentimental e o colorir as figuras parecem apontar para um acolhimento orquestrado por expectativas aprendidas, quer nos produtos da indústria cultural, como *O Tico-Tico*, de 1905, quer na literatura infantil, como são *Os contos da avozinha*, de Figueiredo Pimentel, de 1896.

Começa, pois, a delinear-se uma encruzilhada, na qual diferentes práticas de leitura sustentam mídias distintas, logo, gerenciam diversas técnicas de produção e consumo de textos e livros. Nas encruzilhadas, como se sabe, os desencontros são frequentes.

O mercado das letras

Desses desencontros não escapam as vanguardas, sobretudo as vanguardas intelectuais ralas, como as brasileiras, além disso, acuadas entre diferentes fontes financiadoras da produção cultural. Eis um caso exemplar, protagonizado, de uma parte, pela velha aristocracia paulista, representada por Paulo Prado que (então) dirigia a *Revista do Brasil*, de outra, por Lobato, que tinha dado estrutura empresarial ao periódico. Entre os dois, e furioso com o calote que o deixou de bolsos vazios, Mário de Andrade, que em agosto de 1924 reclama para Sérgio Milliet:

> O Rubens [Borba de Morais] deixou definitivamente a *Revista do Brasil*. Não sei o que anda por lá e muito menos ele. O pior é que me levou um artigo por

137 *O Estado de S. Paulo*, 12 abr. 1921.

> 50$000 e estes não vieram nem virão mais. Esta gente leviana que arranja dinheiro com os avós e sinecuras não sabe nem se incomoda com as necessidades dos outros. São uns merdas duns egoístas, isto é que são. Paulo incluído.[138]

Mas Mário de Andrade muda, ao menos um pouco. Alguns anos depois, sua relação com a remuneração do trabalho intelectual soa menos angustiada e mais conformada, quando ele tenta gerenciar sua produção de forma a resolver de maneira objetiva as questões financeiras que o atormentam. Em nova carta a Milliet, parece admitir a possibilidade de picotar e reciclar seu trabalho, com vistas a multiplicar seus proventos. Enquanto anuncia essa rendição a uma modernidade nada desvairada, conta que aprendeu a distinguir, pretendendo manter a diferença, em sua atividade, entre escrita remunerada e escrita militante, quer seja esta estética, quer seja política:

> A Escola Nacional de Música me encomendou uma conferência. Fiz, trabalhei pensamenteando muito e endolorado com a coragem gasta para dizer certas coisas. Acho o trabalho digno da gente e pra não dar minha opinião, me socorro da do Prudente de Morais Neto que o considerou interessantíssimo. A visão histórica aplicada à nossa música, essa posso garantir que é inteiramente nova. O que ganhei com tudo isso? Apenas 600$000, quando a qualquer pianisteco se paga conto de réis para aparecer. Não fiquei safado, são amigos e lutam, mas quero espichar um bocado o rendimento. Fiz da conferência quatro artigos que intitulei "Evolução social da música brasileira" e numerei I, II, III e IV.[139]
>
> Como todo homem muito destinado e dirigido, faço de vez em longe meus exames de consciência, revejo o produzido e pergunto se estou certo no que vou fazendo. Ora não me contraria, considero uma boa solução ter que abandonar a ideia de colaborar no Estado da outra banda, bando e bunda. É que recentemente andei relendo meus artigos e vi claro que estava me dispersando e confundindo escrever artigos sem ter assunto, muitas vezes forjando assuntos para escrever artigo e mais ainda formalmente confundindo ganhar dinheiro com escrever artigos. Isto me fez abandonar a colaboração da *Revista do Brasil* e

---

138 Duarte, *Mário de Andrade por ele mesmo*, p.299.

139 Ibid., p.321.

> recusar a ainda mais rendosa que me propôs agora *Vamos Ler*. Fixei frio o lado ganhar dinheiro e só escrevo mesmo coisa que renda, artigos de 150 ou 200 mil-réis, como os de *Publicações Médicas* ou do DIP quando me encomendam. E quando tiver um assunto que se imponha, isso sim, escreverei e darei até de graça, se ninguém quiser pagar.[140]

Tais cartas revelam um Mário de Andrade que parece perceber as relações escritor/editor já com razoável grau de clareza e que, embora não se equipare à lucidez de Lobato, ultrapassa o nível geralmente queixoso e individual com que o tema é tratado por seus pares e que se verifica numa correspondência mais antiga, como na carta dirigida a Álvaro Lins:

> Pra seu governo, lhe mando cópia da carta que nesta mesma data envio ao Max Fisher. Como já lhe contei, creio, dos *Aspectos*, os meus direitos autorais que eram de um conto e oitocentos e poucos mil-réis, ficaram reduzidos a um conto, a pedido do Fischer, que aplicou o resto em publicidade. Não tenho a menor queixa dele por isso, pois nada reguláramos preliminarmente.
>
> Mas depois ele vem insistindo em editar outro livro meu e eu dizendo que sim, que sim, mas sempre esperando que ele entre em conversa franca, como ele mesmo propunha, para definitivar o contrato. Mas como não entrava mesmo na conversa, lhe escrevi recentemente, pedindo as condições financeiras da edição do, no caso, *Belazarte*. E ele acaba de me responder que as mesmas de *Aspectos*. Ao que respondo como você verá pelo anexo.[141]
>
> A Livraria Martins está com ideia de publicar minhas *Obras completas*. Na circular de propaganda que vai fazer, parece que publicará a opinião de alguns intelectuais sobre isso. E me consultou. Está claro que eu não podia recusar, mas proibi definitivo que pedissem a opinião dos críticos profissionais, como você, o Antonio Candido, o Sérgio. É que tenho horror de roubar a opinião dos que têm a responsabilidade profissional de opinião crítica. Evidentemente, os que forem consultados, dirão que a empreitada é boa![142]

---

140 Ibid., p.332-3.
141 Andrade, *Cartas de Mário de Andrade a Álvaro Lins*, p.90.
142 Ibid., p.105.

Se ainda hoje vige o hábito de transcrever, em orelhas de livros ou anúncios na imprensa, comentários críticos favoráveis, ao tempo dessa carta aquela não era, propriamente, uma prática nova. Tinha sido precedida pelos prefácios favoráveis, como o que Magalhães de Azeredo encomendou a Machado de Assis; e Lobato se valera dela para reforçar as vendas de seu livro infantil. A novidade, no caso da Martins, reside no fato de que, ao escolher testemunhos de intelectuais, a editora de Mário como que reforça o caráter elitista da circulação pretendida. Na delicadeza com que quer evitar situações constrangedoras aos amigos, Mário não parece dar-se conta disso.[143]

Mas as letras, àquele tempo, eram campos magros para todos, mesmo para Graciliano Ramos, autor de arguta análise do negócio de livros em carta dos anos 1930 enviada à esposa, Heloísa. Comentando suas expectativas em relação ao romance *Angústia*, manifesta uma profunda descrença nos editores:

> O *Angústia* vai indo. Estão emendadas duzentas e quatro páginas. Dentro de um mês estará concluído e datilografado. Recebi novas cartas do Zélins e do Jorge pedindo-o. Ainda não dei resposta, mas vou dizer que mandarei os originais quando o editor enviar os cobres. Não tenho confiança nos editores, uns ratos.[144]

Dos anos 1930 aos 1940, a aprendizagem se completa, o que talvez o leve a desfrutar de situação aparentemente ímpar de financiamento para a escrita de um livro. Mas nem sempre está satisfeito, como sugere a carta enviada em 1947, do Rio de Janeiro, a seu filho, Júnio, quando observa que, "além da confusão política, dos avanços e recuos, o negócio de livros anda mal". Seus exemplos são candentes: "duas editoras rebentaram numa semana, as outras estão um pouco mais ou menos paralisadas". Exemplifica então

143 Discutiram-se aqui as dificuldades de Mário de Andrade relativamente à remuneração de seu trabalho intelectual. No que se refere aos problemas relacionados à edição de suas obras, cf. Zilberman, Mário de Andrade, ou como um modernista editava, *Itinerários*, p.113-24.

144 Ramos, *Cartas*, p.215.

com os próprios livros, que, primeiramente, foram muito bem-sucedidos: "à saída venderam-se quinhentas coleções para Lisboa, duzentas para o Instituto do Livro e só em São Paulo, na capital, quatrocentas em oito dias". Depois, porém, "cessaram os pedidos, ou vêm pingados", situação que ocorre tanto no Brasil quanto no exterior, já que não recebe seus direitos autorais: "A prestação inicial da edição de *Infância* na Argentina chegou-me com seis meses de atraso; a de *Vidas secas*, publicado em março, ainda não veio. Tempo de vacas magras".[145]

Resta-lhe escrever novas obras, dando continuidade à redação dos volumes das *Memórias do cárcere*, cujos direitos autorais eram pagos mensalmente, mas cuja produção estava bastante atrasada:

> Em desânimo, findei o primeiro volume da história que estou fazendo – 33 capítulos – e mergulhei no segundo. Suponho que terei as memórias prontas em três anos. Pedi este prazo ao editor, vou recebendo os direitos autorais mês a mês, isto é, vivo comendo os miolos.[146]

Na discussão da questão de direitos autorais, o recurso à correspondência permite uma abordagem enviesada, em que se apreende o público pelo privado. Por sua vez, o valor dessas cartas fica potencializado, quando seu peso documental se matiza pela leveza do registro que se constrói no texto literário. Textualizada, a questão do modo de produção da literatura tem em *Bufo & Spallanzani*, romance de 1984 de Rubem Fonseca, outro encaminhamento, compatível com uma literatura que vive e vige na esteira da indústria editorial. De professor e securitário a escritor de sucesso – isto é, de Ivã Canabrava, nome, a Gustavo Flávio, pseudônimo –, a trajetória do narrador da obra é armada de forma a facultar ao leitor acesso ao mundo da produção literária do Brasil de hoje.

Por um lado, a ininterrupta menção que o narrador faz a autores e obras-primas de linhagem universal parece corresponder à vontade de inscrever o livro na longa cadeia de nomes e textos que consolidaram e canonizaram o

---

145 Ibid., p.291-2.
146 Ibid., p.292.

gênero romance. Por outro, a menção ao modo como Gustavo Flávio produz seus livros aponta para a rejeição dessa genealogia nobre, prenunciada no pesadelo recorrente que o atormenta, relatado na abertura do texto: romper com a tradição da escrita à mão, eis o pecado cometido pelo narrador.

Esse pecado, no entanto, inscreve a obra na tradição da escrita datilográfica, fiadora da modernidade, a que Lobato aludia nos anos 1930 e que transparece hoje na utilização de redatores informatizados. Nos sonhos da personagem de Fonseca, contudo, a modernidade custa caro, pois, acossado por um Tolstói onírico, é convocado a escrever à mão, gesto impossível no contexto de seu tempo: "Perpassa por mim a sensação aterradora, a certeza de que não conseguirei estender a mão centenas de milhares de vezes para molhar aquela pena no tinteiro, e encher aquelas páginas vazias de letras e palavras è frases e parágrafos".[147]

Aos poucos, numa espécie de intrusão paulatina e tutelada no monólogo que se desenvolve entre o narrador e um interlocutor que partilha de sua intimidade, o leitor desse Rubem Fonseca vai mergulhando, ao mesmo tempo, numa história policial, em torno da morte de Delfina, e na história da escrita do próprio livro. A produção de *Bufo & Spallanzani* é necessária para Gustavo Flávio honrar compromissos editoriais já assumidos por um autor profissional que, digno herdeiro da melhor argúcia de Lobato e Graciliano Ramos, gerencia sua obra de modo incansável em todos os níveis:

> Prometera meu novo livro para o princípio do ano, já recebera o advance, o meu editor estava me cobrando, acho que já falei isso. Meu editor queria um livro grosso, o livreiro queria um livro grosso, o leitor queria um livro grosso (um bom pretexto para comprar e não ler) as coisas grandes impressionam.[148]

Como romance policial, *Bufo & Spallanzani* representa um gênero polêmico, até pouco tempo não muito considerado pela crítica, mas de larga receptividade entre os leitores. Na tradição brasileira, a introdução maciça do romance policial data dos anos 1930, quando a Globo e a Nacional

147 Fonseca, *Bufo & Spallanzani*, p.78.

148 Ibid., p.208-9.

criam, através de primorosas traduções, um público leitor que educam para consumo deleitado de crimes, suspeitas e detecções que, no entanto, só muito raramente têm por cenário o Brasil. Nesse sentido, boa parte da obra de Rubem Fonseca, na qual se inclui esse romance, ambientado no Rio de Janeiro contemporâneo, constitui um marco na nacionalização do gênero policial. Adaptador de um tipo de literatura de sucesso já firmado fora do Brasil, esse projeto não se distingue daquele em que embarcou Macedo, com *A moreninha*, que, em 1844, nacionaliza o romance romântico de entrecho ligeiro e sentimental.[149]

É significativo que seja no bojo de um gênero pouco canônico como o romance policial que se manifeste com alguma complexidade a metalinguagem das condições de produção literária no Brasil contemporâneo. Em *Bufo & Spallanzani*, a linguagem ensimesmada se debruça sobre o modo de elaborar livros e textos, concebendo e representando ambos como mercadorias. Rompendo com a tradição de representar a produção do estético como desinteressada, gratuita e de origem subjetiva, o que está na berlinda é o sistema literário, ou seja, a malha social pela qual circula a literatura, malha que ao mesmo tempo alimenta e devora narradores, escritores e leitores.

Assim, ao ser lembrado pelo editor que é preciso dar aos leitores "o que eles querem",[150] o narrador reflete sobre a dificuldade de satisfazer seu público, pois nem mesmo este sabe o que efetivamente deseja:

> A coisa mais difícil para o escritor é dar o que o leitor quer, pela simples razão de que o leitor não sabe o que quer, sabe o que não quer, como todo mundo; e o que ele não quer, de fato, são coisas muito novas, diferentes do que está habituado a consumir.[151]

Conclui então, num raciocínio tortuoso, que "poder-se-ia dizer que se o leitor sabe que não quer o novo, sabe, *contrario sensu*, que quer, sim, o velho, o conhecido, que lhe permite fruir menos ansiosamente o texto".[152]

---

149 Lajolo; Zilberman, *A leitura rarefeita*.
150 Fonseca, op. cit., p.170.
151 Ibid., p.170.
152 Ibid., p.170.

O narrador do romance traveste-se de autor submerso na indústria cultural; mas, diante dela, guarda a distância que lhe preserva a ironia. Certos traços seus autorizam uma interpretação sugestiva: seu pseudônimo, Gustavo Flávio, de indiscutível sabor *kitsch*, pode ser interpretado como alusão (homenagem?) a Gustave Flaubert; sua apresentação como "mulato pernóstico" parece resgatar, com sarcasmo, a linhagem machadiana à qual ele parece querer agregar-se através de expedientes vários, dentre os quais a citação constante de tantos de seus mais ilustres confrades, procedimento nada raro no autor de *Memórias póstumas de Brás Cubas*.

O resultado é interessante e apresenta orientação dupla: provoca, de um lado, um inevitável abastardamento dessa linhagem literária mais ortodoxa, ao fazê-la ombrear, na voz de seus sucessores, com discussões do trivial econômico que preside a produção de romances no mundo do capitalismo avançado; de outro, essa atitude talvez consista num dos penhores da modernidade de Rubem Fonseca e de sua sintonia com o Brasil atual que lhe retribui à altura a fidelidade do retrato que fornece: o livro, desde o lançamento, em 1984, constituiu um notável *best-seller*.

Ancorado no discurso memorialista de Gustavo Flávio e inscrito num gênero considerado menor como o romance policial, *Bufo & Spallanzani* tematiza uma etapa bastante adiantada do processo de transformação do modo de produção literária que apenas se debuxava de leve, naquele longínquo tempo machadiano, quando a frieza cortante dos números chocava o decoro habitual das letras, em nome dos quais Garnier recusava a tradução gratuita proposta por Machado. Entre a narração de um Bentinho já casmurro, cujo fim confesso era "atar as duas pontas da vida", e a de Gustavo Flávio, que escreve para "ganhar a vida", desdobram-se muitos anos e muitas histórias de capitalismo periférico, dependente e sempre inconcluso. Entretecida a essas histórias, fica um capítulo da história da leitura.

E, mais do que historiadores e memorialistas, são os escritores que, com instrumentos diferentes, ensinam que o texto literário não apenas tematiza modos de produção vigentes numa dada sociedade, mas articula-se com eles. Uma vez que a literatura constitui um discurso de circulação social muito marcada, é inevitável ser ela atravessada pelas formas de produção através das quais um original se metamorfoseia em livro.

Num país de tradição escrita tão recente e precária como o Brasil, e consequentemente com uma história de leitura, como prática social, tão incipiente, não deixa de ser curioso que as histórias literárias só muito raramente, e sempre em surdina, se ocupem das condições de produção e circulação dos livros. Essa mal-amada faceta da literatura também faz parte dela, tanto quanto as entrelinhas que a crítica investiga e interpreta e cujo valor se assinala ao longo de um eixo que não só sacramenta certos textos como maiores ou menores, mas também lhes outorga ou denega o estatuto de literariedade.

Estatuto este, via de regra, tradicionalmente negado às obras que circulam no âmbito da escola, para onde nos encaminhamos agora. Os textos, em suas andanças pelas salas de aula, também contam uma história de livros, leitores e leitura.

3
Livros didáticos, escolas, leitura

Adeus colégio, adeus vida
vivida sob inspeção,
dois anos jogados fora
ou dentro de um caldeirão
em que se fritam destinos
e se derrete a ilusão.

Carlos Drummond de Andrade[1]

Livro didático, matéria da literatura

O livro didático talvez seja uma das modalidades mais antigas de expressão escrita, já que é uma das condições para o funcionamento da escola. Em certo sentido, pode-se considerar a *Poética*, de Aristóteles, um ancestral seu, já que resulta de notas das aulas ministradas pelo filósofo, em pleno século IV a.C. Se esse exemplo pode constranger, citemos a *Institutio oratoria*, de Marcus Fabius Quintiliano, professor atuante no século I d.C., que, "no décimo livro dessa obra inseriu uma apreciação sumária dos principais

1 Andrade, Adeus ao colégio. In: *Esquecer para lembrar*, p.123.

autores gregos e latinos, menos como resumo bibliográfico do que como esboço de uma espécie de 'biblioteca mínima' do aluno de Retórica".[2]

Apesar do berço ilustre, contudo, o livro didático é o primo pobre da literatura, texto para ler e botar fora, descartável porque anacrônico: ou ele fica superado, dados os progressos da ciência a que se refere, ou o estudante o abandona, por avançar em sua educação. Sua história é das mais esquecidas e minimizadas, talvez porque os livros didáticos não são conservados, suplantado seu "prazo de validade".

Por outro lado, ele é o primo rico das editoras: as primeiras e as mais antigas já o incluíam em seus catálogos, e as atuais e mais modernas sonham com dispor de um ou mais títulos adotados por professores, escolas ou secretarias de Educação. A vendabilidade do didático é certa, conta com o apoio do sistema de ensino e o abrigo do Estado, é aceita por pais e educadores. Editor nenhum o ignora, embora nem sempre o tenha a seu alcance. Em nossos dias, apenas a literatura infantil oferece-lhe concorrência, mas as razões para tanto são quase as mesmas: o mercado é cativo e sempre crescente, o livro para crianças também passa pelo crivo escolar, e o apoio institucional do governo ou de seus intermediários – as agências pedagógicas e de apoio à infância – está sempre presente.

O livro didático interessa também a uma história da leitura porque ele, talvez mais ostensivamente que outras formas escritas, forma o leitor. Pode não ser tão sedutor quanto as publicações destinadas à infância (livros e histórias em quadrinhos), mas sua influência é inevitável, sendo encontrado em todas as etapas da escolarização de um indivíduo: é cartilha, quando da alfabetização; seleta, quando da aprendizagem da tradição literária; manual, quando do conhecimento das ciências ou da profissionalização adulta, na universidade.

Sua existência depende, contudo, de certas condições mínimas. A primeira, herdada da Antiguidade e característica do mundo ocidental, é a formulação de uma política educacional: se a sociedade supõe que a educação dos indivíduos passa pela escola, como já ocorria entre os gregos e os latinos, então é mister produzir livros para estudantes e dispor de professores,

---

2 Carpeaux, *História da literatura ocidental*, p.16.

esses também formados pelos livros e usuários profissionais desse instrumento. A segunda condição relaciona-se à infraestrutura tecnológica: são necessárias tipografias e editoras para imprimir o material didático de que carecem docentes e discentes em sala de aula. A imprensa foi invenção da modernidade: dependeu da inventividade de Gutenberg; mas só se expandiu e aperfeiçoou-se por decorrência da Revolução Industrial, que encontrou na fabricação de livros e impressos uma das possibilidades de ganhar dinheiro. Mas esse desenvolvimento também decorre de uma política, a econômica, gerenciada pela classe dominante de um povo.

Desemboca-se assim outra vez no governo, e com ele no Estado.

O livro didático, esse primo pobre, mas de ascendência nobre, é poderosa fonte de conhecimento da história de uma nação, que, por intermédio de sua trajetória de publicações e leituras, dá a entender que rumos seus governantes escolheram para a educação, desenvolvimento e capacitação intelectual e profissional dos habitantes de um país.

Uma colônia sem imprensa. E sem livros

Até 1808, praticamente inexiste a história da imprensa no Brasil, embora Carlos Rizzini, ao traçar a trajetória do livro em nosso país, indique a ocorrência de ensaios de tipografia durante a ocupação holandesa em Recife,[3] hipótese, todavia, desmentida por Antônio da Cunha Barbosa.[4] O alvará de 20 de março de 1720, impedindo a instalação, na colônia, de manufaturas, inclusive as dedicadas às "letras impressas",[5] retardou o desenvolvimento da imprensa por aqui.

Por consequência, ficou difícil a disseminação de práticas de leitura mais intensas e consistentes. Também não ajudaram escassas tentativas de burla, como a de Antônio Isidoro da Fonseca, impressor de prestígio em Lisboa. Com clientes do porte de Cândido Lusitano, o conde de Ericeira e Diogo

---

3 Rizzini, *O livro, o jornal e a tipografia no Brasil* (1500-1822).

4 Barbosa, Origem e desenvolvimento da imprensa colonial brasileira, *Revista Trimestral*, p.239-62.

5 Hallewell, *Books in Brazil: A History of the Publishing Trade*, p.17.

Barbosa Machado, autor da *Biblioteca lusitana*, tentou transferir, em 1747, seu negócio para o Rio de Janeiro, mas não pôde levar adiante a empresa:

> Isidoro mal teve tempo de dar a lume quatro magros e mesquinhos trabalhos: a *Relação da entrada* do bispo fr. Antônio do Desterro, redigida pelo juiz de fora Luís Antônio Rosado da Cunha; um romance heroico em vinte e três quadras, *Em aplauso*, do mesmo bispo; onze epigramas em latim e um soneto em português sobre a matéria ascendente; e umas *Conclusões metafísicas* em latim, defendidas no Colégio de Jesus pelo estudante Francisco Fraga e estampadas numa só página de fólio.[6]

M. D. Moreira de Azevedo, membro do Instituto Histórico e Geográfico Brasileiro, destaca que essas composições, "mui raras hoje, são apreciáveis por serem o primeiro trabalho tipográfico feito no Rio de Janeiro, monumentos que provam a existência da primeira oficina tipográfica desta cidade e talvez do Brasil".[7] Não tarda, porém, a pá de cal sobre a iniciativa: em 6 de julho de 1747, uma provisão mandava fechar a tipografia e remeter todo o material para o Reino:[8]

> Dom João por graça de Deus, rei de Portugal e dos Algarves, daquém dalém mar em África senhor de Guiné e etc.
>
> Faço saber a vós governador e capitão general da capitania do Rio de Janeiro que por constar que desse reino tem ido para o Estado do Brasil quantidade de letras de imprensa, no qual não é conveniente se imprimam papéis no tempo presente, nem ser de utilidade aos impressores trabalharem no seu ofício, aonde as despesas são maiores que no reino, do qual podem ir impressos os livros e papéis no mesmo tempo, em que dele devem ir as licenças da Inquisição do meu

---

6 Rizzini, op. cit., p.312; Sodré, *História da imprensa no Brasil.*

7 Azevedo, Origem e desenvolvimento da imprensa no Rio de Janeiro, *Revista Trimestral*, p.171.

8 Bello, *Imprensa Nacional* (Oficina Oficial), 1808-1908; Camargo, Dos *Annaes da Imprensa Nacional à Bibliografia da Impressão Régia.* In: Camargo; Moraes, *Bibliografia da Impressão Régia do Rio de Janeiro.*

> Conselho Ultramarino, sem as quais se não podem imprimir, nem correrem as obras; portanto se vos ordena que, constando-vos que se acham algumas letras de imprensa nos limites do vosso governo, as mandeis sequestrar, e remeter para este reino por conta e risco de seus donos, a entregar a quem eles quiserem, e mandareis notificar aos donos das mesmas letras e aos oficiais da imprensa que houver, para que não imprimam nem consintam que se imprimam livros, obras, ou papéis alguns avulsos, sem embargo de quaisquer licenças que tenham para a dita impressão, cominando-lhe a pena de que, fazendo o contrário, serão remetidos presos para este reino à ordem de meu Conselho Ultramarino, para se lhe imporem as penas em que tiverem incorrido, na conformidade das leis e ordens minhas, e aos ouvidores e ministros, mandareis intimar da minha parte esta mesma ordem para que lhe deem a sua devida execução e a façam registrar nas suas ouvidorias.[9]

Em 1808, quando d. João se transferiu para o Rio de Janeiro, a administração real precisou de um instrumento para publicar seus atos e proclamações; viu-se então a braços com o problema resultante do modelo de colonização aqui implantado. O acaso ajudou-o a contornar a situação, segundo conta Rubens Borba de Moraes:

> A transferência da Corte portuguesa para o Brasil, em 1808, foi o começo de tudo. Nos porões da nau *Medusa* vieram de Lisboa prelo com seus pertences. Era uma tipografia completa encomendada na Inglaterra por d. Rodrigo de Sousa Coutinho, futuro conde de Linhares, para servir a sua secretaria de Estado dos Negócios Estrangeiros e da Guerra. Não tendo sido usada, encontrava-se ainda encaixotada na ocasião do embarque para o Rio de Janeiro.[10]

Luís Gonçalves dos Santos, o padre Perereca, testemunhou o acontecimento e narrou-o de modo eufórico e louvaminheiro, em obra de 1821:

9 Reproduzido em: *Revista Trimestral*, p. 167-8.

10 Moraes, A Impressão Régia do Rio de Janeiro: origens e produção. In: Camargo; Moraes, op. cit., p.XVII.

O Brasil até ao feliz dia 13 de maio de 1808 não conhecia o que era tipografia: foi necessário que a brilhante face do príncipe regente Nosso Senhor, bem como o refulgente sol, viesse vivificar este país, não só quanto à sua agricultura, comércio e indústria, mas também quanto às artes e ciências, dissipando as trevas da ignorância, cujas negras e medonhas nuvens cobriam todo o Brasil, e interceptavam as luzes da sabedoria. Assim, por decreto datado deste mesmo dia dos seus felizes anos, Sua Alteza Real foi servido mandar que se estabelecesse nesta Corte a Impressão Régia, para nela se imprimirem exclusivamente toda a legislação, e papéis diplomáticos, que emanarem de qualquer repartição do real serviço, e também todas, e quaisquer obras, concedendo a faculdade aos seus administradores para admitirem aprendizes de compositor, impressor, batedor, abridor e demais ofícios que lhe sejam pertencentes. Este máximo benefício, que Sua Alteza Real outorgou ao Rio de Janeiro, é bem de esperar que se comunique à Bahia, e também às capitais das principais províncias do Brasil, visto o sistema liberal que o mesmo augusto senhor tem adotado a favor dos seus vassalos desta parte dos seus domínios, e que se imprimam na América Portuguesa obras muito interessantes que, ou já compostas, jazem na poeira do esquecimento, e do desprezo, ou que para o futuro se hajam de compor, facilitando os meios de se darem à luz pelo prelo.[11]

O ângulo cômico das coincidências que estão na origem da imprensa no Brasil é introduzido por Max Fleuiss:

A origem da nossa imprensa oficial foi, de algum modo, casualmente devida ao açodamento com que a família real abandonou o Tejo, em consequência das primeiras avançadas do exército de Bonaparte.

Sabe-se que, pouco antes do precipitado embarque da Corte, havia o governo português recebido a encomenda feita à Inglaterra de prelos e material tipográfico que, vindos de Londres, se encontravam ainda encaixotados na alfândega de Lisboa. Na precipitação do momento, foram remetidos para bordo da fragata *Medusa*, um dos navios da esquadra régia, e onde veio Linhares.[12]

11 Santos, *Memórias para servir à história do Reino do Brasil*, p.256-7.

12 Fleuiss, Subsídios para a história da imprensa no Brasil. In: *Páginas de história*, p.596-7.

Carlos Rizzini também enfatiza a ironia da história:

> Adquirira-o, e não tivera tempo de montá-lo em Lisboa, a Secretaria de Estrangeiros e da Guerra, e viera parar na Colônia sem ciência do governo. Foi Antônio de Araújo, o futuro conde da Barca, então titular daquele Ministério, quem, na precipitação da fuga, lembrou-se de trazê-lo consigo no porão da *Medusa* e, chegando ao Rio, mandou instalá-lo nos baixos da sua residência, na Rua dos Barbonos.[13]

O missionário americano Robert Walsh, no Brasil ao final dos anos 1820, comenta e entrelaça causas e consequências da proibição de se imprimirem livros na Colônia:

> Nesse primeiro ano também foi introduzida essa poderosa máquina de conhecimento e poder, a impressora. Durante três séculos esse instrumento estivera proibido no Brasil por causa de seus efeitos supostamente perigosos, e só em 1808, segundo fui informado, é que esse grande país teve permissão de imprimir a página de um livro. [...] Talvez nada possa ser mais indicativo do deplorável estado de ignorância em que esse lindo país se encontrava, ou do rápido progresso que o povo fez desde a difusão do conhecimento, que esse fato.[14]

A Impressão Régia é instalada na condição de monopólio do governo; prelos ilegais que aparecessem no Rio de Janeiro eram apreendidos pela polícia. Fora da sede da Corte, apenas a Bahia pôde contar com uma tipografia, propriedade de Manuel Antônio da Silva Serva, que fundou sua oficina em 1811.[15]

Marca forte desses primeiros tempos da imprensa era a atuação da censura governamental. O historiador Pereira da Silva, ao assinalar seus efeitos nos prelos do Rio de Janeiro e da Bahia, denuncia mais um dos percalços

13 Rizzini, op. cit., p.316-7.

14 Walsh, *Notícias do Brasil*, p.81-2.

15 Hallewell, op. cit.; Castro, *A Tipografia Imperial e Nacional, da Bahia.*

responsáveis pelo retardo e precariedade das práticas de leitura na sociedade brasileira:

> Permitiu-se também que na tipografia régia se imprimissem as obras literárias dos súditos depois de sujeitas à censura prévia de uma comissão nomeada com o título de Mesa censória, não largando o governo as tradições portuguesas por se temer sempre da imprensa. Foi autorizada três anos depois, na cidade da Bahia, outra tipografia, devendo o governador e o bispo nomear pessoas habilitadas para exercerem o cargo de censores sobre tudo quanto se confiasse aos seus prelos. O receio da imprensa tanto perturbava o governo que ordenou aos juízes das alfândegas que não admitissem a despacho livros ou quaisquer impressos sem que lhes fosse apresentada a competente licença do desembargo do paço, ao qual deveriam enviar uma relação de quantos entrassem e saíssem das alfândegas. Neste combate contra as luzes, que os livros podiam derramar, levou as lampas ao governo o intendente geral da polícia, o desembargador Paulo Fernandes Viana. Lavrou e espalhou um edital em que declarava que importando muito à vigilância da polícia que chegassem aos seu conhecimento todos os avisos, anúncios e notícias dos livros e obras existentes à venda, estrangeiras e nacionais, proibia daí por diante que se publicassem os sobreditos anúncios, avisos e notícias, sem que fossem vistos, examinados e previamente aprovados, sob pena de prisão e multa pecuniária, além do mais que se incluíssem nas leis contra os que procuravam quebrantar a segurança pública, qualquer que fosse a nacionalidade dos criminosos. Ordenou que uma inquirição ficasse aberta para se admitir em segredo as denúncias, e punir-se os transgressores.[16]

Só a partir de 1821, por decorrência da Constituição imposta a d. João, depois da Revolução do Porto, em 1820, abole-se a censura e termina o monopólio estatal, possibilitando o funcionamento de outras tipografias:

> Graças às Cortes gerais e extraordinárias da nação portuguesa, pouco tempo depois já novas tipografias entravam em concorrência com a Imprensa Nacional. Já não havia mais o receio da clássica censura régia para os produtos

16 Silva, *História da fundação do Império Brasileiro*, p.246-7. Veja Bello, op. cit.

> da inteligência humana, tendo cada um a liberdade de publicar os seus escritos como lhe ditavam os seus talentos, salvo o abuso excessivo da imprensa, que então não era tolerado, como ainda hoje, cabendo a responsabilidade aos respectivos autores ou editores.[17]

Crescem então as oportunidades de leitura a partir dos aumentos dos negócios de imprensa e de livros, através das várias tipografias que surgem: a Imprensa do Diário, fundada por Zeferino Victor de Meireles; a Oficina de Silva Porto & C., de Manuel Joaquim da Silva Porto (livreiro, poeta e, conforme Alfredo do Vale Cabral, tradutor da *Fedra* de Racine) e de Felizardo Joaquim da Silva Moraes; a Tipografia de Santos e Sousa, ou Oficina dos Anais Fluminenses, de Vitorino José dos Santos e Sousa (literato e escritor); a Tipografia de Inocêncio Francisco Torres & Costa.

Ter autorização para funcionar e dispor de pessoal e maquinário não era tudo, porém.

Graves problemas econômicos espreitavam a imprensa num país de parca leitura e pouco consumo das letras. Rubens Borba de Moraes anota que a Impressão Régia teve sempre dificuldades financeiras e que, para aliviar o orçamento e garantir-lhe renda, o governo anexou-lhe, em 1811, a Fábrica de Cartas de Jogar, contando com os lucros do negócio de baralhos.[18] Alfredo do Vale Cabral descreve os problemas decorrentes da manutenção da fábrica e a luta para impedir o contrabando de material estrangeiro, concorrente da produção nacional.[19]

Ainda que nascida à sombra do governo, a Impressão Régia não se limitou a publicar os atos e proclamações do Estado. Também patrocinou jornais: em 1808, lançou a *Gazeta do Rio de Janeiro*, espécie de diário oficial, e, entre janeiro de 1813 e dezembro de 1814, o periódico literário *O Patriota*. Fundado por Manuel Ferreira de Araújo Guimarães, nele colaboraram "os mais distintos literatos do tempo",[20] como Domingos Borges de Barros,

---

17 Cabral, *Anais da Imprensa Nacional do Rio de Janeiro de 1808 a 1822*.
18 Moraes, op. cit., p.XX.
19 Cabral, op. cit.
20 Rizzini, op. cit., p.337.

depois visconde da Pedra Branca, Mariano José Pereira da Fonseca, depois marquês de Maricá, Saldanha da Gama, Manuel Inácio da Silva Alvarenga, José Bonifácio de Andrada e Silva, Silvestre Pinheiro Ferreira e José Saturnino da Costa Pereira, irmão de Hipólito da Costa. Além de jornais, a Impressão Régia incumbiu-se de publicar sermões, folhetos contra a França, então ocupante de Portugal, obras literárias e livros didáticos. No total, a tipografia do governo editou, entre 1808 e 1822, 1.173 títulos, sendo que 532 obras apareceram nos anos de 1821 e 1822.[21]

Obras didáticas constituíram parte considerável do catálogo da Impressão Régia.[22] No campo das ciências humanas e línguas, reeditou-se, em 1812, a *Arte de gramática da língua portuguesa*, de Antônio José dos Reis Lobato, e imprimiram-se, entre 1813 e 1820, os vários volumes das *Preleções filosóficas sobre a teórica do discurso e da linguagem, a estética, a diceósina, e a cosmologia*, de Silvestre Pinheiro Ferreira. Do padre Inácio Felizardo Fortes, publicaram-se em 1816 *Arte de gramática portuguesa* e, em 1818, *Breve exame de pregadores*, segundo Vale Cabral, obra que apresenta "em breve e claro resumo os preceitos essenciais da Retórica".[23] Data de 1817 *Novo epítome de gramática latina moderna*, do frei Diogo de Melo Menezes. *Leituras para meninos*, de José Saturnino da Costa Pereira, lançado em 1818 e muito reeditado até 1824, pode ser considerado o primeiro livro brasileiro de literatura infantil.[24] É de 1820 o *Compêndio da gramática inglesa e portuguesa*, composto por Manuel José de Freitas, confor-

21 Bello, op. cit.

22 Entre 1809 e 1810 publicaram-se os dois tomos dos *Elementos de álgebra*, de Leonardo Euler, os *Elementos de geometria*, de A. M. Legendre, de quem também se traduziu o *Tratado de trigonometria*, o *Tratado elementar de aritmética*, de Lacroix, e os dois volumes do *Tratado elementar de física*, do abade Haüy. Entre 1811 e 1815, destacam-se: *Elementos de álgebra*, de Lacroix, de 1811, *Elementos de geometria descritiva* com aplicações às artes, de 1812, *Tratado elementar de aplicação de álgebra à geometria* e *Tratado elementar de cálculo diferencial e de cálculo integral*, ambos de Lacroix, e de 1812, *Tratado elementar de mecânica*, de Francoeur, *Complemento dos Elementos de álgebra*, de 1813, *Elementos de astronomia*, de Manuel Ferreira de Araújo Guimarães, de 1814, e *Elementos de geodésia*, de Manuel Ferreira de Araújo Guimarães, de 1815.

23 Cabral, op. cit.

24 Rubens Borba de Moraes lembra que, em 1814, a Impressão Régia publicou as *Aventuras pasmosas do célebre barão de Munkausen*.

me Ana Maria de Almeida Camargo, a primeira gramática inglesa feita no Brasil.[25]

John Luccock, comerciante inglês que viveu no Brasil entre 1808 e 1818, entre as melhorias que arrola por consequência da presença da Corte portuguesa no Rio de Janeiro, elenca o aparecimento de publicações utilitárias, destinadas à formação dos jovens:

> A imprensa licenciada [...] produziu mais algumas obras úteis além das que se referem a questões militares. Entre estas, estimamos como a de maior valia, o *Tesouro dos meninos* que trata de "Moral, virtude e boas maneiras".[26] Com muita propriedade foi ela dedicada a dom Miguel, segundo filho do rei, pois que não há menino que tanto necessite dos seus ensinamentos como esse; sua educação foi mui limitada e infeliz. Um livro intitulado *Lições de filosofia* contém por demais dogmas de Aristóteles e dos tempos sombrios para que demonstre que seu autor não é instruído nem judicioso. Temos também a *História de ilusões extravagantes e influência sobrenatural*; as *Leis comerciais do Brasil*; várias obras úteis sobre comércio e navegação, muito especialmente um almanaque náutico, calculado para o meridiano do Rio, obra malfeita, mas seguida de tábuas de declinação do Sol, de latitudes e de logaritmos; uma ou duas obras de geografia e um *Tratado das doenças dos negros*.[27]

A Imprensa Régia patrocinou também o *Método novo de curar segura e prontamente o antraz ou carbúnculo, e a pústula maligna*, de Luiz de Santa Ana Gomes, em 1811, e o *Plano de estudos de cirurgia*, em 1813, publicação precedida do decreto de 1º de abril de 1813, aprovando o referido plano, para que servisse de estatuto ao na época recentemente criado curso de cirurgia do Hospital da Santa Casa de Misericórdia. Com a mesma finalidade, foi impresso *Aforismos sobre a aplicação e uso do fórceps e véctis e sobre partos*, por Thomas Denmann,

25 Camargo; Moraes, *Bibliografia da Impressão Régia do Rio de Janeiro*.

26 Segundo Maria Beatriz Nizza da Silva, este *Tesouro dos meninos* era obra traduzida do francês por Mateus José da Rocha. Silva, *Cultura e sociedade no Rio de Janeiro (1808-1821)*, p.117.

27 Luccock, *Notas sobre o Rio de Janeiro e partes meridionais do Brasil*, p.379-80.

obra traduzida pelo primeiro cirurgião do Reino, Manual Álvares da Costa Barreto.

Tanto livro escolar tinha contrapartida literária, que, se não era majoritária, se fazia presente.

Nos primeiros anos, a Impressão Régia publicou ou reeditou: *Ulisseia libertada*, drama heroico composto por Miguel Antônio de Barros; *Galateia*, de Antônio Joaquim Carvalho, cuja primeira edição é de 1776; *Improvisos*, de Bocage, originalmente de 1805; e *Marília de Dirceu*, de Tomás Antônio Gonzaga, com a polêmica terceira parte. Foi lançada também a tradução do *Ensaio sobre a crítica*, de Alexandre Pope, de 1711.[28]

Tais e tantas atividades, contudo, não obscurecem, nem tampouco atenuam ou compensam, o fato de ter sido tardio o aparecimento da imprensa no Brasil. No entanto, embora atrasado, o estabelecimento de prelos não é menos moderno, ao se acoplar, já na primeira hora, ao surgimento de uma indústria específica e, virtualmente, bastante rendosa: a do livro didático. Nada moderna é sua outra face: imprensa e livro didático nascem ao abrigo do Estado e sujeitam-se a ele. As duas imagens – uma, vinculando imprensa e livro didático e, em vista da produção em massa deste, reforçando sua parceria com o capitalismo; outra, fazendo-a dependente do apadrinhamento do Estado, que, conforme o caso, atua como mecenas, padrasto ou pai – balizam as contradições entre as quais oscilam leituras e leitores.

Na tensão entre anacronismo e modernidade, inscreve-se a ambivalência peculiar à história do livro didático no Brasil, com repercussões no plano cultural, econômico e pedagógico, por consequência, na história social da leitura no país. A particular atenção dedicada pela Impressão Régia ao livro didático tinha como causa a urgência em fornecer material escolar compatível para as instituições de ensino superior criadas por d. João depois de se estabelecer no Brasil.

Escola superior e imprensa dão-se as mãos nesse primeiro momento de construção das instituições da cultura moderna – logo, da leitura – no Brasil. A Real Academia Militar, a Academia Naval e os cursos de Medicina careciam de livros apropriados e abastecidos com os tratados de Legen-

28 Cabral, op. cit.

dre, Lacroix, Francoeur e os outros autores, traduzidos e editados pela Impressão Régia. A inclinação a editar obras destinadas ao ensino visando atender demandas inesperadas parece ter se incorporado à história do livro didático em circulação no país, com consequências visíveis no modo como se desenvolvem as práticas de leitura nos arredores da escola.

Também se incorpora às várias histórias da leitura no Brasil outra tendência inaugurada nos inícios da Impressão Régia: a discussão sobre a nacionalidade dos autores e o nacionalismo dos temas e textos. Num primeiro momento, recorreu-se a traduções para abastecer o mercado local; em seguida exigiram-se autores nativos para produzir os textos; mais adiante, assuntos de coloração patriótica.

Desses elementos fundadores tece-se a história do livro didático nacional, que ocupa papel central na configuração das questões relativas a leitura e leitores no Brasil. Esse material, que mobilizou parte da atividade da Impressão Régia, tinha em vista o ensino superior. Que escola era essa, para a qual se faziam e por onde circulavam os textos que a Impressão Régia produzia?

Um reino unido sem escolas

Era uma escola que nasceu precária; como a imprensa, também ela foi fruto de necessidades geradas pela transferência da Corte portuguesa para o Brasil, com as consequentes improvisações. Sem, contudo, a providencial intervenção do acaso.

Segundo os naturalistas alemães Johan Baptist von Spix e Carl E. Philip von Martius, que viveram no Brasil entre 1817 e 1820, d. João tinha um projeto educacional para a colônia, pois, "logo que chegou [...] pretendeu criar uma universidade na jovem monarquia".[29] É no bojo de uma tal intenção civilizadora que Spix e Martius, contemporâneos e partidários de W. Humboldt, criador da universidade alemã, interpretam a instalação da Academia Militar, a transferência para o Rio de Janeiro da Academia Naval e a fundação de uma escola de Medicina.

29 Spix; Martius, *Viagem pelo Brasil*, p.57.

O padre Perereca se rejubila com a decisão real e aproveita a oportunidade para louvar o tirocínio do governante português:

> Debalde o Brasil, rico em ouro, rico em diamantes, ostentaria riquezas ainda maiores em tantas, e tão diversas produções, que a natureza tão prodigamente repartiu por este imenso país, e que tanto concorrem para benefício dos homens, se eles carecessem de que os soubessem aplicar nas ocasiões precisas com mão hábil, e inteligente, subministrando-lhes os salutíferos remédios. Desta escola pois sairão professores de cirurgia para o serviço da Real Marinha, e Exército, para os navios de comércio, para os hospitais, e para as povoações marítimas, e centrais, aonde escassamente tem chegado um, ou outro cirurgião, ou médico digno deste nome, com dano, e ruína evidente da população ainda tão mesquinha, principalmente nas capitanias interiores. Graças, e mil graças sejam dadas ao pai da pátria, ao piedoso, e magnânimo príncipe regente Nosso Senhor, que com tanto desvelo, e prontidão, ocorreu a este mal, criando nesta Corte, tão sábia como previdentemente a primeira Escola Médico-Cirúrgica do Brasil em benefício dos seus vassalos.[30]

Já Pereira da Silva, historiador do Império, vê com olhos menos complacentes as iniciativas educacionais de d. João:

> Tratou [...] de criar uma escola anatômica, cirúrgica e médica porque, achando-se fechadas a universidade de Coimbra e as escolas do reino, receou para os mancebos, que pretendessem seguir estes tão necessários estudos, se passassem aos países estrangeiros, e aí se imbuíssem de ideias subversivas e contrárias à ordem de coisas que o governo desejava conservar, tanto mais quanto convindo nomear cirurgiões e médicos para o exército e armada, os desejava educados nos bons princípios políticos. Publicou portanto os estatutos, e nomeou professores que regessem as cadeiras que se fundaram, recomendando-lhes que formulassem os compêndios por que devera ser dado o ensino.[31]

---

30 Santos, op. cit., p.305-6.

31 Silva, op. cit., p.247-8.

Francisco Sales Torres-Homem, em depoimento do início dos anos 1930 ao Instituto Histórico francês, avalia essas iniciativas por outro ângulo. Narrando a fuga da Corte portuguesa, referência, ao que parece, obrigatória para os historiadores brasileiros dos arredores dos primeiros anos depois da Independência, credita a abertura das academias ao progresso cultural da colônia, transferindo para esta o mérito dos atos do rei:

> Dom João VI, fugindo do palácio de seus antepassados, foi procurar na América um abrigo contra a tempestade. [...] Dessa época data o aparecimento das ciências no Brasil; médicos, matemáticos, naturalistas, literatos para aí afluíram de todos os pontos de Portugal. Dom João VI, embora amoldado ao padrão dos antigos reis, incentivava a emigração para o Brasil; em 1808, ano de sua chegada, transferiu para o Rio de Janeiro a Academia da Marinha, consagrada às ciências matemáticas e físico-matemáticas e ao estudo da artilharia, da navegação e do desenho; três anos mais tarde, atendendo aos conselhos do conde de Linhares, seu ministro, fundou na mesma cidade uma Academia Militar com um curso de sete anos, em que se ensinavam as ciências matemáticas, militares e naturais; finalmente, anos depois, duas escolas de medicina e cirurgia foram criadas no Rio de Janeiro e na Bahia. Desde então a mocidade brasileira, sem atravessar o Atlântico, sem esgotar seus recursos em uma longa viagem e numa estada mais longa e mais onerosa, pode dispor, dentro de sua própria pátria, de alguns meios de instrução, imperfeitos sem dúvida, mas que poucas fortunas podiam antes, no regime degradante dos vice-reis, ir buscar em Portugal.[32]

Por outro lado, a criação da escola de guerra e a transferência da Academia Naval, a principal e mais antiga arma militar, eram evidentemente cruciais para um território despreparado e temeroso de uma invasão estrangeira. Maria Beatriz Nizza da Silva destaca a importância dessas academias, observando que não só a arte da guerra ou ciência bélica constituía uma área do saber tão superior como qualquer outra, exigindo mesmo um elevado

---

32 Reproduzido em Debret, *Viagem pitoresca e histórica ao Brasil*, p.99.

número de ciências auxiliares, mas também que, no panorama científico de então, o militar possuía um estatuto cultural semelhante ao do bacharel ou ao do cirurgião.[33]

O testemunho de Johan Baptist Spix e Carl F. Philip von Martius, contudo, sugere que a carreira das armas não atraía tantos alunos quanto seria de se esperar, sobretudo em vista do prestígio que a pesquisa de Nizza da Silva atribui aos profissionais por ela formados:

> A Real Academia Militar, fundada em 1810, ocupa-se em dar o último remate científico à instrução daqueles que, desde a mocidade, querem dedicar-se ao serviço da guerra; embora provida de bons lentes e favorecida especialmente pelo rei [d. João VI], não tem quase ação alguma, pois faltam os alunos.[34]

A causa da baixa demanda talvez se deva a um fator social: Robert Walsh comenta que o sistema de seleção das academias, tanto Militar quanto Naval, não distinguia classe social, facilitando a ascensão de representantes das camadas mais humildes:

> Essa facilidade de adquirir educação e a admissão indiscriminada nesses estabelecimentos tem levado ao Exército e à Marinha, como também à Igreja, homens oriundos das mais humildes classes sociais. Mas não existe nenhuma ligação entre a classe social ou a família e um posto elevado em nenhuma das duas Armas; nem é atribuído qualquer outro tipo de privilégio, a não ser o que a conduta pessoal do oficial possa impor. Existe uma vaidade natural entre as classes inferiores de ver seus filhos condecorados com honrarias militares; eles têm preferência por essa atividade. Por outro lado, esse mesmo orgulho leva as pessoas mais distintas a não desejarem que seus filhos sigam a carreira militar num local onde teriam de se associar a pessoas de uma classe social muito inferior à delas.[35]

33 Silva, Transmissão, conservação e difusão da cultura no Rio de Janeiro (1808-1821), *Revista de História*, p.143.

34 Spix; Martius, op. cit., p.55.

35 Walsh, op. cit., p.168.

A liberalidade, porém, tinha seus limites: Nizza da Silva, citando a Carta Régia de 4 de dezembro de 1810, de criação da Academia Militar, informa que "nestas escolas militares não deve ser admitido aluno algum de duas outras cores; porque eles não devem passar além de saberem bem obedecer e bem executar o que lhes for ordenado pelos homens brancos seus oficiais".[36]

Iniciativa bem-sucedida ou não, o fato é que essas escolas superiores motivaram a introdução, de maneira sistemática, do livro didático no Brasil. Configura-se, assim, o entrelaçamento do livro didático com a imprensa (responsável pela produção), a escola (local da formação) e a leitura (ato de consumo). No centro dessa triangulação está o leitor e, com ele, a história das leituras, de que é simultaneamente sujeito e objeto.

Escolas e livros, no Brasil de d. João, cruzam-se, já que os professores dos cursos recém-criados não recorriam apenas a traduções das obras de que suas matérias careciam; como indica Pereira da Silva, incumbiam-se também de redigir os textos necessários para a docência. Nizza da Silva localiza em 1810 uma carta régia que, definindo os estatutos da Academia Militar, registra a expectativa de que os professores produzissem seus próprios manuais didáticos:

> Os professores deveriam ser, de preferência, "oficiais de distintas luzes", mas, na falta destes, poderiam ser nomeadas pessoas que, "ganhando prêmios e havendo publicado memórias de conhecido merecimento", se fizessem dignas de serem nomeadas para "lugares de tanta consideração". Os professores podiam requerer a sua jubilação ao fim de 20 anos de exercício na cadeira e o seu ordenado anual era de 400$000 réis, além do soldo da sua patente; os substitutos ganhavam 200$000 réis. A importância atribuída pelo Estado à elaboração dos compêndios era tão grande que nenhum lente poderia ser adiantado de posto ou receber recompensas sem ter elaborado um.[37]

36 Silva, *Cultura e sociedade no Rio de Janeiro* (1808-1821), p.163.

37 Silva, Transmissão, conservação e difusão da cultura no Rio de Janeiro (1808-1821), *Revista de História*, p.144.

O mercado, contudo, não se restringia às academias; a cidade crescia graças à presença da Corte e ao incremento dos negócios com o exterior, especialmente com a Inglaterra. Avoluma-se a demanda por livros, que a Impressão Régia, sozinha, não tem condições de atender. A solução é importá-los de Portugal, tarefa executada pelas livrarias, que, em consequência da intensificação do consumo, aumentam em número e em renda. Laurence Hallewell anota que, no Rio de Janeiro, entre 1808 e 1816, subiu de dois para doze o número de livrarias que se abasteciam sobretudo em Lisboa. Delso Renault assinala em 1819 o decreto que abole a taxa "de importação sobre os livros impressos", o que deve ter ampliado a quantidade de livros nas lojas do ramo.[38]

T. von Leithold, soldado prussiano em passagem pelo Rio de Janeiro na mesma época, não se entusiasmou tanto com o mercado de livros, observando:

> Há também comerciantes de gravuras, mas não vi aqui livreiros. Impressor, só existe um no Rio de Janeiro, e ainda por conta do rei. Por aí se poderá julgar o que seja o movimento de livros e a censura da imprensa. A principal função dessa tipografia é editar um jornal em português [*Gazeta do Rio de Janeiro*], que aparece duas ou três vezes por semana, no qual são reproduzidos, devidamente censurados, artigos do *Morning Chronicle* ou de jornais franceses.[39]

Uma pesquisa de Maria Beatriz Nizza da Silva reproduz anúncios dos livreiros cariocas, que oferecem as obras estrangeiras mais modernas de seu tempo: as traduções de Bocage de *O consórcio das flores*, epístola de Lacroix, *Os jardins*, poema de Dellile, e *As plantas*, poema de René-Louis-Richard, as *Fábulas escolhidas*, de La Fontaine, na tradução de Francisco Manuel (o

38 Renault, *O Rio antigo nos anúncios de jornais (1808-1850)*, p.36.

39 Leithold; Rango, *O Rio de Janeiro visto por dois prussianos em 1819*, p.48. Destaque-se, todavia, que Joaquim de Sousa Leão Filho, tradutor da obra, contesta o viajante alemão: "Depoimentos de outros viajantes não confirmam esta informação. Sir George Staunton, em 1792, viu dois livreiros. Spix e Martius citam dois modestos, em 1817, e Alexander Calccleugh, em 1820, reconhece ser o negócio mau e fraco, mas refere a existência de quatro lojas de livros". Ibid., p.48.

árcade Felinto Elísio), *Os mártires, ou o triunfo da religião cristã*, poema de Chateaubriand, traduzido e impresso em Paris, em 1816. Bernardin de Saint-Pierre, criador de *Paulo e Virgínia* e de *A choupana indiana*, era o grande preferido, objeto de publicação em Portugal e no Brasil, aqui por intermédio da Impressão Régia.

Os livros de autores portugueses postos à venda eram igualmente atuais: as *Obras poéticas* de Francisco Dias Gomes, as *Obras poéticas* de Manuel Joaquim Ribeiro, as *Poesias* do árcade Elpino Duriense, as *Poesias* do frei José do Coração de Jesus, o árcade Almeno, ou as *Composições poéticas* de Belchior Manuel Curvo Semedo, entre muitos outros. Conforme o comentário de Nizza da Silva, "as produções poéticas oferecidas ao público eram de publicação recente e Lisboa era o grande centro fornecedor".[40]

Os livros escolares também atraíam os lojistas. O *Catálogo de obras que se vendem na loja de Paulo Martim*, segundo Hallewell o principal livreiro do período, alardeia que elas vieram "no último navio de Lisboa",[41] incluindo *Leituras juvenis e morais*, provavelmente dirigido ao público infantil.[42] Na *Notícia do catálogo de livros*, de 1811, o livreiro Manuel Antônio da Silva anuncia seu estoque, em que se encontram livros destinados ao ensino de Retórica, Gramática e Matemática, adequados ao currículo escolar da época: *Alfabeto para instrução da mocidade*, *Arte poética de Horácio*, por Cândido Lusitano, *Cadernos para meninos de somar, diminuir e multiplicar*, *Coleção de cartas para meninos*, *Compêndio de Retórica*, *Elementos de Aritmética*, de Rego, *Elementos de Sintaxe*, *Gramática latina*, *Gramática portuguesa*, *Instrução da Retórica* (dois volumes), *Instrução literária*, *Regra para a educação dos meninos*, *Retórica* de Gilbert, em dois volumes, *Retórica* de Quintiliano, em dois volumes, *Tabuada para meninos* e *Tratado de educação física e moral*.[43]

---

40 Silva, *Cultura e sociedade no Rio de Janeiro (1808-1821)*, p.183.

41 Catálogo de obras que se vendem na loja de Paulo Martim.

42 Sobre a atuação de Paulo Martim, ou Paul Martin, bem como dos livreiros franceses no Rio de Janeiro do início do século XIX, veja Bastos, Comércio de livros e censura de ideias: a actividade dos livreiros franceses no Brasil e a vigilância da Mesa do Desembargo do Paço (1795-1822), *Ler História*, p.61-78. Bastos, *Corcundas e constitucionais: A cultura política da Independência (1820-1822)*, p.91-2.

43 Silva, *Notícia de catálogo de livros*.

Sem dúvida, a expectativa de público, sugerida por essa bibliografia, aponta um horizonte cultural em que a mocidade se alfabetiza, e os meninos aprendem a tabuada e as operações matemáticas. É essa escola um elemento essencial para, através da difusão do ensino e o patrocínio da familiaridade com os livros, favorecer o estabelecimento e o fortalecimento de práticas correntes de leitura.

Nem sempre, no entanto, a escola satisfaz tais expectativas, a julgar pelos comentários que a situação educacional brasileira suscitou nos primeiros anos do século XIX. A instrução pública ia mal, e não são poucas as reclamações. No mesmo ano em que chega a família real portuguesa, Delso Renault documenta anúncios, na recém-fundada *Gazeta do Rio de Janeiro*, de aulas particulares, sobretudo de latim e português, o que, para ele, mostra o "desmantelamento do plano de educação, como um reflexo da expulsão dos jesuítas, em 1759".[44] O pesquisador encontra indícios de que, em 1819, "o ensino esparso e sem direção prossegue ministrado no mesmo sistema de aulas régias e avulsas".[45] Em 1823, "cresce o número de escolas, graças ao decreto de 30 de junho de 1821"; porém, esta medida, aparentemente positiva, acaba sendo contraproducente, já que "permite a qualquer cidadão o ensino e a abertura de escolas de primeiras letras independentemente de exame de licença".[46]

Tanta improvisação, que a médio e longo prazo terá consequências graves na formação de um público leitor quantitativa e qualitativamente habilitado a vivenciar práticas modernas de leitura, produz críticas amargas na época. Em 1822, a Imprensa Nacional publica o *Plano em que se dão as ideias gerais de educação e se mostra o estado em que ela se acha no Brasil, dedicada aos meus muito amados e caros concidadãos e patriotas* e assinado "por um brasileiro amigo verdadeiro de sua pátria".[47]

---

44 Renault, op. cit., p.16.

45 Ibid., p.36.

46 Ibid., p.56.

47 Alfredo do Vale Cabral, que considera o texto "escrito interessante e digno de ser reimpresso" (isso, em 1881), supõe que o autor seja a mesma pessoa que encomendou a edição, registrada no Livro de Encomendas da Imprensa Nacional com o nome de Antônio José Leal. Cabral, op. cit.

O plano divide-se em dez tópicos; nos seis primeiros, o autor, apoiando-se em princípios pedagógicos em voga na Europa desde o século XVIII, desenvolve suas ideias sobre a importância da educação das crianças e a atenção que os pais de família devem conferir ao assunto. O sétimo tópico ocupa-se do Brasil, cuja educação considera a "pior possível", com "muitos e grandes obstáculos a vencer", sendo "o primeiro e principal donde dimanam todos os mais – a escravatura e mormente a africana":[48]

> A escravatura sem dúvida é causa do atraso da educação no Brasil, os meninos nascidos e criados com os escravos necessariamente hão de adquirir suas máximas e péssimos costumes, a linguagem deve de ser um misto de português e africano; eis o primeiro mal e quase irremediável nas circunstâncias atuais; além disto a familiaridade combinada com a dominação, ou sujeição, pois que sendo criados juntamente, senhores e escravos, comendo para assim dizer na mesma mesa promiscuamente e dormindo no mesmo leito deve de necessidade acontecer que o pobre escravo jamais possa distinguir se aquele é seu senhor ou seu igual, ao mesmo passo que servem de instrumento para eles irem adestrando a sua força muscular, sem que os pobres escravos, aliás seus coevos em idade e educação, possam nem ao menos escapar a sua raiva, mas antes se vêm obrigados a ficarem a pé quedo e com toda a humildade e paciência, eis o segundo mal e um grande obstáculo para a educação, pois que com estes princípios desde a infância eles se tornam inumanos, feros, indóceis, déspotas em todo rigor da palavra, julgando que têm uma autoridade tal qual tinham os antigos romanos *jus vitae et necis*.

Identificando nos jovens criados em tal regime a formação da futura elite dirigente do país, a denúncia do autor é radical:

> E uma diligência exatíssima na educação de vossas famílias, porque delas é que nascem aqueles mesmos que hão de decidir da vossa vida, honra e bens: aplicando portanto os verdadeiros princípios da educação, vós conseguireis o que nós todos desejamos, uma felicidade compatível com a natureza humana,

48 [Leal], *Plano em que se dão as ideias gerais de educação.*

da qual desgraçadamente nos achamos privados: eis pois o estado deplorável em que se acha a primeira educação do Brasil, do qual é testemunha a verdade.

O texto também aponta a falta de escolas:

Se olhamos o estado de degradação em que se acham as letras, nós nos devemos cobrir de luto, e chorar a desgraça da nossa pátria; a falta de estabelecimentos literários, colégios em que se ensinem com ordem e método os princípios das ciências e das artes em um reino, que já pela sua grandeza, já pela sua população e riqueza tem todo o direito de exigir estes e semelhantes estabelecimentos; olhemos as cidades principais do Brasil, apenas em algumas descobrimos um ou outro colégio, cuja educação é meramente eclesiástica, em que a teologia de ordinário é o que mais se ensina, quando já pela sua dificuldade e delicadeza devia sem dúvida ser a última. A província da Bahia é testemunha desta verdade, que sendo uma das principais em grandeza, em população, em riqueza e categoria, que é a sede de uma primaz, é a em que não se conta um só estabelecimento literário, a exceção de uma Academia Médico-Cirúrgica, que não tem progredido.

E propõe algumas medidas práticas, começando pela falta de verbas e convocando diferentes segmentos sociais a participar de um projeto cooperativo. Inclui entre os destinatários de sua retórica o próprio chefe do governo, a quem atribui a principal tarefa regeneradora da educação brasileira:

Como se poderá pois dar um passo para o fim que desejamos desta maneira, como se poderão conseguir os bens que a própria natureza nos tem prodigalizado, se temos um tão grande obstáculo a vencer? Não falamos já da fundação de uma Universidade, que já era tempo e para o que se não me pode dizer que não há proporções, que faltam os meios, porque quando o Erário público não tivesse meios para o fazer, uma contribuição aliás muito módica seria suficiente para este fim: nós vemos que para coisas aliás desnecessárias e em que não se tira utilidade alguma, todos de boa vontade concorrerem e darem as mãos, com uma subscrição de sessenta contos de réis para um governador, por ter sido o

> Pai da Pátria, uma oferta de uma espada toda aparelhada de ouro e outras coisas, assim de tão grande notória utilidade. Dos Pais da Pátria e Regeneradores políticos é que esperamos todos estes bens, como coisas mais essenciais e como que jamais se pode avançar um só passo para a nossa felicidade futura, assim com todos unanimemente agradecemos os grandes e inumeráveis benefícios, que a sua mão benfazeja tenha espalhado e continua a espargir na certeza de que, como filhos verdadeiros e gratos, desde já protestamos contribuir e concorrer tanto física como moralmente, para conseguirmos os grandes e inumeráveis bens, que nos antolham.

Ao que tudo indica, o plano pregou em vão.

O que ancora, na carência e inadequação do sistema escolar, por sua vez réplica da carência e inadequação da vida cultural da colônia, a inadequação e carência das práticas de leitura.

Um país independente. Ainda sem escolas

Com a Independência, a precariedade da situação parece transferir-se da colônia administrada por d. João à jovem nação governada por seu filho, d. Pedro.

Com efeito, na passagem da Colônia ao Império, pouco se fez pela educação, muito embora a Constituição de 1824, imposta à nação por Pedro I, tivesse anunciado generosamente uma "instrução primária gratuita a todos os cidadãos". Mas logo passou adiante "o encargo de regular a instrução – primária e secundária", transferido "às assembleias provinciais, ficando o ensino superior e a organização escolar do Município Neutro (depois Distrito Federal) entregue à União, isto é, à administração nacional". A ideia não podia ter sido pior: "na pobreza de seus orçamentos e longe da Corte, as províncias veem-se sacrificadas e sem poder levar a cabo a tarefa que lhes é imposta".[49] O Ato Adicional de 1834 não muda a situação; o governo continua fazendo muito pouco: cria a Inspetoria Geral da Instrução, "com o encargo de fiscalizar o ensino primário e secundário na Corte,

49 Ibid., p.61-2.

com um delegado em cada paróquia";[50] e delega às Assembleias provinciais o dever de "legislar sobre a instrução pública e estabelecimentos próprios a promovê-la, não compreendendo as Faculdades de Medicina, os Cursos jurídicos, academias existentes".[51] Restringindo sua atuação à cidade do Rio de Janeiro e ao ensino superior, em nome do liberalismo e da descentralização, o Estado efetivamente omitiu-se das questões educacionais, deixando a obrigação às províncias, que, empobrecidas, não tinham condições nem interesse de resolver o problema.

Sentindo-se tão somente responsável pela formação das elites, o governo transforma, em 1837, o antigo Seminário de São Joaquim[52] no Imperial Colégio de Pedro II, conforme Joaquim Manuel de Macedo:

> No fim do ano de 1837, [...] entendeu o governo [...] que era tempo de criar um grande colégio público de instrução secundária, e resolveu, por decreto de 2 de dezembro desse ano, converter o antigo seminário dos pobres órfãos de S. Joaquim em uma bela instituição daquele gênero, que digna e acertadamente denominou Imperial Colégio de Pedro II.[53]

O colégio inaugurou-se em 25 de março de 1838 e introduziu, no país, a escola leiga e o ensino seriado, este até então privilégio dos seminários.

---

50 Ibid., p.141.

51 Moacyr, *A instrução e as províncias: Subsídios para a história da educação no Brasil (1835-1889)*, p.24.

52 Joaquim Manuel de Macedo narra a origem desse seminário, que fora um colégio fundado em 1739, destinado a abrigar órfãos: "nesse colégio, que ficou desde logo isento da jurisdição paroquial, foram criadas uma aula de gramática latina, uma de música e uma de cantochão". A partir de dezembro de 1766, o local passou a ser chamado Seminário de S. Joaquim. Com o decreto de 12 de dezembro de 1831, deixou de formar apenas para a carreira eclesiástica, tornando-se sua finalidade "educar convenientemente e habilitar os órfãos desválidos nos exercícios dos misteres honestos e proveitosos". Criaram-se então as cadeiras "de primeiras letras, pelo método de Lancaster, de matemáticas e de desenho; e ensinavam-se os misteres de torneiro, entalhador, litógrafo e abridor". Macedo, O Imperial Colégio de Pedro II. In: *Um passeio pela cidade do Rio de Janeiro*, p.225-42.

53 Macedo, op. cit., p.247.

Sua mescla de moderno e tradicional se reproduz na organização curricular e no tipo de ensino ministrado.

Joaquim Manuel de Macedo apresenta os diferentes currículos do Pedro II,[54] que, apesar das alterações, mantiveram o latim durante toda a trajetória escolar do aluno e dedicaram dois anos à Retórica e Poética, à moda dos colégios de arte do século XVIII. Da mesma maneira, as modificações implantadas depois de 1857[55] conservaram a orientação humanista, enfa-

---

54 Originalmente o ensino dividia-se em oito anos letivos, durante os quais os alunos aprendiam Gramática Portuguesa, Latim, Grego, Francês, Inglês, Geografia, História, Filosofia, Retórica e Poética; as Matemáticas compreendiam Aritmética, Álgebra, Geometria, Trigonometria e Mecânica; as Ciências incluíam Astronomia, História Natural, contendo Zoologia, Botânica e Mineralogia, Física e Química; ainda importavam Desenho e Música Vocal. O decreto de 1º de fevereiro de 1841 estabelece um novo plano de estudos. O curso é dividido em sete anos, cabendo ao primeiro as disciplinas Gramática Portuguesa, Latim, Francês, Desenho, Música; ao segundo, Latim, Francês, Inglês, Geografia, Desenho, Música; ao terceiro, Latim, Francês, Inglês, Alemão, Geografia e História Antiga, Desenho, Música; ao quarto, Latim, Francês, Inglês, Alemão, Grego, Geografia e História Romana, Aritmética e Álgebra, Desenho, Música; ao quinto, Latim, Francês, Inglês, Alemão, Grego, Geografia e História Média, Aritmética e Álgebra, Zoologia e Botânica, Desenho, Música; ao sexto, Latim, Francês, Inglês, Alemão, Grego, Geografia e História Moderna, Retórica e Poética, Filosofia, Geometria e Trigonometria, Física e Química, Desenho, Música; ao sétimo, Latim, Francês, Inglês, Alemão, Grego, Geografia Antiga e História do Brasil, Retórica e Poética, Filosofia, Cosmografia e Cronologia, Mineralogia e Geologia, Zoologia Filosófica, Desenho, Música.

55 O primeiro ano é dedicado à Doutrina Cristã, História Sagrada, leitura e recitação de Português, exercícios ortográficos, Gramática nacional, Gramática latina, Francês, compreendendo gramática, leitura e versão fácil, Aritmética, abrangendo tão somente os princípios elementares, definições e as quatro operações sobre números inteiros, e Geografia, compreendendo a explicação dos principais termos técnicos e das divisões gerais do globo. No segundo ano, estuda-se Latim, versão fácil e construção de períodos curtos, Francês, incluindo versão, temas e conversa, Inglês, compreendendo gramática, leitura e versão fácil, Aritmética e Geografia (Ásia e África). A partir do terceiro ano, as dificuldades aumentam: o Latim vem em versão gradualmente mais difícil, exercícios gramaticais e temas, o Francês e o Inglês supõem composição, aperfeiçoamento do estudo da língua e tema, Aritmética, Álgebra, Geografia (Europa, América e Oceania) e História da Idade Média. O quarto ano amplia os estudos das Ciências, acrescentando ao Latim, ao Inglês e à Geografia, História Moderna e Contemporânea, Corografia e História do Brasil, Botânica e Zoologia. Latim e Inglês

tizando os estudos clássicos, muito embora Karl M. Lorenz, analisando o material didático empregado no ensino da ciência, anote que "os autores adotados constituíram uma elite no mundo intelectual da época. Quando se observa a lista dos nomes dos mesmos torna-se claro que representavam os mais destacados homens de ciência do século XIX". E conclui: "o ensino de ciências no Colégio [Pedro II] foi caracterizado pela contínua introdução dos mais modernos conceitos científicos do século".[56]

Vários depoimentos sobre o Pedro II sublinham sua qualidade, a começar por Daniel Kidder, que o conheceu à época da inauguração e destacou a afluência de candidatos ao colégio:

> O estabelecimento de ensino que mais interesse tem despertado na capital do país é o Colégio D. Pedro II, fundado em fins de 1837. Destina-se a proporcionar perfeita instrução secundária e corresponde, no seu plano geral, aos liceus existentes em diversas províncias, conquanto em matéria de recursos e no amparo que conta, talvez leve vantagem sobre todos os outros. Por ocasião de sua organização houve grande concorrência de professores para as oito ou nove cadeiras de que dispõe. Ao que consta, todas elas foram criteriosamente preenchidas. A afluência de estudantes foi considerável desde a instalação das classes.[57]

---

retornam no plano do quinto ano, que abrange ainda Trigonometria, Corografia e História do Brasil, Física, Botânica e Zoologia; novos também são os estudos de Grego e Alemão, compreendendo gramática, em versão fácil. Os dois últimos anos enfatizam os estudos retóricos; na sexta série, mantêm-se o Latim, o Grego e o Alemão, anexam-se o Italiano e a Filosofia, e introduzem-se a Retórica, regras de eloquência e de composição, História Antiga, Química e Física; na sétima, mais uma vez o Latim, o Grego, o Alemão, a Filosofia e a Retórica; de novidade, poética, análise e crítica dos clássicos portugueses, composição de discursos, narrações, declamação, história da literatura portuguesa e nacional, bem como pelas ciências exatas, Química, Mineralogia e Geologia (Macedo, op. cit., p.221-87).

56 Lorenz, Os livros didáticos e o ensino de ciências na escola secundária brasileira do século XIX, *Ciência e Cultura*, p.434.

57 Kidder, *Reminiscências de viagens e permanências nas províncias do Sul do Brasil* (Rio de Janeiro e Província de São Paulo), compreendendo notícias históricas e geográficas do Império e das diversas províncias.

Louis e Elizabeth Agassiz elogiam os alunos e valorizam a boa aparência das instalações:

> O que aqui se chama um colégio não é, como entre nós, uma universidade; é antes uma casa de ensino secundário frequentada por jovens de 12 a 18 anos. [...] Os alunos se mostravam inteligentes, ativos, suas respostas eram prontas e a disciplina parecia visivelmente boa. [...] Depois de visitarmos várias classes, demos uma volta pelo resto do estabelecimento. A ordem e a perfeita limpeza que reinam em tudo, até na cozinha, onde o bronze e o estanho brilham de fazer inveja a mais de uma dona de casa, dão testemunho da excelência da direção. Depois que essa instituição passou para as mãos do dr. Pacheco, ele muito contribuiu para lhe imprimir o seu cunho atual. Enriqueceu a biblioteca, acresceu o laboratório com preciosos instrumentos e realizou um grande número de judiciosas reformas na organização geral.[58]

De maneira semelhante, Carl von Koseritz aprecia a aparência da escola e a atitude dos estudantes:

> O imperial Colégio de D. Pedro II é um estabelecimento modelar.
> [...]
> Dei uma vista de olhos na parte acessível do estabelecimento. É um grande edifício, formando um imenso quadrado, sólido, e construído com gosto. Nele se acha o externato, que é frequentado por muitas centenas de alunos. Tem um curso de sete anos, que abrange todas as matérias do curso ginasial alemão. O mesmo curso se faz no internato, situado no Engenho Novo, a mais de uma hora do centro da cidade, o qual conta igualmente centenas de pensionistas. [...] Em torno ao pátio do externato se acham as diferentes classes. No pátio existe um espaço, coberto com elegante cúpula, no qual permanecem os alunos nos recreios e nas horas vagas, e eu os vi ali circular na mais livre e alegre atitude, sem traço de fingimento, o que causava muito boa impressão e era excelente

58 Agassiz; Agassiz, Colégio Pedro II, sem linha de cor. In: Bandeira; Andrade (orgs.), *Rio de Janeiro em prosa e verso*, p.437-8.

ilustração contra o sistema adotado em outros colégios, que faz as crianças fingidas e hipócritas.[59]

A qualidade do ensino do Pedro II talvez se explique pela regra da exceção. Mesmo assim, ele teve seguidores, transformado, legalmente e na prática, em padrão a ser seguido para o ensino secundário no Brasil, a partir da segunda metade do século XIX.

O Instituto Brasileiro, estabelecido em 1876, em Porto Alegre, é exemplo disso. Fundado por Apolinário Porto Alegre, intelectual ligado às letras e à política, essa escola possuía o curso primário, o secundário e o artístico. O primário, dividido em três seções, compreendia o currículo habitual, centrado na leitura, caligrafia, ortografia, recitação, gramática, redação e aritmética; mais avançadas eram as presenças da ginástica, em todas as etapas, geografia (do Brasil e corografia da província), história do Brasil, geometria e história natural.

Mais que o primário, é o nível secundário que reflete não apenas a influência do Pedro II, como as contradições do ensino brasileiro. Dividido em preparatório e facultativo, predominavam no primeiro as disciplinas propedêuticas – Português, Francês, Inglês, Latim, Geografia, História, Retórica, Poética e Literatura, Filosofia –, acompanhadas das Matemáticas elementares, a Aritmética, a Álgebra, a Geometria e a Trigonometria.

Em outras palavras, também no Rio Grande do Sul prevalecia o ensino humanístico e bacharelesco remanescente do século XVIII, embora, com sua escola, Apolinário pretendesse combater o modelo da educação tradicional. A renovação que imprime a seu colégio parece restringir-se ao nível facultativo, que englobava disciplinas práticas, de teor modernizante, incluindo ciências físicas e naturais, ao lado do "curso comercial, que constava de Aritmética Comercial, Escrituração Mercantil, correspondência comercial em português, francês, inglês, alemão e elementos de Economia aplicada ao comércio e à indústria".[60]

---

59 Koseritz, *Imagens do Brasil*, p.98-9.

60 Flores, Apolinário Porto Alegre. O professor e o político. In: Flores (org.), *Vidas e costumes*, p.133-140.

No Pedro II, além de o ensino organizar-se em séries diferenciadas, as disciplinas são confiadas a docentes especializados, escolhidos entre intelectuais e escritores de renome. Ali lecionaram Domingos José Gonçalves de Magalhães, Joaquim Caetano da Silva, Joaquim Caetano Fernandes Pinheiro, Joaquim Manuel de Macedo, Justiniano José da Rocha, Manuel de Araújo Porto Alegre e Santiago Nunes Ribeiro. Seguindo a receita carioca, no Instituto Brasileiro, do Rio Grande do Sul, atuaram Alfredo Clemente Pinto, Apeles Porto Alegre, Apolinário Porto Alegre, José Félix Barbosa e José Gonçalves Viana, vultos destacados da vida cultural gaúcha.

Na maioria dos casos, contudo, parece valer a descrição que cronistas e ficcionistas fazem da escola brasileira, da qual emerge um quadro negativo, onde predominam desinteresse, despreparo e autoritarismo por parte dos professores, falta de compenetração e indiferença por parte dos alunos, mau estado das instalações dos prédios e salas de aula. Exemplar é o Seminário de São José, apresentado por Luccock:

> A aparência externa oferecia sinais palpáveis de negligência, e exames ulteriores confirmaram as primeiras impressões. Os quartos eram suficientemente numerosos, mas pareciam incômodos, estando alguns desocupados. Avistamos uns poucos colegiais que se achavam por ali passeando, de beca vermelha; alguns já tonsurados, mas a maior parte ainda muito jovem. Não apresentavam nenhuma elasticidade de espírito, nenhuma curiosidade sagaz, nenhuma urbanidade de maneiras e pouquíssimo asseio pessoal. Examinaram-nos com um pasmo estúpido, demonstrando, ao que pareceu, a influência da ignorância despótica sobre as forças que ela pretende cultivar. Ao sairmos dali, estávamos todos prontos a dizer: "Nem um raio de ciência jamais penetrou aqui".[61]

Outras escolas visitadas por Luccock referendam a impressão inicial, acumulando-se em seu relato imagens da precariedade das instalações e desleixo dos estudantes:

---

61 Luccock, op. cit., p.49.

> Um outro colégio, mais respeitável quanto à aparência e direção que o anterior, encontra-se na estreita e suja rua de São Joaquim, tendo o mesmo nome que ela. Ali os letrados fazem praça de educar aos jovens para funções de estado e de lhes ensinar muito especialmente os conhecimentos próprios para esse fim. Mas embora o governo empreste seu patrocínio à instituição, o número de estudantes é pequeno e, na realidade, a casa não está em condições de os receber em grande quantidade.[62]

Precariedade e desleixo também definem os métodos de ensino, sendo sugestiva a narração por Debret do costume de se fazerem concursos de composição. Seu texto não apenas afiança a veracidade da situação que, bem mais tarde, Machado ficcionaliza em "Um cão de lata amarrada ao rabo";[63] testemunha também a falta de ortodoxia e eficiência do sistema de aprendizagem:

> No dia de Santo Alexis, padroeiro dos alunos de escolas primárias no Brasil, realiza-se um concurso anual de composição, do qual resulta a eleição de um novo Imperador, talentoso escritor e digno sucessor do destronado. Com isso, se enchem as ruas, desde a manhã até o meio dia, de um enxame de meninos espalhados pelas proximidades das escolas e que assaltam os passantes a fim de forçá-los a se pronunciarem acerca de suas composições. Os concorrentes reunidos em grupos cercam os transeuntes com algazarra e o juiz, impedido de continuar o seu caminho, logo dá a sua sentença escolhendo o vencedor que se apressa em picar com um alfinete a folha premiada; e fugindo logo em seguida abandona o lugar a outros camaradas mais encarniçados ainda. Esses pequenos triunfos, conseguidos em meio aos empurrões dos juízes e aos clamores dos concorrentes vitoriosos, provocam na aula a decisão definitiva do professor; a nomeação do Imperador é feita na base estrita do maior número de furos de alfinete atestando cada qual uma vantagem sobre um adversário.[64]

---

62 Ibid., p.49.

63 Publicado em *Páginas recolhidas*, em 1899.

64 Debret, op. cit., p.152.

Similar prática pedagógica de avaliação da escrita encontra em John Luccock uma versão ligeiramente diferente, o que parece selar a veracidade de ambos os relatos:

> Quando um certo número de meninos, mais ou menos do mesmo adiantamento, terminava uma cópia, enviavam-nos à rua e ali apelavam para o julgamento de algum transeunte casual que, pela sua aparência, achavam capaz de decidir dos méritos de suas respectivas obras. Frequentes vezes admirei a vivacidade com que cada um ansiava por um veredito favorável e a imensa satisfação com que o recebiam.[65]

Segundo Spix e Martius, os colégios de São José e São Joaquim eram os melhores estabelecimentos de ensino do Rio de Janeiro. Ao lado deles, proliferavam pequenas escolas particulares, de um proprietário-professor, como as anunciadas pela imprensa da época, e que tantas vezes serviram de matéria aos escritores brasileiros do século XIX.

John Luccock historia a origem e formação dessas pequenas escolas e indica a pedagogia nelas predominante:

> Um grande número de pessoas dessa espécie [moços portugueses que haviam emigrado na intenção de tirar o melhor partido possível de seus talentos] se viu atirada ao Brasil, no momento em que sua pátria foi ocupada pelos franceses. Alguns deles empregaram os conhecimentos matemáticos que tinham, jogando; outros colocaram-se mais honrosamente feito professores. O mobiliário de que dispunham era reduzido e seus processos de ensino imperfeitos; apesar do que os resultados obtidos, valiosos. As crianças ficavam atravancadas em cubículos reduzidos e abafados, onde todas liam alto ao mesmo tempo, com grande aborrecimento de cada qual.
>
> [...]
>
> Mas, embora as escolas se tornassem mais numerosas, permaneceram elas quase inteiramente em mãos dos portugueses e, embora os mestres compara-

65 Luccock, op. cit., p.86-7.

tivamente se multiplicassem em número, uma grande parte do tempo de que dispunham, consumiam-no cantando matinas e ave-marias.[66]

John Luccock completa seu comentário sobre a situação do ensino brasileiro nas primeiras décadas do século passado:

> Já se observou que as diversas espécies de polimento ou requinte progridem juntas, em geral. No Brasil, a educação e o cultivo do espírito ficam porém ainda para trás do conforto caseiro, apesar de este ser tão falho. Já dissemos ocasionalmente que de primeiro não havia escolas na colônia; isto, embora pareça estranho, é literalmente verídico; não havia nenhum dos estabelecimentos comuns para a primeira educação da infância. A grandíssima maioria das pessoas entravam [*sic*] na vida sem que possuíssem o mais leve conhecimento dos primeiros rudimentos da instrução; o que sabiam, tinham-no apanhado principalmente dos caixeiros de seus pais, em geral moços portugueses que haviam emigrado na intenção de tirar o melhor partido possível de seus talentos.[67]

Entre os fatores que facilitaram a expansão dessas escolas, figura, de um lado, o desmantelamento do sistema educacional posterior à expulsão dos jesuítas, até 1759 responsáveis pelo ensino na colônia,[68] que não foi substituído, ficando a situação ao deus-dará. Contribuíram, de outro, as facilidades proporcionadas pelo próprio governo que, com o decreto de

66 Ibid., p.86.

67 Ibid.

68 Veja a respeito a avaliação de Fernando de Azevedo: "Em 1759, com a expulsão dos jesuítas, o que sofreu o Brasil não foi uma reforma de ensino, mas a destruição pura e simples de todo o sistema colonial do ensino jesuítico". Azevedo, *A cultura brasileira: Introdução ao estudo da cultura no Brasil*, p.539). Mais adiante, ele escreve: "A reforma pombalina planejada para o Reino não só golpeou profundamente, na Colônia, o ensino básico geral, pulverizando-o nas aulas de disciplinas isoladas (aulas régias), sem qualquer plano sistemático de estudos, como ainda cortou, na sua evolução pedagógica normal, o desenvolvimento do ensino para os planos superiores" (Ibid., p.545).

30 de junho de 1821, permitia "a qualquer cidadão o ensino e a abertura de escolas de primeiras letras independentemente de exame de licença".[69]

Daniel Kidder, que conheceu o Brasil quase vinte anos depois do decreto, testemunha suas consequências:

> As escolas públicas, das quais existem vinte e oito [no Rio de Janeiro], com cerca de mil alunos, são insuficientes para atender a todas as crianças que necessitam de ensino, e, por esse motivo, muitos estrangeiros – portugueses, franceses, ingleses e italianos – são levados a abrir escolas particulares, quando para isso dispõem de elementos.[70]

Robert Walsh, que presenciou a pitoresca cena de um professor sentado "numa escrivaninha mais elevada", dirigindo "a classe com um apito",[71] não contradiz a situação similar relatada antes por John Luccock, nem o episódio, já clássico, desenhado por Manuel Antônio de Almeida em *Memórias de um sargento de milícias*.[72]

Os professores de tais escolas, contudo, não ganhavam muito dinheiro; tampouco os outros, os das escolas públicas. Walsh afirma que, nessas, onde a educação era gratuita, porque mantida pelo governo, "o salário de um professor primário geralmente gira em torno de trezentos dólares; os outros recebem cerca de quinhentos", não sendo melhor a situação nas províncias:

> Devido a um decreto das Câmaras publicado em 1827, escolas semelhantes [às da Corte] estavam começando a ser implantadas em Minas Gerais logo que chegamos ao Rio. O difícil é equiparar o salário dos professores num país onde a população é tão dispersa e os recursos locais, necessários à sobrevivência, tão precários. Ficou estabelecido que o salário seria de acordo com o número de estudantes e o trabalho correspondente do professor. Para cada aluno até cem, quinhentos réis, e dessa forma proporcionalmente até trezentos, quando o

69 Renault, op. cit., p.56.

70 Kidder, op. cit.

71 Walsh, op. cit., p.135.

72 Almeida, *Memórias de um sargento de milícias*, p.55-6. Cf. a análise dessa cena em Lajolo; Zilberman, *A leitura rarefeita*.

> professor receberia mil por aluno; mas o total não podia ultrapassar quinhentos mil-réis, que era o máximo estipulado por lei. Todas as despesas são custeadas pelo governo; as crianças não pagam nada.[73]

Daniel Kidder oferece mais detalhes sobre a questão, assinalando que o magistério rendia pouco para os professores e não contava com a colaboração do governo ou da população:

> As escolas são mantidas por meio de verbas anuais tiradas da receita das províncias, exceto as que estão sob a administração direta do governo central, tais como as academias de direito e as escolas da capital. Daí a possibilidade de oscilação das verbas. Por outro lado, constrangido a atender ao custeio das escolas, na forma de uma taxa obrigatória, o público não lhes tem grande simpatia, e frequentemente deixa de se valer delas. Não existe um fundo público para atender às despesas da instrução.
>
> [...]
>
> Em todas as províncias reclama-se contra a falta de professores competentes e há toda probabilidade de que tal situação persista até que se paguem ordenados melhores mesmo que as escolas normais sejam mais bem sucedidas que até aqui. Os indivíduos que se preparam para o importante mister de ministrar instrução voltarão sempre as suas vistas para atividades mais remuneradas.[74]

Primitivo Moacyr, em *A instrução e as províncias*, registra as demandas salariais do magistério ao longo do século XIX. Em 1823, o salário de um professor correspondia a 40 mil-réis, o que lhe dava uma renda anual de, no máximo, 500 mil-réis. Esse valor não se altera muito na década seguinte: em 1835, um professor receberia no máximo 600 mil-réis por ano, a que se somaria uma gratificação de 5$000 por "aluno pronto".

São Paulo promulga, em 1846, a primeira lei "que regula, em conjunto, a instrução na província".[75] Lá está fixada a proposta de salário para o

73 Walsh, op. cit., p.187.

74 Kidder, op. cit.

75 Moacyr, op. cit., p.317.

magistério: 400 mil a 500 mil-réis nas cidades, 300 mil a 400 mil-réis nas vilas, 250 mil a 300 mil-réis nas outras povoações. "Além do ordenado fixo vencerão os professores cujas escolas forem frequentadas por mais de 20 alunos frequentes, uma gratificação anual de 4$ por aluno que exceder o dito número; para as escolas do sexo feminino o número será de 15; os professores provisórios só perceberão 3$ por aluno".[76]

Talvez no Rio Grande do Sul a situação fosse um pouco melhor, porque a Assembleia provincial, no mesmo ano, propõe um teto de 800 mil-réis para o professor, valor, contudo, que se mantém estável até a década seguinte: em 1857, na mesma província, o novo regulamento da instrução sugere que os professores das escolas de segundo grau "recebam 1.000$000 réis por ano, e os de primeiro grau, 800$000".[77] Trinta anos depois, conforme o projeto de vencimentos apresentado à Assembleia gaúcha, os salários mantêm valor idêntico: o professor vitalício, mais bem aquinhoado, ganharia 1.000$000 réis por ano, os outros, menos, em proporção decrescente, conforme a entrância em que trabalhasse.[78]

Escolas desaparelhadas, com professores mal remunerados, teriam meios de ministrar uma educação adequada para crianças e jovens?

Reclamações feitas em São Paulo, em 1849 e reproduzidas por Primitivo Moacyr parecem responder à pergunta:

> O professor dá lições, como dava o mestre com quem aprendeu. Os métodos novos usados em outras partes, com tanto proveito, lhes são desconhecidos. A raridade dos livros, a dificuldade de obtê-los e o preço excessivo que custam, não permitem a um empregado de tão tênues vencimentos adquiri-los.[79]

Uma amostra de como funcionava o sistema, falido a julgar pela proliferação da oferta de aulas particulares, encontra-se na imprensa gaúcha dos anos 1830, através de anúncios que misturam – mercadorias ambas – propostas de ensino e venda de escravos:

76 Ibid., p.318-9.
77 Moacyr, op. cit., p.452.
78 Ibid., p.500.
79 Ibid., p.324.

> A Aula Pública de Língua Francesa mudou-se para a Rua da Graça no último sobrado quase ao sair à Rua da Caridade; para a mesma casa se mudou a Aula Pública de Filosofia Racional e Moral.
>
> Também se aceitam discípulos particulares de primeiras Letras, Gramática Nacional, Gramática Latina, e Geografia; e se recebem Alunos internos. Na mesma casa se vendem dois escravos.[80]
>
> No dia 1º do corrente mês, na Rua de Bragança nº 71, se abriu uma Escola Pública de primeiras Letras para Meninas. As pessoas que tiverem meninas a educar na mencionada Escola podem apresentá-las à matrícula.[81]

Considerando os depoimentos posteriores, o mau estado do ensino brasileiro parece persistir; e os cronistas da vida social brasileira acoplam o mau estado do ensino com a má qualidade e/ou a inexistência de livros escolares. Sob tais condições, a formação de um público leitor se arrasta, inconclusa e rarefeita.

Daniel Kidder, o missionário que veio ao Brasil com o intuito de distribuir Bíblias à população, entre 1837 e 1840, considera que, no Rio de Janeiro, "as escolas públicas [...] são insuficientes para atender a todas as crianças",[82] e a essa denúncia acrescenta que "outro obstáculo de vulto ao desenvolvimento da instrução no Brasil é a quase absoluta falta de bons livros escolares".[83]

A advertência retoma questão antiga que, logo depois da Independência, desafiava os constituintes, entre os quais se destacou Januário da Cunha Barbosa, membro da Comissão de Instrução Pública, alguns anos depois

80 Anúncio editado em *O Recopilador Liberal*, jornal farroupilha de Porto Alegre, em 19 de agosto de 1835. Citado em Mottin et al., *O ensino universitário e as fontes da Revolução Farroupilha*, p.75.

81 Ibid. Veja ainda o anúncio publicado em 22 de fevereiro de 1845, em *O Imparcial*, jornal farroupilha de Porto Alegre: "A viúva Anna Christina Tybring participa ao respeitável público que abrirá no 1º de março seu colégio de meninas no Caminho Novo no 145, onde ensinará alemão e português, ler, escrever, contar, coser, bordar de todas as qualidades, marcar, e também ensina piano, dança e recebe pensionistas" (reproduzido em Mottin, op. cit., p.37).

82 Kidder, op.cit.

83 Ibid.

compilador do *Parnaso brasileiro*, em cuja apresentação, de 1829, o assumido objetivo "de servir de modelo, ou de estímulo à nossa briosa mocidade, que já começa a trilhar a estrada das Belas Letras",[84] combina bem com as funções que esse professor exerce como constituinte.[85] Com efeito, como legislador, Cunha Barbosa debruça-se sobre o problema do livro didático e, ao discutir modelos para ele, defende o manual único e centralizado, que sirva a todas as escolas do país e seja submetido a uma instância central, um instituto ao qual caberiam as seguintes atribuições:

> Ao Instituto pertencerá a escolha e a aprovação dos livros elementares, que deverão servir de texto às explicações dos professores em todas as escolas deste Império, e a regulação do número e extensão das matérias que nela se devem contar. O Instituto procederá, portanto, a fazer que se componham em língua nacional, ou que para ela se traduzam, os compêndios elementares apropriados à natureza e extensão de cada escola, para o que publicará programas suficientemente especificados, oferecendo ao melhor compêndio em cada matéria, um prêmio proporcionado à dificuldade da obra.[86]

Vê-se que o projeto de Barbosa não descarta a tradução como recurso para suprir as carências notáveis. Mas o investimento maior é na proposta de uma obra única para cada matéria, subordinada à interferência do Estado, estabelecendo outro patamar para o paternalismo centralizador com que o livro didático começou a ser produzido no Brasil. O constituinte propõe que:

---

84 Barbosa, A quem ler. In: *Parnaso brasileiro*.

85 Januário da Cunha Barbosa, nascido no Rio de Janeiro, ordenou-se presbítero, lecionou filosofia e pregou na Capela Real na época de d. João e, com d. Pedro I, foi cônego da Capela Imperial. Pertenceu à junta diretora da Impressão Régia. Em 1826, elegeu-se deputado pelo Rio de Janeiro; não se reelegendo, foi nomeado diretor da Tipografia Nacional e do *Diário Fluminense*, órgão oficial sucessor da *Gazeta do Rio de Janeiro*. Foi cronista do Império, diretor da Biblioteca Nacional, fundador e secretário perpétuo do Instituto Histórico e Geográfico Brasileiro. Além do *Parnaso brasileiro*, é autor do poema épico "Niterói – metamorfose do Rio de Janeiro", de 1822.

86 Moacyr, *A instrução e o Império: Subsídios para a história da educação no Brasil*.

> os compêndios destinados para o primeiro grau de instrução [...] devem ser compostos debaixo da vigilância e inspeção do Estado, porque desta forma sua doutrina nunca será desnaturalizada pela superstição ou negligência, e por isso há de ser de necessidades melhores. Podem, portanto, ser feitos ou pelos mestres encarregados deste ensino, ou por particulares, que queiram entregar-se a estes gêneros de trabalho, em benefício de sua pátria, voluntariamente ou por ordem superior.[87]

Mas o projeto não vingou: tais livros não foram compostos.

Gorada, pois, a hipótese de um sistema escolar bancado pelo Estado, cuja interferência ostensiva traduzir-se-ia pelo rigoroso controle da produção de livros, o ensino pulveriza-se. Distribuído por aulas particulares ou escolas improvisadas, ministrado por professores malformados, carente de recursos materiais, talvez se possa pensar que, ao invés do monolítico programa proposto por Cunha Barbosa, provavelmente houvesse no Brasil tantos projetos educacionais quantos fossem os colégios de uma certa envergadura. Parece, contudo, que em nenhum deles desenvolveram-se as condições necessárias à consolidação de uma consistente prática de leitura, o que passava por questões relativas ao ensino de língua.

A flor do Lácio nos jardins do império

Uma pesquisa de Nizza da Silva localiza na *Gazeta do Rio de Janeiro* o projeto de Joaquim Manuel de Faria apresentado à Mesa do Desembargo do Paço, solicitando autorização para fundar uma escola particular. O projeto especifica aspectos do ensino de Gramática, Aritmética, Inglês, Francês e Latim. Os métodos de aprendizagem das línguas explicitam o modo como se dava a leitura no contexto escolar:

> Dizia o plano que haveria naquela casa de educação "um bom mestre de primeiras letras", em cuja aula se ensinaria "a ler e depois a escrever bem e com

87 Ibid.

> acerto a língua nacional", ensinando o mesmo professor a Gramática portuguesa e a ciência de contar, "fazendo conhecer aos discípulos todas as razões por que em qualquer lugar se escreve tal, ou qual algarismo". Haveria um mestre de língua francesa que "gramaticalmente e mesmo por prática" a ensinasse aos discípulos, sendo obrigado em certos dias "a conversar familiarmente com eles em francês". Haveria um mestre de inglês, que ensinaria esta língua do mesmo modo, e finalmente um mestre de língua latina para aqueles meninos cujos pais quisessem que a aprendessem, sendo portanto uma disciplina optativa dentro do plano, enquanto o francês e o inglês aparecem como obrigatórios.[88]

Também o *Plano do Real Colégio de Nossa Senhora e São Caetano*, publicado por seu reitor, o presbítero João Romão da Silva, ilustra o funcionamento do ensino de língua materna nas primeiras décadas do século XIX. João Romão obteve "licença de Sua Majestade" em 1816, para "exercer as suas funções colegiais na casa do capitão Manuel Moreira Lino, no Catete", considerando que ali "se acham as melhores conveniências para um colégio digno e respeitável".[89] Lá pôs em prática seu método de trabalho:

> Os discípulos serão solidariamente instruídos na gramática portuguesa por um método particular e fácil, falando-se na mesma língua com pureza e sem os ordinários defeitos e lendo para este fim autores puros e eloquentes: serão da mesma forma instruídos em aritmética, álgebra, geometria, geografia, história universal, história de Portugal, caráter de letra inglesa, latim, grego, filosofia racional e moral, retórica, inglês, francês e no mais no plano particular se protesta ensinar.[90]

O currículo básico previsto pela escola do padre Romão estendia-se da Gramática à Filosofia, passando pela Retórica, Matemática, História, Geografia, Línguas clássicas e modernas. Uma apresentação mais nítida

88 Silva, Transmissão, conservação e difusão da cultura no Rio de Janeiro (1808-1821), *Revista de História*, p.154-5.
89 Silva, *Plano do Real Colégio de Nossa Senhora e São Caetano*.
90 Ibid.

da adoção de um currículo como esse, em cujo bojo se aprendia a ler nas primeiras décadas do século XIX, se encontra em várias das descrições que da escola fazem os visitantes estrangeiros. Esses depoimentos tornam-se tanto mais significativos quando lembramos que, como espaço de iniciação à leitura, contexto de seu desenvolvimento e, principalmente, lugar de destinação assegurada do livro didático, a instituição escolar tem grande realce em qualquer análise que pretenda discutir a história social da leitura no Brasil.

Spix e Martius conheceram os "dois Seminários Eclesiásticos", os de São Joaquim e o de São José, "onde se ensina Latim, Grego, Inglês, Francês, Retórica, Filosofia e Teologia", considerados por eles, como se disse antes, os melhores colégios do Rio de Janeiro. Ali predominavam, entre as línguas ensinadas, o Latim, o Grego, o Francês e o Inglês, bem como as disciplinas remanescentes do *trivium* e do *quadrivium* medievais, a saber, a Retórica, a Matemática, a Filosofia e a Teologia:

> Para a instrução da juventude, dispõe a capital de diversas e boas instituições de ensino. [...] No Seminário de São Joaquim, aprendem-se os rudimentos do latim e do cantochão. Mas o melhor colégio é o Liceu ou Seminário de São José, onde, além do latim, do grego, das línguas francesa e inglesa, retórica, geografia e matemática, também se lecionam filosofia e teologia. A maioria dos professores é do clero, o qual, entretanto, atualmente exerce muito menos influência no ensino do povo do que antigamente, e sobretudo no tempo dos jesuítas.[91]

Jean-Baptiste Debret informa sobre clientela e currículo do Seminário de São José:

> O seminário de São José está situado no fim da Rua da Ajuda, ao pé do morro do Castelo, sobre o qual se ergue a antiga Catedral de São Sebastião, padroeiro da cidade. O estabelecimento, que se acha sob a proteção do bispo do Rio de Janeiro, aufere suas rendas de donativos. O curso completo compõe-se atualmente das seguintes disciplinas: Gramática Latina, Lógica, Metafísica

91 Spix; Martius, op. cit., p.54-5.

> e Moral, Retórica, Francês, Inglês, Grego e Geometria. Os professores são eclesiásticos e alguns jovens pensionistas destinam-se ao estado eclesiástico; outros pagam sua pensão e outros são mantidos pelo governo. Aceitam-se também externos.[92]

Aponta ainda que o Seminário de São Joaquim compartilhava um currículo semelhante, embora não atendesse necessariamente ao mesmo tipo de aluno, destinando-se:

> especialmente à educação gratuita dos órfãos, por isso os do asilo das crianças abandonadas são aceitas de direito, vantagem de que participam também, mediante módica retribuição, os filhos dos militares. O curso compõe-se do ensino de primeiras letras, pelo método de Lencastre, de Gramática Latina, Lógica, Metafísica, Moral, Inglês e Francês.[93]

Não apenas nesse colégio predomina o método de Lancaster; também Januário da Cunha Barbosa defendia um projeto de ensino público inspirado no método lancasteriano, a ser difundido por intermédio de um curso que preparasse professores capazes de aplicá-lo.[94] No projeto de lei de 1826, sugere-se a adoção do método lancasteriano, "repartindo o ensino por decúrias, a fim de que os mais adiantados discípulos se exercitem no ensino dos menos adiantados, na metade do tempo da aula, e depois recebam as instruções do mestre no resto do tempo". O projeto propõe ainda:

---

92 Debret, op. cit., p.20-1.

93 Ibid., p.21.

94 Fernando de Azevedo explica o método, segundo o qual "cada grupo de alunos (*decúria*) era dirigido por um deles (*decurião*), mestre da turma, por menos ignorante ou, se o quiserem, por mais habilitado. Por essa forma em que o professor explicava aos meninos e estes, divididos em turmas, mutuamente se ensinavam, bastaria um só mestre para uma escola de grande número de alunos.[...] O sistema fora erigido em 'método oficial', imposto em todas as escolas primárias do Império" (Azevedo, op. cit., p.564). Robert Walsh dá testemunho da aplicação do método numa escola carioca: "Quando a aula começava, o monitor tirava da parede um semicírculo de ferro e o colocava no chão, onde ficava, enquanto as crianças agrupavam-se à sua volta" (Walsh, op. cit., p.182).

"criar-se-ão em cada capital da província uma Escola lancasteriana onde se ensinem e se habilitem os mestres, que devem depois propagar este método por todo Império".[95]

Walsh constata a utilização do método em escolas cariocas: "Além desses estabelecimentos há duas Escolas de ensino geral baseadas no princípio de Lancaster sobre a instrução comum e uma escola primária que ensina a ler, escrever e contar em quase todas as ruas da cidade"; e alude ao interesse do governo em expandir o método, anotando a intenção de formar educadores familiarizados com ele: "existem duas escolas lancasterianas no Rio mantidas pelo governo, que tenciona abrir mais nove em paróquias diferentes, obrigando todas as escolas privadas a adotarem esse método de ensino".[96]

A pretendida implantação do método de Lancaster parece apontar para a falta de professores, fator sem dúvida agravante da baixa qualidade do ensino brasileiro. Carência docente, precariedade da formação do magistério e improvisação presidem o ensino da língua materna, no interior do qual começa a ocorrer a familiaridade do estudante com a leitura.

Anúncios da *Gazeta do Rio de Janeiro*, como o recolhido por Nizza da Silva, detalham a perspectiva teórico-metodológica que conduzia à aprendizagem comparativa da gramática das línguas. A hipótese era que, conhecendo-se a gramática de uma língua, por comparação dominar-se-ia a de todas as outras. Vale dizer, diferentes línguas são concebidas como manifestações comparáveis de um mesmo e único sistema:

> D. Catarina Jacob toma a liberdade de fazer ciente ao público, que ela tem estabelecido uma academia para instrução de meninas na Rua da Lapa, defronte da Exma. Duquesa, em que ensinará a ler, escrever e falar as línguas portuguesa, e inglesa gramaticalmente [...].[97]

O *Compêndio da gramática inglesa e portuguesa*, de 1820, escrito por Manuel José de Freitas, segue pressupostos similares; mas justifica a aprendizagem

95 Moacyr, op. cit., p.20.
96 Walsh, op. cit., p.187.
97 Silva, op. cit., p.156.

do inglês com argumentos práticos: Portugal incrementou as relações comerciais com a Grã-Bretanha, portanto, nada melhor do que dominar a língua dessa nação:

> Animado pois por um coração liberal, resolvi preparar este compêndio, considerando o tráfico e as relações comerciais da nação portuguesa com a inglesa, e a falta de um compêndio da gramática de ambas, para iniciar e facilitar a mocidade ao uso das duas línguas, com a clareza, justeza e simplicidade possível [...].
>
> [...] Com quanta razão devemos nós julgar ser a língua inglesa necessária à mocidade, quando nos vemos entrelaçados em negociações com esta nação, e ouvindo diariamente o som vocal de seu idioma, que também facilita e convida os novos alunos a entrar com desejo no conhecimento dos seus termos e frases.
>
> Por este meio que sem dúvida se faz mais suave a sua aquisição, dantes tão estranha, parece indispensável a utilidade dela para o comércio e tráfico civil, e igualmente para a leitura de livros, em todo o gênero, científico, morais e de educação polida.[98]

O raciocínio do autor inscreveu seu livro no processo de modernização da sociedade brasileira, com o qual deseja sintonizar. Mas, como Catarina Jacob, valoriza o ensino gramatical e aproxima, sem qualquer mediação, gramáticas de diferentes línguas, acreditando que pelo conhecimento de uma se aprende a outra, apesar de serem, uma e outra, respectivamente materna e estrangeira:

> A gramática de qualquer língua polida sempre foi a chave, que dá entrada ao conhecimento (por não dizer ao templo) da razão humana; e quando estamos bem possuídos de uma, o caminho é fácil para as outras. Sem alguma gramática, seja da língua nacional, seja de outra existente, ou morta como a latina e grega, não podemos expressar com propriedade e justeza os nossos pensamentos;

98 Freitas, *Compêndio da gramática inglesa e portuguesa para uso da mocidade adiantada nas primeiras letras*, p.1.

> quero dizer: não conhecemos a propriedade da derivação das palavras; não conhecemos a certeza das letras e sílabas que as compõem, não sabemos colocar em seus próprios lugares os termos ou palavras de uma oração ou período; e finalmente, não sabemos muitas vezes pronunciar os mesmos termos com o seu acento devido.[99]

Preocupado em justificar seu trabalho, Manuel José de Freitas equipara a dificuldade em aprender a gramática do inglês à dificuldade de aprender a língua latina, tendo sido esta "a primeira gramática da minha educação".[100] Como se vê, o ensino do latim continuava hegemônico, de que vários depoimentos citados são testemunha. Afinal, o latim sobrevive a d. João, a Pedro I e a Pedro II; a importância e onipresença dessa língua na escola brasileira vem de longe, mais precisamente, do ultramar.

Num programa, provavelmente de 1809, transcrito por Nizza da Silva, relativo ao ensino de francês e inglês, pode-se depreender a força do latim na produção de conceitos e métodos de ensino de línguas modernas:

> No ensino das duas línguas referidas seguirão os professores [...] o mesmo que se acha estabelecido, e praticado pelos professores de Gramática Latina. E pelo que toca à matéria do ensino, ditarão as suas lições pela gramática que for mais bem conceituada, enquanto não formalizarem alguma de sua própria composição, habilitando os discípulos na pronunciação das expressões, e das vozes das respectivas línguas, adestrando-os em bem falar e escrever, servindo-se dos melhores modelos do século de Luís XIV, e fazendo que nas traduções dos lugares conheçam o gênio, e idiotismo da língua, e as belezas e elegância dela, e do estilo e gosto mais apurado e seguido. Na escolha destes livros se preferirão os da mais perfeita e exata moral; e para a comparação com a língua pátria se escolherão os autores clássicos do século de quinhentos, que melhor reputação têm entre os nossos literatos.[101]

---

99 Ibid., p.2.
100 Ibid.
101 Silva, op. cit., p.141.

Ganha aqui contornos concretos o mundo da leitura modelado pelas disciplinas escolares: o requisito exigido para a escolha das obras é sua "perfeita e exata moral", ao lado, por assim dizer, de uma reconhecida reputação. O latim aparece como língua-padrão pela qual se conhecem as outras, observando-se ainda que o professor tem liberdade de escolha do livro didático, mas que, de novo, se toma por certo que ele tenha a intenção de escrever uma obra, embora, mais que espelhar liberdade de cátedra, essa expectativa resulte da carência de opções. No programa, ressalta ainda que o ensino de línguas estrangeiras visa tanto à educação do gosto literário quanto à capacitação oral do aluno, sendo os exemplos escolhidos o francês da literatura clássica do século XVII e os autores quinhentistas portugueses.

A crônica da escola prossegue, todavia, no antigo diapasão que registra invariavelmente ou a carência de livros escolares ou a inadequação dos existentes às demandas culturais. Se, num amargo e já antológico comentário, Sílvio Romero recorda que aprendeu a ler "em velhos autos, velhas sentenças fornecidas pelos cartórios dos escrivães forenses", que experimentava "como clavas a nos esmagar o senso estético, embrutecer o raciocínio e estragar o caráter",[102] este seu depoimento confirma as palavras de Daniel Kidder, que anota:

> Em certas regiões do interior as crianças aprendem a ler em manuscritos. A matéria impressa é muito escassa, e, no geral, despida de interesse. Quando um livro ou jornal vai ter à escola, torna-se propriedade comum e vai passando de mão em mão como se fora algo de que todos pudessem tirar algum benefício.[103]

Confirmando a permanência da precariedade, Delso Renault anota que, em 1857, "os péssimos cursos de aulas avulsas, iniciados com a chegada da família imperial, ainda perduram".[104] Por sua vez, Quintino Bocaiuva, liberal na época e futuro militante republicano, reclama do ensino das províncias, num artigo de 7 de fevereiro de 1858, publicado em *O Paraíba*, de Petrópolis,

---

102 Romero, *Estudos de literatura contemporânea*, p.160.

103 Kidder, op. cit.

104 Renault, *Rio de Janeiro: a vida da cidade refletida nos jornais (1850-1870)*, p.127.

defendendo a instrução como "a base, o fundamento da sociedade, a garantia de seu progresso e de seu futuro, o esteio da nacionalidade de um país". Dias depois, o autor inclui entre os grandes defeitos da educação brasileira

> a falta absoluta de um sistema de instrução adaptado às circunstâncias peculiares de nossa divisão administrativa; a mesquinha retribuição pecuniária dos professores e a nenhuma importância que por ora se dá à profissão; a ausência de uma inspeção contínua, inteligente, vigilante e também retribuída, por isso que exigir serviços públicos gratuitamente é desejar mesmo o mau serviço.[105]

É desse período o levantamento que Emilio Zaluar, português residente no Brasil, jornalista e proprietário de escola (situada em Botafogo e criada em 1855), faz do ensino no interior de São Paulo. Ainda que veja positivamente a situação, os números que sua pesquisa apresenta relativamente ao alunado são baixos. As visitas a Guaratinguetá, Pindamonhangaba, Campinas, Piracicaba e Sorocaba levam-no aos seguintes registros:

Guaratinguetá:

> Duas escolas de ensino primário, frequentadas por alunos 115
> Duas particulares, por 48
> Uma do sexo feminino, por 30
> Cadeira de latim e francês, por 16
> Colégio particular de meninas, por 16
> Total – 225[106]

Pindamonhangaba:

> Aqui há um escola pública de instrução primária para meninos, frequentada por vinte alunos, e outra do sexo feminino, por sessenta educandas. Além destas, há uma cadeira de latim e francês, frequentada por doze alunos.

---

105 Bocaiúva, A instrução na província (I-II-III). In: Silva (org.), *Ideias políticas de Quintino Bocaiúva: Cronologia, introdução, notas bibliográficas e textos selecionados*, p.136-44.
106 Zaluar, *Peregrinação pela província de São Paulo (1860-1861)*, p.80.

Existem mais de quatro aulas de ensino privado, cursadas uma por quarenta e sete discípulos, outra por trinta e seis, outra por oito, e outra por seis.

[...]

Tendo dito quanto é bastante para se fazer ideia do desenvolvimento material do município e de sua população, parecerá que o número de alunos que frequentam as escolas não está em proporção dos habitantes nem em paralelo com a ilustração e progresso deste importante centro; porém é preciso observar que a maior parte dos filhos das famílias mais distintas e abastadas não cursam as aulas do lugar, mas vão educar-se em S. Paulo, onde o ensino público tem mais recursos, e onde ao mesmo tempo se habilitam para os estudos superiores e para entrarem na Faculdade de Direito.[107]

Campinas:

A instrução pública tem tido em Campinas um desenvolvimento não menos satisfatório do que a lavoura. Existem aqui duas escolas públicas de primeiras letras, uma secundária, e cinco particulares de instrução primária, sendo uma de meninas, e dois colégios de instrução secundária, sendo um de cada sexo; representando o número total dos alunos de todas estas aulas, do sexo masculino duzentos e quarenta, e do feminino cento e vinte educandas. Além destas casas de ensino, a maior parte dos fazendeiros paga a mestres para educar seus filhos, e um bom número de jovens campineiros frequenta atualmente em S. Paulo as aulas da Faculdade de Direito.[108]

Piracicaba:

A instrução pública é representada aqui por duas escolas de ensino primário do sexo masculino, uma frequentada por cento e quatorze, outra por sessenta e dois alunos; além destas, há uma particular, com quatorze alunos.

A escola pública primária do sexo feminino é frequentada por quarenta e duas educandas, e uma particular, do mesmo sexo, por dezoito meninas.[109]

---

107 Ibid., p.94-5.
108 Ibid., p.140-1.
109 Ibid., p.155.

Sorocaba:

> Há nesta cidade cinco escolas de primeiras letras, três do sexo masculino e duas do feminino; três públicas e duas particulares; frequentadas as do sexo masculino por cento e noventa e dois alunos, e as do feminino por cento e treze. Além destas, há uma aula de latim e francês com vinte e sete alunos, que aprendem simultaneamente as duas línguas.[110]

No Rio Grande do Sul, os números não são melhores; conforme a pesquisa de Primitivo Moacyr, em 1847, 1.860 meninos e 749 meninas frequentam as escolas primárias; em 1848, funcionam 74 escolas de primeiras letras. Nos anos 1850, o número aumenta, contando-se 3.812 alunos e 3.525 alunas; mas, em 1860, o primeiro grau soma 3.654 estudantes masculinos, distribuídos em 127 escolas. Em 1877, mais de 14 mil alunos, entre meninos e meninas, estão em sala de aula; mas a população em idade escolar atinge cerca de 52 mil crianças; logo, "só procura a escola menos de um terço",[111] e estamos na década em que a educação se torna obrigatória.[112]

No Município Neutro, sede da Corte, em 1844, o governo mantém, segundo Ramiz Galvão, apenas 25 escolas primárias para uma população escolar que deveria orçar por cerca de 20 mil crianças, logo, "é positivo que não satisfaziam nem a 2.000".[113]

No conjunto, os números são insatisfatórios; mas Zaluar busca uma explicação, atribuindo a baixa demanda escolar ao êxodo dos educandos rumo à capital. Delso Renault, no atacado, voa mais alto e, sem papas na língua, apresenta uma estatística vergonhosa da situação do ensino brasileiro em 1882. Assinala que, sessenta anos depois da Independência e sete anos antes da República, há uma escola para cada 1.356 habitantes e

---

110 Ibid., p.164.

111 Moacyr, op. cit., p.479.

112 O ensino se tornou obrigatório em decorrência do decreto de 19 de abril de 1879, data da última reforma educacional do período imperial. Veja Loreto, A instrução a cargo da União e da municipalidade do Distrito Federal. In: Ouro Preto et al., *Década republicana*.

113 Galvão, O imperador e a instrução pública, *Revista Trimestral*, p.363-70.

que a matrícula geral é de 321.449 alunos, para uma população em idade escolar de 1.902.454 crianças, de modo que 1.581.005 menores estão sem aula nesse ano.[114]

Seus dados, em resumo, nada abonam um país que quer avançar e é administrado por um imperador intelectualizado, que viaja ao exterior, carteia-se com expoentes das artes e da cultura do mundo todo e deslumbra-se com os progressos tecnológicos de seu tempo. Mas Ramiz Galvão, talvez saudoso da Monarquia, garante que Pedro II se preocupou com a falta de escolas para a juventude; tanto que, "logo depois da guerra do Paraguai",[115]

> quando se realizou aqui [no Rio de Janeiro] uma subscrição popular para se lhe erguer uma estátua, Pedro II declinou da honra, e sem hesitação pediu que as quantias recebidas fossem aplicadas na construção de vastos edifícios escolares para a instrução da infância; e assim se fez. Além disso, a expensas próprias, mandou construir e manteve na Quinta de São Cristóvão uma grande escola primária com bons professores.[116]

Uma república ainda sem livros nem leitores

Assim, ao menos aparentemente, o século XIX terminava não muito diferente do modo como iniciara: o aparelho estatal ainda sustentava o funcionamento do sistema editorial, que se proclamava nacionalista e empenhado na educação da mocidade brasileira, quando via aí um mercado a alimentar ou quando percebia que a presença de concorrentes estrangeiros se mostrava ameaçadora. A trajetória do livro didático e da escola nesse período

---

114 Renault, *O dia-a-dia no Rio de Janeiro segundo os jornais (1870-1889)*.

115 Loreto, op. cit., p.192.

116 Galvão, op. cit., p.369-70. Machado de Assis relembra o episódio numa crônica de 25 de setembro de 1892: "Tratei na crônica da reunião que se fez para levantar uma estátua ao imperador, depois da Guerra do Paraguai. O *Jornal do Comércio* lembrou que a coleta foi promovida por uma comissão de respeitáveis membros da Associação Comercial e com ela se construiu o belo edifício do Campo de S. Cristóvão, doado ao Governo e ocupado por suas escolas" (Assis, *A semana: Crônicas (1892-1893)*, p.125).

reproduz as contradições do modelo capitalista implantado no país, com a peculiaridade de, em certos casos, maximizar suas ambiguidades internas.

Ao final do século, contudo, o Brasil muda outra vez de fisionomia política: em 1889, a República reacendia esperanças, já que prometia consertar os desacertos do Império. O novo regime adota medidas educacionais auspiciosas, criando em 1890 a Secretaria de Estado dos Negócios da Instrução Pública, junto com o Serviço de Correios e Telégrafos, cujo titular foi Benjamin Constant, professor da Escola Militar. Empreendeu-se a reforma da instrução pública, desde a primária e secundária, no Distrito Federal, até o ensino superior, artístico e técnico, em todo o território brasileiro. O Colégio Pedro II, agora Ginásio Nacional, e a Escola Normal do Distrito Federal passam por uma reorganização, que os modela por princípios do positivismo, filosofia dominante do pensamento republicano.[117]

Mas a euforia durou pouco.

Talvez premonitoriamente, o primeiro titular da pasta da Educação renunciou logo depois de ter assumido; em 1892, a Instrução Pública é transferida para o Ministério do Interior e Justiça, e novas mudanças só vão ocorrer a partir de 1930. No intervalo prosseguem os problemas, e o livro didático continua em pauta.

Como anota Renault, constitui-se uma comissão formada por José Veríssimo, Fortunato Duarte, Fausto Barreto, Alfredo Gomes e João Ribeiro, para

> propor sugestões cabíveis ao sistema ortográfico a ser usado nas escolas do Rio de Janeiro. [...] Mais tarde, o Conselho Superior de Instrução Pública aprova o livro didático a ser adotado, e que figura nas bibliotecas com o nome de Livro do Mestre. No período enfocado, o compêndio é o de M. Garrigues, mal traduzido do francês.[118]

---

117 Veja Azevedo, op. cit.; Tanuri, *O ensino normal no estado de São Paulo (1890-1930)*. O barão de Loreto observa: "o programa de ensino foi pautado pela hierarquia das ciências" (Loreto, op. cit., p.169).

118 Renault, *A vida brasileira no final do século XIX: Visão sociocultural e política de 1890 a 1901*, p.105-6.

É de José Veríssimo a avaliação de que, em 1891, permaneciam vigorando os problemas com os livros didáticos, muitos dos quais eram ainda traduzidos:

> As publicações pedagógicas limitaram-se aos compêndios.
>
> Os srs. Alves & C., que são dos nossos maiores editores escolares, deram à publicidade no ano findo os seguintes livros: Curso de geografia geral, Elementos de cosmografia, Rudimentos de corografia e Geografia Atlas de Couturier, todos pelo sr. João Ribeiro, o Coração de Ed. de Amicis, essa obra-prima dos livros de leitura.
>
> É pouco para um país em que o desenvolvimento da instrução pública é uma necessidade vital. A nossa literatura escolar está muito atrasada, não só não temos bons compêndios, como carecemos de livros para leitura das crianças e dos rapazes. Não sei se o nosso desamor à leitura não provém de que não nos habituamos a ler desde a infância, e não nos habituamos por que não há em a nossa língua livros próprios para essa idade.[119]

O barão de Loreto, monarquista e crítico do regime republicano, denuncia que, ao final da primeira década republicana, persiste a carência de salas de aula no Distrito Federal, contabilizando que "o total de matriculados não atinge a 400 por 1.000 ou a 40% das crianças em idade escolar".[120] Mas mesmo o republicano Olavo Bilac, em 1907, escandaliza-se com o descalabro da situação, revelando números assustadores:

> As últimas estatísticas organizadas sobre a instrução dão desânimo e desesperação: em todo o Brasil, de 1.000 habitantes em idade de cursar escolas primárias, em 1907 somente 137 estavam matriculados, e somente 96 frequentavam as aulas; para 10.000 de todas as idades, havia somente 6 escolas com 7 professores, com 294 alunos de todas as idades – o que quer dizer que

---

119 Veríssimo, O movimento intelectual em 1891. In: *Estudos brasileiros, segunda série.* Transcrito em Barbosa (org.), *José Veríssimo: Teoria, crítica e história literária*, p.267.

120 Loreto, op. cit., p.185.

englobadamente, estimando-se toda a população, a relação de todos os alunos era de 29 por 1.000.[121]

Também é do poeta, e do mesmo ano, uma crítica de similar teor, apresentada em conferência ministrada em Juiz de Fora:

> As últimas estatísticas, dando ao Brasil uma população total de vinte milhões e duzentas e quinze mil almas, demonstram que, em toda a extensão do país, todos os estabelecimentos de ensino, incluindo o ensino público e o particular, o civil e o militar, o primário, o profissional, o normal, o secundário, o superior, tinham, em 1907, ano em que se operou o censo, a matrícula de 624.064 alunos; e isto quer dizer que a pouco mais de dois e meio por cento da população é ministrado o favor do ensino... Mas não é tudo: se estudásseis o orçamento votado pelas Câmaras para a despesa federal em um dos últimos anos, observaríeis a insignificância das verbas dadas à instrução: no cálculo das despesas orçadas para esse ano, no valor de quase quatrocentos mil contos de réis, apenas três mil e duzentos contos eram destinados a tudo quanto se refere à vida intelectual do Brasil: ensino, bibliotecas, museus...[122]

Aparentemente o século XX começava não muito diferente do antecessor: a República não cumprira as promessas; o Estado limitava-se a cooperar com certos autores e a resolver casos específicos, omitindo-se do problema geral e deixando de implementar uma política efetivamente eficiente. As dificuldades vão se transmitindo de geração em geração, até 1930, ano de mudança política, que traz de volta a ideia de tratar da instrução através de uma agência específica, o Ministério de Educação, na ocasião acoplado ao da Saúde. De lá vieram novas medidas, a vida escolar se organizou, o livro didático, precisando responder a novas questões, dá outra forma ao ensino, sobretudo ao da leitura e da literatura.

É desde tal quadro contextual que ganha novos significados o fato de a ficção de Machado de Assis ser pródiga na apresentação de figuras e cenas

---

121 Bilac, *A defesa nacional: Discursos*, p.136-7.

122 Id., Instrução e patriotismo. In: *Conferências literárias*, p.330-1.

de escola. Para Rubião, protagonista de *Quincas Borba*, o magistério foi uma escolha subsequente a vários fracassos: "regia então uma escola de meninos, que fechou para tratar do enfermo. Antes de professor, metera ombros a algumas empresas, que foram a pique".[123] No conjunto, e narradas do ponto de vista dos pequenos estudantes, as cenas machadianas compõem um painel lúgubre de uma escola impiedosa e severa, tormento dos alunos, sempre temerosos das surras que os mestres poderiam lhes aplicar. "O programa", conto publicado na revista *A Estação*, em 1882, descreve uma sala de aula sufocante e um professor autoritário que metaforizam a sociedade:

> O mestre, enquanto virava e revirava a frase, expirando com estrépito, ia dando ao peito da camisa umas ondulações que, em falta de outra distração, recreavam interiormente os discípulos. Um destes, o mais travesso, chegou ao desvario de imitar a respiração grossa do mestre, com grande susto dos outros, pois uma das máximas da escola era que, no caso de não se descobrir o autor de um delito, fossem todos castigados; com este sistema, dizia o mestre, anima-se a delação, que deve ser sempre uma das mais sólidas bases do Estado bem constituído.[124]

Comparar escola e sociedade não era privilégio nem da ficção nem de Machado. Ao final do *Terceiro livro de leitura*, publicado no final da década de 1860, Abílio César Borges, expondo sua filosofia educacional, reforça esse paralelo: "O colégio, meus amigos, é um mundozinho; é, a muitos respeitos, uma miniatura da grande sociedade, em que tereis de viver, ficardes homens".[125]

No conhecido "Conto de escola", nem o cenário nem a atitude do professor diferem; em *Memórias póstumas de Brás Cubas*, o narrador relembra a infância, resgatando, cheio de ambígua ironia, a pequenez medíocre do professor que lhe transmitiu as primeiras lições:

---

123 Assis, *Quincas Borba*, p.11-2.

124 Id., O programa. In: *Relíquias de casa velha*, p.274.

125 Borges, *Terceiro livro de leituras para uso das escolas brasileiras*, p.263. O prólogo, datado de outubro de 1890, abre a 65ª edição.

> Ó palmatória, terror dos meus dias pueris, tu que foste o *compelle intrare* com que um velho mestre, ossudo e calvo, me incutiu no cérebro o alfabeto, a prosódia, a sintaxe, e o mais que ele sabia, benta palmatória, tão praguejada dos modernos, quem me dera ter ficado sob o teu jugo, com a minha alma imberbe, as minhas ignorâncias, e o meu espadim, aquele espadim de 1814, tão superior à espada de Napoleão! Que querias tu, afinal, meu velho mestre de primeiras letras? [...] Vejo-te ainda agora entrar na sala, com as tuas chinelas de couro branco, capote, lenço na mão, calva à mostra, barba aparada; vejo-te sentar, bufar, grunhir, absorver uma pitada inicial, e chamar-nos depois à lição. E fizeste isto durante vinte e três anos, calado, obscuro, pontual, metido numa casinha da rua do Piolho, sem enfadar o mundo com a tua mediocridade, até que um dia deste o grande mergulho nas trevas, e ninguém te chorou, salvo um preto velho – ninguém, nem eu, que te devo os rudimentos da escrita.[126]

Aquiles Porto Alegre, evocando experiência no Sul do país, refere igualmente um modelo de professor que faz da repressão um estilo de comportamento e filosofia pedagógica:

> A escola pública do professor Francisco de Freitas Cabral era uma das de maior frequência da cidade [Porto Alegre]. Para atender à fiscalização e manter a disciplina dos trabalhos escolares, ele, além de decuriões, teve dois adjuntos: um padre, de quem não nos ocorre o nome, e outro o velho Sant'Anna, português e coxo, tipo de incomparável bondade [...]. Francisco de Freitas Cabral era um professor culto e de elevado caráter. Era austero, mas justo. Parece que, propositalmente, escolhia para a sua escola prédios de comprido corredor, que separasse os salões das aulas dos apartamentos de sua ilustre família, e usava botinas de ringideiras. Desta arte, quando as salas escolares estavam repletas e a petizada entregue à maior algazarra a presença do professor fazia-se anunciar no fundo do corredor com as suas terríveis ringideiras. Vinha ele dar início aos trabalhos escolares. A rapaziada emudecia subitamente. Abria os livros e fingia estudar. O professor entrava na sala, fazia com um movimento de cabeça um

---

126 Assis, *Memórias póstumas de Brás Cubas*, p.60-1.

> austero cumprimento, subia o estrado e ocupava a sua mesa. Começavam as lições. – Como ele sabia ensinar! Severo para com os alunos relapsos, servia-se não poucas vezes – e terrivelmente! – da "Santa Luzia"; mas porque era justiceiro e quiçá profundo psicólogo, sabemos de alunos seus que nunca receberam dele sequer uma advertência. E não se pense que era porque fossem estes filhos de "pai alcaide". Não. Muitos de boa estirpe ele castigou, quando mereciam castigo. Ao passo que muitos a quem ele nunca infligiu castigos e nem sequer lhes fez cara feia – eram filhos do povo, que revelavam uma grande vontade de ser "alguém" um dia.[127]

Depoimentos como o de Aquiles Porto Alegre, que aprovam o sistema dominante, centralizado na figura de um professor autoritário que aterroriza as crianças, são raros. Aquiles foi, ele mesmo, professor, trabalhando arduamente na Porto Alegre do final do século XIX, o que sugere que o modelo carioca repetia-se nas demais regiões do país.

O maranhense Viriato Correia, em *Cazuza*, de 1938, confirma a recorrência do sistema, ao apresentar cena similar, onde, no entanto, sobressai o desapontamento do menino protagonista e também narrador da história. Recordando seu tempo de infância, ele lembra o que causou sua "decepção" logo ao entrar na escola, que "ficava no fim da rua, num casebre de palha com biqueiras de telha, caiado por fora", pois, dentro, havia "unicamente um grande salão, com casas de marimbondos no teto, o chão batido, sem tijolo".[128] Seu interior era modesto: "De mobiliário, apenas os bancos e as mesas estreitas dos alunos, a grande mesa do professor e o quadro-negro arrimado ao cavalete. O que ele via eram as paredes nuas, cor de barro, sem coisa alguma que me alegrasse a vista":[129]

> E os meus olhinhos inquietos percorriam os cantos da sala, à procura de qualquer coisa que me consolasse. Nada. As paredes sem caiação, a mobília

127 Porto Alegre, Porto Alegre de ontem e de hoje. In: *Através do passado* (Crônica e história), p.38-40.

128 Correia, *Cazuza*, p.27.

129 Ibid., p.28.

polida de preto – tudo grave, sombrio e feio, como se a intenção ali fosse entristecer a gente.[130]

O professor é ainda mais apavorante:

> Tentei encarar o professor e um frio esquisito me correu da cabeça aos pés. O que eu via era uma criatura incrível, de cara amarrada, intratável e feroz.
>
> Os nossos olhos cruzaram-se. Senti uma vontade louca de fugir dali. Pareceu-me estar diante de um carrasco.[131]

A conclusão da personagem narradora é que "escola, realmente, não podia ser aquilo. Escola não podia ser aquela coisa enfadonha, feia, triste, que metia medo às crianças. Não podia ter aquele aspecto de prisão, aquele rigor de cadeia".[132]

Conterrâneo de Viriato Correia, Coelho Neto narra, em *O morto*, de 1898, um episódio parecido:

> Aos sete anos, depois de uma febre que me pôs os olhos fundos e magro como uma quaresma, com um saco de brim a tiracolo onde mamãe chorosa, metera a lousa, uma carta e um pão de rala barrado de manteiga, segui para o Colégio Mourão, um velho prédio tenebroso e úmido da Rua do Hospício.
>
> [...]
>
> Fungando, banhado em lágrimas, quase arrastado pelo mestre, entrei no imenso salão da aula, onde havia um sussurro como o dos bambuais farfalhando ao vento. Era um viveiro de crianças. Sentados em compridos bancos, diante de estiradas carteiras pintadas de negro, os pequenos falavam, cochichavam, riam e, quando entrei, todos os olhos curiosos voltaram-se para ver-me. O mestre recomendou-me a um rapazinho que me levou, por entre a criançada, para um dos primeiros bancos. Sentei-me, abri a carta, mas a minha atenção perdia--se, distraída em exames curiosos. Olhei para todos e para tudo. Nos últimos bancos havia homens, alguns barbados. [...]

---

130 Ibid.

131 Ibid., p.29.

132 Ibid.

> Por baixo dos bancos balançavam-se perninhas nuas, mordiscadas, escalavradas; pés descalços, sujos da lama das sarjetas, esfregavam-se; e tamanquinhos juntos, aos pares, faziam fila, ao longo das carteiras. Mas havia meninos limpos, bem calçados, bem vestidos; um deles trazia, com orgulho, relógio e correntes.
>
> Nas paredes estiravam-se dilatados mapas e sobre a mesa do mestre um globo imenso mostrava as grandes águas e as terras vastas do mundo.
>
> Quando me sentei entre um crioulinho e um rapazola sardento, de cabeça raspada, logo um elástico esticado estalou-me na orelha esquerda. Um grito fugiu-me, cabeças encolheram-se, houve riso, ameaçaram-me; mas o mestre bravejou um brado, batendo com a régua na mesa.
>
> Caiu um grande silêncio, mas espirraram risinhos aqui e ali e, não sei por quê, o forte Mourão ergueu-se pronunciando um nome. Uma vozinha chorosa balbuciou: "Não fui eu! Não fiz nada!", mas o mestre insistiu. Voltaram-se todos, voltei-me também.[133]

A escolarização de José Lins do Rego data das primeiras décadas do século XX. Mas o menino parece ter sido igualmente infeliz em seus primeiros anos de aprendizagem, ao ser tratado de modo agressivo e hostil, como narra no autobiográfico *Verdes anos*:

> Meu primeiro mestre me ensinava as letras, a princípio com agrado. Aos poucos foi se aborrecendo e chegou até a gritar:
>
> – Menino burro![134]

O narrador confessa: "não aprendia nada". O transcurso do tempo só ajuda a deteriorar as relações com o mestre: "os dias se passaram e o doutor perdia ainda mais a paciência. Certa vez passou-me a régua na cabeça, deixando um galo na testa".[135] É transferido então para outra escola, mas os resultados não são mais auspiciosos:

---

133 Coelho Neto, *O morto*. In: *Obra seleta*, p.486-7.

134 Rego, *Meus verdes anos* (Memórias), p.186.

135 Ibid., p.188.

> Mandaram-me para a escola de João Cabral, aula pública para meninos. Morava João Cabral na própria casa da escola. Era uma sala cheia de bancos onde só havia uma cadeira de palhinha que viera do engenho para mim. Havia meninos de pé no chão, a maioria filhos de gente da vila.
>
> [...]
>
> Nada aprendi na aula do mestre desgraçado. Somente fiquei mais próximo da infelicidade.[136]

Tais métodos de alfabetização encontram em *Antônio Chimango*, de Amaro Juvenal, pseudônimo do militante republicano gaúcho Ramiro Barcellos, sua paródia mais completa, sinal de que mesmo os políticos sabiam que a escola ia mal e o ensino era deficiente:

> *Na Estância havia uma escola*
> *Pros filhos da peonada;*
> *Escola mui relaxada;*
> *O mestre, um velho borracho,*
> *Que punha livros abaixo,*
> *Mas, pouco ensinava ou nada.*
> *C'uma carta de a-b-c*
> *Feita com letra de mão,*
> *Grudada num papelão,*
> *E sentado na tripeça,*
> *Por este modo começa*
> *O mestre a dar-le* [sic] *a lição:*
> *"Este é o A, primeira letra,*
> *Que conhecer muito importa;*
> *Veja bem que não é torta;*
> *É a primeira que se ataca,*
> *Tem um feitio de barraca*
> *C'um pau cruzado na porta.*

---

136 Ibid., p.208-12.

Esta é o B, tem dois mamulos,
E, para nunca esquecê-lo,
Lembre-se dum pessuelo
Na garupa atravessado,
Um bolso pra cada lado
E um travessão pra sustê-lo.
Menino, preste atenção;
Não se ponha a olhar pra rua,
Que o meto já na cafua;
Entende, vossa mercê?
Estoutra letra é o C;
A forma é de meia-lua."
E, ansim por diante, ensinando
As letras co' a parecenca,
Era esta a maior sabença
Daquele mestre d'escola.
Um grande bocó-de-mola,
Digo sem fazer-le [sic] *ofensa.*[137]

A evocação negativa da austeridade na escola ameniza-se na visão de Cora Coralina, cuja infância foi vivida no interior de Goiás. Mesmo assim, permanecem traços de arbitrariedade e monotonia, e repetem-se gestos de violência, exercidos pela professora, já que não havia

Nem recreio, nem exames.
Nem nota, nem férias.
Sem cânticos, sem merenda...
Digo mal – sempre havia
distribuídos
alguns bolos de palmatória...[138]

---

137 Juvenal, *Antônio Chimango*, p.29-30.
138 Coralina, A escola da mestra Silvina. In: *Poemas dos becos de Goiás e estórias mais*, p.75.

À violência somava a pedagogia conservadora, pois, assim que "a gente chegava e sentava em bancos compridos, escorridos, sem encosto, lia alto lições de rotina",

> *O velho abecedário.*
> *lição salteada.*
> *Aprendia a soletrar.*[139]

Como recorda o eu lírico, era tudo muito sério, pois não se brincava, só muito respeito. Depois, vinha a leitura alta e dava-se a lição à sombra da "palmatória pedagógica em cena".[140]

As escolas para meninas reproduziam o sistema autoritário e a exposição pública dos equívocos de aprendizagem, como indicam as memórias de Maria Helena Cardoso, educada em Curvelo, interior de Minas Gerais.

Fazendo eco a Viriato Correia, a narradora declara que "a escola era o nosso pesadelo, o desmancha-prazeres". É também intimidante: "Assim que entrava no beco, em declive, e via os problemas passados a giz no enorme quadro-negro, o medo me assaltava. Se pudesse voltar, não entrar ali, não ser obrigada a resolver coisas que não sabia...".[141]

E a professora, como a de Cora Coralina, rigorosa e temida:

> [...] A professora não nos perdia de vista e além de tudo sabia o meu fraco, não gostava de Aritmética, me perseguindo por isso mesmo:
> – Maria Helena, venha a pedra para resolver essas frações. – Ou:
> – Maria Helena, quero ver se resolveu os problemas que dei ontem?[142]

O pior era "quando D. Esmeralda estava nos seus azeites":

> Aquele dia em que entrou na sala com a cara fechada, a blusa fora do cós da saia e começou uma sabatina inesperada de conta de dividir! Chamou uma

139 Ibid., p.76.

140 Ibid.

141 Cardoso, *Por onde andou meu coração*, p.101.

142 Ibid.

> menina do terceiro ano e como atrapalhada, não tivesse respondido certo, a coisa estourou logo. Nós, do quarto ano, na mesma sala que o terceiro, começamos a tremer.[143]

Maria Helena exemplifica uma das situações humilhantes experimentadas por ela e sua classe:

> Ninguém sabia responder e coube a mim ensinar. Dessa vez, nada evitou o desastre, nem palpite, nem milagre, nem nada. Dei um número da minha cabeça, evidentemente errado e, na mesma hora, D. Esmeralda pulou da cadeira, pondo-se de pé como um boneco de mola, o reloginho sacudiu no seu peito e a sarabanda começou: vermelha e humilde, eu tremia como vara verde. Não contente com a minha humilhação, D. Esmeralda agravou-a ainda mais com a revisão completa dos meus conhecimentos de Aritmética e o fracasso completo.[144]

Relativiza-se, ou melhor, contextualiza-se nesses documentos a questão do livro didático. Os problemas da educação brasileira não se resumiam à carência ou inadequação dos livros escolares; eles faziam parte do problema, mas não o esgotavam. A precariedade, o improviso, a arbitrariedade e a monotonia de uma escola, na mão de professores despreparados e desassistidos, não eram de molde a construir leitores.

A formação de professores

O general Abreu e Lima, interessado nos problemas nacionais, publica, em 1835, o *Bosquejo histórico, político e literário do Brasil*, criticando com agudeza as lacunas culturais do país. Depois de elogiar o projeto educacional de outros países da América Latina, que implantaram com sucesso o sistema lancasteriano de ensino, refere-se à absoluta inexistência de qualquer programa de formação de professores, discutindo as consequências de tal situação:

---

143 Ibid., p.103.
144 Ibid., p.104.

> Temos muitos advogados, muitíssimos cirurgiões, e muitos mais aspirantes a lugares na magistratura; e, sem embargo, todos os dias pedimos a Deus, nos livre de que a nossa honra, a nossa vida e a nossa fazenda passem por semelhantes mãos. A classe mais útil, a classe mais interessante, aquela que constitui o Estado, jaz toda na mais completa ignorância; queremos cadeiras e mais cadeiras, *cursos* e mais *cursos*, prebendas e mais prebendas, e não temos uma escola normal em nenhum ramo de pública utilidade.[145]

A noção de que professores precisavam ser formados por escolas especializadas era nova no horizonte do século XIX, especialmente nas primeiras décadas, quando Abreu e Lima escreveu o *Bosquejo*. Na Europa, as escolas normais foram produto da Revolução Francesa, e a primeira, a Escola Normal do Ano III, tinha como objetivo formar docentes para atuar nas futuras escolas centrais, isto é, na educação pública, ensinando "as ciências mais modernas de seu tempo".[146]

Desde a expulsão dos jesuítas da França, em 1762, multiplicaram-se iniciativas visando qualificar os professores dos colégios. Contudo, só com a revolução, inaugura-se a escola normal, uma "escola revolucionária", porque respondia aos novos princípios pedagógicos, que exigiam uma instituição que formasse instrutores. O programa era igualmente revolucionário, porque tinha orientação enciclopédica e conferia à gramática e à retórica um estatuto igual ao das demais ciências e artes. E, sobretudo, o ensino se fazia em francês, ao passo que, até 1789, se dava em latim. Para Hültenschmidt, historiadora da educação francesa, "essa diferença sublinha a modernidade da primeira escola normal".[147]

A experiência dessa escola revolucionária não dura muito, porém. Em 1808, estabelece-se a Escola Normal de Napoleão, onde se produz uma diferença fundamental relativa ao peso social do professor na sociedade burguesa, consideravelmente diminuído ao ser despojado de títulos acadêmicos:

---

145 Lima, *Bosquejo histórico, político e literário do Brasil*, p.72, grifos do autor.

146 Hültenschmidt, L'École Normale de l'an III. Une utopie enciclopediste. In: Espagne; Werner (eds.), *Philologiques, I*, p.105.

147 Ibid., p.133.

> nessa escola especial, formam-se os futuros professores titulares dos liceus; mas esta escola não tem o direito de conferir graus "acadêmicos" (bacharelato, licença, doutorado): estes direitos permanecem o monopólio das faculdades universitárias. Assim os normalistas devem buscar seus graus na faculdade de letras e na faculdade de ciências de Paris.[148]

Com isso, o curso de qualificação de professores volta a ter posição secundária na hierarquia dos títulos, abaixo das universidades.

No Brasil, Jean-Baptiste Debret relata o aparecimento de uma primeira escola normal em 1823, cuja inauguração e funcionamento assim descreve:

> Em 1823 o governo estabeleceu no Rio de Janeiro uma Escola Normal. O ministro da Guerra protegeu particularmente esse empreendimento, cedendo um local no edifício da Escola Militar. Seu primeiro professor foi um francês chamado *Renaud*. Mais tarde sucedeu-lhe um jovem militar, que ainda professava, por ocasião de minha partida; sua dedicação e sua inteligência haviam formado certo número de professores, que ensinaram mais tarde nas escolas das diferentes províncias.[149]

Mas o decreto de instituição da Escola Normal do Rio de Janeiro, proposto pela Assembleia Legislativa, data de 4 de abril de 1834: "Haverá na capital da província uma Escola normal para nela se habilitarem as pessoas que se destinarem ao magistério da instrução primária".[150] Essa escola começa a funcionar em 1836, ano em que a Bahia cria um estabelecimento semelhante, posto em exercício em 1842. De 1840 é a de Minas Gerais, seguida em 1846 por São Paulo. Segundo Leonor Maria Tanuri, esta, como as outras, foi "inspirada provavelmente na organização das escolas normais francesas", apresentando, contudo, simplificações no currículo e minimizando as exigências:

148 Ibid., p.130.
149 Debret, op. cit., p.25.
150 Moacyr, op. cit., p.191.

> Apresentava um curso de apenas dois anos, composto das seguintes matérias: Lógica; Gramática Geral da Língua Nacional; Teoria e Prática da Aritmética até proporções inclusive, Noções Gerais de Geometria Prática e suas aplicações usuais; Caligrafia; Princípios da Religião do Estado; os diversos Métodos e Processos de Ensino, suas aplicações e vantagens comparativas.[151]

Parecia muito, mas deveria tentar responder a exigências formuladas ainda na década de 1820, ao tempo da Comissão de Instrução Pública do cônego Januário. Naquela ocasião, esperava-se dos professores que ensinassem

> a ler, escrever, as quatro operações de Aritmética, prática de quebrados, decimais e proporções, as noções mais gerais de Geometria prática, a gramática da língua nacional, os princípios de moral cristã e de doutrina da religião católica apostólica romana proporcionados à compreensão dos meninos.[152]

Só que não deu certo; sobre a escola normal fundada em São Paulo, comenta Leonor Maria Tanuri:

> A organização didática do curso era rudimentar e as condições materiais da escola – instalada numa única sala do edifício contíguo à Catedral da Sé – eram as mais deficientes possíveis. Puramente teórica, destinada a alunos que apenas sabiam ler e escrever, com um curso de dois anos, e, o que é pior, com aulas diárias de apenas uma hora, com um único professor para todas as matérias, seu nível foi baixíssimo, sua expressão e influência praticamente nulas.[153]

Essa instituição fechou em 1867, sendo que novas escolas normais somente vão aparecer depois da década de 1870, quando o governo imperial promove alterações no ensino e torna a educação obrigatória. Conforme o nostálgico monarquista barão de Loreto, "confiou-se à mulher a educação das crianças dos dois sexos" e "as escolas normais foram organizadas, tendo

151 Tanuri, op. cit., p.15.
152 Moacyr, op. cit., p.21.
153 Tanuri, op. cit., p.16.

por complemento bibliotecas e museus pedagógicos, e permitiu-se a fundação de escolas normais livres. Aos professores concederam-se especiais vantagens pecuniárias e prêmios".[154]

É de 1870 a criação da Escola Normal de Porto Alegre, cujo ensino divide-se em três anos e compreende as seguintes matérias:

> instrução moral e religiosa; leitura e caligrafia; língua nacional; pedagogia; aritmética e álgebra e geometria prática; desenho linear; escrituração mercantil; elementos de geografia e história; geografia e história do Brasil, especialmente da província; noções de ciências físicas e naturais aplicadas aos usos da vida.[155]

No Rio Grande do Norte, a escola normal principia em 1874,[156] e a de São Paulo é reaberta em 1880, com uma nova organização: a duração do curso estende-se a três anos, sendo constituído de seis cadeiras, *cada qual sob a responsabilidade de um professor*.[157]

A popularização das escolas normais ocorreu quando ela se transformou numa opção profissional para as moças de classe média, praticamente a única, já que as demais alternativas de trabalho eram reservadas aos homens ou consideradas masculinas. Por outro lado, depois das mudanças dos anos 1870, durante a monarquia, somente às mulheres era permitido lecionar. Eis uma das razões por que o período de vida ocupado pela frequência a essas escolas determinou o aparecimento da figura da normalista, papel de estudante nem sempre desempenhado a contento pelas meninas, conforme recorda Helena Morley, aluna ao final do século XIX, que relembra: "faz hoje três dias que eu entrei para a escola Normal. Comprei meus livros e vou começar vida nova".[158] Contudo, o retrato do ensino não difere do que se conhece por meio das lembranças de Viriato Correia, também educado nas décadas finais do século XIX:

154 Loreto, op. cit., p.168.

155 Moacyr, op. cit., p.467.

156 Veja Tobias, *História da educação brasileira*, p.143.

157 Tanuri, op. cit., p.16.

158 Morley, *Minha vida de menina*, p.11.

> Achei tudo difícil e complicado. O que me vale é que tenho facilidade de decorar. Quando eu não puder compreender, decoro tudo. Mas no Português como é que eu vou decorar? Análise, eu nem sei onde se pode estudar. Só daqui a dias poderei saber como as coisas vão sair.[159]

Currículo e processos didáticos marcaram igualmente a memória da menina: cabe-lhe "escrever diariamente carta ou redação da Escola e copiar o exercício dos ornamentos da memória", já que, "nós na Escola poderemos sair sem saber Geometria, Francês, história e tudo mais", porém, "sairmos sem saber escrever uma carta, eu duvido". A pedagogia conservadora reitera-se, ao ser vivida por Helena Morley:

> Também Seu Sebastião depois da aula fica na porta à espera, e todas temos de ir saindo e entregando o exercício e a redação. Nenhuma tem coragem de afrontar o professor de Português, porque vemos que ele se esforça o mais que pode em nosso benefício.[160]

Doravante, além de inspirar romances de que são protagonistas, como o de Adolfo Caminha, *A normalista*, de 1893, a figura da professora ocupa lugar de destaque na memória dos ficcionistas, que relembra José Lins do Rego ter chegado *ao* "Pilar uma moça da Paraíba, diplomada, e de família de professores na cidade".[161] Informa ele ainda que "correra a notícia que a mestra tinha diploma e aquilo lhe dera fama na redondeza", comentando à guisa de conclusão: "uma moça formada de anel no dedo podia ensinar as meninas até o curso secundário".[162]

Mas as escolas continuam dando mau atendimento à sua clientela. Em 1906, Pedro do Couto, num artigo publicado no *Almanaque Brasileiro Garnier* daquele ano, considera o ensino "abastardado",[163] mas atribui a causa ao fato de apenas mulheres lecionarem:

---

159 Ibid., p.12.
160 Ibid., p.177.
161 Rego, op. cit., p.188.
162 Ibid., p.189.
163 Couto, O ensino no Brasil, *Almanaque Brasileiro Garnier*, p.278.

> Entre nós, especialmente na Capital Federal, a instrução primária é ministrada de modo errôneo, e para o provar, basta compulsar os programas seguidos. Já não falando do estudo normal, muito mal concebido, quer no que concerne às matérias lecionadas, quer no processo extravagante de arvorar em professor a aluna de véspera, temos de considerar o preconceito funesto e contrário à Constituição, de só serem admitidas à função do magistério pessoas do sexo feminino.
>
> [...]
>
> Eliminar este defeito, dar organização mais racional aos programas do ensino primário e outra feição à Escola Normal – tal deve ser o papel do Estado.[164]

Nada melhor que o episódio narrado por Alfredo de Mesquita, em *Sílvia Pélica na Liberdade*, obra de 1946 destinada ao público infantil, para mostrar, com humor, o descalabro da alfabetização desenvolvida em escolas, onde a qualificação do professor confunde-se com sua pobreza. Assim, ele conta, na ortografia peculiar ao livro, que, "quando Silvia ficou na edade, Nhá Lica pensou em mandar ela prá escola". Afinal, "Silvia precisava aprender a ler, escrever, fazer conta, como as outras crianças". A escolha recai sobre a escola de D. Margarida, "coitada, que era uma senhora tão virtuosa trabalhadeira e esforçada". Pesa também sobre a escolha a vontade de ajudar a mestra: "A gente devia mesmo ajudar ela, que lutava tanto, tinha tanta precisão. Mais uma aluna já adeantava".[165]

Os resultados, porém, deixam a desejar, como mostram dois episódios em que Silvia precisa mostrar que foi alfabetizada. No primeiro deles, ela é convidada a soletrar:

> – Vamos, Silvia, seu Zézé foi mostrando as sílabas escritas. Vamos, soletre comigo: b, ó, bó, T, e, te... Vamos.
>
> Silvia olhou bem o desenho por cima da palavra e, sorrindo, triunfante:
>
> – B, ó, bó, t, e, te: Canôa. Disse.
>
> – Ora, Silvia que é isso? Então é assim que te ensinaram na escola?[166]

---

164 Ibid., p.279.

165 Mesquita, *Sílvia Pélica na Liberdade*, p.95.

166 Ibid., p.105.

No segundo, ela revela sua confiança em seu método particular:

> – Então, vamos continuar a ler, disse seu Zézé e mostrou outra palavra pra Silvia. Vamos juntos: S, ó; só. F, a; fa...
>
> E Silvia, fiel a seu próprio método de soletração:
>
> – S, ó, só. F, á, fá... Deu uma espiada no desenho, em cima, e: Cadeira![167]

O contraponto vem de um comovente depoimento de Clarice Lispector, em "Os desastres de Sofia", conto de *A legião estrangeira*, de 1964, que apresenta a aprendizagem na escola como lição de vida, durante a aula de redação ministrada por "um professor [...] gordo, grande e silencioso, de ombros contraídos":[168]

> [...] E foi assim que no grande parque do colégio lentamente comecei a aprender a ser amada, suportando o sacrifício de não merecer, apenas para suavizar a dor de quem não ama. Não, esse foi somente um dos motivos. É que os outros fazem outras histórias.[169]

A escola na literatura

Em *O Ateneu*, romance de Raul Pompeia publicado em 1888, a ineficiência do sistema de ensino se transforma em tema, aprofundando a ideia de que a escola serve de metáfora da sociedade. Nessa obra, Pompeia conta os dois anos que o menino Sérgio, protagonista e narrador dos eventos, passou no Colégio Ateneu, réplica provável do na época prestigiado Colégio Abílio, de propriedade do já mencionado pedagogo Abílio César Borges, o barão de Macaúbas, representado na obra por Aristarco Argolo de Ramos.

A frase de abertura do romance – "Vais encontrar o mundo, disse-me meu pai, à porta do *Ateneu*. Coragem para a luta."[170] – sugere o caráter alegórico da narrativa. Ao retomar em tom mais solene, e na voz de uma personagem,

---

167 Ibid.

168 Lispector, Os desastres de Sofia. In: *A legião estrangeira*, p.9.

169 Ibid., p.29.

170 Pompeia, *O Ateneu*. In: *Obras*, p.29.

igualmente adulta, a afirmação de Macaúbas, de que "o colégio [...] é um mundozinho" ou "uma miniatura da grande sociedade, em que tereis de viver, ficardes homens",[171] aquela frase transforma o texto de Pompeia num diálogo não só com as práticas, mas também com as teorias de Abílio César Borges.

A entrada de Sérgio na escola corresponde, pois, a um ritual de passagem, e sua trajetória lá, a uma iniciação. Depois de ter cruzado os portões do colégio dá-se o primeiro confronto entre o diretor e a criança, até então "educada exoticamente na estufa do carinho",[172] a quem Aristarco recomenda o corte imediato dos cabelos. O menino, a quem agradavam os cachos, é defendido pela esposa do diretor, d. Ema, desde então espécie de protetora de Sérgio. Fica, assim, completo o ritual de introdução do protagonista, que, na nova condição de estudante, conta com pais simbólicos, o Aristarco e a delicada Ema, cujo nome traz em si o anagrama de mãe.

A cena e sua simbologia ressurgem em *O morto*, de Coelho Neto, o que sugere ter sido habitualmente dolorosa, na segunda metade do século XIX, a introdução da infância brasileira às práticas escolares:

> Aos sete anos, [...] segui para o Colégio Mourão, em velho prédio tenebroso e úmido da Rua do Hospício.
>
> Sumido debaixo das abas da rabona paterna, espiei o mestre, homenzarrão estrábico, de barbas densas, híspidas e negras, como as de um profeta, pulso gedelhudo e forte de campônio. Não ouvi o que disse, mas lembro-me ainda hoje, com pavor, do olhar terrível que lançou de muito alto sobre a humildade da minha pessoa engelhada e trêmula, fazendo-me pensar na história do Pequeno Polegar e do gigante, que mamãe contava para distrair-me nos serões pacatos.
>
> Foi uma luta tremenda para arrancaram-me das abas da rabona paterna; promessas, ameaças, a tudo eu respondia com choro, esperneando, berrando, mas... que havia eu de fazer diante do possante mestre? Agarrou-me e eu apenas ouvi estas frases: "Puxe por ele.. Puxe por ele, sr. Mourão, e, quando preciso..." e a porta envidraçada bateu. Meu pai partira.[173]

---

171 Borges, op. cit., p.263.
172 Pompeia, op. cit., p.29.
173 Coelho Neto, op. cit., p.486.

Também essa personagem passa pela experiência iniciatória do corte de cabelos – "por entre beijos, pedi à mamãe que me mandasse cortar o cabelo, contando-lhe miudamente, e sem malícia, o escândalo que as minhas tranças haviam provocado"[174] – cena também relatada mais tarde por Graça Aranha, que, como Sérgio, encontra na direção da escola que frequenta a réplica simbólica dos pais:

> Não se apagou em mim a forte impressão da minha entrada para esse colégio de meninas. Meu pai, grande amigo, da diretora, senhora de intenso prestígio na cidade, levou-me um domingo à sua presença. Agasalharam-me com tanta doçura, que fiquei definitivamente preso àquele ambiente.[175]

A voz contemporânea de Carlos Drummond de Andrade também registra a experiência do internato, traduzindo-a nos versos de "Fim da casa paterna" em termos de exílio que parodia os românticos, em especial José de Alencar e Gonçalves Dias, e Luís Guimarães, cujo título do poema, "Visita à casa paterna", inverte. Exclamando que "chega a hora", para ele, "negra de estudar, hora", também, "de viajar/ rumo à sabedoria do colégio, localiza além, muito além de mato e serra, o internato sem doçura".[176] O espaço que encontra é estranho – "o pátio de recreio, imprevisível" – e não muito agradável: "o colchão diferente". Depois, é uma outra vida, próxima do exílio:

> *O despertar em série (nunca mais*
> *acordo individualmente soberano.)*
> *A fisionomia indecifrável*
> *dos padres professores.*
> *Até o céu diferente: céu de exílio.*[177]

174 Ibid., p.490.
175 Aranha, *O meu próprio romance*, p.59-60.
176 Andrade, Fim da casa paterna. In: *Esquecer para lembrar* (Boitempo III), p.85.
177 Ibid., p.86.

O eu lírico confessa: tenho medo. E nostalgicamente admite: "Minha terra era livre, e meu quarto infinito".[178]

O Ateneu não retrata, pois, um caso isolado; pelo contrário, é exemplar.

Como crítica ao sistema educacional, esse romance bem pode constituir a imagem de qualquer internato brasileiro da época, do Pedro II, no Rio de Janeiro, ao Instituto Brasileiro, em Porto Alegre. Sugestivo da circunstância de que Raul Pompeia reproduziu a contento o sistema pedagógico brasileiro do final do século XIX é o fato de seu livro ser citado no interior de outras obras de ficção de temática similar, como *O professor Jeremias*, que Léo Vaz publicou em 1921. Escreve o narrador-protagonista a seu leitor, o filho a quem destina suas memórias, que "não te farei o reconto de tudo quanto no colégio vi, ouvi, ou imaginei". Aconselha, em lugar disso, a leitura de Raul Pompeia, que procedeu "com muito mais encanto e arte": "Se teimas em conhecer o meu colégio, abre o *Ateneu* e o encontrarás ali, com pequenas variantes, e com algum tédio a mais, porque o colégio era em S. Paulo e teu pai não era nenhum embrião de Pompeia".[179]

Sérgio matricula-se no Ateneu para dar continuidade aos estudos secundários, após ter frequentado "como externo, durante alguns meses, uma escola familiar do Caminho Novo, onde algumas senhoras inglesas, sob a direção do pai, distribuíam educação à infância como melhor lhes parecia".[180] Já no colégio de Aristarco, o protagonista precisa ascender do nível inferior ao superior, sendo que o currículo é seriado e completo: tem aulas de Gramática (dividida em etimologia, sintaxe, prosódia e ortografia), Geografia, História Pátria, História Santa, Tabuada e Desenho Linear. Mânlio rege a "cadeira especial de português", Delile a de francês e o dr. Velho Junior a de inglês. Escapa do professor Venâncio, que era "terrível sobre os discípulos: a um deles arremessou-o contra um registro de gás, quebrando-lhe os dentes".[181]

Pompeia narra também o cotidiano da escola, destacando as práticas esportivas, os castigos (a cafua e o livro de notas, onde se apontam os delitos

---

178 Ibid., p.87.

179 Vaz, *O professor Jeremias*, p.59.

180 Pompeia, op. cit., p.31.

181 Ibid., p.215.

dos estudantes, faltas depois lidas perante todos, no refeitório), a cola e os exames finais. Embora, ao discorrer sobre sua filosofia educacional, Aristarco destaque "a abolição dos castigos corporais", bem como "a supressão absoluta dos vexames",[182] o livro revela a violência de um sistema disciplinar que chega a provocar a morte de um aluno.

A abolição dos castigos físicos e a valorização da cultura do corpo, que já Almeida Garrett, no *Tratado de educação*, de 1828, advogava, afirmando que "o objeto da educação é formar o corpo, o coração, e o espírito do educando",[183] através da ginástica e da prática de esportes, constituíam tópicos de uma agenda modernizadora, de que o Colégio Abílio, consequentemente o Ateneu, se anunciava adepto. Max Fleuiss, num discurso pronunciado no Instituto Histórico e Geográfico Brasileiro que homenageia o centenário do educador, sublinha o compromisso do diretor da escola com essas novas ideias pedagógicas:

> Em seus estabelecimentos de ensino reinou sempre o mais rigoroso respeito e presidiu-lhes a maior moralidade, a despeito da abolição dos castigos corporais, que profligava energicamente. O Colégio Abílio foi, de fato, o nosso melhor estabelecimento de ensino primário e secundário, sob o ponto de vista físico, intelectual e moral.[184]

Esses traços de uma educação moderna reaparecem em outras instituições com pretensões anticonservadoras, como é o caso do citado Instituto Brasileiro, onde Apolinário Porto Alegre "encarava a educação sob tríplice aspecto: física, intelectual e moral".[185] O problema, levantado por Raul Pompeia, é a enorme distância que separa as teses de Aristarco de sua prática e dos hábitos na escola que gerencia. Nesse sentido, *O Ateneu* retrata um poço de contradições.

---

182 Ibid., p.48.

183 Garrett, Tratado da educação. In: *Obras completas*, p.357.

184 Fleuiss, Sessão especial, comemorativa, do centenário natalício do barão de Macaúbas, *Revista Trimestral*, p.420-34.

185 Flores, op. cit., p.136.

O mundo representado na obra caracteriza-se pela competição e o castigo. Embora Aristarco proclame que "o meu colégio é apenas maior que o lar doméstico",[186] o protagonista descobre a crueldade, a dominação dos fortes sobre os fracos, a repressão e o oportunismo. O professor Cláudio, *alter ego* adulto do narrador, expõe, numa conferência, a teoria de que a verdadeira educação é a oferecida pelos internatos, uma vez que, neles, os alunos aprendem como funciona a sociedade:

> Discutiu a questão do internato. Divergia do parecer vulgar, que o condena.
>
> É uma organização imperfeita, aprendizagem de corrupção, ocasião de contactos com indivíduos de toda origem? O mestre é a tirania, a injustiça, o terror? O merecimento não tem cotação, cobrejam as linhas sinuosas da indignidade, aprova-se a espionagem, a adulação, a humilhação, campeia a intriga, a maledicência, a calúnia, oprimem os prediletos do favoritismo, oprimem os maiores, os mais fortes, abundam as seduções perversas, triunfam as audácias dos nulos? a reclusão exacerba as tendências ingênitas?
>
> Tanto melhor: é a escola da sociedade.
>
> [...]
>
> Ensaiados no microcosmo do internato, não há mais surpresas no grande mundo lá fora, onde se vão sofrer todas as convivências, respirar todos os ambientes; onde a razão da maior força é a dialética geral, e nos envolvem as evoluções de tudo que rasteja e tudo que morde, porque a perfídia terra-terra é um dos processos mais eficazes da vulgaridade vencedora; onde o aviltamento é quase sempre a condição do êxito, como se houvesse ascensões para baixo; onde o poder é uma redoma de chumbo sobre as aspirações altivas; onde a cidade é franca para as dissoluções babilônicas do instinto; onde o que é nulo, flutua e aparece, como no mar as pérolas imersas são ignoradas, e sobrenadam ao dia as algas mortas e a espuma.[187]

Este é um dos momentos em que fica mais visível o diálogo entabulado por Pompeia com Abílio César Borges. Pois não é outro o pensamento

186 Pompeia, op. cit., p.48.
187 Ibid., p.233-5.

do pedagogo que, na introdução de um de seus livros didáticos, louva as virtudes do internato, por preparar o aluno para a vida e apresentá-lo às estruturas da sociedade:

> Suponhamos agora que entrais para um colégio em qualidade de alunos internos.
>
> [...]
>
> Como no grande mundo ou na grande sociedade, há no colégio um chefe e autoridades superiores e inferiores, às quais deveis obediência e respeito.
>
> [...]
>
> Pois no colégio tendes também diretor, vice-diretor, inspetores, professores, monitores e decuriões, aos quais todos deveis igualmente obediência e respeito; pois representam todos a lei do colégio, são garantias da ordem, e têm, cada um no seu tanto, a autoridade que lhes vem do diretor, que é supremo legislador e ao mesmo tempo supremo juiz do estabelecimento, como o é cada chefe de família dentro de sua casa.
>
> E, do mesmo modo que na sociedade geral é réu de grave crime todo aquele que desobedece a qualquer autoridade, também na pequena sociedade colegial é réu de grave crime o menino, que desobedece a qualquer de seus superiores.
>
> Também é na escola ou no colégio, que o menino aprende a virtude da obediência, tão necessária para se ser feliz na vida social.
>
> Além da obediência e respeito para com vossos superiores, deveis ainda respeito, amor e atenções a vossos colegas, aos quais, por vossa própria vantagem, deveis olhar como outros tantos irmãos e amigos.
>
> Quantas vezes, caros amigos, das amizades contraídas no colégio não depende a felicidade de uma pessoa no correr da existência![188]

Como se parodiasse a personagem Cláudio, Abílio, em carne e osso, faz o elogio do poder absoluto da autoridade (o diretor é *supremo legislador*), da obediência cega e do oportunismo; e chama a atenção para a imoralidade que reina em várias escolas, prevenindo os pais e sugerindo ser preferível deixar um filho sem estudo a matriculá-lo num colégio "pernicioso":

---

188 Borges, op. cit., p.262-2.

Se tivessem os pais conhecimento de quanto desleixo, desgoverno e imoralidade vão por alguns colégios, seriam de certo um pouco mais escrupulosos na escolha daquele a que tivessem de confiar seus filhos.

Eu, que desde mais de 30 anos me ocupo exclusivamente da educação da mocidade; eu, que sei do que se passa em alguns colégios por vários discípulos e ex-professores de outros, que em má hora tenho admitido no meu, e que para a posição de educador entrei com o conhecimento das infâmias, que vi praticadas contra a inocência no colégio onde estudei, das quais ainda hoje me horrorizo, digo e clamo aos pais de família – *que mil vezes preferível é deixar seus filhos sem instrução, a fazê-los correr os riscos de se perverterem em colégios, onde não haja honra, nem amor, nem verdadeiro interesse pela educação, onde reine a imoralidade enfim.*

Se algum de vós, caros meninos, para quem escrevo estas linhas, tiver a má fortuna de entrar para um desses perniciosos colégios, acautelai-vos bem contra as seduções do vício, evitando escrupulosamente as relações, os brincos, e até as mais simples conversas, com os meninos maus, e também com os mais velhos do que vós, ainda que não sejam, ou que não vos pareçam maus.

E quando suceda que algum menino, rapaz ou homem, vos dirija palavras imorais, indecentes, ou mesmo de sentido duvidoso, ide sem perda de tempo comunicá-lo a vossos mestres e a vossos pais; e fugi, daí por diante, de tal pessoa, como quem foge de um animal feroz, ou de uma serpente venenosa.[189]

Num certo sentido não despido de ironia, é a essa denúncia que se lança Raul Pompeia, seguindo as instruções de seu mestre e diretor. O resultado é o romance *O Ateneu*, onde estão presentes os "meninos maus" e os corruptores, configurando o "mundo" que o adulto Sérgio deve ter enfrentado, dando razão também a outro professor, Cláudio, mais realista que Aristarco, porém, paradoxal e ironicamente, tão próximo de suas ideias.

A conclusão é a de que, espelhando uma a outra, nem a escola nem a sociedade prestam. Como poderiam os livros ser diferentes? Ou mesmo, no caso dos *bons livros*, como poderia ser prazeroso e significativo o encontro patrocinado pela escola entre eles e os jovens leitores, recém-iniciados no mundo da leitura?

---

189 Ibid., p.265-6, grifos do autor.

A resposta talvez venha de outra das instituições envolvida com livro e com a leitura: a biblioteca.

Livros, livros a mancheias...

A chegada de d. João ao Brasil em 1808 rompe com o obscurantismo em que a política portuguesa mantinha sua colônia de além-mar. Se a Impressão Régia emblematiza uma dessas rupturas, outra coincide com a fundação da Biblioteca Real, estimulada por d. João em 1814, a partir dos livros que a Corte portuguesa trouxe consigo. Mas o acervo colocado à disposição dos leitores cariocas era predominantemente clássico, o que conferiu maior peso à literatura tradicional no mundo da escola.

Nem por isso o evento foi menos festejado pelo sempre esfuziante Luís Gonçalves da Cunha, testemunha da doação do príncipe regente:

> Tendo vindo de Lisboa as Reais Bibliotecas da Coroa, e Infantado, foi Sua Alteza Real o Príncipe Regente Nosso Senhor servido destinar para local do estabelecimento de ambas o hospital dos terceiros do Carmo, não só por causa da vizinhança do Paço, mas também pela capacidade deste edifício o melhor que se podia encontrar para este fim. [...]. Depois de feitas as necessárias reparações neste edifício, e os arranjos próprios para o estabelecimento da Real Biblioteca, foi esta ali colocada, e confiada por Sua Alteza Real ao incansável zelo do r. p. Joaquim Dâmaso, da Congregação do Oratório de Lisboa, e fr. Gregório José Viegas, da terceira ordem de S. Francisco, por cuja ativa, e acertada direção a Real Biblioteca tem sido muito bem arranjada, e repartida por diversas salas, segundo as diferentes classes de objetos científicos, ou de literatura, de que tratam os livros, de que ela se compõe, os quais estão hoje por uma ordem muito metódica, e fácil de se encontrar qualquer deles, quando são procurados pelos estudiosos. Esta Real Biblioteca tem chegado de ser a primeira, e a mais insigne, que existe no Novo Mundo, não só pelo copioso número de livros de todas as ciências e artes, impressos nas línguas antigas, e modernas, cujo número passa de sessenta mil volumes, mas também pela preciosa coleção de estampas, mapas, manuscritos, e outras ricas, e singulares coisas, que muito a enriquecem, e que cada vez mais se aumentam, mediante a munificência de Sua

> Alteza Real, que não cessa de enviar novas, e seletas obras, que nela se coloquem, e a ativa, e zelosa administração dos seus bibliotecários, que cada dia adquirem novos livros, e preciosidades bibliotecárias de todo o gênero.
>
> O Príncipe Regente Nosso Senhor, querendo favorecer, e excitar o estudo das letras divinas, e humanas entre os seus vassalos do Brasil, franqueou esta sua livraria a todos os literatos, e estudiosos. Pelo que, exceto nos domingos, dias santos, e feriados por motivos de anos das pessoas reais, ou por alguma causa pública, está a Real Biblioteca sempre aberta, e patente, tanto de manhã, como de tarde, a todas as pessoas, que a querem frequentar, e onde acham todos bom acolhimento, e prontidão nas pessoas ali empregadas, que facilitam os livros, e tudo quanto precisam para os seus estudos. [...] Certamente, se na Europa, onde as artes, e ciências têm chegado ao ápice da perfeição, por onde as luzes se têm difundido com tanta profusão, onde há meios facílimos de as adquirir, e onde superabundam os livros por preços módicos, tantos, e tão grandes louvores se têm prodigalizado ao soberano, e às pessoas opulentas, que formaram, e estabeleceram bibliotecas em benefício dos seus vassalos, ou concidadãos, que encômios, que louvores, que graças não devemos nós render ao nosso augusto soberano, que em um país, em tudo novo, relativamente a artes, e ciências, no qual os livros são ainda escassos, e por um preço exorbitante, franqueia tão benignamente aos seus vassalos a sua tão copiosa, e rica biblioteca?[190]

Pereira da Silva narra a criação da biblioteca de modo mais sintético e objetivo:

> Chegaram no entanto de Lisboa as bibliotecas da coroa e do infantado que o príncipe mandara buscar no intento de organizar uma livraria pública no Rio de Janeiro, à qual recorressem os espíritos estudiosos. Escolhida para seu local a casa do antigo hospital da ordem do Carmo, próxima aos paços da cidade e colocada no centro do comércio, ali se estabeleceu o importante depósito que continha cerca de cinquenta mil volumes, impressos em todas as línguas antigas e modernas, a cópia interessante de estampas, curiosidades bibliográficas

190 Santos, op. cit., p.425-6.

e preciosos manuscritos. Foi a nova biblioteca aberta ao público, no meio de aplausos repetidos e geral contentamento.[191]

Criação que Robert Walsh comenta:

> Entre outras coisas de valor que o Príncipe Regente trouxe ao Brasil estavam seus livros, que em Portugal constituíam uma vasta e rara coleção. O Hospital da Ordem Terceira do Carmo, situado na Rua Detrás do Carmo, foi equipado para abrigá-la, e sua organização ficou a cargo de dois homens incansáveis e cultos, Joaquim Damaso e José Viegas. Quando tudo terminou, a biblioteca foi aberta ao público no ano de 1814.[192]

A partir de então, a Biblioteca do Rio de Janeiro continua chamando a atenção de muitos de seus consulentes, cujos comentários, no entanto, nem sempre convergem. Alguns sublinharam a pouca atualidade das obras disponíveis, como John Luccock, para quem a Biblioteca Real continha "poucas obras apropriadas ao estado do progresso atual da ciência, ou de gosto moderno".[193] Outros visitantes, igualmente ilustres, avalizam conclusões similares, ao registrarem, ao lado da excelência da biblioteca e da qualidade de seus serviços, a falta de novidade do acervo.

Spix e Martius aludem à abundância de livros, mas também à pouca frequência de usuários, atribuída ao desinteresse pela literatura:

> A Biblioteca, como se diz, de setenta mil volumes, presente que o rei trouxe consigo de Portugal para a capital do Brasil, está colocada no edifício dos Terceiros da Ordem do Carmo. Os assuntos de história e jurisprudência, são os mais fartamente representados. [...] A entrada na Biblioteca é facultada ao público durante grande parte do dia; entretanto, aqui é tão pouco sentida a importância das ocupações literárias, que as salas permanecem, por assim dizer, vazias.[194]

---

191 Silva, op. cit., p.457.
192 Walsh, op. cit., p.83.
193 Luccock, op. cit., p.379-80.
194 Spix; Martius, op. cit., p.54.

Maria Graham, preceptora inglesa da princesa Maria da Glória, no Brasil entre 1820 e 1824,[195] conta suas visitas à Biblioteca Nacional e, embora destaque a qualidade dos serviços e das coleções, não deixa de mencionar a carência de obras atualizadas:

> Fui hoje à biblioteca pública para saber de alguns livros, e sou convidada a ir e usar lá o que quiser: os bibliotecários são todos extremamente polidos, e a biblioteca está aberta a todas as pessoas por seis horas diariamente.
>
> [...]
>
> [...] Assim fui ontem e hoje à biblioteca, onde um pequeno, fresco e pequeno gabinete me foi destinado, onde o livro que fosse que eu pedisse me era trazido, e onde eu tinha caneta, tinta e papel sempre à disposição para tomar notas. Estas são gentilezas e atenções dadas a uma mulher e estrangeira para as quais eu não estava preparada. A biblioteca foi trazida para cá desde Lisboa em 1810, e localizada na presente situação, que era antes o hospital pertencente aos carmelitas. O hospital foi removido para um lugar mais saudável e adequado, e as salas, admiravelmente adaptadas para tal fim, receberam os livros, dos quais existem entre 60.000 e 70.000 volumes. A maior parte são livros de teologia e direito. Há um grande parte de história eclesiástica, e particularmente tudo o que dá conta dos jesuítas na América do Sul. História geral e civil é suficiente; e existem boas edições dos clássicos. Há algumas belas obras de história natural; mas, com exceção dessas, nada moderno; raramente um livro que tenha sido comprado há menos de 60 anos. Mas uma nobre doação foi feita ao estabelecimento graças à compra da biblioteca do Conde de Barca, na qual existem algumas valiosas obras modernas, e uma preciosa coleção de impressos topográficos de todas as partes do mundo.[196]

Robert Walsh, descrevendo as instalações e o funcionamento da instituição, também valoriza a qualidade dos serviços:

---

195 Sobre Maria Graham, veja Gazolla, Mulheres à deriva: Viajantes anglo-americanas no Brasil, *Cadernos de Pesquisa*, n.27.

196 Graham, *Journal of a Voyage to Brazil and Residence there during Part of the Years 1821, 1822, 1823*, p.300-2.

> Há duas bibliotecas públicas no Rio; uma no Convento de S. Bento e a outra, a Biblioteca Imperial, na Rua Detrás do Carmo. Essa última é composta de 60.000 volumes de livros em todas as línguas, antigas e modernas, contendo ilustrações, mapas e manuscritos. [...] Os livros estão distribuídos por diversas salas, mas especialmente em dois salões; um deles, de uso exclusivo da família real, e o outro, aberto ao público que tem livre acesso a todos os livros da biblioteca.
>
> Passei grande parte do meu tempo nesse nobre estabelecimento, e não o considero inferior a nenhum outro similar na Europa, tanto no tamanho quanto na amplidão das acomodações, embora o número de livros atualmente possa ser menor. Todas as pessoas são, não apenas admitidas sem perguntas ou averiguações, como convidadas a entrar e ampliar seus conhecimentos. O acesso à biblioteca é feito através de uma enorme escadaria de pedra, decorada com lindas pinturas do Vaticano. A sala de leitura fica num espaçoso salão em arcos que se estende por todo o prédio e por onde circula constantemente uma brisa através das largas janelas situadas nas extremidades. Nesse local a pessoa senta-se numa mesa comprida coberta com um pano verde, equipada com escrivaninha e material para escrever, como acontece no Museu Britânico. Há diversos bibliotecários espalhados por todo o salão que atendem a qualquer pedido que for feito. Eles recebem os periódicos do Rio e das cidades do interior todas as manhãs e isso, juntamente com o crescente gosto pela leitura, atrai a esse lugar muitos brasileiros de todas as raças, que parecem não apenas se divertirem muito como também sentirem-se bastante orgulhosos dela. A Biblioteca abre todos os dias, exceto nos feriados, a partir das 9h da manhã, e não conheço nenhum outro local onde seja possível suportar o calor de forma mais agradável, ou proveitosa, do que nesse local fresco, silencioso e distinto. [...] Ela é mantida por uma verba anual de quatro mil quatrocentos e oitenta e cinco mil-réis.[197]

Ferdinand Denis, na enciclopédia que, em 1837, publicou sobre o Brasil, destina um capítulo à descrição da biblioteca do Rio de Janeiro. Suas notas

197 Walsh, op. cit., p.186-7.

parecem basear-se na descrição de Walsh e também referem a existência de uma verba anual necessária à manutenção da instituição. Ele destaca o acervo e o espaço físico, dando a entender que, entre a época de Spix e Martius e a de seu livro, o número de frequentadores cresceu e diversificaram-se as opções de leitura:

> A biblioteca imperial situa-se na Rua Detrás do Carmo e se compõe de uma enfiada de peças, onde estão arrumados sistematicamente os livros, os manuscritos, os mapas e as estampas. Em 1830, notava-se sobretudo dois grandes salões: um reservado unicamente à família real, o outro servia ao público.
>
> Embora ela se componha, em geral, de livros modernos que pertencem principalmente à literatura francesa, a biblioteca do Rio de Janeiro não é desprovida de curiosidades bibliográficas [...].
>
> A entrada da biblioteca do Rio de Janeiro é completamente livre, não necessitando nenhuma providência prévia. Chega-se por uma grande escada de pedra, decorada com pinturas copiadas das do Vaticano. Penetra-se a seguir num salão espaçoso, refrescado por grandes janelas abertas em cada extremidade. Lá encontra-se uma grande mesa coberta por um tapete verde, e munida abundantemente de todos os objetos necessários para escrever. [...] Todas as folhas periódicas impressas no Rio de Janeiro e nas províncias são enviadas à biblioteca cada manhã, e isto contribui bastante a reunir diariamente neste estabelecimento um grande concurso de leitores pertencentes a todas as classes e a todas as cores. A biblioteca imperial do Rio está aberta todos os dias, exceto feriados, desde as nove horas da manhã, e é difícil encontrar um lugar onde se possa passar mais agradavelmente as horas fatigantes do dia. Uma soma de 4,485,000 reais foi destinada, ultimamente, ao estabelecimento.[198]

Daniel Kidder também teve sua atenção despertada pela Biblioteca Nacional, sobre a qual faz observações confirmando as notas anteriores de Walsh e Denis referentes às instalações, e as de Spix e Martius relativas à falta de leitores e às lacunas do acervo:

198 Denis, *Brésil*, p.118.

Foi ela organizada com os livros procedentes da Biblioteca Real de Portugal, trazidos por d. João VI. Franqueada ao público por aquele monarca, continua até hoje, sob regulamentação adequada, acolhendo a todos que queiram compulsar as suas obras. O salão está aberto diariamente de 9 da manhã até duas horas da tarde e a entrada dá para a Rua Detrás do Carmo.

Passando-se por um portão antigo, vê-se, à direita, o Cemitério da Ordem Terceira dos Carmelitas. [...]

À esquerda dessa passagem fica a entrada dos salões da Biblioteca Nacional e Pública. Pinturas de eras remotas e gravuras em molduras antigas adornam as paredes. Subindo-se por um lance de escada larga, vai-se ter à Sala de Leitura. De um extremo a outro veem-se mesas forradas com pano sobre as quais se acham dispostos materiais para escrever e estantes para suster os volumes pesados. As prateleiras que se elevam desde o soalho até o teto, estão atulhadas de livros de todas as épocas e em todas as línguas. Pode-se pedir qualquer volume da biblioteca, sentar-se à mesa e ler ou tomar apontamentos à vontade. Encontram-se também aí jornais e várias revistas europeias. Apesar de todos esses atrativos nunca vimos o salão cheio; ao contrário, frequentemente vimo-lo vazio. Não só a sala principal, mas também algumas alcovas que a circundam de ambos os lados estão atopetadas de livros. As recentes aquisições de obras para a Biblioteca não têm sido muito grandes conquanto de quando em vez se façam dotações de verbas para esse fim. Todavia o número de livros tem aumentado devido a valiosas contribuições, entre as quais merecem especial destaque as coleções do finado José Bonifácio de Andrade.[199]

O norte-americano Thomas Ewbank chegou no final de 1844 no Brasil, onde ficou até agosto de 1845; em 1855, publicou um livro sobre essa estada. Tendo conhecido a Biblioteca Nacional durante esse período, destaca o tamanho de seu acervo, mas revela seu desencanto com o pequeno número de frequentadores:

A Biblioteca Nacional contém quase 80.000 volumes, e ocupa um edifício primitivamente de propriedade dos Carmelitas. [...] A Biblioteca honra a

199 Kidder, *Reminiscências de viagens e permanências nas províncias do Sul do Brasil.*

cidade. Cada pessoa decentemente vestida, branca ou preta, tem acesso livre à consulta e, se quiser fazer extratos, ser-lhe-ão fornecidos penas, tinta e papel.

Raramente encontrei ali mais de meia dúzia de consulentes, sendo a maioria de jovens de cor – um fato corroborativo do que várias vezes já se disse sobre o caráter ambicioso desta parte da população.[200]

Outras vozes que se referem à Biblioteca vêm do casal Agassiz, cuja viagem pelo Brasil ocorreu na metade da década de 1860. Como Walsh, chama a atenção deles a falta de preconceito religioso e o espírito liberal na escolha das obras que compõem o acervo:

> Não deve ser esquecida, quando se enumeram os estabelecimentos de instrução, a Biblioteca Pública do Rio de Janeiro. Possui excelentes livros em todos os ramos e é dirigida com espírito muito liberal, não entravado por preconceito religioso ou político.[201]

Parece, pois, haver certo consenso nos depoimentos; de um lado, elogiam-se as instalações, o funcionamento, a qualidade e liberalidade na seleção do acervo, que privilegia obras estrangeiras, como se lê em Carl von Koseritz que, nos anos 1870, equipara a Biblioteca a equivalentes europeias:

> Quem se esforça em considerar com mesquinharia tudo o que o Brasil possui, não deve entrar na Biblioteca Nacional, pois nela se encontra um estabelecimento com que o Brasil se aproxima dos maiores países da Europa. Fiz hoje uma visita à Biblioteca e estou ainda todo sob a impressão que ela me causou. A Biblioteca se acha em um grande edifício em frente ao Passeio Público. Este é bastante espaçoso, mas insuficiente para os fins e para a abundância dos livros, pois a Biblioteca possui cerca de 150.000 volumes. [...] Fui recebido com a maior gentileza pelo bibliotecário, conselheiro Saldanha da Gama, o chefe de secção, Teixeira de Melo, e o 1º Oficial, dr. Fernandes de Oliveira, e estes senhores me concederam a honra de me acompanhar durante toda a visita. A

200 Ewbank, *A vida no Brasil*, p.322.

201 Agassiz; Agassiz, *Viagem ao Brasil 1865-1866*, p.292.

casa tem 4 andares, três dos quais ocupados pelos livros de tal sorte que quando se sobe a escada já estamos no meio deles.

[...] A Biblioteca possui naturalmente literatura de todos os países e idiomas e em matéria de livros alemães contém verdadeiras preciosidades. [...] A secção histórica é absolutamente completa no que refere ao Brasil e a Portugal; para o estudo da história nacional ali se encontram reunidos incríveis preciosidades, inclusive as mais velhas cartas marítimas e mapas. Igualmente opulenta é a secção clássica na qual se encontram centenas de incunábulos [...].[202]

De outro, deplora-se a ausência de frequentadores,[203] circunstância que confirma a observação de John Luccock, relativa à rarefação do livro na sociedade brasileira, o que acompanha a geral falta de interesse por obras impressas, mesmo quando se trata de raridades ou de importantes clássicos:

Em 1818, num leilão de livros, saíram muito bem tanto obras inglesas como algumas latinas; poucas, porém, creio terem caído entre mãos brasileiras. Os livros franceses são procurados; mas foi impossível, por todos os meios, vender uma edição de Glasgow da *Ilíada* de Homero, em grego, a Septuaginta e Novo Testamento na mesma língua, nem tampouco os léxicos de Hederic e Schrevelius, como também não encontrou freguês um Saltério hebraico com tradução latina.[204]

Na mesma cidade do Rio de Janeiro há referências a outras bibliotecas. É criado, em 14 de maio de 1837, com 189 sócios, o Gabinete de Leitura do Rio de Janeiro, graças "ao empenho de um comerciante madeirense – Francisco Eduardo Alves Viana – e de um advogado de Lisboa que demandara

---

202 Koseritz, *Imagens do Brasil*, p.126-7.

203 Charles Ribeyrolles, jornalista que veio ao Brasil no final dos anos 1850 e morreu no Rio de Janeiro, provavelmente de febre amarela, queixa-se de falta de frequência a qualquer instituição científica ou cultural: "Não se vai ao Jardim Botânico, às bibliotecas, aos museus, à Academia das Belas-Artes, aos estabelecimentos científicos, e eu só encontrei estrangeiros nas minhas visistas ao gabinete de história natural". In: Ribeyrolles, *Brasil pitoresco*, p.69.

204 Luccock, op. cit., p.380.

o Brasil como emigrado político durante o reinado de d. Miguel – José Marcelino da Rocha Cabral".[205]

Por sua vez, o Instituto Histórico e Geográfico Brasileiro, fundado em 1838 por Raimundo José da Cunha e pelo cônego Januário da Cunha Barbosa, dispõe de uma biblioteca, incrementada por doações como as que os irmãos Laemmert fazem nos anos de 1847 e 1848. É ofertada "uma coleção de obras que, como editores, têm publicado nesta Corte, constando de 78 volumes",[206] dentre os quais se contam: *Corografia brasílica*, de Aires de Casal, os dois tomos do *Parnaso brasileiro*, de Pereira da Silva, *Os Lusíadas*, de Camões, *Marília de Dirceu*, de Tomás Antônio Gonzaga, *Noite do castelo* e *Escavações poéticas*, de Antônio Feliciano de Castilho, *Werther*, de Goethe, e *Paulo e Virgínia*, de Bernardin de Saint-Pierre. Consta da relação de 1847 o livro infantil *Aventuras pasmosas de Munkausen*, e da de 1848, obras destinadas à infância como *Tesouro de meninos*, *Tesouro de meninas*, a *Gramática* de Monteverde e a *História de Simão de Nântua*,[207] estas duas últimas muito populares nas escolas da época, como se verá.

Outra biblioteca é a do Convento de São Bento, citada por Robert Walsh, a que se acrescenta a Biblioteca Fluminense, nascida em 1847, que dispunha de 30 mil volumes de ciências, literatura e artes, nas línguas portuguesa, francesa, inglesa, espanhola, alemã, italiana e latina; da diretoria dessa biblioteca participava o cônego dr. Joaquim Caetano Fernandes Pinheiro.[208]

Também em algumas províncias registram-se os esforços pela fundação de bibliotecas, como acontece em 1839, na Bahia:

> Em março uma lei autorizava o governo a dar um regimento que regule o serviço da Livraria Pública e as obrigações de cada um dos seus empregados. Este serviço teria por fim tornar efetivo o estudo e leitura no interior da casa, para o que haveria os suficientes cômodos; o empréstimo de livros para fora dela com as necessárias seguranças; e a visita feita por mera curiosidade. O

---

205 Guedes, *O livro e a leitura em Portugal*, p.171.

206 *Revista Trimestral*, p.420-2.

207 *Revista Trimestral*, p.547-8, 4.

208 Cf. *Catálogo dos livros da Biblioteca Fluminense*.

bibliotecário, além das obrigações marcadas, deveria informar à Assembleia, por intermédio do governo, uma relação bibliográfica do estabelecimento, que será publicada pela imprensa. Os impressores seriam obrigados a depositar na mesma livraria um exemplar de cada impresso que publicassem, debaixo das penas do artigo 307 do Código Penal, os quais se verificariam a vista da participação do bibliotecário pela forma estabelecida no art. 280 do Código do Processo Criminal.[209]

Ao lado disso, inauguram-se Gabinetes de Leitura, como o da cidade de Rio Grande,[210] de 1846, que, a partir de 1878, converteu-se na Biblioteca Rio-Grandense; ou o de Pernambuco, franqueado ao público em 1871, tendo por modelo o do Rio de Janeiro. Por sua vez, a Biblioteca Pública de Porto Alegre é criada em 1871, e data de 1875 a fundação da biblioteca da cidade de Pelotas, por incentivo de Antônio Joaquim Dias, diretor proprietário do *Correio Mercantil*.

Em Pernambuco, o acervo de seu gabinete era fruto de doações, algumas das quais acompanhadas de cartas como esta:

> Sentem os abaixo-assinados não ter obra de maior valor mas para afoutar os demais sócios a concorrerem com as que tiverem a seu alcance eles se atrevem a oferecer à sociedade do Gabinete Português de Leitura as que possuem e constam da relação junta; esperando que lhes seja relevada a sua pouca valia.[211]

São comerciantes os doadores, e sua oferta inclui *Arquivo Popular* (sete volumes), *Judeu errante* (quatro volumes), *Matilde* (oito volumes), *Mistérios de Paris* (dez volumes), *Mistério do povo* (dez folhetos), *O piloto* (quatro volumes), *Anais*, de Tácito (dois volumes), *História universal* (dois volumes), *História das Inquisições* (dois volumes), *A arte de furtar* (um volume), *Rafael* (um volume) e *História do Brasil*, compêndio (um volume).[212] O catálogo

209 Moacyr, op. cit., p.70.

210 Ferreira, *Gabinetes de leitura e bibliotecas do Rio Grande do Sul no século XIX*, p.13.

211 *Catálogo da livraria do Gabinete Português de Leitura em Pernambuco.*

212 Ibid.

do ano de 1860[213] registra 915 romances (1.995 volumes) e 243 obras de poesia (347 volumes).

Primitivo Moacyr refere-se às bibliotecas estabelecidas no interior da província do Rio de Janeiro:

> A biblioteca de Macaé tem 867 obras de literatura, direito, filosofia, e história. A de Campos acha-se em estado embrionário; as suas estantes estão quase completamente despovoadas. Na freguesia de Limeira, município de S. João da Barra, a esforços do professor José Moreira Fraga criou-se uma sociedade "Amor à Leitura", a qual fundou uma biblioteca que já possui 600 volumes, notando-se que algumas senhoras concorrerão para ela com donativos de livros. Há na vila de S. João da Barra uma biblioteca com 314 volumes (Direito, Filosofia, Literatura e História doados por diversos cidadãos).[214]

O aumento do número de bibliotecas e de gabinetes de leitura sugere um considerável encorpamento de malhas muito importantes no aparelho de leitura. Ainda insuficiente, porém, para construir um país, que, conforme Monteiro Lobato, diante da Biblioteca do Congresso, nos Estados Unidos, se faz de *homens e livros*.

Os livros que vinham de longe

Forma fácil de sanar a falta de material didático, e até mais prática que a tradução dos livros necessários, era a importação deles. Se, num primeiro momento, tal medida poderia solucionar o problema, com o tempo criou outro: provocou uma retórica nacionalista, que proclamava a inadequação dos livros portugueses para a juventude brasileira. Aos olhos da ex-metrópole, a ex-colônia era vista como uma espécie de reserva de mercado para o livro português, o que levou os escritores locais mais ativos a desfraldar a bandeira, nem sempre acima de qualquer suspeita, da brasilidade do livro escolar, maneira eufêmica de promover o próprio produto.

---

213 Ibid.

214 Moacyr, op. cit., p.270.

Os compêndios portugueses ignoram a Independência de 1822, bem como o ferrenho nacionalismo do século XIX, e continuam, impávidos, circulando pela escola brasileira. É de 1829 o *Manual de ortografia para meninos*; do mesmo ano são as *Lições elementares de eloquência nacional*, do português Francisco Freire de Carvalho, obra, segundo Antonio Candido, influenciada pelo livro de Hugh Blair, *Lições de retórica e belas letras*, de 1783.[215] Circula em 1840 outro livro do mesmo Freire de Carvalho, intitulado *Lições elementares de poética nacional, seguidas de um breve ensaio sobre crítica literária*.

O abrasileiramento dos livros didáticos só se torna realidade no fim do século XIX, concomitantemente à nacionalização do livro para crianças.[216] José Veríssimo é um dos intelectuais que aponta com estardalhaço a necessidade de livros brasileiros para a escola nacional:

> São muitos os escritores estrangeiros que traduzidos, transladados ou, quando muito, servilmente imitados, fazem a educação da nossa mocidade.
>
> Seja-me permitida uma recordação pessoal. Os meus estudos feitos de 1867 a 1876 foram sempre em livros estrangeiros. Eram portugueses e absolutamente alheios ao Brasil os primeiros livros que li. O *Manual enciclopédico* de Monteverde, a *Vida de d. João de Castro* de Jacinto Freire (!), os *Lusíadas* de Camões, e mais tarde, no Colégio de Pedro II, o primeiro estabelecimento de instrução secundária do país, as seletas portuguesas de Aulete, os *Ornamentos da memória* de Roquete – foram os livros em que recebi a primeira instrução. E assim foi sem dúvida para toda a minha geração.
>
> Acanhadíssimas são as melhorias desse triste estado de cousas, e ainda hoje a maioria dos livros de leitura, se não são estrangeiros pela origem, são-no pelo espírito. Os nossos livros de excertos é aos autores portugueses que os vão buscar, e a autores cuja clássica e hoje quase obsoleta linguagem o nosso mal amanhado preparatoriano de português mal percebe. São os Fr. Luís de Souzas, os Lucenas, os Bernardes, os Fernão Mendes e todo o classicismo português

215 Candido, *Formação da literatura brasileira*, p.340.

216 A respeito da nacionalização do livro para crianças no Brasil, veja Lajolo, *Usos e abusos da literatura na escola*; Lajolo; Zilberman, *Literatura infantil brasileira: História & histórias*; Id., *Um Brasil para crianças*.

> que lemos nas nossas classes da língua, que aliás começa a tomar nos programas o nome de língua nacional. Pois, se pretende, a meu ver erradamente, começar o estudo da língua pelos clássicos, autores brasileiros, tratando coisas brasileiras, não poderão fornecer relevantes passagens? E Santa Rita Durão, e Caldas, e Basílio da Gama, e os poetas da gloriosa escola mineira, e entre os modernos João Lisboa, Gonçalves Dias, Sotero dos Reis, Machado de Assis e Franklin Távora, e ainda outros, não têm páginas que, sem serem clássicas, resistiriam à crítica do mais meticuloso purista?[217]

Além da reivindicação ideológica de um país cioso de sua independência, o antilusitanismo figura também como item importante da agenda dos escritores nacionais na luta pelo mercado brasileiro, no qual, aparentemente, imperava o material escolar português.

Inúmeros projetos de livro didático diziam-se fruto da carência de material, da mesma forma que vários críticos frisavam a inadequação dos produtos de origem portuguesa. O trabalho de Antônio Feliciano de Castilho é exemplar para discutir a questão, permitindo navegar no emaranhado de problemas sem perder de vista a perspectiva de uma história social da leitura para a qual o livro escolar, independentemente de sua nacionalidade, é peça fundamental.

Antônio Feliciano de Castilho vem ao Brasil em 1855 para divulgar o *Método português Castilho*, editado em 1846, com a seguinte folha de rosto:

> Método português
> Castilho
> para o ensino rápido e aprazível do ler, escrever e bem falar
> 4ª ed; acomodada pelo autor a todos os gostos, e calculada
> tanto para uso das escolas, como para o das famílias, tanto para
> o modo simultâneo, como para o individual
> Lisboa. Tipogr. do Progresso [...] junho de 1857[218]

217 Veríssimo, *A educação nacional*, p.4-8.

218 Esta, bem como as outras transcrições, vem de Castilho, *Correspondência pedagógica*.

Aí se resumem os traços da obra, cuja folha de rosto da edição de 1850 é mais detalhada nas informações que fornece:

> Leitura repentina
> Método
> para em
> poucas lições se ensinar a ler
> com recreação
> de mestres e
> discípulos
> aprovado pelo
> Conselho Superior de
> Instrução Pública do Reino
> para uso das escolas nacionais
> e
> ilustrado de numerosas gravuras
> por
> A. F . de Castilho
> Fundador das escolas gratuitas de leitura repentina
> na ilha de S. Miguel, Presidente honorário
> e vitalício da Sociedade dos Amigos das Letras e Artes na mesma
> ilha
> Lisboa
> Tip. da Revista Universal Lisbonense
> 1850.

Além de qualificar o autor através da sumária revisão de seu currículo, a apresentação se alça a peça publicitária da obra, calcada agora na eficiência de seus resultados e no caráter lúdico e prazeroso da aprendizagem que patrocina. A edição de 1853 sublinha outras facetas do método, como sua adequação a diferentes situações de aprendizado. A menção ao "uso das escolas, como ao das famílias" sugere, ainda na segunda metade do século XIX, a sobrevivência do ensino doméstico da leitura:

Método português
Castilho
para o ensino do ler e escrever
Obra acomodada tanto ao uso das escolas,
como ao das famílias
3ª edição Lisboa
Imprensa de Lucas Evangelista
MDCCCLIII

O "Discurso preliminar" da edição de 1857, dedicada ao Brasil, abre-se com informações relativas à vendagem das tiragens anteriores. Se corretas, tais informações afiançam e avalizam a aceitação do método, capaz de vender "em tão poucos anos de uma edição de mil exemplares, de outra de dois mil, de outra de quatro mil". Fecha a quarta edição uma seção prática, meio ao molde dos contemporâneos "manuais do professor", prometendo mostrar "como no ensino do ler e escrever se podem enxertar o da gramática, do catecismo, dos elementos de civilidade, higiene, de história sagrada, de história pátria, de corografia", e incluindo a indicação de outros livros didáticos, coincidentemente do mesmo Castilho.

O fato de Castilho publicar livros didáticos de muitas e variadas disciplinas além de língua portuguesa e leitura parece revelar uma sagaz compreensão da importância do mercado escolar e da preferência deste por pacotes em oposição a obras individualizadas. O autor também parece inaugurar com sucesso a retórica que, desde então, marca a divulgação do gênero, segundo a qual cada novo produto é divulgado como preenchendo uma lacuna, sem que tal pretensão comprometa a modéstia do autor:

> Achava-me eu na ilha de São Miguel; pertencia à Sociedade Promotora da Agricultura; tratava-se, em sessão de janeiro ou fevereiro de 1848 da suma conveniência, antes necessidade, de se criarem escolas rurais de primeiras letras. Ofereci-me eu [...].
>
> Revolvi cardumes de cartilhas portuguesas e estrangeiras, antigas e modernas; achei em quase todas [...].

> Mr. Lambert, meu amigo, e que fora também do célebre gramático e filólogo Mr. Lemare, foi por esse tempo quem primeiro me falou do método do seu patrício, para o ensino da leitura, como de coisa sobremodo eficaz. Mr. Lambert tinha-o experimentado, havia muitos anos, em seu próprio filho [...].[219]

Na apresentação do método, não faltam alusões ao despreparo do magistério, que se transforma em argumento a favor de sua adoção, formulando um tipo de justificativa que se perpetua ao longo da história do livro didático em língua portuguesa:

> O pessoal do magistério é, de pública notoriedade, e com poucas exceções, por isso mesmo gloriosas, falto de habilitações indispensáveis; o programa para o exame dos mestres é a antítese mais formal da incipiência dos homens pobres de tudo, que em geral se aprovam para as cadeiras; o programa é um índice de enciclopédia; o saber real de muitos aprovados, zero.
>
> Pois se é zero o seu saber, como se aprovam? Aprovam-se porque se não apresentam outros melhores do que eles. E por que não se apresentam melhores? Porque a retribuição em dinheiro, em consideração e em segurança de futuro, não convida pessoas convenientemente habilitadas.[220]

No prólogo, além de justificar sua empresa pela inexistência de material satisfatório e de familiarizar seu método pela menção à alfabetização do filho de Mr. Lambert, Castilho reivindica o mérito de ter adaptado e melhorado o sistema de Lemare. Nas inúmeras sugestões que dá para o uso de sua cartilha, inclui-se a intuição da importância da afetividade e empatia na tarefa de introduzir a criança na leitura:

> Esta primeira lição, que poderá não durar mais de dois dias, e que tem por fim firmar na memória as formas, e os nomes, ou valores das letras, afeiçoa notavelmente os ânimos dos discípulos pelo muito que é aprazível. A fisionomia, a voz, os modos do preceptor, devem ser, durante esta lição, graciosos e fáceis.

219 Ibid., p.39-40.
220 Ibid., p.46.

> Os seus ouvintes podem rir e devem rir, estão assistindo a uma espécie de espetáculo cômico. Deve-lhes ser mesmo permitido o comentarem, o gracejarem, o responderem todos simultaneamente; o fazerem bulha; tudo isso (não passando a excesso) contribui para tomarem, desde o princípio, o gosto do estudo, e os predispõe a fazerem nele maior progresso.
>
> Os quadros deverão estar colocados ao lado do mestre [...] a pequena história explicativa, que logo diremos, ou outra semelhante é preferível, se lhe ocorrer; advertindo que quanto mais nessas histórias ele meter circunstâncias de pessoas ou coisas, bem conhecidas e familiares a seus ouvintes, tanto mais saborosa e facilmente os instruirá.
>
> A necessidade, que eu tive, de resumir e concentrar cada uma destas historiazinhas, para caberem na página correspondente à das figuras, me impediu adubá-las, e mesmo esclarecê-las, como aliás conviria. Carta branca ao professor, para ampliar, nesta parte, quanto puder e quiser.[221]

Na mesma edição, uma "Súplica final" dirigida aos usuários da cartilha coloquializa e informaliza a relação autor-público, tornando ambos membros de uma grande comunidade fraterna e igualitariamente irmanada no esforço de melhorar a educação:

> Termino rogando aos srs. professores, pais ou mães de famílias e outras quaisquer pessoas, que hajam ensinado por este método, ou o tiverem meditado, se sirvam fazer-me saber por qualquer via tudo o que nele acharem necessitar de emenda, já por diminuto, já por excessivo e redundante, já por mal explicado, a fim de que obra tão útil se possa aperfeiçoar para ulteriores edições.[222]

Castilho tomou todas as providências a seu alcance para que seu sistema cruzasse o oceano e fosse adotado no Brasil, provavelmente como método oficial. É ao menos esse um dos sentidos que parece assumir sua correspon-

221 Ibid., p.12-3.
222 Ibid., p.188.

dência, primeiro com Pedro II, depois, com Vasconcelos Drummond, então ministro plenipotenciário, vale dizer, embaixador, do Brasil em Lisboa.

Junto à carta de 12 de abril de 1853 a d. Pedro II, que em 1851 outorgara ao poeta português a Ordem da Rosa, Castilho anexa um exemplar da segunda edição do método, anunciando o cancelamento do projeto de mudar-se para o Brasil, mas expressando desejo de conhecer o país, o que ocorre em 1855. Em 13 de julho do mesmo ano, uma carta a Vasconcelos Drummond registra a grande preocupação pelo insucesso das primeiras adoções do método no Brasil, sublinha a qualidade deste e propõe a vinda de especialistas por ele indicados com vistas à formação de professores habilitados a ensinar por seu sistema:

> Sendo hoje demonstrado por milhares de experiências que o método reúne em seu favor toda a espécie de vantagens, economia de tempo e despesas, supressão absoluta do tédio, de rigores, de ódios mútuos entre mestres e discípulos, maior perfeição no ler, e em geral no pronunciar a língua, e gosto para os estudos, precioso gosto, que até aqui à nascença se matava, entendo que pela consciência me corre a obrigação de forcejar para que em um império já tão próspero e ainda esperançoso, como é o Brasil, se não deixe enganar por estas mal estreadas tentativas, e se não prive por um juízo precipitado e falsíssimo, do que se pode chamar a estrada de ferro da instrução pública.[223]

A argumentação tanto sublinha o desprendimento do autor como propõe medidas concretas para habilitar o Império do Brasil a usufruir das benesses do dito método. Tais propostas, familiares a olhos e ouvidos contemporâneos, incluíam iniciativas de natureza institucional:

> Oferecer a V. Excia. mestres de minha escolha, que, no caso de assim convir ao governo de sua majestade imperial, não duvidariam ir fundar na capital do Império, ou em qualquer ponto de suas províncias, escolas regulares normais do método português.

223 Ibid., p.201.

Eis aqui o que me pareceu dever lembrar a V. Excia., não tanto por crédito do meu invento, como pelo interesse de meus parentes brasileiros, e pelo serviço do príncipe mais respeitável por seu talento e luzes de quantos ocupam tronos em nossos dias.

No ano seguinte, Castilho volta a ocupar-se da adoção de seu método no Brasil, o que registra em carta de 8 de setembro de 1854 à esposa, em que o poeta refere ter recebido cópia do *Jornal do Comércio* do Rio de Janeiro no qual se transcreve discurso de Jaguaribe à Câmara dos Deputados, discurso que parece acenar com encomendas maciças de seu trabalho.

O esforço valeu a pena, porque apareceu uma clientela poderosa, como o presidente da província da Bahia, que, no Relatório de 1854, sugere a adoção do método Castilho e propõe a ida de professores a Portugal a fim de se inteirar do assunto:

Não seria também improdutiva a despesa que se fizesse com um dos nossos hábeis professores públicos ou particulares que fosse a Portugal estudar o método de leitura repentina do distinto literato Antônio Feliciano de Castilho.[224]

Esse político convertera-se ao método depois de conhecer o trabalho de dois professores baianos, competentes na execução do trabalho pedagógico, mas carentes de aperfeiçoamento, que o presidente da província parece disposto a patrocinar, graças à oportuna presença do professor português no Brasil:[225]

No relatório do ano findo fiz sentir a conveniência de mandar-se a Portugal um dos nossos hábeis professores estudar o método Castilho. As experiências feitas pelos professores Felipe José Alberto e Antônio Gentil Ibirapitanga têm

224 Moacyr, op. cit., p.95.

225 Brito Broca refere-se a essa visita: Castilho "visitaria o Brasil daí a dois anos, numa permanência de cinco meses, a fim de divulgar o seu método de leitura". Broca, *Românticos, pré-românticos, ultrarromânticos: Vida literária e Romantismo brasileiro*, p.290.

> correspondido até certo ponto às promessas do autor; mas a leitura dos leitores não é suficiente, desacompanhada da prática. Felizmente o sr. Antônio Castilho resolveu-se a vir ao Brasil e pretende abrir na Corte um curso de seu sistema que durará de março a maio. Aproveitando tão favorável ocasião nomeei o professor Felipe Alberto para estudá-lo, com o que ter-se-á de fazer uma despesa de 800$000, quantia insignificante em relação à grandeza do fim; conto com a aprovação deste ato pelo poder legislativo.[226]

O professor citado parece ter sido altamente convincente, pois mesmo Abílio César Borges, quando ainda atuava na Bahia, tornou-se um "convertido ao método novo de leitura depois de uma visita à escola do professor Felipe José Alberto".[227]

Com Castilho transparece a força da presença portuguesa no frágil mercado brasileiro disponível para o livro didático, presença que se impõe não só em virtude da precariedade, dependência e insuficiência das instituições culturais brasileiras, como também – e talvez principalmente – pela força política das articulações do autor, que se carteia com embaixadores e cujo método é mencionado em discursos parlamentares e relatórios governamentais.

A permanência do livro escolar português continua a sombrear o horizonte de profissionalização pretendida pelo escritor brasileiro no fim do século XIX. Ao menos é para isso que aponta a estridência com que intelectuais brasileiros reivindicam a nacionalização do material didático.

Quem também capitaneia a invasão lusa é o poeta João de Deus, autor da *Cartilha maternal*, de 1876, que, em 1879, escreve a Pessanha Póvoas querendo convencê-lo da necessidade de envidar todos os esforços possíveis para garantir a adoção oficial de sua obra nas escolas brasileiras:

> Meu am.
>
> [...]

226 Moacyr, op. cit., p.97.
227 Ibid., p.113.

> Eu tenho um método como sabes, que, na edição para o Brasil, dedico ao chefe desse Estado. Já esta circunstância pedia da parte de teus compatriotas alguma atenção comigo.
>
> Ora a isso acresce a singular reputação do Método e sendo tu o que és na repartição da Instrução Pública dessa província e meu amigo, devias-te lembrar de mim e de ti e desse público a quem tal método tanto podia utilizar.
>
> Faze tu o que eu faria em teu lugar e já te indiquei. Envia um homem de letras ou reconhecidamente competente a tomar conhecimento deste processo de ensino, que as despesas bem cabem nas forças da província, e depois verás que todos abençoarão a despesa e a missão, sendo primeiro de todos o próprio enviado.
>
> Fazes um bom serviço público.
>
> Dói-te destas crianças atormentadas pela ignorância [...] e pelo caminho que onde levaram a ti e a mim na leitura e na escrita, o mestre é um demônio que nos inspira horror e a escola um verdadeiro inferno.
>
> Daí também os milhões de analfabetos que lá há de haver, como ainda cá.[228]

Quer na mira de escritores portugueses que se querem aproveitar de uma clientela que creem sua por direito, e para cujo acesso não hesitam em recorrer a influências de toda sorte, quer na reivindicação de autores brasileiros, cujo apelo nacionalista é tão somente outro argumento para lhes garantir reserva de mercado, o Estado é o grande interlocutor dessas falas todas.

A *Cartilha maternal* é uma peça importante do projeto pedagógico de João de Deus, e sua fundamentação encontra-se tanto na apresentação do livro quanto ao longo do conjunto da obra. Na primeira, o autor justifica o título que, se se identifica como cartilha, isto é, texto de escola, adjetiva-a de maternal, compondo uma expressão que aproxima escola e família, através da figura mediadora da mãe. O efeito de sentido da apresentação confere familiaridade a seu método, diferenciando-o do comum dos abecedários, que sacrificam as crianças. Nada mais conveniente, portanto, do que dedicar o livro às mães:

228 Vianna, *João de Deus e um século de literatura infantil em Portugal*. As demais citações provêm dessa edição.

> Às mães, que do coração professam a religião da adorável inocência e até por instinto sabem que em cérebros tão tenros e mimosos todo o cansaço e violência pode deixar vestígios indeléveis, oferecemos neste sistema profundamente prático o meio de evitar a seus filhos o flagelo da cartilha tradicional.[229]

A apresentação dá conta também da novidade de seu método, que se diz fundado na "língua viva", evitando os "abecedários longos de costume" e optando "por um, do tipo mais frequente, e não todo mas por partes, indo logo combinando esses elementos conhecidos em palavras que se digam, que se ouçam, que se entendam, que se expliquem". E promete que o resultado deverá ser mais eficaz:

> Em vez do principiante apurar a paciência numa repetição banal, se familiariza com as letras e os seus valores na leitura animada de palavras inteligíveis.
>
> Assim ficamos livres do silabário, em cuja interminável série de combinações mecânicas não há de penetrar uma ideia!

A se acreditar no autor, os métodos anteriores ao seu dificilmente produziam frutos, já que sua eficácia dependia da capacidade de as crianças decorarem as letras, o que, segundo João de Deus, acabava afetando a inteligência dos alunos: "Esses longos exercícios de pura intuição visual constituem uma violência, uma amputação moral contrária à natureza. Seis meses, um ano e mais de vozes sem sentido basta para imprimir num espírito nascente o selo do idiotismo".

A se crer nos depoimentos transcritos que revelam situações de aula na escola brasileira, o que João de Deus condena não estava muito longe do que efetivamente parecia ocorrer. Mas o poeta segue adiante: em cartas, poesias e prosa, expressa seu pensamento pedagógico, que enlaça alfabetização, cidadania e cristianismo numa acrobacia filosófica que, nem por ser falaciosa, perde a força retórica que a sustenta:

---

229 Deus, *Cartilha maternal, ou Arte de leitura.*

> Só a palavra escrita tem o selo da imortalidade. O homem destinado a viver no grêmio desta imensa família, cujo pai é Deus, precisa de levantar o seu coração e o seu espírito de hemisfério a hemisfério, e de século a século. Só a palavra escrita resolve o problema de nosso alto destino. Aquele que apenas fala com os que o ouvem, e para quem o mundo acaba no vale que habita, não é um cidadão, porque desconhece os negócios da Pátria; é um selvagem.

As inúmeras explicações que acompanham a *Cartilha maternal* não só discutem sua possível utilização em sala de aula, como apresentam os pressupostos linguísticos sobre os quais se construiu seu método. A relevância de alguns desses pressupostos justifica sua transcrição, como o segmento que se ocupa da (atualíssima) questão relativa ao papel da escola diante dos diferentes níveis de fala de sua clientela e onde, embutida, retorna a questão da transcendência metafísica da escrita: "Não queremos dizer que em tal ou qual lugar, onde reine sem contradição aquela variante [*μ por ou*] o professor se empenhe em arrancar a seus discípulos talvez um hábito invencível".

> A toada é singularmente ingrata a ouvidos estranhos e ilegítima; porém não é essencial que os filhos do povo falem classicamente; o essencial é fazê-los quebrar o círculo da animalidade e dar-lhes, por meio da leitura e da escrita, o horizonte infinito do homem.

Tais armas e bagagens parecem ter sido muito eficientes para fazer aportar na Terra de Santa Cruz a cartilha de João de Deus.

É pelo menos o que indica o *Relatório*, enviado ao presidente da província do Espírito Santo, H. M. Inglês de Sousa, "sobre a história e resultado da propaganda do método de leitura João de Deus", assinado por Antônio da Silva Jardim. Na capa do relatório, e, adiante, ao assinar o texto, o autor se apresenta: "professor da aula do sexo masculino anexa à Escola Normal de S. Paulo, contratado pelo Exmo. Governo Provincial para propagar o mesmo método nesta província, em 18 de julho de 1882".[230]

---

230 Jardim, *Relatório apresentado a S. Ex. o Sr. Presidente da Província do Espírito Santo Dr. H. M. Inglês de Sousa sobre a história e resultado da propaganda do método de leitura João de Deus.*

Na abertura, Jardim explica suas obrigações, resultantes do contrato que assinou com o presidente da província, a quem dirige o relato:

> Pelo referido contrato obrigava-me em: 1) a propagar o método JOÃO DE DEUS, lecionando gratuitamente a todas as pessoas que o desejassem aprender; 2) a fazer sete conferências públicas, justificando a importância do referido método e sua utilidade; 3) a abrir um curso público diário com 42 lições para professores, professoras e mais pessoas; 4) a lecionar em casas particulares, sem remuneração alguma, contanto que o tempo gasto com todas as lições não excedesse a sete horas por dia; 5) a apresentar no fim do curso um relatório circunstanciado de todos os meus trabalhos, incluindo notícias detalhadas sobre o resultado que tivesse obtido nesta província com o meu curso diário.

Como o próprio chefe de Estado quer "dotar o ensino da província" desse sistema de alfabetização, o conferencista e professor empenha-se na "grandiosa cruzada", dando conta das aulas ministradas a turmas de professores e "alunas-mestras do Colégio N. S. da Penha", de Vitória. O relator conclui que, embora "nem exemplares da *Cartilha maternal* existiam à venda", seu trabalho foi bem-sucedido, tendo arrecadado mais adeptos para o método:

> Revelaram todos, inquestionavelmente, desejo ardente de aprender esse método novo de ensinar a ler as crianças. Os professores antigos tinham incentivo na amenidade e facilidade que ele lhes vinha proporcionar; as novas vocações eram guiadas por essa tendência irresistível de nossa época para a difusão do ensino por todas as camadas sociais. Todos concebem a necessidade de uma regeneração na sociedade, e todos anteveem que os mais perfeitos devem se colocar à frente do movimento na obra de dedicação pelos mais fracos.

Para Antônio da Silva Jardim, as lições e conferências sobre o método de João de Deus foram verdadeiras festas, início espontâneo das que o futuro há de presenciar. Contando com o apoio do estado e, conforme o relator, a festiva recepção do magistério, é de se entender por que o método de João de Deus competia, por exemplo, com outro tipo de material didático, como o anunciado numa das berrantes folhas amarelas do Almanaque de Laemmert para 1866,[231] e que também prometia aprendizagem lúdica e prazerosa:

> NOVO
> ALFABETO PITORESCO
> para aprender a ler
> tanto a letra redonda como a manuscrita
> ornado
> para fácil compreensão das crianças
> com grande cópia de
> animais, aves, peixes, flores, frutas,
> e
> muitos outros objectos
> superiormente coloridos
> formando oito cartões dentro de uma elegante caixinha pintada,
> 3$000
> *Não há mimo mais bonito e útil a fazer aos meninos do que este alfabeto pitoresco, por meio do qual em pouco tempo e quase brincando aprenderão a ler, ao passo que a belas imagens atraem a sua curiosidade, proporcionando ocasião aos pais para lhes administrar muitas explicações instructivas.*

Outro relatório, agora o de Gonçalves Dias, enviado ao imperador depois da inspeção feita nas escolas nordestinas, verbaliza a insatisfação dos escritores brasileiros. Apontando para as dificuldades decorrentes da falta de compêndios didáticos, denuncia igualmente a marginalização experimentada pelos professores locais, pois favorecem-se gramáticos como Monteverde – autor de uma das publicações doadas pelos Laemmert ao Instituto Histórico e Geográfico Brasileiro – e preterem-se as obras dos baianos Felipe Alberto e Gentil, os mesmos que estudaram o método de Castilho à custa da província baiana:

231 *Almanak de Laemmert para 1866*, cujo título completo, conforme se lê em sua folha de rosto, é: *Almanak administrativo, mercantil e industrial da Corte e província do Rio de Janeiro para o ano de 1866*; assinala-se ainda que é o 23º ano da publicação.

> Um dos defeitos é a falta de compêndios: no interior porque os não há, nas capitais porque não há escolha, ou foi malfeita; porque a escola não é suprida, e os pais relutam em dar os livros exigidos, ou repugnam aos mestres os admitidos pelas autoridades. Voltando ainda a Bahia, foram ali os compêndios de Monteverde, com injúria e prejuízo dos escritores brasileiros superiores de muito ao autor português: estão admitidos somente estes: a gramática, aritmética e moral de Monteverde, o catecismo de Fleury, e a caligrafia de Vanzeller, de que se não poderão litografar exemplares. [...] Em último lugar foi injusta para com os professores, autores da Bahia; que, segundo ele, "levarão sempre em mira o lucro, e nunca a sua capacidade literária". Não mereciam tão acre censura aqueles que levados por um estímulo digno de louvor confeccionavam compêndios sobre que recaísse algum dia a atenção do Conselho, que os devera favorecer; foi injusto, dando preferência à gramática de Monteverde, quando as há melhores na Bahia, e não uma, senão algumas, a de Martezão, a de Felipe Alberto e a de Gentil; há tão boas gramáticas como a de Monteverde, e em igualdade de circunstâncias era justiça premiar o nobre esforço desses autores em vez de os injuriar, além de os desfavorecer. Resultou que a gramática de Monteverde é adotada nas escolas para exercícios de leitura, e pessimamente; porque a impressão, como de outras, dizia o Conselho, está cheia de vergonhosos e grosseiros erros.[232]

Os livros que aqui gorjeiam...

Se a carência de material didático era o álibi arrolado para a invasão do mercado brasileiro por livros escolares portugueses, eram essas obras de além-mar que davam origem, deste lado do Atlântico, aos argumentos patrícios, da inadequação dos textos disponíveis para a formação de leitores.

Assim, Castilho e João de Deus ficavam, por assim dizer, do lado de lá. Do outro lado, o de cá, estavam os brasileiros, que buscavam igualmente ocupar o mercado local com obras destinadas à escola, em nome da carência e inadequação do material existente, visível havia muito tempo. A denúncia

232 Dias, Relatório a d. Pedro II, de 1852. Reproduzido em Moacyr, op. cit., p.525-6.

vinha de longa data, repontando nas várias vozes que se ocupam do assunto, em pauta desde a Constituinte de 1823.

Integrando-se a esse coro de vozes e afinando sua melodia, os autores brasileiros da segunda metade do século XIX podiam respaldar na pedagogia e no nacionalismo, melhor ainda, numa pedagogia nacionalista, os argumentos que criavam e fortaleciam expectativas de um produto didático autenticamente brasileiro. Expectativas que eles próprios se incumbiam de satisfazer, ao fabricar a mercadoria cuja necessidade proclamavam.

Nessa linha de uma pedagogia nacional, é exemplar o trabalho desempenhado por Abílio César Borges, o barão de Macaúbas, modelo histórico da personagem Aristarco de *O Ateneu*, de Raul Pompeia, editado em 1888. Vale lembrar, contudo, que a tendência é geral, expressa antes dele e manifestada em relação a várias disciplinas do currículo escolar. No campo da história, ilustra-a a iniciativa do cônego Joaquim Caetano Fernandes Pinheiro, que edita em 1860 *Episódios da história pátria contados à infância*, livro destinado a escolares. No prólogo, registram-se as intenções da obra, adotada pelo Conselho Diretor da Instrução Pública:

> Não tenho a pretensão de haver escrito um compêndio de história do Brasil mais completo e metódico do que os que atualmente existem; outras foram minhas vistas, diverso o meu plano. Cumpre-me explicá-lo.
>
> Penso que não são as aulas primárias onde se deva aprender a história pátria; pois que à infância que as frequenta falta o necessário desenvolvimento intelectual para bem apreciar as causas de onde demanaram os principais acontecimentos, nem tão pouco pode investigar a verdade no meio de diversas e muitas vezes contrárias opiniões dos historiadores. Julgo conveniente que seja semelhante estudo adiado para mais provecta idade, para que mais fruto dele se possa colher.
>
> Reconheço, por outro lado, a necessidade de dar aos meninos noções rudimentares de história nacional, iniciá-los nas glórias e também nos revezes pátrios, mas de modo agradável, apresentando-lh'os como uma grinalda histórica, ou uma galeria de quadros em que vejam traçados os mais memorandos sucessos. Creio que será esta a mais útil das leituras que lhes possam oferecer.

Longe estou de haver preenchido este *desidaeratum*; o livrinho que ora ofereço ao público é um ensaio, uma tentativa, que submeto à correção dos doutos, podendo ser mais tarde melhorado, se disto se fizer digno.

[...]

Desejando compor para a infância uma obrinha extraída dos nossos anais, meu maior galardão será sua utilidade.[233]

Macaúbas, na introdução que escreve em 1871 para seu *Terceiro livro de leitura para uso da escolas brasileiras*, critica tanto a qualidade do livro didático quanto a insuficiência de sua distribuição. Verbera a improvisação e a inadequação das obras escolares, identificando seu espanto ao sentimento que desalentou os constituintes logo depois da Independência e que retorna em tantos depoimentos:

Na província da Bahia, como tive ocasião de verificar o ano passado, a proporção de livros distribuídos nos nove últimos anos foi aproximadamente de 1 para 500 meninos!

[...]

Quer isso dizer que a maior parte dos meninos aprendem [*sic*] a ler sem livros, servindo-se, principalmente nas localidades centrais ou pouco consideráveis, das cartilhas do Pe. Inácio, de bilhetes e cartas (às vezes, oh Deus!, com que letra e ortografia!) ou de gazetas que seus pais lhes fornecem, ou de velhos autos, pelo comum indecifráveis, que os próprios mestres alcançam dos tabeliães do lugar![234]

Com efeito, em 1856, quando era diretor de Instrução na Bahia, sua terra natal, Abílio César Borges denunciou, no relatório que escreveu, a carência de "compêndios e livros populares", completando:

Depois de um excelente professorado, de boas casas para escolas, abundância e frequência de alunos, faltam-nos ainda bons compêndios para o uso escolar

233 Pinheiro, *Episódios da história pátria contados à infância.*

234 Borges, *Terceiro livro de leituras para uso das escolas brasileiras*, p.XVIII. O prólogo, datado de outubro de 1890, abre a 65ª edição.

e livros escolhidos, manuais práticos de todos os ramos de indústria para o povo; e também um jornal de instrução pública para os professores e comissários... [...] Não os possuímos; e o mais azado meio de alcançá-los parece ser o fornecimento de prêmios vantajosos aos autores de compêndios; [...].[235]

Conclui-se que esse professor decidiu-se a, ele mesmo, preencher a lacuna, como dá a entender, no *Terceiro livro de leitura*, o texto de introdução. Que, da sua parte, proclama o desinteresse do autor por recompensas materiais, dando prosseguimento a uma praxe retórica apropriada a apresentações, onde modéstia, desprendimento, humildade e patriotismo se conjugam na composição de um discurso ao qual olhos mais maliciosos atribuiriam função de aliciamento, tanto mais eficiente, quanto mais essa feição publicitária é negada pelo autor:

Não pensem os mal-intencionados que estou a advogar aqui a causa deste e dos meus outros livros de leitura.

Se os competentes os não acharem com préstimo, neguem-lhes entrada nas escolas; e, ainda quando adotados, se outros aparecerem melhores, dever é dos pais, dos mestres, e da autoridades, preferi-los.[236]

A imagem de um Abílio César Borges como educador zelosamente engajado na divulgação de seu trabalho fica fortalecida por um depoimento de Carl von Koseritz, que, em 1883, comentando a Exposição Pedagógica, sublinha o oportunismo e exibicionismo de Macaúbas:

A representação brasileira está distribuída em duas salas. Uma delas foi cheia pelo Colégio Abílio com todos os objetos possíveis que se relacionam com o ensino. Ali se vê, como propriedades deste colégio, quase tudo que nas outras salas é exposto por países diferentes, e causam uma bela impressão as instalações de ginásticas e esgrima do colégio. O dr. Abílio (aliás barão de Macaúbas),

235 Moacyr, op. cit., p.102.
236 Borges, op. cit., p.XIX.

> sabe fazer valer a sua mercadoria, e não cochilou. Não menos grandioso, e talvez mesmo mais importante é o mostruário do Colégio Meneses Vieira, que segue complementarmente o sistema alemão, e que por isto é o único a exibir, em toda a exposição, uma bandeira alemã ao lado da brasileira. Este colégio apresenta excelentes instrumentos de ensino e de ginástica, coleções etc., tudo de origem alemã e também todos os objetos usados no chamado "Jardim-da-Infância". [...] Meneses Vieira será feito barão, como Abílio? Não o creio, pois ele não sabe se exibir tão bem como o outro, que desta vez passará seguramente a visconde.[237]

O retrato que de Abílio César Borges pinta Raul Pompeia em *O Ateneu* como o todo-poderoso proprietário de escola Aristarco Argolo de Ramos é implacável. Sérgio, o protagonista e narrador, aprendera a ler com as obras de Macaúbas, e suas observações confirmam as anotações de Koseritz e reforçam as suspeitas sugeridas pela abertura do *Terceiro livro de leitura*, ao se referir ao sucessos dos livros didáticos escritos pelo barão:

> Eu aprendera a ler pelos livros elementares de Aristarco, e o supunha velho como o primeiro [Deus], porém rapado, de cara chupada, pedagógica, óculos apocalípticos, carapuça negra de borla, fanhoso, onipotente e mau, com uma das mãos para trás, escondendo a palmatória e doutrinando à humanidade o be-a-bá.[238]

De modo igualmente enfático, Sérgio descreve o sistema de produção e distribuição das obras do pedagogo e diretor do Ateneu:

---

237 Koseritz, op. cit., p.123-4. Conforme Fernando Azevedo, Joaquim José Meneses de Vieira fundou o colégio que teve seu nome e o "Pedagogium", em 1890, de que foi diretor; criou também a "escola de domingo", ou curso de educação de operários, e publicou obras didáticas, "que constituem, com os livros escolares do barão de Macaúbas, a contribuição pedagógica mais importante na época para a renovação dos métodos no ensino secundário". In: Azevedo, op. cit., p.591-2.

238 Pompeia, op. cit., p.46.

> O dr. Aristarco Argolo de Ramos, da conhecida família do visconde de Ramos, do Norte, enchia o Império com o seu renome de pedagogo. Eram boletins de propaganda pelas províncias, conferências em diversos pontos da cidade, a pedidos, à sustância, atochando a imprensa dos lugarejos, caixões, sobretudo, de livros elementares, fabricados às pressas com o ofegante e esbaforido concurso de professores prudentemente anônimos, caixões e mais caixões de volumes cartonados em Leipzig, inundando as escolas públicas de toda parte com a sua invasão de capas azuis, róseas, amarelas, em que o nome de Aristarco, inteiro e sonoro, oferecia-se ao pasmo venerador dos esfaimados de alfabeto dos confins da pátria. Os lugares que os não procuravam eram um belo dia surpreendidos pela enchente, gratuita, espontânea, irresistível! E não havia senão aceitar a farinha daquela marca para o pão do espírito. E engordavam as letras, à força, daquele pão. Um benemérito. Não admira que em dias de gala, íntima ou nacional, festas do colégio ou recepções da coroa, o largo peito do grande educador desaparecesse sob constelações de pedraria, opulentando a nobreza de todos os honoríficos de berloques.[239]

Pompeia não exagera, pois registros mostram que, em 1874, a Sociedade "Nova Arcádia", de São Paulo, "recebeu do dr. Abílio Borges uma oferta de 225 volumes de suas obras doutrinárias, algumas das quais distribuiu ele pelas escolas do município e Escola normal desta capital".[240] Por sua vez, em 1876, o diretor de Instrução do Rio de Janeiro "assinala no seu relatório a dádiva à província de duzentos exemplares do primeiro livro de leitura; 2 mil do segundo; mil do terceiro feitos pelo dr. Abílio César Borges". Já com as obras de Joaquim Manuel de Macedo, o mesmo diretor agiu diferentemente, tendo contratado "a compra de duas obras: *Breves noções de história do Brasil* e *Breves noções de corografia histórica da província do Rio de Janeiro*".[241]

Max Fleuiss, cujo retrato biográfico de Abílio César Borges, apresentado ao Instituto Histórico e Geográfico Brasileiro por ocasião do centenário

---

239 Ibid., p.32-3.
240 Moacyr, op. cit., p.371.
241 Ibid., p.270.

natalício do barão de Macaúbas, visa contestar os "inimigos porfiados e impenitentes detratores" do pedagogo, também não desmente Pompeia. O historiador conta que, em 1877, Abílio "partiu mais uma vez para a Europa, de onde trouxe novos conhecimentos, novas edições de livros seus, que se faziam de preferência em Leipzig e Bruxelas". Para ilustrar a generosidade do biografado, relata: "Além disso ofereceu grátis às escolas, de todo o Brasil, importando-os anualmente à sua custa, centenas de milhares, mais de um milhão de compêndios das suas inumeráveis obras didáticas impressas na Europa".[242]

Por sua vez, o componente exibicionista denunciado por Koseritz[243] concretiza-se na caracterização de Aristarco, declarado "todo [...] um anúncio".[244] Endossa essa imagem a exclamação de Venâncio, "professor do colégio, a quarenta mil-réis por matéria, mas importante, sabendo falar grosso o timbre de independência, mestiço de bronze, pequenino e tenaz, que havia de varar carreira mais tarde":[245] "Acima de Aristarco – Deus! Deus tão somente; abaixo de Deus – Aristarco".[246]

Independentemente das restrições, o barão e seus pequenos livros marcaram, mais que qualquer outro autor de manuais escolares de sua época, o ensino brasileiro, perpetuando-se na memória de vários escritores. Léo Vaz faz o protagonista e narrador de *O professor Jeremias*, de 1921, relembrar os livros em que deveria aprender as primeiras lições de história e leitura, mas que servem antes de tudo para a personagem exercer seu pendor artístico:

> – Menino, se não fosse esse homem, teu país estava perdido: teríamos de novo aí o Banana...

---

242 Fleuiss, op. cit., p.430-2.

243 Max Fleuiss parece responder ao jornalista alemão radicado no Brasil, quando escreve: "No salão de honra da Exposição Pedagógica, em presença do imperador, a 28 de setembro e 7 de outubro de 1883, fez o barão de Macaúbas duas notáveis conferências acerca do 'Aritmômetro fracionário', de sua invenção, e sobre a 'Lei nova de ensino infantil', aplicada ao Colégio Abílio". Ibid., p.430.

244 Pompeia, op. cit., p.33.

245 Ibid., p.36-7.

246 Ibid., p.37.

> O Banana, bem o sabia eu, era d. Pedro II, cujo retrato da História do barão de Macaúbas, por perguntas e respostas, eu desfigurava, acrescentando-lhe orelhas como as de Midas e pendurando-lhe na boca cachimbos desmedidos, sem dar tento do anacronismo.[247]

Ou então para extravasar suas posições políticas desde pequeno:

> O que eu visava, com o cachimbo, e com as orelhas, era dar uma consistência gráfica aos meus sentimentos políticos. Nem outro móvel me levava a inundar o peito do Deodoro com as medalhas e grã-cruzes de que o de Macaúbas, a meu ver, despojara o Generalíssimo.
>
> Eu reformava completamente a ilustração da minha História de Abílio.[248]

Já Graciliano Ramos, em relação aos mesmos livros, se quando criança foi mais respeitoso, agora adulto é intransigente, ao confessar como detestou o pedagogo e seus livros. De posse de seu livro – "um grosso volume escuro, cartonagem severa. Nas folhas delgadas, incontáveis, as letras fervilhavam, miúdas, e as ilustrações avultavam num papel brilhante como rasto de lesma ou catarro seco" –, ele principia "a leitura de má vontade".[249] Também não lhe agrada o retrato do autor impresso no livro:

> Esses dois contos me intrigaram com o barão de Macaúbas. Examinei-lhe o retrato e assaltaram-me presságios funestos. Um tipo de barbas espessas, como as do mestre rural visto anos atrás. Carrancudo, cabeludo. E perverso. Perverso com a mosca inocente e perverso com os leitores.[250]

Conclui o memorialista: "temi o barão de Macaúbas, considerei-o um sábio enorme, confundi a ciência dele com o enigma apresentado no catecismo".[251]

---

247 Vaz, *O professor Jeremias*, p.42.

248 Ibid., p.43.

249 Ramos, *Infância*, p.139.

250 Ibid., p.140.

251 Ibid., p.142.

Cora Coralina também inclui o barão entre suas reminiscências, mas o associa ao ambiente em que estudou, imergindo autor e obra numa evocação muito afetiva e pouco crítica, diversa das anteriores:

> *Vinham depois:*
> *Primeiro, segundo,*
> *terceiro e quarto livros*
> *do erudito pedagogo*
> *Abílio César Borges –*
> *Barão de Macaúbas.*[252]

De todo modo, Macaúbas inaugura um novo ciclo, o do livro didático de autor brasileiro destinado a todas as séries da educação fundamental. Seu regime de produção, atento ao mercado, integra-se ao modelo capitalista. Macaúbas não pleiteia o apoio do Estado, mas impõe sua presença pela insistência com que ocupa todos os espaços possíveis; e sua obra atende às novas necessidades, originárias da expansão, depois da década de 1870, do aparelho escolar, de que ele participa também como proprietário de um importante colégio de elite.[253]

Em cena, assim, nas vésperas do fim do século, as principais coordenadas que regulam as questões de leitura, no que esta se relaciona à produção do livro didático brasileiro. De um lado, um falido projeto governamental de intenção centralizadora, algumas vezes reeditado, mas nunca ultrapassando o *status* de profissão de fé. De outro, a iniciativa privada que, à vontade no espaço não ocupado pelas autoridades educacionais, deixa a presuntiva clientela do livro escolar – os profissionais responsáveis pela educação brasileira – à mercê da maior ou menor agressividade comercial dos pedagogos.

---

252 Coralina, op. cit., p.75-6.

253 Abílio primeiramente fundou, em Salvador, o Ginásio Baiano, em 1858; o Colégio Abílio é de 1873; em 1881, criou em Barbacena outra escola; e, em 1883, deu origem ao Novo Colégio Abílio, também no Rio de Janeiro. Cf. Fleuiss, op. cit.

Em outros casos, ambas as coordenadas se juntam, como quando a iniciativa particular busca apoio governamental para financiar o projeto de um livro, fazendo regredir o consumo ou a produção de material escolar ao mecenato do Estado. O governo no Rio de Janeiro, que adquiriu obras didáticas de Joaquim Manuel de Macedo nos anos 1870, já tinha feito, dez anos antes, uma substancial compra de livros infantis, cartilhas e compêndios, para ser colocados nas salas de aula da província carioca. O orçamento, considerável para a época, possibilitou distribuir:

> 6.607 exemplares de compêndios escolares; 587 de gramática; 652 de *Contos de Schmid*; 565 de história sagrada; 588 de catecismo de doutrina cristã; 95 de história do Brasil; 403 de *Iris clássico*; 423 de catecismo de agricultura; 279 do sistema métrico; 1.301 silabário; 1.700 de tabuadas; e 14 de translados.

No ano anterior, a compra já havia sido grande: "Em setembro do ano passado foram recebidos na diretoria de instrução os seguintes: 2.000 exemplares de catecismo de doutrina cristã; 1.000 de *Iris clássico*; e ultimamente 1.000 de gramática". Mesmo assim, sobra dinheiro para novas aquisições:

> Dos 2:000$000 de réis consignados na lei do orçamento para compra de livros há um saldo de 1:350$000, tendo sido gasta até agora a quantia de 650$000. Calculo, diz o diretor, em 4:000$000 o que provavelmente tem de ser despendido no próximo ano com a aquisição de exemplares de história do Brasil, de que há falta, e bem assim de sistema métrico e ainda a aritmética de Coruja, cuja aprovação pende do Conselho de instrução.[254]

Mas o Estado pode participar também da produção, como, em 1838, propõe o presidente da província do Rio de Janeiro:

> Parece conveniente que se autorize o governo a mandar imprimir, à custa dos cofres públicos, algumas obras estrangeiras, que por melhores, mais clássicas e

254 Moacyr, op. cit., p.240.

> populares fossem havidas; e que o diretor das escolas primárias e o da Escola normal se encarreguem de traduzir, a fim de serem distribuídas não somente pelos professores públicos e particulares da província, como também pelas autoridades e pessoas que delas pudessem fazer bom uso.[255]

A sugestão foi concretizada em alguns casos, como parece ter sido o de *A pátria brasileira*, de Virgílio Cardoso de Oliveira, impresso em 1903 em Bruxelas, com a epígrafe "Nada por mim; por minha Pátria tudo".[256]

Dedicada ao município de Belém, de cujo ensino Virgílio Cardoso de Oliveira era diretor, o modo de produção do livro sugere fortes e anacrônicas relações com o Estado, permitindo resgatar as condições de feitura e circulação de obras escolares, sobretudo na província.

O primeiro dos documentos, constantes do próprio livro, é o ofício assinado pelo prefeito da cidade e dirigido aos membros do Conselho, onde, em nome do autor, e com base em fundamentos legais, solicita à "municipalidade de Belém um auxílio pecuniário para a publicação do livro", incluindo-se no texto um breve currículo do autor,

> Dr. Virgílio Cardoso de Oliveira, um espírito dos mais esclarecidos, dedicado com frutífero empenho à causa da educação cívica nacional e que, em 1899, impetrou a municipalidade e obteve um pequeno auxílio para a publicação de sua obra *Leitura cívica*.

O encaminhamento escora-se no papel relevante a ser dispensado pelo livro escolar na consolidação dos ideais do país e retoma argumentos antigos, defendendo

> o dever inerente ao poder público de amparar por todos os meios os esforços empregados em prol da educação cívica, que é uma condição *sine qua* da superioridade de todos os povos fortes e gloriosos.

---

255 Ibid., p.196-7.

256 Oliveira, *A pátria brasileira: Leitura escolar ilustrada com 260 gravuras.*

A Pátria brasileira, cujos originais foram lidos por mim, é um livro, posso garanti-lo, destinado a prestar os mais relevantes serviços à mocidade escolar e ao Brasil, pondo-lhe em destaque as grandezas, quer com relação à vida industrial, quer no que concerne à vida espiritual e histórica.

Assim, pois, parecendo-me justo que todos os que sentem amor da pátria apoiem esse fecundo esforço do dr. Virgílio Cardoso, peço aos srs. membros do Conselho se dignem de tomar na merecida consideração o pedido incluso, autorizando o executivo municipal a atender ao peticionário.

Saúde e Fraternidade.

a) Antonio José de Lemos.

Segue-se a uma tão enfática recomendação um "parecer do conselho" que, depois de vários e substanciosos considerandos que incluem uma avaliação altamente positiva da obra, "propaganda valiosa pelas coisas brasileiras, e propaganda tão mais proveitosa quanto devera ser o livro ilustrado com 260 gravuras", chega às observações de ordem material ("as dificuldades financeiras que o município vai atravessando") e termina por encaminhar um projeto de lei que contempla as responsabilidades governamentais tanto na produção do livro como na posterior distribuição do mesmo pelas escolas:

O Conselho Municipal de Belém resolveu e eu publico como lei do Município o seguinte:

Art. 1 – Fica o intendente autorizado a conceder ao dr. Virgílio Cardoso de Oliveira, autor do livro intitulado – *A Pátria brasileira* – a quantia de cinco contos de réis, destinada a auxiliar a respectiva impressão, obrigando-se o autor a entregar à Intendência quinhentos exemplares, a fim de serem distribuídos pelos alunos das escolas municipais e do Instituto Cívico-Jurídico "Paes de Carvalho".

Art. 2 – Caso tenha de ser feita fora do país a impressão da referida obra, poderá o Intendente facultar ao mencionado funcionário municipal uma licença, até quatro meses, com as vantagens que lhe parecerem razoáveis.

Art. 3 – Revogam-se as disposições em contrário.

Levando em conta os termos e o fraseado do texto legal, vale assinalar que ele documenta tanto a precariedade da infraestrutura editorial (veja-se a hipótese de o original precisar ser impresso fora do país), quanto o completo anacronismo das relações entre livro escolar, Estado e público.[257]

A literatura na escola

Em *O seminarista* (1872), de Bernardo Guimarães, o protagonista, Eugênio, vai estudar no Caraça, visando ordenar-se padre. Suas primeiras aulas de Latim valem-se do compêndio de Antônio Pereira, com resultados negativos; o narrador comenta que o aproveitamento teria sido maior se o rapaz estivesse estudando a matéria nos poemas de Ovídio e Virgílio.

Ao comentar nesses termos o ensino do latim, Bernardo Guimarães inaugura duas atitudes frequentes relativas à presença da literatura no currículo escolar. A primeira aposta no envolvimento decorrente do contato do jovem com o texto literário; a segunda preconiza que a escola tire vantagens desse envolvimento, transformando a relação com a literatura em pretexto para outras aprendizagens. No caso do apaixonado Eugênio, da língua latina:

> A imagem de Margarida e a saudade do lar paterno enchiam-lhe de sombra o espírito e o coração para deixarem lugar às fastidiosas lições de gramática latina. O compêndio de Antônio Pereira foi para ele um pesadelo, diante do qual teve de gemer e suar por alguns meses. [...]
>
> Aquelas definições e classificações tão frias e áridas, aquelas enfiadas enfadonhas de declinações e conjugações, como um bando de morcegos e corujas, recusavam-se obstinadamente a penetrar no cérebro inflamado do adolescente, onde como em um santuário ardente e luminoso fulgurava incessantemente a imagem de Margarida. Se desde o começo lhe tivessem posto nas mãos o livro

257 Relativamente às relações entre o Estado e as políticas de leitura no século XX, com ênfase nas últimas décadas, cf. Zilberman, De leitor para leitores: políticas públicas e programas de incentivo à leitura. In: Abreu (org.), *Leituras no Brasil*.

> dos *Tristes* de Ovídio ou as *Éclogas* de Virgílio, talvez aquela calma impressionável e apaixonada se tivesse mais depressa congraçado com o latim.[258]

Como que a confirmar a tese pedagógica do romancista, o resultado é outro, quando Eugênio se inicia na literatura; encanta-se com a poesia, associa o tema dos versos à sua experiência pessoal e chega a rabiscar algumas rimas:

> Eugênio já tinha entrado para a terceira classe de latim, e começando a traduzir o livro dos *Tristes* de Ovídio e as *Éclogas* de Virgílio sentiu-se tomado de um vivo gosto pela poesia. [...]
>
> [...] Ao ler os primeiros versos de Virgílio, sentiu na fronte o bafejo do anjo de poesia que lhe dava à alma como um sentido mais, abrindo uma nova fonte de suaves e inefáveis emoções. As *Éclogas* do imortal Mantuano o encantavam. As cenas do amor bucólico o arrebatavam, retraçando-lhe na fantasia em cadentes e melodiosos versos os singelos e aprazíveis painéis da vida campesina, em que tantas vezes ele figurava como ator, e fazendo-se lembrar com a mais viva saudade o ditoso tempo em que, junto com Margarida errante pelos vargedos e colinas da fazenda paterna, lidava com o pequeno rebanho de Umbelina. [...]
>
> Não contente em admirar e sentir as belezas desses grandes poetas, Eugênio, que tinha em si um grande fundo de sentimento e calor poético, ensaiava-se às vezes procurando traduzir em estrofes as emoções de seu coração. E quem senão Margarida, aquela beleza em botão poderia inspirar os cantos daquela musa ainda no berço?[259]

Registra-se, pois, e na clave do romance, o discurso pedagógico que aposta nas vantagens da poesia – até mesmo da poesia latina – como porta de entrada para o ensino eficiente da língua. Mas tão amenas expectativas nem sempre se concretizam: nem só de flores se pavimenta o ensino de literatura, nem é monopólio de autores estrangeiros a rudeza do golpe que a

---

258 Guimarães, *O seminarista*, p.27-8.

259 Ibid., p.30-1.

escola parece patrocinar ao pôr autores clássicos nas mãos dos alunos. Nem são, também, autores latinos os mais frequentes nas reflexões que os livros nacionais oferecem relativamente ao aprendizado da literatura e ao peso de tal aprendizado no futuro desempenho de leitura e de escrita do jovem.

Mais que clássicos da Antiguidade, Camões é a presença mais constante, aqui evocado por Graciliano Ramos, apresentado ao épico renascentista por intermédio de seu já detestado barão de Macaúbas, provavelmente na edição expurgada que circulou na escola. Em *Infância*, o memorialista conta que "Foi por esse tempo que me infligiram Camões no manuscrito. Sim senhor: Camões, em medonhos caracteres borrados – e manuscritos".[260]

O resultado não poderia ter sido pior, quando,

> Aos sete anos, no interior do Nordeste, ignorante da minha língua, fui compelido a adivinhar, em língua estranha, as filhas do Mondego, a linda Inês, as armas e os barões assinalados: Deus me perdoe. Abominei Camões. E ao barão de Macaúbas associei Vasco da Gama, Afonso de Albuquerque, o gigante Adamastor, barão também, decerto.[261]

Aparentemente não por acaso o poeta português tornou o uso que dele se fez na escola brasileira sinônimo de um certo tipo de ensino, no qual a obra literária serve de motivo para o conhecimento das idiossincrasias e dificuldades da língua portuguesa; ou então da valorização de um cânone pouco afim às experiências e anseios da juventude estudantil. O poema de Ascenso Ferreira exemplifica o caso em que o aluno relaciona Camões ao que lhe desagrada na educação: a escola que "frequentava era cheia de grades como as prisões", seu mestre, "carrancudo como um Dicionário, complicado como as Matemáticas" e, exclama o eu lírico, "inacessível como *Os Lusíadas* de Camões!".[262]

O poeta confessa que, à porta da escola, "estacava sempre hesitante", porque percebia o contraste:

260 Ramos, O barão de Macaúbas. In: *Infância*, op. cit., p.144.

261 Ibid.

262 Ferreira, *Catimbó*.

De um lado a vida... – A minha adorável vida de criança:
Pinhões... Papagaios... Carreiras ao sol...
Voos de trapézio à sombra da mangueira!
[...]
Do outro lado, aquela tortura:
"As armas e os barões assinalados!"[263]

Também Lêdo Ivo relembra Camões de modo amargo, registrando tê-lo detestado na juventude e só mais tarde vindo a admirar o poeta, no qual fora iniciado numa edição expurgada dos episódios mais sensuais, provavelmente a de Macaúbas, a mesma de seu conterrâneo alagoano, Graciliano Ramos:

> No ensino de português e literatura, imperava uma edição expurgada d'*Os Lusíadas*. Éramos todos intimados a descobrir a oração principal em certas estrofes camonianas – e de forma tão ameaçadora que, só muitos anos depois, tendo já publicado o meu primeiro livro de versos, foi que me atrevi a me aproximar do maior poema de nossa língua.[264]

A recorrência a Camões é visível quer em antologias, quer nos programas ou nas evocações da escola, ou mesmo na ficção inspirada na vida colegial. Porém, só raras vezes com sinal positivo, como ocorre, surpreendentemente, em *O Ateneu*, de Raul Pompeia, que conta da necessidade de Sérgio estudar "*Os Lusíadas*, livro de exame, cuja dificuldade [Sanches, mentor do protagonista nesse ponto do romance] não cessava de encarecer".[265] Em outra passagem, o livro narra que um dos pontos sorteados por Sérgio, por ocasião dos exames, versa sobre *Os Lusíadas*, tema considerado de fácil desenvolvimento pelo protagonista: "Depois: estrofe dos *Lusíadas*! Estávamos livres da expectativa. Não me preocupou mais a dificuldade do ponto".[266]

A presença de Camões e dos clássicos portugueses marca a aprendizagem dos escritores, que relembram ora positiva, ora negativamente a influência

---

263 Ibid.
264 Ivo, *Confissões de um poeta*, p.165.
265 Pompeia, op. cit., p.87.
266 Ibid., p.221.

sofrida. Assim, às restrições que os escritores portugueses inspiravam a alguns autores brasileiros em virtude de suas manobras pela conquista de gorda fatia do ralo mercado disponível para o livro didático, somam-se as carrancudas e não poucas vezes literalmente dolorosas lembranças dos primeiros contatos com "as armas e os barões assinalados"... Mas talvez a literatura portuguesa pagasse as contas de uma monotonia que não era dela, e sim da escola brasileira do século XIX; de qualquer modo, sua maciça presença na sala de aula como que ocupa (indevidamente?) o lugar que os primeiros historiadores de nossa literatura tinham sonhado reservar para as letras nacionais.

Também consequência dessa hegemonia é a permanência de uma atitude ambígua dos letrados brasileiros em relação à literatura portuguesa: se muitos a admiram, raros a apreciam, porque ficou impregnada do caráter coercitivo e conservador com que circulou na escola. Some-se a isso outro fator – o desejo de emancipação do domínio lusitano, forte durante o século XIX, por efeito do processo de independência política, e exacerbado depois do Modernismo –, e ter-se-á a rejeição de um padrão cultural e de uma tradição literária.

Fruto também, talvez consequência, foi a imposição, ainda pela via da escola, de certa forma de escrever, sobretudo quando a escrita se queria bonita, tendendo ao literário. Ilustra o efeito desse modelo pedagógico na produção de textos a redação de uma carta pelo menino João, personagem de *O risco do bordado*, obra de Autran Dourado de 1970 cuja ação transcorre no início do século XX.

Consciente de que "precisava escrever uma carta bem caprichada", para vovó Naninha "sair mostrando a carta para todo mundo" e comprovar o "progresso ele fez no colégio", João trata de escolher "as palavras que tinha aprendido recentemente". Procura evitar as "palavras grossas, úmidas, seivudas, antigas, que antes ele usava, para escrever como um doutor, por cima, difícil".[267] Chega a uma primeira versão, comentada pelo narrador graças ao recurso do discurso indireto livre:

267 Dourado, *O risco do bordado*, p.63.

> Cercado de toda a família, num ambiente altamente religioso, de grande unção, titio exalou (como estava craque hoje!) o seu último suspiro. Será que último suspiro ficava bem, não era lugar-comum, feito condenava o professor Tito? Ele tinha verdadeira ojeriza era por galicismo.[268]

E acaba por optar pelo que classifica como estilo clássico, longe da oralidade que se esperaria de uma carta encaminhada a um parente próximo:

> Cuidado com as frases longas demais, por causa da concordância e da regência, dizia o professor. Só os clássicos, só os mestres do vernáculo. Só um Vieira, só um Euclides, um Rui, um Camilo, podem dar-nos ao privilégio das longas e cadenciadas frases, era o que dizia o professor. Cuidado com os quês, com os verbos auxiliares, com as repetições, procurem uma sinonímia rica. O nosso idioma é um manancial inesgotável.[269]

Graça Aranha afasta-se do padrão, declarando-se imune aos clássicos, mesmo em vernáculo, e pontuando sua preferência pela literatura francesa:

> Os clássicos portugueses não me interessaram profundamente. Achava divertidas as anedotas de Manoel Bernardes. De Camões, só Inês de Castro me agradava. O resto muito cacete. Dos latinos somente o ritmo de Virgílio me seduzia. Nada tão antipático do que Horácio, com quem jamais me reconciliei. As primeiras e inesquecíveis lágrimas, que a música literária me fez derramar, devo-as a Chateaubriand. Depois da iniciação no francês, o livro de estudos era os *Mártires*. O assunto me arrebatava.[270]

Também Murilo Mendes guarda boas lembranças de suas aulas e professores de literatura francesa, recordando tanto a aprendizagem da língua pela gramática de Halbout[271] e pelo manual de Charles André quanto seus

268 Ibid., p.64.
269 Ibid., p.65.
270 Aranha, op. cit., p.62-4.
271 José Francisco Halbout nasceu na França; foi professor no Colégio D. Pedro II e faleceu no Rio de Janeiro em 1890.

primeiros contatos com a literatura, que o fazem cultuar poetas como Ronsard, Racine e La Fontaine, bem como pensadores como Malherbe e Fontenelle. Revela sua admiração pelos professores de francês, "Louis Andrès e Joaquim de Almeida Queirós", porque o "primeiro transmitiu-me os elementos básicos da língua, o segundo iniciou-me na literatura".[272] Destaca em Louis Andrés sua pedagogia menos severa – "conseguia, dispensando a palmatória, com a força moral que era sua marca, impor àqueles irrequietos meninos as regras da gramática Halbout e os exercício da antologia de Charles André, que eu de resto compulsava deliciado, porque ilustrada com gravuras inspirantes, poéticas, pelo menos eu achava então" – e o entusiasmo com que transmite seu conhecimento literário: "Preferia os mestres do século 17, mormente Racine e La Fontaine, que me explicava com prazer manifesto; mas não deixava de me instruir a respeito de Malherbe e Ronsard, e de certos autores do século 18, como Fontenelle; dando também atenção a alguns românticos".[273]

Carlos Drummond de Andrade compartilha recordações semelhantes, incluindo o próprio Murilo na matéria de suas lembranças, o "diabo na aula, [que] tinha gestos impossíveis, que nem macaco na jaula".[274] Em seus versos comparecem lado a lado a gramática de Halbout e a poesia de Racine, ministrada por "Mestre Emílio", que ele aprecia, mas cuja beleza nem todos os colegas do escritor conseguem alcançar:

> Cette Helène qui trouble et l'Europe et l'Asie,
> *mas o professor é distraído,*
> *não vê que a classe inteira se aliena*
> *das severas belezas de Racine.*[275]

Esses depoimentos, testemunhas da predileção pelos autores de uma dada literatura nacional, apontam, na trivialidade dos casos pessoais, a

272 Mendes, *A idade do serrote*, p.149.

273 Ibid., p.151.

274 Andrade, Cultura francesa. In: *Boitempo & A falta que ama*, p.118.

275 Id., Aula de "francês". In: *Esquecer para lembrar*, p.88, grifos do autor.

força da cultura francesa sobre a brasileira, evidente desde o século XIX.[276] Os alemães Spix e Martius foram os primeiros a observá-la, anotando que

> a literatura francesa, que conquistou também neste país as mais finas camadas ilustradas, é a preferida. A propagação da língua francesa e o ingresso de enorme quantidade de seus livros, supera tudo que se pode imaginar, tanto mais que no Rio de Janeiro só existem duas livrarias mal fornecidas. Além da novidade do dia, que familiariza o Brasil com a literatura amorosa francesa, são lidas especialmente as obras de Voltaire e de Rousseau, e, com tanto empenho, que diversos autores patrióticos se viram obrigados a manifestar-se contra essa galomania.[277]

J. B. Debret, de nacionalidade francesa e publicando seu livro na Europa, já havia se regozijado com essa preferência, atribuindo a ela a elevação na qualidade das leituras das mulheres cariocas.[278] Daniel Kidder descreve a situação em detalhes, aventando causas e efeitos para a supremacia dos livros franceses no Brasil:

> As revoluções e agitações políticas de Portugal tiveram o efeito de afugentar os literatos, à procura de ambientes mais calmos. Muitos deles fixaram residência em Paris, onde passaram a produzir para Portugal e para o Brasil. Além disso, Portugal atravessa atualmente um período de decadência literária em que a pureza da língua lusitana sofre a influência deletéria dos galicismos e as empresas editoras se veem sobrecarregadas de traduções, com exclusão

276 Talvez seja Jeremias um dos poucos a rejeitarem ambos os padrões literários, o português e o francês: "Eu fazia a análise lógica, conhecia intimamente o Halbout e chamava o Camões à ordem direta com muito desembaraço [...]./ A benevolência dos veteranos, no 'trote' aos 'bichos', comprei-a para mim fazendo-lhes 'burros' para as aulas de francês, que eram o terror da Escola. Do Careca, apesar de tudo, ficara-me, com os anos, o suficiente para obsequiar aqueles pobres veteranos a quem a Seleta Roquete punha suores frios à testa, com os seus Lysimaques implacáveis". In: Vaz, op. cit., p.73-4.

277 Spix; Martius, *Viagem pelo Brasil*, p.57-8.

278 Debret, op. cit., p.22.

> quase absoluta de trabalhos originais. Qualquer novela barata dos folhetins parisienses precisa ser traduzida para surgir em forma de livro em Lisboa e no Rio de Janeiro. E tão grande é o número dos que se entregam a essa leitura inútil e não raro prejudicial, que ninguém procura pelos trabalhos originais e substanciosos. Além do mais, o francês usurpou o lugar do latim, entre os brasileiros. Para a matrícula nos institutos superiores de ensino é indispensável o seu conhecimento, aliás bastante generalizado. Daí a procura dos livros franceses em detrimento dos portugueses. Para que o leitor se convença do que afirmamos basta que se dê ao trabalho de examinar os mostruários das livrarias e reparar como é grande o estoque de livros franceses. Quase todos os navios procedentes do Havre trazem grandes quantidades de livros para serem vendidos em leilão, sendo bastante frequentes tais vendas. Os europeus que regressam às suas pátrias ou os brasileiros que vão para o estrangeiro, em geral dispõem de suas bibliotecas ao correr do martelo. [...] As obras de Voltaire, Volney e Rousseau são quase diariamente oferecidas aos que fazem maiores lances, e, para elas, há sempre compradores.[279]

Enquanto, da perspectiva econômica, o Brasil sujeitava-se à Inglaterra, do ponto de vista cultural a influência é francesa (patente também na cultura portuguesa que nos colonizou), tendo talvez encontrado nela, na primeira hora do nacionalismo romântico, uma alternativa para a libertação do jugo literário da ex-metrópole. Chegam, assim, ao Rio de Janeiro, vindos da França, primeiramente o Romantismo, depois, e sucessivamente, o Naturalismo, o Parnasianismo e o Simbolismo. Num outro sentido, talvez o francês representasse uma alternativa à dominação da literatura portuguesa, que, na escola, se alinhava com o conservadorismo da pedagogia vigente. De toda maneira, a literatura francesa foi por muito tempo uma presença marcante, e, segundo os escritores que a vivenciaram, deu vitalidade ao ensino da literatura e lhe conferiu sentido, justificativa e legitimidade.

O ensino da literatura francesa, contudo, só ocorre tardiamente na vida dos estudantes. Como acompanha a aprendizagem da língua em que as obras foram escritas, só forma leitores a partir da adolescência, como

279 Kidder, *Reminiscências de viagens e permanências nas províncias do Sul do Brasil*, p.101-6.

o Sérgio, que cursa o Ateneu e admira os clássicos do século XVII,[280] o interiorano Jeremias, que despreza o Romantismo de Chateaubriand,[281] ou os já ginasianos Carlos Drummond de Andrade e Murilo Mendes. Antes disso, quando ainda meninos, os alunos ficam expostos a seletas, antologias e manuais que nem sempre despertam o gosto pela leitura.

É com Manuel Bandeira que, ao lado da reabilitação camoniana, entram em cena as coletâneas, com destaque para a *Antologia nacional*, de Fausto Barreto e Carlos de Laet, à qual o poeta credita sua iniciação poética. Aluno do Pedro II, Bandeira valoriza os portugueses do passado e lamenta não tê-los, à época, aproveitado ainda mais.

Camões e *Os Lusíadas* constituem o bônus conquistado pelo poeta por ter aulas com Silva Ramos e Sousa da Silveira: a eles, escreve Bandeira, "devo o gosto que tomei a Camões, cujos principais episódios de *Os Lusíadas* eu sabia de cor e declamava em casa para mim mesmo com grande ênfase".[282] Lamenta, por outro lado, "não ter tomado então conhecimento da lírica do maior poeta de nosso idioma: do Camões lírico apenas sabia o que vinha nas antologias escolares, especialmente na que era adotada no Ginásio, a de Fausto Barreto e Carlos de Laet", autores do livro que também "fez as delícias de minha meninice e de certo modo me iniciou na literatura de minha língua". Desses contatos com as coletâneas didáticas, veio o gosto pela lírica arcádica:

> Antes dos parnasianos a cantada "Dido", de Garção (meu pai fez-me decorá-la), já me dera a emoção da forma pela forma, e era com verdadeiro deleite que

280 Sérgio estuda os franceses na companhia de Egbert: "Antes da data memorável do francês, muito passeamos pelas avenidas de sombra Chateaubriand, Corneille, Racine, Molière. O teatro clássico dava para grandes efeitos de declamação". In: Pompeia, op. cit., p.216.

281 Confessa o narrador: "Apenas adquirira ali uma tal ou qual predileção romântica por países esfumados, de langorosa poesia. Nascera-me isso, creio eu, nas aulas de francês, que por não haver professoras que as dessem, estava a cargo de certo dr. Amâncio, tuberculoso, de voz arrastada e cavernosa, a quem nós abreviadamente chamávamos – o Careca./ O Careca lia em suas aulas, com ênfase abafada e soturna, trechos do Atalá, do Além-Túmulo e do Cristianismo". In: Vaz, op. cit., p.67-9.

282 Bandeira, *Itinerário de Pasárgada*, p.15.

> eu repetia certos versos de beleza puramente verbal: "E nas douradas grimpas/ Das cúpulas soberbas/ Piam noturnas agoureiras aves"...[283]

Ao lado disso, as antologias e seletas do final do século começam a dar lugar ao escritor nacional. José Lins do Rego recorda a *Seleta clássica*, e suas lembranças testemunham como foi por esse viés, o das antologias escolares, que a literatura nacional se consolidou na memória dos leitores brasileiros. Em *Doidinho*, romance de teor autobiográfico, o narrador reproduz uma lição de leitura, que, a seu ver, "até [o] divertia". Graças àquela obra, conheceu *O guarani*, de José de Alencar, com o "Paquequer rolando de cascata em cascata", a *Queimada* "de Castro Alves e o *há dous mil anos te mandei grito* das *Vozes da África*", além da "história do lavrador que antes de morrer chamara os filhos para um conselho". Conclui de modo otimista: "esses trechos da *Seleta clássica*, de tão repetidos, já ficavam íntimos da minha memória".[284]

Mario Quintana atribui à *Seleta em prosa e verso*, de Alfredo Clemente Pinto, a aprendizagem da poesia e o gosto despertado por versos memoráveis de escritores brasileiros:

> Logo ali, à primeira página, o bom Cristóvão Colombo equilibrava para nós o ovo famoso e, pelas tantas, vinha Nossa Senhora dar o famoso estalinho no coco duro daquele menino que um dia viria a ser o padre Antônio Vieira.
>
> Porém, em meio e alheio a tais miudezas, bradava o poeta Gonçalves de Magalhães: "Waterloo! Waterloo! lição sublime!".
>
> Só esta voz parece que ficou, porque era em verso, era a magia do ritmo... e continua ressoando pelos corredores mal iluminados da memória.[285]

Manuel Bandeira, no depoimento citado antes, credita ao colega Sousa da Silveira o conhecimento da obra de Camões. Mas ensinou-lhe também a apreciar Machado de Assis, a quem "admirava grandemente", dizendo "dizia de memória com vivo entusiasmo os 'Versos a Corina'". Mas não aprecia os parnasianos, levando o poeta a comentar: "eu não podia compreender como se

---

283 Ibid., p.16.

284 Rego, *Doidinho*, p.43.

285 Quintana, Leitura: redação. In: *A vaca e o hipogrifo*, p.127-8.

podia gostar do barão de Loreto, do barão de Paranapiacaba, e não gostar de Bilac, cuja Via Láctea vim a saber toda de cor".[286] Quem o leva à leitura desses autores é João Ribeiro, cuja pedagogia transcende o âmbito da sala de aula:

> Mais nos ensinou de Literatura, a mim e mais dois ou três colegas que o cercávamos depois das aulas de sua cadeira, que era a de História Universal e do Brasil, o velho João Ribeiro (ainda não o era àquele tempo). Esse abriu-me os olhos para muitas coisas. Achava Raimundo Correia superior a Bilac, e Machado de Assis mais original e profundo do que o Eça.[287]

Essas antologias coroam o longo percurso que marca a inclusão da literatura brasileira no currículo escolar. Apesar dos ingentes esforços de professores e críticos, essa inclusão é tardia e, por muito tempo, acoplada à literatura portuguesa. No fundo, numa dependência tão estreita dessa que Lêdo Ivo registra ter chegado, como aluno, "a abrigar a convicção de que a literatura brasileira não passava de um acidente colonial, algo epigonal e dispensável".[288] Não obstante subalterna, contaminada por um sistema escolar sempre improvisado, a literatura brasileira parece ter aportado às mãos e aos olhos dos jovens estudantes nas democráticas páginas das antologias que se multiplicaram a partir do final do século XIX, celebrizando autores como os românticos José de Alencar, Gonçalves Dias, Casimiro de Abreu, Fagundes Varela e Castro Alves, além de Machado de Assis, Olavo Bilac e Euclides da Cunha, ao lado de autores hoje bastante obscuros como Luís Guimarães Júnior e Rebelo da Silva, responsáveis pelos a partir de então populares "Visita à casa paterna" e "A última corrida de touros em Salvaterra".[289]

Paulo Mendes Campos, evocando, em crônica, a história de suas leituras pelo viés do livro didático[290] e assumindo os riscos e as ciladas que a memória arma, como que resume a trajetória do ensino da literatura nacional na

286 Bandeira, op. cit., p.15.

287 Ibid., p.20.

288 Ivo, op. cit., p.165.

289 Lins, *Do ideal e da glória: Problemas inculturais brasileiros.*

290 A respeito das relações entre livro didático e leitura, cf. Zilberman, A contribuição do livro didático. In: *A leitura e o ensino da literatura.*

escola brasileira. Começa por relembrar que, "só no quarto ano", trocou "os livros ilustrados por um volume mais grosso, sem enfeites: era a antologia de Olavo Bilac e Manuel Bonfim".[291] Porém, não era essa a obra que o incomodava; lendo "corretamente", isto é, "sem contar as sílabas", pergunta-se "por que motivo tanta gente havia escrito tanta coisa sem graça", a principiar por Machado de Assis: "Logo na primeira página, embirrei com o tal Machado de Assis. Aquele 'lobriguei luz por baixo da porta' me aborreceu. Lobriguei lembrava lombriga; lombriga lembrava vermífugo"...[292] E, com sinceridade, admite: "Não topei Machado de Assis, a não ser aquele diabo velho, sentado entre dois sacos de moedas".[293] A exceção fica por conta de Coelho Neto, a quem tem de ler por causa do exame de admissão: "No exame de admissão, tive a sorte de ler e analisar gramaticalmente um trecho de Coelho Neto que sabia de cor: 'Selva augusta, de velhos troncos intactos, jamais ferida pelo gume dos ferros'...".[294]

Depois, como o cronista narra, "veio o ginásio, no qual considerava o florilégio um livro à parte, encapado no papel mais bonito, para contrabalançar o volume de matemática de Jácomo Stavale". Comenta, positivamente: "eram as flores que enfeitavam as horas de estudo, compridas e desertas".[295] Pouco a pouco, reconcilia-se com Machado de Assis, porque, como observa, o escritor "foi melhorando de estilo e de ideias". Mas nem sempre:

> Vez por outra, no entanto, dava para escrever frases intransponíveis como esta: 'O destino é seu próprio contrarregra'. Durante muitos anos, todas as vezes que deixava de entender uma situação, repetia comigo a fórmula incompreensível: 'O destino é seu próprio contrarregra'![296]

Rui Barbosa, porém, não recebe qualquer atenuante: "Duro era encontrar motivos que justificassem nossa admiração por Rui Barbosa, o homem mais

291 Campos, Primeiras leituras. In: *Os bares morrem numa quarta-feira*, p.82.
292 Ibid.
293 Ibid.
294 Ibid., p.83.
295 Ibid.
296 Ibid.

inteligente do mundo". Porém, nem tudo estava perdido, e Paulo Mendes Campos contabiliza os ganhos:

> Bonito mesmo era a última corrida de touros em Salvaterra, que não é de Alexandre Herculano, como lembram os ingratos, mas de Rebelo da Silva. Bonito era o sertanejo, antes de tudo, um forte. Bonito era o suave milagre (longos são os caminhos da Galileia e curta a piedade dos homens).[297]

Comparecem na crônica ainda outras tantas belezas literárias:

> Quase tão bonito era o cerco de Leyde, com aquela dúvida atroz, que permaneceu até hoje, de saber se o mar era o único túmulo digno de um almirante bátavo ou batavo. Bonito era a virgem dos lábios de mel. Bonito foi o descobrimento de *Coração* de D'Amicis.[298]

A última das formosuras a que Mendes Campos é introduzido na escola aparece na voz do poema "Boneca de pano", de Jorge de Lima, incluído na antologia de José Mesquita de Carvalho:

> Bonito foi quando achei na antologia de Carvalho Mesquita uma poesia esquisita, a história de uma boneca de olhos de conta cheinha de lã, que rolou na sarjeta e foi levada pelo homem do lixo, coberta de lama, nuinha, como quis Nosso Senhor; Jorge de Lima foi o meu primeiro *frisson nouveau*.

Conclui o autor: "Feio foi o que veio depois. A vida não é antológica, não tem pontuação. Foi o que aprendi um século mais tarde em um livro besta".[299]

Outra dimensão dessa presença da literatura brasileira na escola vem do romance de 1945, *Abdias*, de Cyro dos Anjos, cuja ação se passa ao final dos anos 1930 e cujo enredo testemunha um modelo de ensino segundo o qual a

---

297 Ibid.
298 Ibid.
299 Ibid.

literatura brasileira se articulava à literatura portuguesa, examinadas ambas desde o prisma da história literária. A intriga é narrada pelo protagonista, Abdias, que leciona numa escola de elite de Belo Horizonte, onde jovens, ociosas desde a conclusão do curso secundário até o casamento, têm aulas de Literatura Portuguesa e Brasileira, disciplinas, pois, que parecem não apresentar grande importância nem são necessárias à formação básica. De todo modo, o oferecimento dessas aulas às moças revela o papel do leitorado feminino na constituição das práticas sociais da leitura literária.

Contratado por *Mère* Blandine, ouve da freira que "as moças se formavam cedo demais e com insuficiente preparo. Deixavam o Colégio com quinze ou dezesseis anos e, em geral, ficavam sem o que fazer em casa, até que arranjassem casamento".[300] Eis por que lhes era disponibilizado um curso de extensão:

> Com o novo curso, pretendiam as Ursulinas resolver, em parte, esse problema que as mães enfrentavam ao saírem as filhas dos ginásios. Era de dois anos, e proporcionava conhecimentos, mais especializados, de artes e letras. [...] Desejava dar-me a cadeira de Literatura Portuguesa e Brasileira.[301]

O programa desenvolvido por Abdias acompanha a cronologia da história literária de Portugal e do Brasil. Começa pela literatura trovadoresca, segue pela Renascença e desembarca em Camões, dando ênfase à lírica do poeta, que no caso faz eco à confessada melancolia do professor:

> Já avançamos bastante no programa e encontramo-nos agora nos poetas e prosadores portugueses e brasileiros do século XIX; por certo, a tristeza difusa em que ando foi que me terá inspirado a volta a Camões, naquelas amargas redondilhas em que o grande lírico atingiu, talvez, o momento mais alto de sua contemplação.[302]

---

300 Anjos, *Abdias*, p.3.
301 Ibid., p.4.
302 Ibid., p.54.

Abdias, desde o começo, procura despertar o interesse das alunas, e seu percurso deságua no século XIX, quando a literatura brasileira entra em cena. Suas aulas se caracterizam pelo debate e pela intenção de fazer das moças leitoras com opinião e tirocínio próprios. Não surpreende, portanto, que procure levar o programa até a atualidade, a ser apresentada por meio de "uma noção sumária dos modernistas de após-guerra e das tendências da prosa e da poesia contemporâneas".[303]

Com *Abdias*, Cyro dos Anjos parece desenhar o perfil do professor moderno, aquele que poderia incentivar o conhecimento da literatura de seu tempo, a mesma da qual ele fazia parte. Com efeito, no mundo histórico que Cyro dos Anjos expõe neste romance, a literatura brasileira parece já ter adquirido foros de cidadania no contexto escolar, o que, no entanto, nem sempre a redime do desagrado com que a recobre o aparelho educacional, seguramente muito semelhante àquele desagrado que já desqualificara Camões e seus pares portugueses.

Em alguns testemunhos dessa desqualificação, assoma de modo extraordinário o descosimento do aparelho cultural da elite brasileira a partir do cotejo – nem sempre vantajoso para a modalidade escrita culta – entre a literatura (mesmo a brasileira) que a escola ensina e a vivência que os alunos têm de outras linguagens simbólicas.

Ascenso Ferreira é enfático, ao contrastar as pesadas aulas sobre *Os Lusíadas* às deliciosas histórias que ouvia, depois da escola, de uma velha contadora:

> *Felizmente, à boca da noite,*
> *eu tinha uma velha que me contava histórias...*
> *Lindas histórias do reino da Mãe d'Água...*
> *E me ensinava a tomar a bênção à luz nova.*[304]

Esse tipo de contraposição não é raro na literatura brasileira, que seguidamente sugere que melhor que frequentar a escola e ser reprimido seja talvez ouvir histórias, de preferência de uma preta velha que narra contos fantásticos, histórias de fadas ou do folclore brasileiro.

---

303 Ibid., p.61.

304 Ferreira, op. cit.

Viriato Correia apresenta uma cena e personagem com tais ingredientes em *Cazuza*, onde vovó Candinha, "figura que nunca se apagou de [sua] recordação",[305] compensa a frustração experimentada pelo menino, depois da primeira ida à escola. O narrador explicita as razões para a popularidade da velha senhora:

> Não havia, realmente, mulher que tivesse maior prestígio para as crianças de minha idade. Para nós, era um ser à parte, quase sobrenatural, que se não confundia com as outras criaturas. É que ninguém no mundo contava melhor histórias de fadas do que ela.

Depois revive os episódios da contação de histórias: "mal a noite começava a cair, a meninada caminhava para a casa da Luzia, como se se dirigisse a um teatro. Após o jantar, vovó Candinha vinha então sentar-se ao batente da porta que dava para o terreiro".[306] As crianças sentam-se ao redor da narradora, comportando-se de modo obediente e vigilante, bastante diverso do que ocorria na escola:

> Sentávamo-nos em derredor, *caladinhos, de ouvido atento*, como não fora tão atento o nosso ouvido na escola.
>
> [...]
>
> Não sei se é impressão de meninice, mas a verdade é que até hoje não encontrei ninguém que tivesse mais jeito para contar histórias infantis.[307]

Graça Aranha adoça suas recordações da infância graças à velha Militina que contava histórias empolgantes para o menino amante da aventura e sedento de fantasia:

> Enquanto, já de noite, os meus irmãozinhos dormiam, eu velava. Era outra hora desejada, porque a velha Militina me contava as histórias maravilhosas

305 Correia, op. cit., p.24.
306 Ibid.
307 Ibid., p.25.

> do seu vasto repertório. A imaginação, que durante a tarde se corporificava nas brincadeiras do quintal, trabalhava pela noite adentro, transportada nos contos e nas lendas.
>
> Esta velha Militina foi uma das educadoras essenciais da minha imaginação. Alimentou-me o espírito infantil de histórias de mil e uma noites, de narrativas medievais, quando não me entretinha com os episódios tenebrosos da crônica maranhense. [...] Militina era uma mulata brancarona, de cabelo cacheado, pequenina, enrugada, mirrada, de cara marcada pela bexiga. Tinha alguma educação, certa exaltação espiritual, memória fiel de histórias lidas ou ouvidas, e um dom de contar muito atraente.[308]

É a velha Totônia que, com suas histórias mágicas, cura as febres do pequeno José Lins do Rego, pois, como revela o narrador, "a velhinha valia para mim mais que todos os vomitórios".[309] Além disso, ela desperta o garoto para o universo dos contos de fadas: "Aos poucos as princesas e os príncipes, o rei e a rainha, as moças encantadas começavam a viver no meio de todos nós. A voz macia da velhinha fazia andar um mundo de coisas extraordinárias".[310]

Seu modo de narrar é inigualável:

> A velha Totônia trazia na memória os versos de Donana dos cabelos de ouro. A voz fanhosa repetia as estrofes. Era a história de um marido que fora nas Cruzadas arrebatar dos infiéis a terra de Deus. [...] As cenas dos encontros eram vividas pela velha Totônia com todos os tons de voz.[311]

Maria Helena Cardoso, educada no interior de Minas Gerais, também se encantava em criança com a audição de contos de fadas narrados pela cozinheira da casa:

---

308 Aranha, op. cit., p.52-3.
309 Rego, *Meus verdes anos*, p.196.
310 Ibid., p.197.
311 Ibid., p.198.

> [...] ouvia da cozinheira ou de vovó, estórias maravilhosas, que me enchiam a cabeça, me fazendo arregalar os olhos de admiração ou estremecer de pavor. Quando o medo era muito, me achegava a um dos meus irmãos, assentados próximos a mim.[312]

Também em obras de ficção essas tecedeiras de histórias são figuras muito presentes. Numa duplicação no imaginário da malha social brasileira, são lembradas com saudade pelas personagens que fazem a oposição casa grande/senzala matéria apaziguada de memorialismo nostálgico, como Paulo, que protagoniza *A esfinge*, de Afrânio Peixoto, de 1911:

> Passara serões ouvindo a velha ti'Ana contar histórias aos meninos... histórias que ele aprendera com terror ou curiosidade, que o fizeram rir e às vezes chorar, e muitas vezes recolher-se no sono para sonhar e sofrer com elas, nas indiscrições dos que não se contêm, mesmo dormindo. Eram fadas amáveis, príncipes perfeitos, animais falantes, Nossa Senhora disfarçada, mendigos que eram Nosso Senhor, pequenos heróis humildes, donzelas desvalidas e de destino magnífico, maldades castigadas, prêmio de esforço e da sagacidade... todas começadas pelo constante *Era uma vez* ou *Foi um dia*... e terminadas sempre por um vasto bródio ou grande comezaina, onde houvera doces e guloseimas, a que assistira sempre a contadora do caso e de que trouxera uma amostra, mas que no caminho se desviara e perdera ou fora comida por Sancho ou martinho, que por isso ficaram barrigudos ou calvos... A pequenada ria do cômico desta maldade, quando a última frase aparecia: *entrou por uma porta, saiu por outra, rei meu senhor que me conte outra*... As vozes débeis e a curiosidade incansada queriam mais, e pediam... – Conte outra... aquela do gato de botas... – Não, a da moura torta...[313]

Em *O professor Jeremias*, de Léo Vaz, o narrador recorda a figura que lhe deu a "primeira nutrição ao corpo e ao espírito", contrapondo os ensinamentos

---

312 Cardoso, op. cit., p.97.

313 Peixoto, *A esfinge*, p.323.

de Evinha, "uma santa preta",[314] retirados da sabedoria popular, à doutrinação religiosa, repressora e enfadonha:

> Contava-me os horrores do inferno e as delícias do paraíso, de mistura com as façanhas de João e Maria e do Pedro Malazartes. Dessa argamassa construíra mais tarde a minha professora um sistema religioso sólido, único, maciço. Todas as coisas no seu lugar.[315]

Além disso, é uma mestra de literatura, pois ensina como proceder com a escrita artística:

> Foi ela quem me deu, até hoje, o mais belo exemplo de probidade literária. Ela contava-me histórias de seu repertório. Eram as de João e Maria, do Malazartes, do Pequeno Polegar, e algumas outras mais, que Evinha, por sua vez, ouvira a seu tempo.[316]

A doçura da evocação, geralmente nostálgica, não pode apagar o fato de que mães pretas são personagens típicas e assíduas na vida de sociedades escravocratas. Passada a época da produtividade feminina no eito, assumem elas a tarefa de cuidar dos filhos e netos dos "patrõezinhos". A lembrança delas na memória nacional foi sempre positiva, migrando para a literatura e constituindo um tipo assaz comum numa certa fase da produção de livros para a infância, conforme se vê em obras como *Histórias da velha Totonha*, de José Lins do Rego, *O boi aruá*, de Luiz Jardim, ou *Contos da mãe preta* e *Histórias do pai João*, de Osvaldo Orico. Emblema de todas elas é tia Nastácia, criação de Monteiro Lobato, que lhe conferiu o mesmo papel de narradora de contos do folclore brasileiro em *Histórias da tia Nastácia*.[317]

O modelo de Monteiro Lobato é exemplar: tratava-se de aproveitar um processo da narrativa oral, encampando e transferindo para a literatura a

314 Vaz, op. cit., p.61.

315 Ibid., p.61.

316 Ibid., p.61-3.

317 Lajolo; Zilberman, *Literatura infantil brasileira: História & histórias*; Id., *Um Brasil para crianças: Para conhecer a literatura infantil brasileira: histórias, autores e textos.*

figura que fazia o papel de transmissora da tradição folclórica. Desse modo, a obra de Lobato parece sugerir um percurso interessante para a formação de leitores: rejeita as experiências mais ortodoxas de leitura e recorre à sua origem mais primitiva, a narração e audição oral, quando contador e ouvintes – a plateia atenta, silenciosa e, quando necessário, também participante – partilham espaço e tempo. Walter Benjamin, no estudo sobre o narrador,[318] faz a apologia desse modelo de transmissão de histórias, vivenciado até muito recentemente na cultura brasileira, berço da literatura infantil e, com bastante probabilidade, fiador da íntima relação entre o universo feminino e o mundo da leitura.

Leituras clandestinas

Misturando a evocação da mãe preta e prazeres proibidos, com Graça Aranha, a convivência com a tradição oral da literatura constitui a ponte para uma espécie de clandestinização da leitura. Fazendo o retrospecto de sua vida infantil, dividida entre a escola e a família, o escritor ancora o prazer suscitado pela literatura nas histórias que Militina lhe contava:

> A imaginação, excitada pela magia selvagem, ia alar-se ainda mais pela infiltração de outro feitiço. Esse, que já me viera nos contos de Militina, aumentava o seu poder transformador nas primeiras leituras clandestinas. [...] O meu desvio foi para os livros das estantes de meu pai. Eu os carregava comigo para o telhado da casa para onde eu passava pela janela do meu quarto de estudos no mirante. Fechava por fora cautelosamente a janela e sentado nas telhas lia desbragadamente. [...] Era a hora, em que eu seguia na tradução portuguesa, Dom Quixote e Sancho, e vivia o mundo picaresco e tenebroso de Gil Blás. [...] Para mim que vinha alimentado de fábulas, de magias, de prosa poética e que tinha sede de realidade, Gil Blás foi regalo substancial, que me nutriu para sempre.[319]

---

318 Benjamin, O narrador: Considerações sobre a obra de Nikolai Leskov. In: *Magia e técnica, arte e política: Ensaios sobre literatura e história da cultura.*

319 Aranha, op. cit., p.79-82.

A passagem da narrativa oral à leitura de *D. Quixote* e *Gil Blás*, clássicos da literatura espanhola e francesa dos séculos XVII e XVIII, dá-se sem conflitos: Graça Aranha transita com tranquilidade de uma para outra, porque, em ambas as situações, a leitura tem por bússola a imaginação do leitor. Pode causar espécie – mas é verossímil porque recorrente – que Graça Aranha tenha de fugir para "o telhado da casa" ou se esconder "no mirante" para ler seus livros preferidos. O futuro escritor – e com ele, quantos leitores? – está fadado a ler na clandestinidade.

Com efeito, raras vezes as leituras que produzem prazer circulam num ambiente sancionado, como a escola. Eugênio, herói de *O seminarista*, vive um dos raros momentos em que a leitura escolar responde positivamente aos anseios e necessidades do leitor, no que se encontra com Mario Quintana, outro admirador de aulas de leitura:

> Sim, havia aulas de leitura naquele tempo. A classe toda abria o livro na página indicada, o primeiro da fila começava a ler e, quando o professor dizia "adiante!", ai do que estivesse distraído, sem atinar o local do texto! Essa leitura atenta e compulsória seguia assim, banco por banco, do princípio ao fim da turma.[320]

Raul Pompeia documenta outro tipo de clandestinidade, talvez mais difundida que a de Graça Aranha; tão logo começam as aulas, Sérgio, narrador de *O Ateneu*, se depara com livros pornográficos, em circulação no colégio tido por Aristarco, seu diretor, como impoluta escola da elite do Rio de Janeiro:

> Como tardava o criado, apanhei aborrecido um folheto que ali estava à mesa dos assentos, entradas de enxoval, registros de lavanderia. Curioso folheto, versos e estampas... Fechei-o convulsivamente com o arrependimento de uma curiosidade perversa. Estranho folheto! Abri-o de novo. Ardia-me à face inexplicável incêndio de pudor, constrangia-me a garganta esquisito aperto de náusea. Escravizava-me, porém, a sedução da novidade. Olhei para os lados

320 Quintana, op. cit., p.128.

com um gesto de culpado; não sei que instinto acordava-me um sobressalto de remorso. Um simples papel, entretanto, borrado na tiragem rápida dos delitos de imprensa. Arrostei-o. O roupeiro veio interromper-me. "Larga daí! disse com brutalidade, isso não é pra menino!" E retirou o livrinho.[321]

O livro não sai da memória do menino, que reproduz o conteúdo do texto e os efeitos deflagrados por sua leitura:

Esta impressão viva de surpresa curou-me da lembrança do meu triste episódio, crescendo-me na imaginação como as visões, absorvendo-me as ideias. Zumbia-me aos ouvidos a palavra aterrada de Aristarco...Sim, devia ser isto: um entravamento obscuro das formas despidas, roupas abertas, um turbilhão de frades bêbados, deslocados ao capricho de todas as deformidades de um monstruoso desenho, tocando-se, saltando a sarabanda diabólica sem fim, no empastado negrume da tinta do prelo; aqui e ali, o raio branco de uma falha, fulminando o espetáculo e a gravura, como o estigma complementar do acaso.[322]

Mais adiante, Sérgio descobre os "romances proibidos" que circulam entre os estudantes. Integrado à rotina da escola, o narrador já não manifesta a culpa e o temor tão evidentes no episódio da enfermaria. Agora, sente-se senhor da situação e capaz de descrever, compreender e julgar o comportamento dos colegas:

De mão em mão como as epístolas, corriam os periódicos manuscritos e os romances proibidos. Os periódicos levavam pelos bancos a troça mordaz, aos colegas, aos professores, aos bedéis; mesmo a pilhéria blasfema contra Aristarco, uma temeridade. Os romances, enredados de atribulações febricitantes, atraindo no descritivo, chocantes no desenlace, alguns temperados de grosseira sensualidade, animavam na imaginação panoramas ideados na vida exterior, quando não há mais compêndios, as lutas pelo dinheiro e pelo amor, o ingresso nos salões, o êxito da diplomacia entre duquesas, a festejada bravura

321 Pompeia, op. cit., p.60-1.
322 Ibid., p.61.

> dos duelos, o pundonor de espada à cinta; ou então o drama das paixões ásperas, tormentos de um peito malsinado e sublime sobre um cenário sujo de bodega, entre vômitos de mau vinho e palavradas de barregã sem preço.[323]

Não é esse (o pornográfico), porém, o *corpus* de leituras predominantemente evocadas na ficção.[324] As obras preferidas pelos estudantes, se não são aquelas que os professores valorizam, são, por seu turno, bem-comportadas; e as personagens que as admiram são bons leitores, dignos de ser acompanhados pelos consumidores dos romances que eles protagonizam.

Também nesse sentido Sérgio é exemplar. Se, segundo sua própria opinião, é aluno relapso e escolhe seguidamente o caminho do delito e da displicência, por outro lado elege entre seus melhores amigos aqueles que o guiam aos bons livros. Bento Alves, seu protetor mais competente e respeitado, coopera com o trabalho da biblioteca e o introduz às obras de Júlio Verne:

> Esta frequência [à biblioteca] angariou-me dois amigos, dois saudosos amigos – Bento Alves e Júlio Verne.
>
> Ao famoso contador do *Tour du monde* devo uma multidão numerosa dos amáveis fantasmas da primeira imaginação, excêntricos como Fogg, Paganel, Thomas Black, alegres como Joe, Passepartout, o negro Nab, nomes como Glenarvan, Letourneur, Paulina Barnett, atraente como Aouda, Mary Grant. Sobre todos, grande como um semideus, barba nitente, luminosa como a neblina dos sonhos, o lendário Nemo da ilha Misteriosa, taciturno da lembrança das justiças de vingador, esperando que um cataclismo lhe cavasse um jazigo no seio do Oceano, seu vassalo, seu cúmplice, seu domínio, pátria sombria do expatriado.[325]

---

323 Ibid., p.172-3.

324 Um dos poucos a defender a validade da literatura pornográfica é Monteiro Lobato, em "Os livros fundamentais", crônica reproduzida em *A onda verde*, onde reconhece a importância de obras como *Teresa filósofa* para a formação do gosto pela leitura. Cf. Lobato, Os livros fundamentais. In: *A onda verde* e *O presidente negro*. A respeito desse texto, cf. Lajolo; Zilberman, *Um Brasil para crianças*.

325 Pompeia, op. cit., p.146-7.

Explicando as razões de sua admiração, o narrador destaca a novidade trazida pelas obras de Verne, fator que o eleva acima seja dos autores de literatura infantil, como os na época populares cônego Schmit e Jonathan Swift, seja dos clássicos portugueses, como Camões ou Bernardes:

> Possuía minha literatura completa de tesouros de meninos, contos de Schmidt; visitara uma por uma no meu burrinho as feiras da sabedoria de Simão de Nântua; estudara profundamente pelas aventuras de Gulliver as vacilações da vida, onde, mal acabamos de zombar da pequenez extrema, vem sobre nós o ludíbrio da extrema grandeza, espécie de Pascal de mamadeira entre Lilliput e Brobdingnac; chegara à perfeição de duvidar das empresas de Munchhausen. Isto tudo sem falar nos *Lusíadas* do Sanches, do reverendo Bernardes, na refinada pilhéria do Bertoldo e no *Testamento do galo*, símbolo aliás muito filosófico da odiosidade das sucessões, que por ventura do herdeiro autoriza o destripamento do galináceo como a tortura shakespeariana de Lear.
>
> Júlio Verne foi festejado como uma migração de novidade. Onde quer que me levasse o *Forward* ou o *Duncan*, o *Nautilus* ou o balão *Vitória*, a columbíada da Flórida ou o criptograma de Saknussen, lá ia eu, esfaimado de desenlaces, prazenteiro, ávido como os três dias de Colombo antes da América, respirando no cheiro das encadernações as variantes climatéricas da leitura, desde as areias africanas até aos campos de cristal do Ártico, desde os grandes frios siderais até à aventura do Stromboli.[326]

Com seu outro grande amigo, Egbert, Sérgio inicia-se na literatura francesa. Para os exames, preparam juntos os clássicos da dramaturgia francesa, como Corneille, Racine e Molière. Mas é fora da sala de aula que descobrem *Paulo e Virgínia*, de Bernardin de Saint-Pierre, um dos livros mais populares do século XIX, a se confiar no número de referências feitas a essa obra na ficção brasileira da época:[327]

---

326 Ibid.

327 A referência a *Paulo e Virgínia* não é exclusiva da literatura brasileira. Ema Bovary "lera *Paulo e Virgínia* e sonhara com a pequenina casa de bambus, com o negro Domingos, com o cão Fiel, mas, sobretudo, com a doce amizade de algum bom irmãozinho que vai buscar para nós os frutos vermelhos de árvores grandes, mais altas do

Líamos muito em companhia. Páginas que não terminavam, de leituras delicadas, fecundas em cisma: Robinson Crusoé, a solidão e a indústria humana; Paulo e Virgínia, a solidão e o sentimento. Construíamos risonhas hipóteses: que faria um de nós, vendo-se nos apuros de uma ilha deserta?

[...]

A pastoral de Bernardin de Saint Pierre foi principalmente o novo enlevo. Parecia-nos ter o poema no coração. *A baía do Túmulo*, de águas profundas e sombrias, festejada apenas algumas horas pelo sol a prumo, em suave tristeza sempre; ao longe, por uma bocaina, a fachada, à vista, branca, da igreja rústica de Pamplemousses.

[...]

Revíamos o idílio todo, instintivo e puro. "*Virginie, elle sera heureuse!...*" Animávamo-nos da animação daquelas correrias de crianças na liberdade agreste, gozávamos o sentido daquela topografia de denominações originais – *Descoberta da amizade, Lágrimas enxugadas,* ou de alusões à pátria distante. Ouvíamos palmear a revoada dos pássaros, disputando, ao redor de Virgínia, a ração de migalhas. Percebíamos sem raciocínios a filosofia sensual da mimosa entrevista. [...]

---

que campanários, ou que corre com os pés descalços pela areia, trazendo-nos um ninho de pássaros". Flaubert, *Madame Bovary*, p.51. Almeida Garret condena Tomás Antônio Gonzaga, porque *Marília de Dirceu* não segue o modelo de Bernardin de Saint-Pierre: "Oh! e quanto não perdeu a poesia nesse fatal erro! se essa amável, se essa ingênua Marília fosse, como a Virgínia de Saint-Pierre, sentar-se à sombra das palmeiras, e enquanto lhe revoavam em torno o cardeal soberbo com a púrpura dos reis, o sabiá terno e melodioso – que saltasse pelos montes espessos a cotia fugaz como a lebre da Europa, ou grave passeasse pela orla da ribeira o tatu escamoso – ela se entretivesse em tecer para o seu amigo e seu cantor uma grinalda não de rosas, não de jasmins, porém dos roxos martírios, das alvas flores dos vermelhos bagos do lustroso cafezeiro; que pintura, se a desenhara com sua natural graça o ingênuo pincel de Gonzaga!" Garrett, Bosquejo da história da poesia e língua portuguesa. In: *Obras completas*, p.357. *Paulo e Virgínia* foi uma das publicações literárias da Imprensa Régia, junto com *A choupana indiana*, do mesmo autor. Entre os românticos, José de Alencar faz de Lúcia, protagonista de *Lucíola*, leitora e admiradora de Bernardin de Saint-Pierre. Machado de Assis cita o livro em romances como *Helena* e em contos como "Questão de vaidade", escritos durante a década de 1870, época aproximada à da ação de *O Ateneu*, fatores que atestam a longevidade da presença de Saint-Pierre no imaginário brasileiro.

Confrangia-nos, enfim, ao voltar das páginas, a dificuldade cruel das objeções de fortuna e de classe, o divórcio das almas irmãs, quando os coqueiros ficavam juntos. E a iminência constritora do austro, da catástrofe, a lua cruenta de presságios sobre um céu de ferro...

E guardávamos do livro, cântico luminoso de amor sobre a surdina escura dos desesperos da escravidão colonial, uma lembrança mista, de pesar, de encanto, de admiração. Que tanto pôde o poeta: sobre o solo maldito, onde o café floria e o níveo algodão e o verde claro dos milhos de uma rega de sangue, altear a imagem fantástica da bondade, Virgínia coroada; como o capricho onipotente do sol, formando em glória os filetes vaporosos que os muladares fumam, que um raio chama acima e doura.[328]

A literatura francesa já detinha a preferência dos estudantes brasileiros, admiradores dos clássicos setecentistas difundidos pela escola. Desescolarizada, a escolha dos autores franceses unge-se de certa clandestinidade. A predileção por Júlio Verne e Bernardin de Saint-Pierre completa esse quadro, sintomático não apenas da ampla circulação da literatura em língua francesa entre nós, mas também da dominação de certo padrão cultural. Ana Rosa, de *O mulato*, embora não apresente maiores predicados culturais, "tinha um Paulo e Virgínia de *biscuit* sobre a estante";[329] e o narrador de *O professor Jeremias* dá conta da popularidade do livro mesmo em sua pequena cidade interiorana:

Deves ter ouvido bastantes vezes, à tua mãe, o reconto dos amores de Paulo e Virgínia, cuja história era para ele a súmula da literatura universal.

Eu nunca li *Paulo e Virgínia*. Mas ouvi falar a muita gente e, em Pirassaguera, ao tempo da minha infância e no meio do jardim do barão da Serra Preta, havia um casal deles.[330]

Olavo Bilac coopera com a crônica das leituras envolventes e apaixonadas, ao relatar o episódio de que participam Júlio Verne e um jovem brasileiro, reunidos ambos na Biblioteca Nacional:

---

328 Pompeia, op. cit., p.213-4.

329 Azevedo, *O mulato*, p.40.

330 Vaz, op. cit., p.81-2.

> Há poucas semanas, indo à Biblioteca Nacional reunir material de trabalho, fiquei sentado em frente a uma mocinho imberbe e pálido, que devorava com os olhos e com a alma as páginas do livro que pedira.
>
> Quando cheguei, já ele estava no fim do volume; e, a cada página voltada, uma vibração nova, de ansiedade, de supremo gozo intelectual, de infinito encanto de espírito, agitava a sua face de adolescente, sob a claridade crua da lâmpada elétrica. Os seus olhos, num movimento febril, iam do começo ao fim de cada linha, voando; os seus dedos torturavam a quina da folha, dobrando-a; uma ruga funda se lhe cavava na testa; e toda a sua cabeça palpitava no esforço de atenção. Havia, naquela atitude, um prazer tão agudo que já era sofrimento. Aquela alma inocente, de menino de treze anos, atravessava a crise de uma dessas tensões intelectuais, que já não são dadas a quem chega à idade madura tendo abusado da inteligência...
>
> As últimas folhas do livro foram lidas em poucos minutos. Quando a última linha morreu sob o flamejamento dos olhos ávidos, houve na face do leitor um afrouxamento súbito da força vital – um como alívio misturado de tristeza –, alívio de quem se liberta de repente de um grande peso, tristeza de quem vê findar um sonho estafante e ao mesmo tempo suave. [...] Curioso, ergui-me do meu lugar e peguei o livro, que ficara sobre a táboa da mesa. Era a *Viagem à roda da Lua*, de Júlio Verne.[331]

A cena descrita por Bilac poderia com certeza ser protagonizada por Sérgio, de *O Ateneu*, lendo o autor de sua predileção, não na Biblioteca Nacional, mas na do colégio onde estudava. Júlio Verne, porém, não agradou apenas aos adolescentes do século XIX; leitores do século XX, como Brito Broca, igualmente encontraram nele matéria abundante para sua fantasia. E para uma leve censura familiar. Com a cumplicidade da avó, que tinha "lido [romances] apaixonadamente na mocidade", ele é introduzido ao universo de Júlio Verne, "cujo encanto [ela] também experimentara. Assim, falava-me das *Aventuras do Capitão Hateras*, de *Cinco semanas em um balão*, de *A volta ao mundo em oitenta dias*".[332]

331 Bilac, *Ironia & piedade*, p.29.

332 Broca, O "vício impune". In: *Escrita e vivência*, p.16.

O problema era "onde encontrar esses livros", pois "não era fácil adquiri--los, no interior, naquele tempo". Nem por isso o garoto fica sem as obras:

> Marcou, assim, uma data na minha vida o dia em que, à força de rigorosa economia, poupando tostão a tostão, consegui mandar comprar em São Paulo o primeiro romance de Júlio Verne: *A tribulações de um chinês na China*. Na verdade, acima de todos os enredos recordados por minha avó, o que mais me excitava a imaginação era o da sua própria existência.[333]

Tal como Sérgio e o adolescente flagrado por Olavo Bilac, a leitura das obras de Verne faz-se com intensidade; tal como ocorre a Graça Aranha, Brito Broca rouba horas ao estudo e consome os livros que não se integram à bibliografia escolar. Só não é castigado porque conta com a cumplicidade do pai, igualmente vencido pelo "vício impune":

> Logo que ele [o pai] assumia o posto, eu vinha colocar-me defronte, no outro canto da mesa, com os meus cadernos, os meus livros escolares. Nem sempre, porém, me entretinha nessa tarefa; muitas vezes, dando-a por cumprida naquele dia, trazia, em lugar dos compêndios, um romance e me entregava com fruição à leitura. Como as horas passavam depressa![334]

Contudo, a vigilância paterna intervém:

> Ao bater das dez, meu pai fechava os vastos in-fólios de contabilidade [...]. Se eu permanecia na leitura, não dando mostras de me aprontar, também para deitar-me, ele intervinha: "Vamos, basta de leitura, são horas de dormir". "Faltam só algumas páginas", desculpava eu, "já estou no fim..."[335]

A resistência do jovem leitor depara-se com o rigor paterno:

---

333 Ibid.

334 Ibid.

335 Ibid., p.17.

> E como os minutos corressem e o fim não chegasse, ele advertia, já num tom meio severo: "Acaba com isso, já disse, tem muito tempo, amanhã, para ler". Não havia outro remédio senão fechar o livro, a mente a fervilhar de imagens e peripécias. Com que desespero, nessas implacáveis dez horas, interrompi a leitura de tantos romances que me empolgaram dos onze aos quinze anos![336]

Contudo, nem sempre o narrador é vencido:

> Mas acontecia que, às vezes, como já disse, meu pai, também ledor apaixonado de romances, terminando a tarefa mais cedo se entregava igualmente ao "vício impune". Nessa ocasião, eu podia contar até certo ponto com a sua tolerância: éramos os dois curvados sobre o livro, perdidos na fantasia, viajando por mundos distantes, e uma certa cumplicidade não podia deixar de estabelecer-se entre nós.[337]

Alexandre Dumas é outro escritor francês bastante popular entre adolescentes, a quem Sérgio, de *O Ateneu*, recorre em momentos de lazer ou escapismo:

> Eu deitava-me preguiçoso, ouvindo a grita do pátio, como cousa absolutamente alheia à minha vida. Contava as tábuas do teto, porção de traços paralelos que se perdiam num reflexo de tinta. Às vezes lia narrativas de Dumas, que não distraíam.[338]

Nogueira, narrador de "Missa do galo", de Machado de Assis, também se deixa inebriar pelo romance de Dumas, *Os três mosqueteiros*, até ser despertado para a realidade por Conceição, esposa de seu hospedeiro e que o leva a outro tipo de aventura:

---

336 Ibid., p.18.

337 Ibid.

338 Pompeia, op. cit., p.226.

> Tinha comigo um romance, os *Três mosqueteiros*, velha tradução, creio do *Jornal do Comércio*. Sentei-me à mesa que havia no centro da sala, e à luz de um candeeiro de querosene, enquanto a casa dormia, trepei ainda uma vez ao cavalo magro de D'Artagnan e fui-me às aventuras. Dentro em pouco estava completamente ébrio de Dumas. [...] Entretanto, um pequeno rumor que ouvi dentro veio acordar-me da leitura.[339]

Mário de Andrade também consome obras de Dumas, ao lado das de Ponson du Terrail e Émile Zola. No quadro que traça, emergem de novo as ideias de proibição e clandestinidade que acompanham o gosto por obras de aventura e fantasia, desde que não homologadas pela escola e pela família:

> *Meu pai com seu nariz judeu...*
> *Eu vivia quase sem ruído.*
> *Dúmas Terrail Zola escondidos,*
> *Si ele souber... Meu pai? Meu Deus?*
> *Duas pessoas num só terror.*
> *Meus quatorze anos sorrateiros:*
> *Leituras pobres, vícios feios,*
> *Quanto passado sem valor!*
> *Eu não vivi no meu país.*
> *Zóla Terrail Dúmas franceses...*
> *Que gramáticas portuguesas*
> *Pro miserável de Paris!*[340]

Lêdo Ivo também admira Alexandre Dumas, cuja obra *Os três mosqueteiros* consome no escritório do pai, parceiro de quem se aproxima graças ao mundo imaginário encontrado nos livros:

> Muitas dessas leituras eram à noite, no escritório de meu pai, num sobrado da cidade. [...] Às vezes, parava de escrever ou examinar papéis e quebrava o

---

339 Assis, Missa do galo. In: *Páginas recolhidas*, p.93.

340 Andrade, Poema no XXIV. In: *Losango cáqui: Poesias completas*, p.86-7.

silêncio com uma observação de cunho judiciário, como se eu, menino de dez ou onze anos, fosse um de seus parelhos, e não o leitor esfaimado de *Os três mosqueteiros* ou de *Robinson Crusoé*.[341]

Apenas dois outros autores puderam concorrer com o grupo de franceses mencionados pelos memorialistas. De um lado, o inglês Daniel Defoe, autor de *Robinson Crusoé*, citado por Lêdo Ivo e livro que Sérgio, de *O Ateneu*, coloca no mesmo grupo das leituras apreciadas por ele e Egbert. Carlos Drummond de Andrade destaca igualmente esse romance entre os que nostalgicamente recorda:

> *Quando Robinson Cruzoé deixou a ilha,*
> *que tristeza para o leitor do* Tico-Tico.
> *Era sublime viver para sempre com ele e com Sexta-Feira,*
> *na exemplar, na florida solidão,*
> *sem nenhum dos dois saber que eu estava aqui.*[342]

De outro lado, e relativizando o giro europeu dos *best-sellers*, o italiano *Cuore*, obra de Edmondo De Amicis publicada na segunda metade do século XIX, bastante popular entre os adolescentes, é também apreciada pelos adultos. Paulo Mendes Campos, na crônica citada, destaca esse livro, que Manuel Bandeira conheceu durante as aulas de literatura, evocado na tradução de João Ribeiro:

> O *Coração* era o livro de leitura adotado pela minha classe. Para mim, porém, não era um livro de estudo. Era a porta de um mundo, não de evasão, como o da *Viagem à roda do mundo numa casquinha de noz*, mas de um sentimento misturado, com a intuição terrificante das tristezas e maldades da vida.[343]

341 Ivo, *Confissões de um poeta*, p.48.
342 Andrade, Fim. In: *Boitempo & A falta que ama*, p.83.
343 Bandeira, *Itinerário de Pasárgada*, p.12.

Carlinhos, protagonista de *Doidinho*, romance de José Lins do Rego, igualmente destaca a obra de De Amicis, que retrata o mundo ideal a que o menino gostaria de ter acesso, para escapar ao ambiente opressivo da escola do professor Maciel:

> [...] o meu grande ideal de aluno estava no *Coração*. [...] Tudo me parecia passagens de um romance admirável. E como era diferente a escola de lá da do professor Maciel! Distribuíam prêmios, os professores falavam manso, não existiam palmatórias. O nosso colégio não se parecia com as escolas da Itália.[344]

Prefere-o, pois, à *Seleta clássica*, elogiada em outro momento do romance. Mas é que "o *Coração* estremecia a nossa sensibilidade de meninos, nos interessava naqueles conflitos que eram os nossos".[345] O narrador sintetiza porque o prefere acima de todas as demais leituras:

> Este livro de tanto amor à Itália me fez amar aos que eu não conhecia, aos estranhos, aos meninos sujos porque não tinham roupas limpas, aos heróis dos contos. A minha infância sem Júlio Verne e sem soldados de chumbo imaginou os seus heróis como eram os do *Coração*, os seus grandes homens, os que morriam pela pátria e os que davam a vida pelos pais.[346]

Segundo o narrador do romance, a leitura predileta de Carlinhos tem função compensatória, contrariando e suplantando uma realidade indesejada. A mesma situação ocorre quando o protagonista se refere às obras de cavalaria, que narram episódios de guerra e valentia, similares àqueles de que o menino não deseja participar, apesar de convidado por colegas e amigos:

> [...] Descobrira Carlos Magno, a história do imperador Carlos Magno. Grande livro, que nada tinha que ver com a vida, mas que me veio mostrar que eu era ainda criança, porque acreditei nele, da primeira à última página. O

---

344 Rego, *Doidinho*, p.64.
345 Ibid.
346 Ibid.

> cético da vida dos santos, dos milagres da História Sagrada, se apaixonava, se entregava de corpo e alma ao romance dos Doze Pares de França.[347]

Graciliano Ramos, que odiou o barão de Macaúbas e, por tabela, o Camões a que aquele o introduziu, vai descobrir na leitura encantos raros, diverso de sua vida marcada por frustrações, inclusive escolares. Em *Infância*, ele conta que, alfabetizado à força, mas por fim leitor, depara-se com uma "dificuldade insolúvel", similar, aliás, à que Brito Broca recorda em suas memórias: "como adquirir livros"?[348] Afinal, escreve o romancista, "eu precisava ler, não os compêndios escolares, insossos, mas aventuras, justiça, amor, vinganças, coisas até então desconhecidas". Quando pode fazê-lo, procura lugares escondidos: "escapulia-me com o romance debaixo do paletó, [...] ia esconder-me na sala. Mergulhava numa espreguiçadeira e [...] passava horas adivinhando a narrativa, à luz que se coava pelos vidros baços.[349] À medida que o gosto pela leitura aumenta, o problema cresce: onde conseguir livros?

Enfim, o menino encontra um fornecedor, o tabelião Jerônimo Barreto, que lhe empresta *O guarani*, de José de Alencar, e franqueia-lhe "as coleções todas". O jovem leitor entretém-se *com* "D. Antônio de Mariz, Cecília, Peri, fidalgos, aventureiros, o Paquequer", mas comenta: "certas expressões me recordam a seleta e a linguagem de meu pai em lances de entusiasmo. Vi o retrato de José de Alencar, barbado, semelhante ao barão de Macaúbas, e achei notável usarem os dois uma prosa fofa". Daí para a frente mergulha em todo tipo de leitura, estimulado por Jerônimo Barreto:

> Revelara-me Joaquim Manuel de Macedo, Júlio Verne, afinal Ponson du Terrail, em folhetos devorados na escola, debaixo das laranjeiras do quintal, nas pedras do Paraíba, em cima do caixão de velas, junto ao dicionário que tinha bandeiras e figuras.

---

347 Ibid., p.216.

348 Ramos, Jerônimo Barreto. In: *Infância*, p.234.

349 Ibid.

> [...] Embrenhava-me na leitura do precioso fascículo, escondido entre as folhas de um atlas.[350]

As obras escolhidas por crianças e adolescentes, quando escapolem da rígida rotina escolar de leitura, parecem responder às exigências da fantasia, pela qual, em acumulação infinita, se articulam a outras de ficção ou as conhecidas por meio da transmissão oral, como as ouvidas de contadoras. O fato de incendiarem a imaginação explica e reforça a clandestinidade dessas leituras, que pouco ensinam de prático, mas que provocam consumo contínuo. Os admiradores de Júlio Verne ou Ponson du Terrail querem tão somente terminar um livro, para ler outro, e mais outro, numa espiral sem fim.

Por sua vez, os autores mencionados nem sempre correspondem aos nomes consagrados da literatura ocidental ou a *best-sellers* do século XIX hoje integrados ao universo do cânone dominante. De um lado, aparecem textos destinados à infância, como o popular Simão de Nântua referido por Raul Pompeia; de outro, ocorrem os autores de folhetins, citados por Mário de Andrade e Graciliano Ramos. Mencionam-se ainda semanários e revistas em quadrinhos, como faz Lêdo Ivo, que recorda com nostalgia obras e nomes que são patrimônio exclusivo da indústria cultural, mas que o introduziram ao mundo das letras impressas, como "o *Tico-Tico, O Malho, Almanaque do Biotônico Fontoura, Eu Sei Tudo,* os exemplares de *A Noite Ilustrada* que reproduziam as imagens da revolução constitucionalista de S. Paulo, as espertezas de Nick Carter":[351]

> Foi por esse tempo que acompanhei, no *Jornal do Comércio*, do Recife (que chegava à noite, trazido pelos trens) o folhetim *A toutinegra do moinho*, de Emile Richebourg. Era o mundo do romance, da ficção larga e desatada, e dotada de uma rica textura de surpresas e incidentes, e de enredos só desenredados nos capítulos finais, que se abria para mim, como um leque de incontáveis varetas.[352]

---

350 Ibid.

351 Ivo, op. cit., p.48.

352 Ibid.

Essas leituras colocam esses leitores no território da literatura infantil e da literatura de massa. Os livros para crianças, em circulação no Brasil desde o início do século XIX, confundiam-se com as obras didáticas, pois predominavam os volumes denominados *Tesouro dos meninos* ou *Tesouro das meninas*, como os que os Laemmert doaram à biblioteca do Instituto Histórico e Geográfico Brasileiro. É o que Pompeia quer dizer quando afirma possuir "minha literatura completa de tesouros de meninos", a que ele soma os contos de Schmit e o *Simão de Nântua*.

Este livro, denominado *História de Simão de Nântua, ou o mercador de feiras*, de autoria de Laurent de Jussieu, data de 1812, tendo sido traduzido para o português e publicado em dois volumes em 1830 e depois em 1834.[353] Em 1837, foi republicado em Lisboa, numa "nova edição aumentada de uma tradução literal para os que começam a estudar as línguas portuguesa e francesa e das obras póstumas de Simão de Nântua".[354] Recebeu igualmente uma edição brasileira, pois também consta da doação dos Laemmert ao Instituto Histórico e Geográfico Brasileiro; um sintoma de sua popularidade e presença no ensino é o fato de ser citado por Francisco Otaviano na análise que faz, em 1851, dos livros que circulam na escolas e que ele não aprova:

> Temos visto livros dedicados à instrução da infância, cujo contexto é de um excessivo pedantismo; outros, viciosos no método ou de estilo fastidioso, narcotizam o leitor em vez de provocar-lhe a curiosidade. Em 1850 nas escolas da Corte, a leitura das *Fábulas* de Esopo foram, em geral, substituídas pelo *Tesouro dos meninos*, e finalmente pelo *Simão de Nântua* de Jussieu. Concordo que qualquer desses dois últimos livros contém lições de moral a mais pura; mas não sei se é um apego às reminiscências da infância, que me faz preferir ao livro do filósofo escravo (Esopo).[355]

Simão de Nântua, ainda que popular, não era o mais aconselhável; Otaviano conclui que melhor seria se se produzissem livros específicos para a infân-

353 Ramos, *A edição de língua portuguesa em França (1800-1850)*.

354 Rodrigues, *A novelística estrangeira em versão portuguesa no período pré-romântico*, p.42.

355 Otaviano, Notas administrativas [publicadas no *Jornal do Comércio* de 1851]. Reproduzidas em Moacyr, op. cit., p.561.

cia, inspirando-se no exemplo da literatura inglesa e nos contos de fadas reunidos pelos Irmãos Grimm:

> As inteligências precoces são exceções: convém que os meninos tenham em mão livros escritos por homens entendidos e que podem raciocinar livremente. Em Inglaterra, de Goldsmith para cá, escrever e publicar livros para crianças (*children books*) tem sido um manancial de grandes lucros; [...]. Mandou-se imprimir as poesias sacras do padre Caldas para uso das escolas. [...] Na Inglaterra não se dá às crianças um livro desta ordem. As traduções e compilações são apropriadas ao seu desenvolvimento intelectual presumível. Há livros para crianças de Mrs. Henan, as histórias do Evangelho de Mrs. Barrow; a obra-prima *Jornada do peregrino* de Bunyan, e muitas outras deste gênero. [...] Dá-se o mesmo fato na França e na Alemanha. Os contos populares de Grin [*sic*] são muito conhecidos.[356]

E, com efeito, ao final do século, começaram a entrar em cena as publicações destinadas ao público infantil, acompanhadas das revistas em quadrinhos e dos seriados, que encantaram crianças e jovens, como testemunha Lêdo Ivo. Leitor da Coleção Terramarear, nascida na década de 1930 na Companhia Editora Nacional, o escritor registra que os livros da série abriram para ele "suas imensas portas de maresia; e os piratas e as pirogas me levavam, por entre ondas altas, às paragens onde o mundo ao mesmo tempo começava com seu sol ofuscante e findava no cortejo de suas estrelas".[357] Também relaciona as narrativas que o seduziram: "Seja-me permitido mencionar, da relação ditosa, *A vingança do iroquês*, *Songkai o pirata* e *Caminhos do Pacífico*, de Emílio Salgari; *Os náufragos de Bornéu*, de Mayne Reid; *A ilha de coral*, de R. M. Ballantine".[358]

O efeito não poderia ter sido melhor: "a brisa da viagem e da evasão que eu, na adolescência e no pórtico da juventude, haveria de buscar em

356 Ibid., p.561-2.
357 Ivo, op. cit., p.52.
358 Ibid.

Baudelaire, Rimbaud, Mallarmé e Valéry, foi nessas páginas aventurosas que começou a soprar".[359]

Do alcance dos quadrinhos, emblematizados pela pioneira *O Tico-Tico*, já citada por Carlos Drummond de Andrade, é eloquente o testemunho de Herman Lima, para quem a revista "foi a alegria de muitas gerações de meninos brasileiros, a partir do começo deste século [XX]".[360] Conheceu-a antes de ter sido alfabetizado:

> Eu tinha 8 anos e no largo alpendre duma velha casa branca do Meireles, à beira do mar de Fortaleza, ficava horas e horas debruçado sobre as páginas dos seus primeiros números. Ainda não sabia ler, mas já me deliciava com as aventuras do Chiquinho e as travessuras do Juquinha.[361]

E foi a bordo do *Tico-Tico* que Herman Lima fez "[sua] iniciação literária. Foi em 1906". Nostálgico, relembra como tinha acesso aos volumes, pois, "morando num sítio a quase uma légua de Fortaleza", tinha de aguardar "a visita duma tia velhona, que ia passar o dia conosco":

> Desde cedo, nesse dia, ficávamos à sua espera, olhando o portão do fundo do sítio, onde ela aparecia, para ver quem a descobria primeiro, porquanto ela sempre trazia *O Tico-Tico* e quem a alcançava antes só o largava no fim da leitura. Esse apego à querida revista sempre perdurou na minha vida.[362]

Outra admiradora da revista é Maria Helena Cardoso, que, como seus pares escritores, também tinha dificuldades em obter os exemplares ambicionados. Esclarecendo que, "naquele tempo, quem possuía uma assinatura d'*O Tico-Tico*, único jornal infantil com penetração pelo interior, era um ser privilegiado aos meus olhos", relata seus expedientes para "se-

359 Ibid.

360 Lima, *O Tico-Tico: Revista Pioneira de Literatura Infantil.* (Evocação), *Revista do Livro* XIII, p.15-25.

361 Ibid.

362 Ibid.

duzir o felizardo, dono de tesouro assim inestimável", como era o caso de Gustavo, "menino feioso, amarelo, raquítico, de orelhas acabanadas e voz fanhosa", para ela transformado "numa criança bonita e simpática, apenas porque possuía uma assinatura d'*O Tico-Tico*".[363] A felicidade com que sonha materializa-se no desejo de "ler aquele jornalzinho com calma, folheando as páginas vagarosamente, contemplando bem todos aqueles bichos coloridos personagens meus queridos, como Zé Macaco, Faustina, Chiquinho, Cachimbom na Pandegolândia", o que não ocorre porque

> tudo aquilo [...] eu via às pressas, com quatro ou cinco cabeças curiosas por cima do meu ombro e receosa de que o dono, ciumento do seu tesouro, me interrompesse no meio do prazer, arrancando-me o jornalzinho das mãos, como ameaçava fazer a todo momento.[364]

Assim, é no âmbito do não consagrado e da literatura de massa, com aproximações à literatura infantil, que se constitui o acervo básico, ainda que clandestino, de leituras da mocidade brasileira. Não apenas dos meninos, mas também das meninas, conforme se acompanha nas memórias de Maria Helena Cardoso. Tal como os rapazes, também ela é admiradora dos folhetins de aventuras, misturando-se entre suas predileções os pouco canônicos Zevacco, Escrich e Paul Bourget aos depois consagrados Dostoiévski e Anatole France.

A natureza ilícita fica por conta do fato de que, "à hora do jantar saía de debaixo da cama, pulava de novo a janela e entrava pela porta da frente como se estivesse chegando naquele momento da casa de vovó".[365] São também precárias as condições de leitura: "Deitada debaixo da cama, com luz insuficiente, os braços cansados de manter o livro a altura dos olhos, lia toda uma enviada de livros a mais disparatada possível".[366]

A enfiada de livros inclui o suprassumo da literatura de massa:

363 Cardoso, op. cit., p.216.
364 Ibid.
365 Ibid., p.97.
366 Ibid.

> *Capitain Pardaillan*, *Fausta vencida* de Miguel Zevacco, *O piano de Clara*, *O violino do diabo*, *Anjos da terra*, de Perez Escrich, *Memórias de um médico*, *O visconde de Bragelone*, *Vinte anos depois*, *O conde de Monte Cristo*, de Alexandre Dumas, quase tudo de Júlio Verne, todos os fascículos de Sherlock Holmes, Nick Carter e Arsène Lupin e os primeiros romances de Paul Bourget, em grande moda, da Bibliothèque de Ma Fille, *A filha do diretor do circo*, que me pôs triste por muitos dias, grupo de obras que se mistura a *Recordações da casa dos mortos*, *Le crime de Sylvestre Bonnard*, *Le lys rouge*, *Crime e castigo* e muita coisa de que não me lembro.[367]

Mas, como confessa Maria Helena,

> não havia livro que chegasse para a minha enorme sede. Como não tinha dinheiro para comprar, recorria às colegas do colégio, lia escondido os do meu tio e o vendeiro vizinho nos emprestava alguns: *O judeu errante*, de Eugênio Sue e vários fascículos dos *Dramas do novo mundo*, de Gustavo Aymard, além de alguns de Escrich.[368]

A clandestinidade é a condição de a leitura poder se realizar a contento, sem a interferência dos adultos. A narradora relata que "cedo", libertou-se "da influência de mamãe e passei a ler por minha conta e risco". Tendo tomado emprestado *O moço louro*, de Joaquim Manuel de Macedo, esconde-o "muitos dias debaixo do meu colchão, até descobrir um refúgio onde pudesse lê-lo longe das vistas dela, que costumava confiscar os livros que apanhava em minhas mãos". Seu refúgio predileto é um dos "quartos do quintal, depósito de objetos quebrados e madeiras velhas", onde "assentada sobre pilhas de traves empoeiradas, entrelaçadas de teias de aranha, desaparecida de casa por horas seguidas, entregue ao prazer da leitura, completamente indiferente ao perigo dos escorpiões, comuns em Curvelo":[369]

---

367 Ibid.

368 Ibid.

369 Ibid., p.138.

> Adotei aquele quarto como meu gabinete de leitura. Fingia sair e me metia dentro dele, porta fechada a chave, meio escuro, janela apenas com uma banda aberta, só aparecendo no interior da casa à hora do jantar. Se mamãe me perguntava onde tinha estado, não me faltavam desculpas prontas:
>
> – Tava na casa de Sinhá.[370]

Essas leituras são clandestinas, porque nada têm de pragmáticas. A escola, prática e aplicada, considera-as indesejadas e bane-as, estabelecendo-se uma dicotomia intransponível e inconciliável. Se a escola patrocinar leituras que atendam apenas à imaginação e ao gosto, rompe o pacto educacional; se evitá-las, torna-se detestável, sem impedir que as leituras prediletas continuem a proliferar, na clandestinidade ou não.

A escola, num caso, torna-se incompetente; no outro, impopular.

Nelson Werneck Sodré exemplifica o caso extremo do banimento, a ponto de qualquer livro ser virtualmente proibido. Se, quando frequentou o Ginásio Brasileiro, "a leitura, ali, se não era bem vista, também não era perseguida, salvo nas horas e nos locais de aula e de estudo", no internato, "no Ginásio Diocesano, em Taubaté, mantido pelo Bispado e dirigido por padres alemães cuja Ordem não me recordo", a situação é outra: "a leitura era encarada como atividade pecaminosa, ainda nas horas de recreação".[371] O memorialista comenta:

> Importa, aqui, mencionar apenas o traço de singularidade que igualava esse colégio aos outros: a leitura era ali mal vista e até mesmo perseguida, considerada como ociosidade e como hábito pernicioso, de que se deviam afastar os adolescentes, sob pena de severos castigos e de maléficas consequências.[372]

Isso não impediu, contudo, que o futuro escritor se dedicasse com assiduidade à leitura; pelo contrário, a repressão apenas provocou seu desejo de desafiar a proibição:

---

370 Ibid.

371 Sodré, *Memórias de um escritor: Formação*, p.13.

372 Ibid., p.14.

> O que não impediu que essa época de minha vida, entre 1924 e 1930, fosse a das grandes, intensas leituras. Entre esse impulso para a leitura e a severidade da repressão de que ela era objeto, balançou a minha adolescência; o impulso foi, realmente, irresistível, para poder superar a repressão.[373]

Colocada na ilegalidade, resta à leitura aliar-se aos marginais. Num caso, ela continua sendo compensatória, oferecendo aos leitores um universo fantástico que se revela superior ao cotidiano. Jorge Amado, em *Capitães da areia*, apresenta um caso extremo de marginalidade: o leitor, no caso, é o menino de rua que, nos livros, encontra um mundo ideal, transmitido aos companheiros e dividido com eles como promessa de felicidade. Trata-se de João José, "o Professor", que "desde o dia em que furtara um livro de histórias numa estante de uma casa da Barra, se tornara perito nesses furtos". Contudo, não rouba os livros para vendê-los, mas para lê-los, o que faz "numa ânsia que era quase febre".[374]

João José, porém, não é apenas um leitor voraz; é igualmente um mediador, pois "era ele quem, muitas noites, contava aos outros histórias de aventureiros, de homens do mar, de personagens heroicos e lendários, histórias que faziam aqueles olhos se espicharem para o mar ou para as misteriosas ladeiras da cidade numa ânsia de aventuras e de heroísmo".[375] Por sua vez, o *status* de mediador eleva-o diante dos demais: "aquele saber, aquela vocação para contar histórias, fizera-o respeitado entre os Capitães da Areia, se bem fosse franzino, magro e triste, o cabelo moreno caindo sobre os olhos apertados de míope".[376] Também por essa razão

> apelidaram-no de Professor [...] porque, contando aquelas histórias que lia e muitas que inventava, fazia a grande e misteriosa mágica de os transportar para mundos diversos, fazia com que os olhos vivos dos Capitães da Areia brilhassem como só brilham as estrelas da noite da Bahia.[377]

---

373 Ibid.

374 Amado, *Capitães da areia*, p.37.

375 Ibid.

376 Ibid., p.38.

377 Ibid.

João José, o Professor, é o herdeiro da velha Militina, e das outras pretas velhas, que encantaram a elite brasileira ao final do século XIX e prepararam o caminho para a leitura de textos escritos que transportavam meninos para "mundos diversos". A diferença aparentemente não é grande: também eles vivem à margem da sociedade e são vítimas da classe dominante, que lhes reserva um papel secundário, a não ser que se revoltem e briguem por um lugar de relevo, alterando a conformação dos grupos sociais.

Nesse caso, também a leitura pode ajudar. É quando o ato de ler, propiciado pelo resultado positivo da alfabetização, é encarado como o processo que conduz ao alargamento das fronteiras intelectuais do leitor. A leitura recupera sua propensão iluminista, como queriam os primeiros advogados da educação das massas. Um dos efeitos previstos é integrar o indivíduo ao coletivo e à pátria, civilizando-o e tornando-o um cidadão útil à sociedade, como acontece a esse peão que, passando pelo quartel e recebendo as primícias da educação, alça-se acima da barbárie original de onde partira:

> Num espaço de tempo tão curto, sob o efeito eficaz de uma instrução contínua, o espírito bronco do rapaz, que da vida, aos vinte e um anos, só conhecia o cavalo e o campo, já se sentia desvencilhado da nômade ignorância da campanha natalícia. Rapidamente aprendera a ler e já sabia assinar o nome. Foi um verdadeiro milagre. Pouco a pouco um gênio familiar e tocante, uma viva centelha invisível incutia no quartel, à coletividade dos conscritos, as primeiras noções da Pátria. Na sua totalidade filhos das colônias, sem escolas, das campinas abandonadas, onde lá uma que outra aula existe muitas vezes num raio de oito a dez léguas de distância, só no quartel encontravam os jovens soldados quem lhes alumiasse um pouco o espírito, fazendo-lhes ver acima dos interesses pessoais, das pequenas exigências egoísticas do *Eu*, a razão de ser da nacionalidade. Começavam aos poucos amar a sua história, a compreender os seus símbolos e a sentir a vitalidade do seu sangue. A maioria da mocidade, de que aquele jovem fronteiriço podia ser um exemplo, se transformou em pouco tempo, radicalmente, passando de uma fase de inércia para uma outra mais bela, mais lúcida, de ardoroso civismo. Era os heróis de Esparta, que renasciam agora com os albores de uma educação que até então lhes faltara.[378]

378 Callage, *Rincão*, p.47-9.

O outro efeito, ainda que se posicione na mesma linha de pensamento, tem uma direção revolucionária. Jorge Amado conta como, graças ao aprendizado da leitura, Nestor, de *Agonia da noite*, tornou-se operário consciente, apto e pronto para a luta social. Não que tenha sido "fácil", pois o rapaz "completou já seu vigésimo quinto aniversário e só agora aprende a ler e a escrever". Mas, apesar dos percalços, ele persiste, porque "necessário":

> Como ler para os demais aqueles papéis esclarecedores se ele mesmo não soubesse ler? Como estudar os livros dos quais Gonçalo falava? Não bastava sentir o fogo da revolta crescendo dentro dele, fazia-o preciso acendê-lo em todos os demais, e para isso era necessário saber ler e escrever.[379]

A reiteração da meta a que diligentemente se propõe Nestor indica a importância da leitura na conduta revolucionária:

> Aprender a ler e a escrever. Ler os livros, os jornais, aprender a explicar, a dizer tudo que sentia. Ah! era necessário, sim, para convencer os que pensavam como o avô, os velhos e também os desesperados, os sem confiança, os envelhecidos antes do tempo pela miséria, os conformados e os medrosos.[380]

De Graça Aranha a Jorge Amado, a clandestinidade mudou de lugar; modificaram-se igualmente as expectativas, pois, no caso do escritor baiano, trata-se de criar condições para transformar a sociedade e melhorar o mundo.

Ainda que pela via da clandestinidade, via estreita pela qual, não poucas vezes, criminalizam-se as práticas de leitura, seus agentes e seus objetos, os livros fazem uma longa travessia ao fim da qual aportam às mãos femininas. Porto para onde viajaremos no próximo (e último) capítulo.

---

379 Amado, *Agonia da noite*, p.28.
380 Ibid., p.33.

4
A leitora no banco dos réus

Sinto não poder ter um capítulo literário nesta correspondência. O Rio de Janeiro não produz com frequência e só de longe em longe aparece no horizonte um livro ou um poeta.

Todavia, para que esta parte não vá de todo vazia, dir-lhe-ei que se projeta para junho um grande sarau literário e musical no Club, *a semelhança do que ali teve lugar ultimamente. Este terá mais uma novidade; terá a presença de senhoras. Temem alguns que elas vão e não achem em tais diversões o prazer que se lhes quer proporcionar. Mas, além de não ser isto verdade, decorre mais que, desde que se intercalar a dança, tudo o que houver de inconveniente desaparecerá.*

Eu de mim digo que acho acertada a presença de senhoras. Não é que eu as queira letradas e pedantes, Armandas e Belisas. O exemplo e Molière deixaram-me com opinião neste ponto. Mas se fujo de um extremo não é para cair em outro. Se as não quero bas bleus *e falansterianas, também não acho que todas deverão limitar-se ao governo do* pot-au-feu *ou a darem resposta ao* tarte à la crème *de Arnolphe. Há um meio-termo; e nesse estou eu.*

Machado de Assis[1]

1 Publicado na *Imprensa Acadêmica*, n.5, p.1-2. Reproduzido em Massa, *Dispersos*, p.183.

Inventando a leitora

Personagem privilegiada da história da literatura, nem sempre, contudo, levada em conta, a leitora entrou em cena há muito tempo. Sua presença e participação se fizeram notar a partir do surgimento da imprensa e do fortalecimento da escola, o que lhe conferiu a condição de sujeito diferenciado, marcado pela identidade de gênero. Portanto, a história da leitora tem um início, que coincide com o nascimento da modernidade, e rastrear tal história supõe recuar no tempo e no espaço na busca dessas origens.

Essa história se traslada para o Brasil que, como sociedade periférica e dependente, lhe atribui formas peculiares, transferindo à sua protagonista um perfil específico.

Na Europa, o século XVI é pródigo em reformas: o sistema econômico envereda pelo mercantilismo, a sociedade aristocrática admite a participação da burguesia e do dinheiro, monarcas absolutistas impõem as teses que desembocariam na teoria do direito divino dos reis. A Reforma, estimulada por líderes revoltados com a centralização, ostentação e, segundo eles, corrupção do papado, imprime grandes transformações no campo religioso católico que a isso reage através da Contrarreforma.

No século seguinte, assiste-se à proposta de um novo sistema de aprendizagem para as crianças, sobretudo as da ascendente burguesia, que precisam de instrução e conhecimento, a fim de se adestrarem para a sociedade que os pais constroem: surge assim a escola, embrião da que conhecemos hoje. A reforma educacional vem depois de todas as outras, porque, antes, cabe à burguesia fortalecer-se e chamar a atenção dos grupos religiosos, que, aliados dela, assumem o papel de preparadores das novas gerações.

Promovidas pelos religiosos, que fazem da escola um instrumento da propagação da fé, as reformas educacionais também respondem aos apelos da classe burguesa que lhes confia a guarda dos meninos, na expectativa de que aprendam lições depois úteis, quando estiverem ocupando seu lugar na sociedade. O negócio é bom para os dois lados: a burguesia fornece à Igreja uma clientela segura, que, de sua parte, recebe a instrução a investir no futuro.

As discussões sobre a educação da mulher são contemporâneas desse movimento e associam-se a ele: é mister preparar a mulher para assumir as funções domésticas de que a nova camada emergente carece, destacando-se entre estas a educação das crianças. A formação dos quadros para a sociedade que a burguesia está construindo não depende apenas da escola: como precisa consolidar também as noções de lar e família, apela para a mulher, a quem prepara para as novas tarefas.

Tais iniciativas em prol da educação da mulher repercutem no âmbito literário.

Para se adaptar ao novo público, os textos passam por mudanças estruturais, aparecem novos gêneros literários, mais prosaicos, e começa a desgastar-se o emprego de expressões elevadas. Também o modo de produção e circulação da literatura é afetado. Acaloram-se os debates sobre os riscos e as vantagens da leitura, ou seja, matérias até então de ordem ideológica e comercial começam a interferir no processo artístico.

A literatura, já beneficiada com as modificações impostas ao sistema educacional, sofre alterações também em virtude da emergência simultânea do público feminino, representado pelo contingente de leitoras, obrigado a ficar em casa, pois era-lhe vedada a atividade pública. Aumenta com isso o número de obras em prosa, de consumo mais fácil que os textos em verso, sobretudo os de tendência épica, como eram as expressões nobres na Renascença; aparecem gêneros originais, de trama prolongada e atraente como o romance e o folhetim; priorizaram-se enredos romanescos e de aventuras, herdeiros do *roman courtois*, mas dissociados da religião; enfatiza-se a apreensão do comportamento a partir de um ângulo interno, gerando a narrativa psicológica; e valoriza-se a personagem feminina como protagonista de grandes amores.

Na França, o movimento encontra um teórico em Fénelon e um crítico em Molière, sendo que este se manifesta antes do outro, fato indiciador de que, quando o primeiro publicou seu *Traité de l'éducation des filles* [Tratado da educação das filhas], em 1687, ia avançado o processo de formação da mulher. Sobretudo em *As sabichonas*, de 1671, Molière se diverte, apresentando à plateia parisiense os perigos resultantes da nova situação: elas tomam conta da casa, dominam os maridos e abandonam as tarefas domésticas. Antes, o teatrólogo denunciara essas tendências em *As preciosas ridículas*, sua comédia de estreia em 1658, que alerta para o risco de as jovens mostrarem pendores intelectuais: sonham com casamentos idílicos, recusam prosaicos noivos burgueses e enlouquecem pais outrora sensatos, sugerindo a popularidade da questão já no século XVII e o vínculo do autor com a nova condição do público leitor, dominado em parte pelas preferências das mulheres.

A partir do século XVIII, a questão da educação feminina acrescenta peso econômico à sua já notória dimensão ética, ao gerar virtuais consumidoras de literatura. E ressoa ideologicamente, quando o tipo de leitura a ser destinado ou absorvido pelo ascendente público de saias se torna matéria de discussão. Condenam-se gêneros e preferências, por produzir efeitos supostamente deletérios; e acusa-se de vicioso o gosto de ler, por desviar a mulher das tarefas domésticas.

A faca de dois gumes da educação começa a cortar, e a direção indesejada choca-se com a desejada, já que, se não convém a pais e maridos que as mulheres leiam muito ou leiam errado, editores e vendedores festejam os lucros advindos do novo comércio.

Assim, se a educação das mulheres era vital para consolidar a revolução burguesa, ela também acarretava riscos, corporificados nos livros lidos, na cultura adquirida, na igualdade que se esboçava. Molière intui os dois lados da moeda e faz o público rir dos problemas que talvez tivesse em casa. A instrução, concretizada em saber e ação, tornava-se perigosa e cabia advertir para a importância de se fixarem os limites e censurar os excessos.

O processo revolucionário burguês acima esboçado custou a chegar em terras de fala portuguesa. Em 1740, constatam-se sinais de mudanças, sendo um deles a publicação do *Verdadeiro método de estudar*, de Luiz Antônio Verney, editado na Itália em 1746. Verney incorpora e difunde as novas ideias, adotadas durante o governo do marquês de Pombal, empenhado em estimular o sistema capitalista e em fortalecer a classe burguesa. Verney advoga a necessidade de se instruírem as mulheres, argumentando que, como mães de família, "são as nossas primeiras mestras nos primeiros anos da nossa vida". Elas ensinam a língua e "nos dão as primeiras ideias das coisas", acrescentando que "elas governam a casa, e a direção do econômico fica na esfera da sua jurisdição". Verney recomenda também que leiam: "eu digo que ainda as casadas e donzelas podem achar grande utilidade na notícia dos livros".[2]

Visando concretizar suas ideias e dizendo-se inspirado em Fénelon e outros, Verney sugere um currículo que inclui estudos de religião, história, economia doméstica, trabalhos manuais e prendas de salão, visando formar tanto na ética como na prática a mulher, e preparando-a para enfrentar os encargos do lar e da vida em sociedade, sendo esse o âmbito da esfera pública que lhe é facultado.

Mas tão logo morre d. José, em 1777, caem Pombal e, junto com o marquês, os projetos de modernização de Portugal. Fracassa também a reforma educacional, prolongando-se o atraso daí resultante no Brasil, ao longo dos séculos XVIII e XIX, conforme o testemunho de estrangeiros e nacionais, com visíveis consequências no sistema literário.

As frágeis leitoras brasileiras

Só a partir do século XIX, depois da separação de Portugal, quando a Independência motivou um projeto educacional para a nova nação, dentro do qual se incluía, ainda que marginalmente, a instrução da mulher, é que entre nós, como já ocorrera na Europa, a presença feminina teve efeitos no âmbito da produção e circulação das obras dos escritores brasileiros.

Até então, pelo menos aparentemente, a situação da mulher brasileira diante da cultura escrita era muito precária. Depoimentos do século XIX falam de sua falta de instrução, sublinhando que predominava entre elas a ignorância, a má aparência, a frivolidade e a violência sobre os escravos. Os primeiros autores dessas denúncias foram cronistas que conheceram o Brasil antes da Independência, como John Luccock que, tendo vivido no Brasil, com pequenas interrupções, entre 1808 e 1818, registra o tratamento dado à mulher pela sociedade local no início do século XIX:

---

2 Ferreira, *Verdadeiro método de estudar*, por Luís António Verney, p.203-14. Cf. Verney, *Verdadeiro método de estudar*.

> É preciso que se lembre que as mulheres das classes altas e médias, e especialmente as mais moças, vivem muito mais reclusas que em nossa própria terra. O pouco contacto que os costumes com elas permitem, dentro em breve, põem a nu a sua falta de educação e instrução. [...] A ignorância que entre elas predominava, ao tempo em que vieram o regente com seu séquito, era enorme, de todos reconhecida e muito lamentada pelos recém-vindos; transcorridos poucos anos, talvez que a coisa estivesse de algum modo remediada, mas a melhora não foi substancial.[3]

Tratando especialmente da cultura feminina, Luccock registra os estreitos limites da alfabetização: "Estava assentado que o saber ler para elas não deveria ir além do livro de rezas, pois que isso lhes seria inútil, nem tampouco se desejava que escrevessem a-fim-de que não fizessem, como sabiamente se observava, um mau uso dessa arte".[4]

Debret, observador da vida brasileira entre 1816 e 1831, sublinha a incúria diante da educação feminina:

> Desde a chegada da Corte ao Brasil tudo se preparara mas nada de positivo se fizera em prol da educação das jovens brasileiras. Esta, em 1815, se restringia, como antigamente, a recitar preces de cor e a calcular de memória sem saber escrever nem fazer as operações. Somente o trabalho de agulha ocupava seus lazeres, pois os demais cuidados relativos ao lar são entregues sempre às escravas.[5]

Mas o pintor registra também os meios encontrados de burlar a vigilância paterna:

> Pais e maridos favoreciam essa ignorância a fim de destruir pela raiz os meios de correspondência amorosa. Essa precaução, tão nociva aliás ao desenvolvimento da instrução, levou as brasileiras a inventarem uma combinação

3 Luccock, *Notas sobre o Rio de Janeiro e partes meridionais do Brasil*, p.75.
4 Ibid., p.75.
5 Debret, *Viagem pitoresca e histórica ao Brasil*, p.21.

engenhosa de interpretação simbólica das diferentes flores, construindo uma linguagem.[6]

O alemão Eduardo Theodoro Bösche confirma a existência de tal prática:

> Uma bela comunica-se muitas vezes deste modo, e ao mesmo tempo, com diferentes namorados e apaixonados, e por meio de algumas flores, que traduzem a linguagem destas filhas da primavera, sabem os seus devotos o lugar que ocupam nos degraus da afeição da sereia.[7]

Henry Koster,[8] nos arredores de 1810, constata similar "estado de ignorância", atribuindo a este o mau tratamento dado aos escravos, que tanto o escandaliza:

> As mulheres são comumente menos humanas para com seus escravos que os homens, mas esse fato procede, indubitavelmente, do estado de ignorância no qual elas vivem. Recebem escassamente educação e não têm a vantagem de poder obter instrução pela comunicabilidade das pessoas estranhas ao seu ambiente nem adquirem novas ideias na conversação geral. [...] Levai essas mulheres para diante, educando-as; ensinai-lhes o que é racional, e serão iguais e em nada inferiores aos seus patrícios. A falta não está no sexo mas no estado dos costumes.[9]

O Brasil de que Luccock, Koster e, em certa medida, Debret falam é ainda a colônia portuguesa. Proclamada a Independência, no entanto, permanece a mesma situação, a julgar pelo que diz, sobre a década de 1820, E. Belman, para quem

---

6 Ibid., p.21-2.

7 Bösche, *Quadros alternados de viagens terrestres e marítimas, aventuras, acontecimentos políticos, descrição de usos e costumes de povos durante uma viagem ao Brasil.*

8 Henry Koster chegou a Pernambuco em 1809, onde residiu por alguns anos. Seu livro, *Travels in Brazil*, o título original, foi publicado na Inglaterra em 1816.

9 Koster, *Viagens ao Nordeste do Brasil*, p.477.

> a educação das meninas é negligenciada quase da mesma maneira e também elas são, em geral, deixadas aos cuidados das negras. Até se casarem quase nunca saem de casa, a não ser quando sob a vigilância da mãe vão à missa; a companhia dos homens lhes é absolutamente proibida, e este rigor as leva frequentemente a se entregarem a uma negra de sua confiança, que por caridade cristã assume o honrado papel de alcoviteira [...].[10]

Belman comenta também os limites e a superficialidade dos raros casos em que a mulher tem acesso ao mundo da cultura:

> No Brasil, a moça bem-educada, de boa formação (uma moça muito prendada) é aquela que, com um pouco de música e de francês, sabe dançar um solo inglês, sabe bordar, fazer crochê e conhece a difícil arte de descascar, com gosto, uma laranja.[11]

A influência da cultura francesa, com seu peso por assim dizer civilizatório, encontra olhos atentos e favoráveis em Debret (não fosse ele, também, francês) que vê progredir a condição cultural feminina. Anota o pintor que, pela altura de 1816, "alguns franceses também, forçados a tirar partido de sua educação, davam lições de língua francesa e de geografia, em casas de pessoas ricas".[12] Posteriormente a 1820,

> a educação começou a tomar verdadeiro impulso e os meios de ensino multiplicaram-se de tal maneira de ano para ano que, já hoje, não é raro encontrar-se uma senhora capaz de manter uma correspondência em várias línguas e apreciar a leitura, como na Europa.
>
> A literatura francesa contribuiu bastante para isso, mediante uma seleção agradável de nossas obras morais traduzidas para a língua portuguesa; esses

10 Belman, Moça prendada. In: Leite (org.), *A condição feminina no Rio de Janeiro: Século XIX*, p.70. O texto original de E. Belman foi escrito em dinamarquês e chama-se *Recordações de minha estadia e minhas viagens no Brasil de 1825 a 1831*.

11 Ibid., p.70-1.

12 Debret, op. cit., p.21.

> livros, que se tornaram clássicos, interessam pela sua novidade, ornam o espírito e formam o coração das jovens alunas brasileiras.[13]

Que a literatura francesa em tradução esteve presente nas primeiras décadas do século XIX é testemunhado pela pesquisa efetuada por Alfredo do Vale Cabral, que constata a presença de novelas traduzidas e publicadas pela Impressão Régia, todas de teor sentimental, como sugerem seus títulos: *A choupana índia* e *Paulo e Virgínia*, ambas de Bernardin de Saint-Pierre e lançadas em 1811;[14] *O amor ofendido e vingado*, *A boa mãe*, *O bom marido*, *O castigo da prostituição*, *As duas desafortunadas*, *Infidelidade*, *A má mãe*, *Triste efeito de uma infidelidade*, todas de 1815; *Amante militar*, *O amigo traidor*, *Combate das paixões* e *Recreio doméstico* ou ramalhete de novelas, histórias e contos editados em 1816.[15]

Mas nem sempre são olhos estrangeiros os que observam a precariedade da vida cultural acessível à população feminina brasileira. A estes se somam os de Joaquim Manuel de Macedo; recordando o Rio de Janeiro da primeira metade do século XIX, ele conta que nas casas da época predominavam as "rótulas e gelosias", que, se não eram "cadeias confessas, eram pelo aspecto e pelo seu destino grandes gaiolas, onde os pais e maridos zelavam sonegadas à sociedade as filhas e esposas",[16] reclusão de resto também testemunhada por Edouard Manet, que andou pelo Brasil na década de 1840:

> Após o almoço, saí com meu novo amigo a percorrer a cidade. [...] Só se veem na rua negros e negras; os brasileiros saem pouco e as brasileiras ainda menos; só podem ser vistas quando vão à missa ou à tarde após o jantar; elas se põem à janela; é então permitido vê-las bem à vontade, pois, durante o dia, se por acaso estão à janela e percebem que as olhamos, elas se retiram imediatamente.

13 Ibid., p.22.

14 *A choupana indiana* e *Paulo e Virgínia*, de Bernardin de Saint-Pierre, já haviam sido publicados em Lisboa, respectivamente em 1806 e 1807. Cf. Rodrigues, *A novelística estrangeira em versão portuguesa no período pré-romântico*.

15 Cabral, *Anais da Imprensa Nacional do Rio de Janeiro de 1808 a 1822*.

16 Macedo, *Memórias da Rua do Ouvidor*, p.157.

> [...] As mulheres nunca saem sós, estão sempre acompanhadas de sua negra ou então com seus filhos, pois aqui casa-se aos 14 anos ou menos.[17]

Elizabeth e Louis Agassiz, naturalistas em *tour* pelo Brasil rural entre 1865 e 1866, registram um panorama bastante semelhante, marcado pela permanência, ainda na segunda metade do século passado, da mesma precariedade de infraestrutura e de similar conservadorismo:

> Efetivamente, nunca conversei com as senhoras brasileiras com quem mais de perto privei no Brasil sem delas receber as mais tristes confidências acerca de sua existência estreita e confinada. Não há uma só mulher brasileira, que, tendo refletido um pouco sobre o assunto, não se saiba condenada a uma vida de repressões e constrangimento. Não podem transpor a porta de sua casa, senão em determinadas condições, sem provocar escândalo. A educação que lhes dão, limitada a um conhecimento sofrível de Francês e Música, deixa-as na ignorância de uma multidão de questões gerais: o mundo dos livros lhes está fechado, pois é reduzido o número de obras portuguesas que lhes permitem ler, e menor ainda o das obras a seu alcance em outras línguas. Pouca coisa sabem da história de seu próprio país, quase nada da de outras nações, e nem parecem suspeitar que possa haver outro credo religioso além daquele que domina no Brasil; [...] Em suma, além do círculo estreito da existência doméstica, nada existe para elas.[18]

Não é, pois, de estranhar que as mulheres demorem muito a integrar-se ao horizonte da cultura elevada, atraindo dessa forma a crítica condescendente que lamenta a baixa qualidade de sua leitura, como ocorre em *O Brasil e os brasileiros*, obra lançada em 1857 nos Estados Unidos, onde os missionários metodistas Daniel Kidder (no Brasil na década de 1830) e J. C. Fletcher (no Brasil, entre 1851 e 1865) criticam a tendência de as moças lerem romances açucarados e folhetins tidos por tolos:

17 Manet, *Lettres de jeunesse 1848-1849*, p.51-3.
18 Agassiz; Agassiz, *Viagem ao Brasil 1865-1866*, p.278.

> As maneiras e os costumes das damas brasileiras são gentis, e seu porte gracioso. É verdade que não têm uma base de conhecimentos variados para tornar agradável e instrutiva a sua palestra; mas tagarelam insignificâncias de modo sempre agradável, exceto pelo alto tom de sua voz, que eu suponho lhes venha das ordens frequentes que dá aos congos e moçambiques. Suas reservas literárias consistem principalmente em novelas de *Balzac, Eugenio Sue, Dumas, pai e filho, George Sand*, em intrigas de pacotilhas e folhetins dos jornais. Assim elas se preparam para esposas e mães.[19]

Censura similar, e da mesma época, provém do comerciante belga Charles Expilly, em *Mulheres e costumes do Brasil*, obra que documenta a década de 1850:

> Hoje ainda a educação de uma brasileira está completa, desde que saiba ler e escrever correntemente, manejar o chicote, fazer doces e cantar, acompanhando-se ao piano, num romance de Arnaud ou de Luíza Puget. Até agora as senhoras não tomaram da civilização senão a crinolina, o chá e a polca.[20]

José Veríssimo, em *A educação nacional*, obra de 1890, já, portanto, quase ao final do século XIX, e como Macedo, sem sotaque estrangeiro, reafirma o quadro, atestando o prolongamento da situação de penúria cultural:

> Tudo o mais que lhe ensinassem além deste programa seria acessório e subsidiário. As línguas estrangeiras, afora a sua utilidade prática imediata, só lhe serviriam como fatores de educação se com elas lhe ensinassem a ler, a apreciar as grandes obras, honra do espírito humano, destas línguas, e não somente os romances folhetins ou sentimentais dos Bourgets e sócios, ou a se poderem edificar ouvindo as Réjanes e quejandas cabotinas, em jornadas teatrais por países exóticos.[21]

---

19 Kidder; Fletcher, *O Brasil e os brasileiros*, p.181.

20 Expilly, *Mulheres e costumes do Brasil*, p.405.

21 Veríssimo, *A educação nacional*, p.129.

Tais observações retornam num ensaio de 1904 do mesmo Veríssimo, onde o crítico prossegue a impiedosa desqualificação da leitura feminina, num movimento, aliás, de mútuo rebaixamento: a cultura da mulher deixa a desejar porque ela não lê a "grande literatura" e, por sua vez, o que consomem estas senhoras não pode ser "grande literatura" por constituir matéria de leitura de tão despreparados olhos:

> Ora em casa também pouco se lê; na máxima parte delas não há livros, nem como alfaias da sala de visitas ou do gabinete de conversa. Afora romances franceses e os romances-folhetim das folhas diárias, a nossa mulher nada lê, e aqueles mesmos escolhe-os mal. [...]
>
> – Quem é a mulher de mais espírito do Rio de Janeiro? – Fulana, penso eu. – Bem, é também a minha opinião; sabes qual é o seu autor predileto? – Escrich!... Fora do romance-folhetim e do romance mundano, Bourget ou Jorge Ohnet, indiferentemente, a verdade é que a mulher brasileira, mesmo aqui no Rio de Janeiro, que se presume a mais adiantada e culta cidade do país, e salvo exceções raríssimas, nada lê.[22]

A voz dissonante vem de Machado de Assis.

Talvez por ter temperado a mão dirigindo-se ao público tão duramente criticado por Kidder e Fletcher, Expilly e Veríssimo, Machado de Assis por vezes parece empreender a defesa da literatura amena, como a veiculada no *Jornal das Famílias*, publicação – talvez não por acaso – da mesma casa editora dos seus livros e na qual – por outra coincidência? – o próprio Machado colaborava com muita assiduidade:

> Melhorando de dia para dia, as edições da casa Garnier são hoje as melhores que aparecem entre nós.
>
> Não deixarei de recomendar aos leitores fluminenses a publicação mensal da mesma casa, o *Jornal das Famílias*, verdadeiro jornal para senhoras, pela escolha do

22 Veríssimo, Leitura e livros. Publicado originalmente no *Almanaque Brasileiro Garnier de 1904*. Reproduzido em *Caderno de Leitura*, n.4, p.10.

> gênero de escritos originais que publica e pelas novidades de modas, músicas, desenhos, bordados, esses mil nadas tão necessários ao reino do bom-tom.
>
> O *Jornal das Famílias* é uma das primeiras publicações deste gênero que temos tido; o círculo de seus leitores vai se alargando cada vez mais, graças à inteligente direção do sr. Garnier.[23]

Outra exceção é a voz sensível de Elizabeth Agassiz que, em certos trechos da *Viagem ao Brasil 1865-1866*, aborda a questão com olhos bastante diferentes, criticando duramente a leitura que os homens brasileiros destinavam às mulheres. Agassiz credita ao desinteresse de tais textos – de tipo moralista e insosso, provavelmente aquela leitura que Kidder e Fletcher ou Expilly recomendariam – a pouca motivação das mulheres por eles e, por extensão, pela leitura:

> Estávamos um dia numa fazenda, quando avistei um livro em cima de um piano. Um livro é coisa tão rara nos aposentos ocupados pelas famílias que fiquei curiosa em saber qual seria o conteúdo dele. Era um romance, e, ao virar-lhe as páginas, veio o dono da casa e disse em alta voz que aquela não era uma leitura conveniente para mulheres. "Aqui está" (entregando-me um pequeno volume), "uma excelente obra que comprei para minha mulher e minhas filhas." Abri o precioso volume, era uma espécie de tratado de moral, cheio de banalidades sentimentais e de frases feitas em que reinava um tom de condescendência e proteção à pobre inteligência feminina, porquanto, apesar de tudo, as mulheres são mães dos homens e exercem um pouco de influência sobre sua educação. Após essa mostra do alimento intelectual que lhes ofereciam, não me poderia admirar que a esposa e as filhas do nosso anfitrião demonstrassem um gosto dos mais moderados pela leitura. Nada impressiona tanto o estrangeiro como essa ausência de livros nas casas brasileiras.[24]

O panorama decorrente dos depoimentos até aqui reproduzidos sugere que o universo de leitura da mulher brasileira é dos mais restritos, no

23 Assis, *Crônicas*, p.264-5.

24 Agassiz; Agassiz, op. cit., p.278-9.

que, aliás, se afina bastante à sociedade em que vive. Iletrada na maioria dos casos, a mulher brasileira faz parte de um mundo para o qual o livro, a leitura e a alta cultura não parecem ter maior significado. O diagnóstico de Ina von Binzer, jovem professora alemã que veio ao Brasil em 1881 para ensinar alemão a adolescentes malcomportados, é radical, quando se refere às moças da alta sociedade carioca:

> As melhores famílias, não mandam absolutamente as filhas para colégios e devido a isso esta sociedade é, em geral, a menos educada ou a mais selvagem que se pode encontrar; exaltam-se, gritam e chegam não raras vezes a ficar com o rosto enrubescido como cerejas.[25]

Quando, por sua vez, recebe educação formal, esta prima pela superficialidade, conforme aponta Moritz Lamberg que, já no final do século XIX, faz eco às vozes anteriores:

> Assim que [as moças] conseguem pronunciar algumas frases em francês e arranhar piano, está terminada a sua educação. Saem da escola e são moças, que os pais, com o máximo cuidado, preservam de qualquer contato com os homens.
>
> [...]
>
> O comércio livre entre uma mulher espirituosa e instruída e amigos, como há em todos os países civilizados, não é permitido aqui. Os homens são por demais ciumentos e desconfiados.
>
> A ocupação doméstica das mulheres, quando se ocupam de alguma coisa, consiste na leitura de romances, que nem sempre são dos mais escolhidos, e em inúmeras futilidades.[26]

A situação parece ter persistido por todo o século XIX, como informam os números disponíveis de que lança mão Veríssimo em 1902:

25 Binzer, *Os meus romanos: Alegrias e tristezas de uma educadora alemã no Brasil*, p.63.
26 Lamberg, Educação diferenciada. In: Leite, op. cit., p.85-7.

> As nossas avós, na máxima parte, não sabiam ler, e o número de analfabetos no Brasil, em 1890, segundo a estatística oficial, era, em uma população de 14.333.915 habitantes, de 12.213.356, isto é, sabiam ler apenas 16 ou 17 em cem brasileiros ou habitantes do Brasil. Difícil será, entre os países presumidos de civilizados, encontrar tão alta proporção de iletrados.[27]

Nesse contexto dá-se a intensificação, a partir da década de 1870, das campanhas em prol da educação feminina, sendo importante, no entanto, lembrar que a moldura da desleitura feminina são as altas taxas do analfabetismo do conjunto da população, no país inteiro. Machado de Assis, atento, alertara para o problema crônico e para suas repercussões principalmente políticas:

> E por falar neste animal, publicou-se há dias o recenseamento do Império, do qual se colige que 70% da nossa população não sabem ler.
>
> Gosto de algarismos, porque não são de meias medidas nem de metáforas. Eles dizem as coisas pelo seu nome, às vezes um nome feio, mas não havendo outro, não o escolhem. São sinceros, francos, ingênuos. As letras fizeram-se para frases; o algarismo não tem frases, nem retórica.
>
> Assim, por exemplo, um homem, o leitor ou eu, querendo falar do nosso país, dirá:
>
> – Quando uma Constituição livre pôs nas mãos de um povo o seu destino, força é que este povo caminhe para o futuro com as bandeiras do progresso desfraldadas. A soberania nacional reside nas Câmaras; as Câmaras são a representação nacional. A opinião pública deste país é o magistrado último, o supremo tribunal dos homens e das coisas. Peço à nação que decida entre mim e o sr. Fidélis Teles de Meireles Queles; ela possui nas mãos o direito superior a todos os direitos.
>
> A isto responderá o algarismo com a maior simplicidade:
>
> – A nação não sabe ler. Há só 30% dos indivíduos residentes neste país que podem ler; desses uns 9% não leem letra de mão. 70% jazem em profunda ignorância. Não saber ler é ignorar o sr. Meireles Queles; é não saber o que ele vale, o que ele pensa, o que ele quer; nem se realmente pode querer ou pensar.

27 Veríssimo, Das condições da produção literária no Brasil. In: *Estudos de literatura brasileira*, p.46.

70% dos cidadãos votam do mesmo modo que respiram: sem saber por que nem o quê. Votam como vão à festa da Penha: por divertimento. A Constituição é para eles uma coisa inteiramente desconhecida. Estão prontos para tudo: uma revolução ou um golpe de Estado.

Replico eu:

– Mas, sr. Algarismo, creio que as instituições...

– As instituições existem, mas por e para 30% dos cidadãos. Proponho uma reforma no estilo político. Não se deve dizer: "consultar a nação, representantes da nação, os poderes da nação"; mas "consultar os 30%, representantes dos 30%, poderes dos 30%". A opinião pública é uma metáfora sem base; há só a opinião dos 30%. Um deputado que disser na Câmara: "'Sr. presidente, falo deste modo porque os 30% nos ouvem...", dirá uma coisa extremamente sensata.

E eu não sei que se possa dizer ao algarismo, se ele falar desse modo, porque nós não temos base segura para os nossos discursos, e ele tem o recenseamento.[28]

Resultante do modelo de colonização implantado aqui por Portugal, a incúria pela educação prolonga-se por muito tempo. Assim, para estudar e compreender as condições disponíveis para leitura feminina no Brasil de qualquer tempo não basta rastrear a implantação da infraestrutura ou os desdobramentos de ideologias que, na Europa, viabilizaram, dificultaram ou pontuaram o acesso das mulheres ao mundo dos livros.

Em solo tropical, o percurso é outro, que talvez se visibilize melhor se se observarem as entrelinhas de romances oitocentistas onde, por entre suspiros, lágrimas e serões, os ficcionistas brasileiros pavimentaram a frágil história de suas fragílimas leitoras.

Fantasiando a leitora

Se examinada desde a perspectiva dos escritores românticos, não é assim tão irremediável, grave, precária e culturalmente insatisfatória – como se

28 Publicado originalmente em 15 de agosto de 1876, na coluna "História de quinze dias", da *Ilustração Brasileira*. Reproduzido em Assis, *Crônicas*, p.106-8.

poderia crer, a partir da leitura de viajantes e cronistas – a condição da leitura feminina. Em contos, romances e poemas, passeiam moças finamente educadas, sobretudo quando pertencem à classe superior, como a Emília, de *Diva*, obra de 1864, sobre quem José de Alencar informa que

> Tinha desde tenros anos o espírito mais cultivado do que faria supor o seu natural acanhamento. Lia muito, e já de longe penetrava o mundo com olhar perspicaz, embora através das ilusões douradas. Sua imaginação fora a tempo educada: ela desenhava bem, sabia música e a executava com mestria, excedia-se em todos os mimosos lavores de agulha, que são prendas da mulher.[29]

Outras moças, mesmo se nascidas e criadas no campo, como a Dionísia, de *Uma paixão romântica* (1869), de Joaquim Manuel de Macedo,[30] também parecem se iniciar, quando ricas, nas práticas culturais de salão simultaneamente reclamadas e condenadas pelos observadores de nossa vida cultural: "A menina tornou-se moça, recebeu em França uma educação esmerada, e talvez se tornou um pouco romanesca".[31] O mesmo se passa com Gabriela, heroína da novela inacabada de José de Alencar, *Ex-homem*, que, filha de uma viúva cafeicultora e rica, foi educada na Corte:[32]

> Gabriela recebera educação esmerada em um dos melhores colégios da Corte.
>
> Dotada de superior inteligência e brilhante imaginação, ornara-se das prendas que realçam as senhoras distintas.
>
> Como devia acontecer, a cultura do espírito e o trato das outras alunas, filhas das primeiras famílias da Corte, criaram na menina hábitos e estímulos de elegância, que transformaram a roceirazinha em uma moça de supremo donaire e gentileza.

29 Alencar, *Diva: Perfil de mulher*, p.15.

30 Sobre Joaquim Manuel de Macedo e a leitora, cf. Bassi, *Joaquim Manuel de Macedo e a leitora do século XIX*.

31 Macedo, *Uma paixão romântica*, p.461.

32 Alencar, Ex-homem. In: *Obra completa*, p.1288-9. Essa novela começou a ser publicada em 1877, no panfleto *O Protesto*, números 1 a 4, do volume 1.

> Terminada sua educação aos dezenove anos, Gabriela voltou ao seio da família na Soledade. [...]
>
> Muitas vezes o retiro e isolamento da fazenda avivaram-lhe a lembrança dos folguedos do colégio, e das galas da sociedade fluminense, que do fundo da sala de estudos ela via passar todas as tardes pela vasta calçada que cinge a formosa Baía de Botafogo.[33]

Outras obras documentam o avanço da fina camada desse verniz cultural proporcionado pela educação para um pouco além dos segmentos sociais hegemônicos, sugerindo que algumas moças da classe média também recebem o mesmo lastro que, nesse caso, pode representar investimento, capital de ascensão social. Nesse sentido, Angelina, protagonista de *O culto do dever*, romance que Joaquim Manuel de Macedo publicou em 1865 visando incentivar os rapazes a participarem da guerra contra o Paraguai, revela-se tão prendada quanto a rica Emília de José de Alencar:

> Empregado público de uma categoria elevada, mas não tendo outros recursos além dos vencimentos que recebia do Estado, aquele pai extremoso fez milagres de economia para dar a Angelina uma educação esmerada e completa.
>
> O pobre e amoroso pai trabalhava de dia sem cessar, e de noite roubava horas ao sono para pensar na educação e no futuro de sua filha.
>
> Educação e futuro eram duas ideias que o espírito daquele pai estremecido ligava em um só cuidado, compreendendo que quase sempre a educação prepara o futuro da vida.
>
> – É o único dote que posso dar-lhe; dizia ele muitas vezes.

33 Debret descreve a prática que está no fundo nas recordações felizes de Gabriela. Lembrando as melhorias experimentadas pela sociedade no que se refere à educação feminina, conta: "Os progressos a esse respeito são tão sensíveis que, dezesseis anos antes, um brasileiro se envergonhava de mandar seu filho a uma escola pública, e hoje, ao contrário, um pai já não tem escrúpulos em, ao partir para o escritório, conduzir sua filha pela mão até a porta do colégio que ela frequenta como externa. Outros negociantes ricos ou jurisconsultos que residem nos belos arrabaldes do Catete e Botafogo, bastante afastados do centro da cidade, levam seus filhos de carro, pela manhã, até a porta do colégio; e, à noite, a carruagem vai buscá-los com um criado de confiança". In: Debret, op. cit., p.22.

> E com efeito deu à filha um rico, um imenso dote, porque Angelina reuniu a uma suficiente e conscienciosa instrução literária, e ao cultivo das belas-artes mais próprias do seu sexo, uma séria educação religiosa e o conhecimento de quanto é necessário para que a jovem donzela venha um dia a tornar-se uma boa mãe de família.
>
> [...]
>
> Ajuntai a isso as prendas que a enriqueciam; o piano, a harpa respondendo com harmonias do céu ao toque de seus dedos, sua voz suavíssima dando vida às aspirações de Bellini, de Meyerbeer e de Mercadante; seu espírito esclarecido, nunca, porém pretensioso, conhecendo a história dos homens que pensam, dos planetas que radiam, e das flores que respiram perfumes [...].[34]

O mesmo ocorre com Iaiá Garcia, no romance homônimo que Machado de Assis lançou em 1878, no qual Luís Garcia, humilde funcionário da administração pública, investe seus sonhos e economias na educação da filha:

> Uma parte mínima do dia – pouco mais de uma hora – era consagrada ao exame do que Iaiá aprendera no colégio, durante os dias anteriores. Luís Garcia interrogava-a, fazia-a ler, contar e desenhar alguma coisa. A docilidade da menina encantava a alma do pai. Nenhum receio, nenhuma hesitação; respondia, lia ou desenhava, conforme lhe era mandado ou pedido.[35]

Guiomar, de *A mão e a luva*, de 1874 e do mesmo Machado de Assis, é outro exemplo de jovem de origem modesta, educada com sacrifícios pela mãe pobre, que a deseja destinada ao saber:

> Ela mesma lhe ensinou a ler mal, como ela sabia – e a coser e bordar, e o pouco mais que possuía de seu ofício de mulher. Guiomar não tinha dificuldade nenhuma em reter o que a mãe lhe ensinava, e com tal afinco lidava por aprender, que a viúva – ao menos nessa parte – sentia-se venturosa. Hás de

34 Macedo, *O culto do dever*, p.14-7.

35 Assis, *Iaiá Garcia*, p.15.

ser a minha doutora, dizia-lhe muita vez; e esta simples expressão de ternura alegrava a menina e lhe servia de incentivo à aplicação.[36]

No mesmo paradigma, Capitu, criança, como as moças citadas antes, nos idos da década de 1850, mostra a mesma facilidade para aprender e o interesse pelo conhecimento:

> As curiosidades de Capitu dão para um capítulo. [...] Gostava de saber tudo. No colégio onde, desde os sete anos, aprendera a ler, escrever e contar, francês, doutrina e obras de agulha, não aprendeu, por exemplo, a fazer renda; por isso mesmo, quis que prima Justina lho ensinasse. Se não estudou latim com o padre Cabral foi porque o padre, depois de lho propor gracejando, acabou dizendo que latim não era língua de meninas. Capitu confessou-me um dia que esta razão acendeu nela o desejo de o saber. Em compensação, quis aprender inglês com um velho professor amigo do pai e parceiro deste ao solo, mas não foi adiante.
>
> [...]
>
> Ainda assim, estou que aprenderia facilmente pintura, como aprendeu música mais tarde. Já então namorava o piano da nossa casa, velho traste inútil, apenas de estimação. Lia os nossos romances, folheava os nossos livros de gravuras, querendo saber das ruínas, das pessoas, das campanhas, o nome, a história, o lugar.[37]

Como Capitu, Sofia, de *Quincas Borba*, romance de 1891, precisa refinar sua educação para fazer frente à desejada elevação social; não apenas a dela, mas também a da prima, Maria Benedita, que carece do patamar básico da formação da boa moça carioca. Se, quando chegou à Corte, a prima da roça exibe apenas "a educação [...] sumária: ler, escrever, doutrina e algumas obras de agulha", por insistência de Sofia, aprende francês, "indispensável para conversar, para ir às lojas, para ler um romance".[38] Mais adiante, a es-

36 Assis, *A mão e a luva*, p.62.

37 Id., *Dom Casmurro*, p.104-5.

38 Id., *Quincas Borba*, p.134.

posa do Palha dá outra justificativa, tão irrefutável quanto a anterior: "podia ser até que, se lhe faltássemos todos, ela vivesse à larga, só com ensinar francês e piano. Basta que os saiba para estar em condições melhores".[39]

Educação é, assim, o capital social das moças de classe média, a ponto de Sofia poder dizer da prima: "Maria Benedita não tem nada, em dinheiro; mas tem a educação que lhe dei".[40] Mas, se a educação pode render dividendos, não basta para esconder a origem suburbana, no caso a da própria Sofia, procedência que fica transparente para o aristocrático e pernóstico Carlos Maria:

> A princesa do baile entregava-se-lhe. Definia assim a superioridade de Sofia, posto lhe conhecesse um defeito capital, – a educação. Achava que as maneiras polidas da moça vinham da imitação adulta, após o casamento, ou pouco antes, que ainda assim não subiam muito do meio em que vivia.[41]

Independentemente dos objetivos que determinaram a formação dessas jovens, a educação recebida transforma-as em leitoras. Em certas histórias, representam-se até leitoras assíduas, que suplantam a relação subalterna e passiva com o mundo da cultura escrita: Emília tem tal familiaridade com os livros, intensidade e qualidade da leitura, que uma corte de admiradores se submete a seu juízo literário:

> Depois de um curto silêncio, durante o qual o jovem poeta esteve sob a influência do olhar soberano de Emília, ele animou-se a falar-lhe em voz submissa:
>
> – D. Emília... A senhora leu os meus versos?
>
> – Li – disse ela. – São muito bonitos, mas não são verdadeiros.[42]

Por sua vez, Dionísia, de *Uma paixão romântica*, lê prazerosa e envolvidamente obras de ficção:

---

39 Ibid., p.143.
40 Ibid., p.241.
41 Ibid., p.161.
42 Alencar, op. cit., p.51.

> À sombra de uma árvore frondosa, sobre cujo tronco se sentara, estava uma moça talvez de vinte anos, delicada, formosa, encantadora; lendo atentamente um livro, que segurava com suas mãos pequeninas e brancas; seus cabelos negros caíam em anéis graciosos e imensos sobre uns ombros e um colo admiráveis; seus olhos, que às vezes levantava para o céu, eram grandes, negros e brilhantes.[43]

Também Guiomar divide com Mrs. Oswald, a governanta da casa, e com a baronesa, sua madrinha, as cenas em que se leem boas e prestigiadas obras literárias da época:

> Achou as senhoras à volta de uma mesa; Guiomar lia, para a madrinha ouvir, um romance francês, recentemente publicado em Paris e trazido pelo último paquete. Mrs. Oswald lia também, mas para si, um grosso volume de Sir Walter Scott, edição Constable, de Edimburgo.[44]

Desta forma, alusões a práticas de leitura são frequentes no romance romântico, conduzidas quer pelas mocinhas casadouras que protagonizam as obras, quer pelas não tão mocinhas baronesas, governantas, tias e chaperones que compõem o decoroso universo doméstico no qual transcorrem as obras.

Rompendo o círculo doméstico, no entanto, livros e leituras muitas vezes compõem um elo entre os amantes, que expressam, ao compartilharem preferências literárias, o afeto mútuo de um pelo outro. Nesses casos, os narradores apresentam cenas bastante sugestivas de outras práticas de leitura, em que o enamorado lê trechos de suas obras favoritas para a amada, que tece comentários judiciosos e maduros sobre autores e obras. Paulo, narrador de *Lucíola*, escrito em 1862 por José de Alencar, divide com Lúcia suas preferências literárias, e ambos discutem as respectivas predileções:

---

43 Macedo, op. cit., p.469.
44 Assis, op. cit., p.114.

Às vezes lia para ela ouvir algum romance, ou a Bíblia, que era o seu livro favorito. Lúcia conservava de tempos passados o hábito da leitura e do estudo; raro era o dia em que não se distraía uma hora pelo menos com o primeiro livro que lhe caía nas mãos.[45]

O livro que ela trouxe era esse gracioso conto de Bernardin de Saint-Pierre, que todos lemos uma vez aos quinze anos, quando ainda não o sabemos compreender; e outra aos trinta, quando já não o podemos sentir. O que seduzira Lúcia foi o nome de Paulo que ela ao entregar-me o volume mostrara sorrindo. Quando eu lia a descrição de duas cabanas e a infância dos amantes, Lúcia deixou pender a cabeça sobre o seio, cruzou as mãos nos joelhos dobrando o talhe, como a estatueta da Safo de Pradier que por aí anda tão copiada em marfim e porcelana.

De repente a voz desatou num suspiro:

– Ah! meu tempo de menina!

Voltei-me para ela; as lágrimas caíam-lhe em bagas; quis atraí-la, fugiu, arrebatando-me o livro das mãos.

Escolhi outro livro para distraí-la; li o Atala de Chateaubriand, que ela ouviu com uma tenção religiosa. Chegando a essa passagem encantadora em que a filha de Lopes declara ao jovem selvagem que nunca será sua amante, embora o ame como à sombra da floresta nos ardores do sol, Lúcia pousou a mão sobre os meus olhos dizendo-me:

– Não podíamos viver assim?

– Atala tinha um motivo para resistir, Lúcia!

– E eu não tenho?

– Ela obedecia a um voto; e a virgindade lhe servia de defesa.

Lúcia respondeu-me arrebatadamente:

– Alguns espinhos que cercam a rosa, valem o veneno de certas flores? Um voto é cousa santa; mas a dor da mãe que mata seu filho é terrível.

– Não te entendo.

Ela demorou um instante o seu olhar ardente sobre mim, e murmurou abaixando as longas pálpebras:

---

45 Alencar, *Lucíola*. In: *Obra completa*, p.374.

– Queria dizer que se eu fosse Atala, poderia perder a minha alma para dar-lhe a virgindade que não tenho; mas o que eu não posso, é separar-me deste corpo![46]

Vê-se, assim, que a cortesã Lúcia não é uma leitora qualquer:[47] pelo contrário, tem opinião formada sobre Bernardin de Saint-Pierre e Chateaubriand, cujas obras discute a ponto de usá-las como metáfora e argumento. A qualidade de leitura de Lúcia também lhe permite contestar a verossimilhança de certas histórias, como faz, a certa altura do romance, a propósito de *A dama das camélias*:

Era um livro muito conhecido – *A dama das camélias*. [...]

– Esse livro é uma mentira!

– Uma poética exageração, mas uma mentira, não! Julgas impossível que uma mulher como Margarida ame?

– Talvez; porém nunca desta maneira! disse indicando o livro.

[...]

– Realmente este livro não presta. Nem quero acabá-lo. Cometeu-se aí um sacrilégio literário.

As folhas desse primor da escola realista voaram despedaçadas pelas mãos crispadas de Lúcia, que parecia antes estrangular uma víbora, do que rasgar o livro inocente que tivera a infelicidade de irritar-lhe o humor.[48]

Aurélia, de *Senhora*, romance de 1875 de José de Alencar, também é uma leitora incomum. Conhece os contemporâneos, como George Sand e Byron, mas seu gosto é requintado: contrariando Seixas, aprecia menos os românticos que os clássicos como Shakespeare, que ela evoca como criador de

46 Ibid., p.419-20.

47 Relativamente à figura da leitora e às funções da leitura em romances de José de Alencar, cf. De Marco, *O império da cortesã: Lucíola* – um perfil de Alencar; Werneck, *Mestra entre agulhas e amores: A leitora do século XIX na literatura de Machado e Alencar*.

48 Alencar, op. cit., p.401-3.

Desdêmona, predileção decorrente da aproximação que a moça estabelece entre sua vida e suas leituras. Mas, apesar das divergências de gosto – que reduplicam na esfera da sensibilidade literária diferenças de outra natureza que separam o casal –, Aurélia e Seixas também compartilham momentos de leitura:

> Os dias seguintes correram na mesma doce intimidade. À tarde, no jardim, ou admiravam juntos as flores, ou liam no mesmo livro algum romance menos interessante do que o seu próprio.
>
> Seixas incumbia-se da leitura, e Aurélia escutava sentada a seu lado. Às vezes, ou porque se distraísse um momento, ou por sofreguidão de antecipar a narração, reclinava-se para correr os olhos pela página, onde ia brincar um anel de seus cabelos castanhos.[49]
>
> Aurélia não gostava de Byron, embora o admirasse. Seu poeta querido era Shakespeare, em que achava não o simples cantor, mas o sublime escultor da paixão.
>
> Muitas vezes aconteceu-lhe pensar que ela podia ser uma heroína dessa grande epopeia da mulher, escrita pelo imortal poeta. No dia do casamento, sua imaginação exaltada chegou a sonhar uma morte semelhante à de Desdêmona.[50]

Como Lúcia e Emília, também Aurélia revela talentos críticos capazes de fazer o renitente, mas igualmente experimentado, Seixas acatar sua opinião crítica. Ele, que quando solteiro fora jornalista e poeta, acaba por aceitar a superioridade de Shakespeare movido pelos argumentos da moça:

> Seixas renegara o poeta de seus antigos devaneios, para afeiçoar-se ao trágico inglês, que ele outrora achava monstruoso e ridículo. Lia os mesmos livros que ela; os pensamentos de ambos encontravam-se nas páginas que um já tinha percorrido, e confundiam-se. Aplaudiam reciprocamente ou censuravam.[51]

---

49 Alencar, *Senhora*. In: *Obra completa*, p.1141.
50 Ibid., p.1186-7.
51 Ibid.

Assim, um exame de Macedo, Alencar e Machado que busque neles representações literárias de leitoras e leituras pode fornecer um contraponto aos sisudos e implacáveis comentários de viajantes e cronistas dos costumes brasileiros. Torna-se então instigante o aparente desencontro entre as observações fundadas no por assim dizer testemunho direto e as que os textos de natureza ficcional insinuam.

Mas o desencontro não é completo: verifica-se logo que as preferências literárias e os hábitos de leitura das personagens não fogem ao padrão condenado pelos observadores e cronistas da realidade nacional: se algumas moças valorizam vultos ilustres como Shakespeare e Chateaubriand, elas admiram também Balzac, George Sand e Alexandre Dumas, considerados menores, além de outros folhetinistas franceses, pior que menores, tidos por pouco recomendáveis.

Ou seja: ao evitar imagens que poderiam desabonar as personagens femininas, como as que denunciam a ignorância, o embrutecimento e a opressão doméstica da mulher, os romancistas românticos brasileiros abolem do texto (ou retocam, pela via da narrativa) o quadro que tanto escândalo causava aos olhos exigentes, sobretudo dos estrangeiros. As mulheres ignorantes sem educação nem instrução que, por exemplo, Luccock registra nas vésperas da Independência são aqui substituídas pela visão positiva de senhoras dominadoras e autossuficientes, econômica e intelectualmente.

Essa atitude não bastaria, contudo, para criar o público e, muito menos, para mantê-lo cativo.

Era preciso conciliá-la com outro gesto: o de elevar o público feminino, mostrando-o mais sofisticado do que efetivamente era. Assim sendo, o romance, de uma parte, aplaude seu público pelo que ele era, aprovando, e até estimulando, suas predileções literárias, entre as quais se contavam folhetins sentimentais e escritores da moda, tão criticados e desprezados pelos intelectuais; de outro, acrescenta a essas preferências a escolha de obras e autores de alto prestígio, segundo a pirâmide dos critérios estéticos.

Na mesma trilha da conciliação conservadora, esses escritores endossam a tábua de valores da sociedade patriarcal: a educação deve voltar-se para o lar e incluir as prendas domésticas, de que a Angelina (de Macedo), a Emília (de Alencar) e a Helena (de Machado de Assis) são exemplos:

> Helena praticava de livros ou de alfinetes, de bailes ou de arranjos de casa, com igual interesse e gosto, frívola com os frívolos, grave com os que o eram, atenciosa e ouvida, sem entono nem vulgaridade.
>
> [...]
>
> Entendia de costura e bordados e toda a sorte de trabalhos feminis. Conversava com graça e lia admiravelmente. Mediante os seus recursos, e muita paciência, arte e resignação – não humilde, mas digna –, conseguia polir os ásperos, atrair os indiferentes e domar os hostis.[52]

Em resumo, de um modo ou de outro, Macedo, Alencar e Machado evitam contradizer tanto o gosto dos leitores, quanto os hábitos da sociedade. Em vez de denunciar as condições de existência da mulher, embelezam a situação, narrando histórias protagonizadas por moças educadas, finas e capazes de discutir em pé de igualdade com homens de mesma – ou mais alta – estatura social, como são Lúcia, Emília, Aurélia, Guiomar e Helena, nas novelas de Alencar e Machado de Assis.

Sob esse aspecto, como registro sutilíssimo de uma situação social complexa, o romance matiza o quadro pintado por observadores diretos e idealiza uma circunstância histórica. Emerge daí a dialética entre testemunho e fantasia, sendo esta última a que possibilita à literatura esboçar uma utopia para as mulheres brasileiras do século XIX: desafiar o universo masculino. É como se, ao contrário dos viajantes e cronistas europeus e brasileiros, os romancistas aceitassem o gosto artístico e os hábitos mundanos das personagens femininas, reproduzindo preferências de leitura e atitudes da moda, mas atrelando-as algumas vezes a escolhas literárias e comportamentos menos convencionais, o que confere às obras uma perspectiva mais avançada, se comparadas com os parâmetros morais daquele tempo.

Assim, através das leitoras de papel e tinta, os romancistas legitimam formas e regras vigentes, mas, simultaneamente, arriscam-se a romper com certos padrões, ao oferecerem ao destinatário – sobretudo quando pertencente ao sexo feminino – um horizonte mais largo de experiência cultural

52 Assis, *Helena*, p.39-40.

e ética. Mesmo com tais ressalvas, no entanto, os escritores confirmam a ideologia patriarcal que favorece a dominação do homem sobre a mulher, por intermédio do casamento e da dedicação ao lar e à família. Sob esse aspecto, as obras representam a prática em vigor e, ao evitar contestá-la, acabam por reforçá-la.

O resultado, à primeira vista, é contraditório, pois, de um lado, idealiza o público feminino e, de outro, estimula o conformismo. Repetia-se, então, ao nível da representação da leitura feminina o que ocorria no romance brasileiro indianista, histórico e de aventuras. Nele, os homens brancos responsáveis pela colonização do Brasil, antepassados da classe detentora do poder no auge do Segundo Reinado, eram mostrados com as tintas generosas que os pintavam como virtuosos e heroicos.

De maneira similar, a mulher leitora figurante no romance urbano ostenta o rol de qualidades almejado pelos grupos hegemônicos. O domínio da leitura, o gosto pela literatura, a capacidade de manifestar opiniões literárias incluem-se nesse rol, de modo que se pode expressá-lo por intermédio do mesmo recurso à ficção. Eis por que educação e leitura alçam-se à condição de virtude, advindo daí como consequência a possibilidade (e mesmo a necessidade) de a literatura autopromover-se.

Ilustra esse novo estatuto das letras um raro momento em que a ficção brasileira comenta a si mesma: o rompante metalinguístico, cuja elaboração muito deve ter divertido o sisudo e ranzinza pai de Iracema, ao fazer de Aurélia, em *Senhora*, sua defensora, desmanchando críticas que, provavelmente, correspondiam a uma forma da recepção do autor no Rio de Janeiro:

> Pela manhã Aurélia mandou comprar o romance [*Diva*], e o leu em uma sesta, ao balanço da cadeira de palha, no vão de uma janela ensombrada pelas jaqueiras cujas flores exalavam perfumes de magnólias.
>
> À noite apareceu o crítico.
>
> – Já li a *Diva* – disse depois de corresponder ao cumprimento.
>
> – Então? Não é uma mulher impossível?
>
> – Não conheço nenhuma assim. Mas também só podia conhecê-la Augusto Sá, o homem que ela amava, e o único ente a quem abriu sua alma.
>
> – Em todo o caso é um caráter inverossímil.

> – E o que há de mais inverossímil que a própria verdade? – retorquiu Aurélia repetindo uma frase célebre. – Sei de uma moça... Se alguém escrevesse a sua história, diriam como o senhor: "É impossível! Essa mulher nunca existiu". Entretanto eu a conheci.[53]

Junta-se assim a capacitação para a leitura às demais habilitações requeridas pela educação feminina. No conjunto, reforçavam todas o lugar social da mulher: sua educação, por melhor que fosse, dirigia-a à ocupação desse papel, ao cumprimento das tarefas de esposa e mãe. Cabia endossar esse programa, mesmo porque ele abria espaço para outro, com o qual se afinava: ao privilegiar a leitura de romances – sobretudo de obras nacionais como *Uma paixão romântica*, *Diva*, *Senhora* ou *A mão e a luva* – além de leitora, a mulher começava também a cumprir a função de consumidora de certo tipo de linguagem simbólica, naqueles idos representado pela ficção romântica.

Talvez por tudo isso essas obras apresentem mulheres educadas e leitoras que, a partir dessa condição (a que se somam outras, é certo), desafiam seus parceiros e impõem sua vontade soberana, alargando com isso as fronteiras da representação. Seja por valorizar um padrão cultural ainda utópico no contexto do Império brasileiro, seja por sugerir esse padrão como possibilidade de equivalência entre o universo feminino e o masculino, a ficção de Macedo, Alencar e Machado de Assis, produzida entre 1860 e 1880, manifesta uma concepção de leitura que contém um fator emancipatório,[54] a que se soma uma perspectiva progressista.

A relativização dessa hipótese pela observação de que os níveis de representação não excedem os limites atribuídos pela sociedade à mulher, cuja rebeldia se esgota na submissão final ao marido (e Aurélia, ajoelhada diante do Seixas, depois da quitação de sua dívida, pode bem ser emblema disso), se impede qualquer euforia libertária iluminista, não obscurece de todo a paisagem, na qual se percebe uma significativa multiplicação de vozes e de argumentos que, em coro nem sempre afinado, mas cada vez mais estridente, vai pontuando a longa caminhada da mulher brasileira no mundo dos livros e da leitura.

---

53 Alencar, op. cit., p.1155.

54 Jauss, *Literaturgeschichte als Provokation*; Zilberman, *Estética da recepção e história da literatura*.

Em cena, a professora

Ainda que politicamente otimista, ideologicamente explicável e esteticamente convincente, a idealização da personagem feminina como leitora não esconde a circunstância de que o universo da leitura da mulher brasileira é dos mais restritos. Como apontam vários autores, a maioria era iletrada, situação que convinha a uma sociedade na qual o livro, a leitura e a cultura não pareciam apresentar maior significado.

A mulher lê folhetins e romances ligeiros, que imprensa e editoras lhes oferecem; mesmo essa leitura, porém, é desvalorizada, seja porque as obras são consideradas de má qualidade, seja porque desejável seria que lessem textos mais elevados, embora insossos e desestimulantes. As opções são poucas, o que suscita a militância de muitos, especialmente de mulheres, no sentido de estimular a educação feminina em melhores termos, argumentando ser essa condição essencial para estabilizar a vida familiar no Brasil e ver a nação progredir.

A mais conhecida militante em prol da educação feminina no século XIX foi Nísia Floresta. O *Opúsculo humanitário*, de sua autoria, é inteiramente dedicado ao tema, proclamando a necessidade de formar e instruir a mulher, a fim de que ela possa assumir suas funções na sociedade.[55] *Conselhos à minha filha*, de 1842, advoga a busca do saber e a conquista do conhecimento, encarando-os como pré-requisito para a mulher ter seu valor reconhecido no mundo dos homens:

> Se procuro abrir-te, e facilitar-te o caminho das ciências, se me esforço por dar-te uma educação, que entre nós se nega ao nosso sexo, é sem dúvida na esperança de que a minha cara filha, bebendo as saudáveis lições da sabedoria, procure dar um dia a seu espírito o realce das virtudes que tanto o enobrecem, e que é o único a torná-lo digno da estima e respeitos da sociedade. E como não pretendo limitar-me a dar apenas a teu espírito uma leve notícia da ciência, que, diz o vulgo, não ser necessária à mulher, eu não temo que a vaidade, vício desprezível, que geralmente se atribui ao nosso sexo, infeccione tua alma.[56]

55 Floresta, *Opúsculo humanitário*.

56 Augusta, *Conselhos à minha filha*, p.16-7.

No *Discurso que às suas educandas proferiu N. F. B. Augusta*, escrito em 1847 por ocasião da formatura de alunas da escola que dirigia, a autora reitera a tese de que a instrução fortalece a mulher:

> Felizes aquelas que, tendo como vós pais que, curando de vossa felicidade futura, facilitam-vos os meios de cultivardes o vosso espírito, e lições que tendem a aperfeiçoá-los, sabem aproveitar o tempo precioso dos estudos, e fazer bom uso de uma instrução, de que tanto precisa o nosso sexo, a fim de facilmente preencher os sagrados deveres que lhe impõem a natureza e a sociedade; e forças, por assim dizer, o egoísmo, a discriminar nele o mérito que lhe dá uma sólida instrução, da desprezível vaidade, que não pode afluir senão em espíritos nimiamente medíocres.[57]

Militante da causa feminina foi também a gaúcha Luciana de Abreu que, em 1875, diante de uma plateia constituída por poetas e intelectuais do Rio Grande do Sul, membros da Sociedade Partenon Literário, ativa na década de 1870, proferiu uma palestra sobre a "Educação das mães de família", afirmando a igualdade dos sexos e reivindicando, como Nísia Floresta, a instrução da mulher, para que esta pudesse exercer a contento suas tarefas na sociedade. A argumentação de Luciana é mais radical:

> Nós não somos somenos ao homem; a nossa alma tem a mesma passividade e atividade que a dele, e tanto a sensibilidade como a inteligência e a liberdade participam do mesmo grau de capacidade e podem ter o mesmo grau de desenvolvimento num ou noutro sexo.
>
> O que convém pedir, o que venho em vosso nome altamente reclamar, é, de parceria com a educação, a instrução superior comum a ambos os sexos; é a liberdade de esclarecer-nos, de exercer as profissões a que as nossas aptidões nos levarem.
>
> Deem-nos educação e instrução; nós faremos o mais. A nossa posição legítima na sublime missão de que estamos incumbidas, nós a tomaremos pelo nosso trabalho, e a humanidade há de tudo ganhar com o nosso triunfo.[58]

57 Augusta, *Discurso que às suas educandas proferiu em 18 de dezembro de 1847*.
58 Abreu, Educação das mães de família. In: *Preleções*, p.17-9.

Mas, embora avançadas, as posições que Luciana de Abreu defende na conferência sobre a "Emancipação da mulher" reforçam a ideia de que compete à mulher, como mãe, educar os filhos, e é em função disso que se devem tomar providências no sentido de sua formação: "só a mulher culta e moral saberia resolver com vantagem os difíceis problemas da instrução universal, do luxo em relação à posição pecuniária do indivíduo; e que só ela poderia plantar no coração da mocidade os sãos princípios da ordem na liberdade".[59]

Não eram apenas vozes femininas a militar pelo desenvolvimento cultural das mulheres. José Veríssimo, por exemplo, em *A educação nacional*, defende que se "tir(e) a mulher brasileira da quase ignorância em que a sua imensa maioria jaz [...]", fundando o libelo no argumento recorrente em todas as justificativas para o estímulo à educação feminina: "é ela a primeira e imediata educadora do homem; logo, para educar, a primeira condição é saber".[60]

Soma-se, a essas vozes individuais, o esforço de certa imprensa que, como *A Mensageira*, jornal feminista de São Paulo, alardeia em seus artigos a causa da educação da mulher, dando à ideia uma configuração patriótica, ao atrelar ao sucesso da empresa a transformação da sociedade e o progresso da nação. É de grandioso alcance a fim de obter-se a grandeza da pátria, e mesmo a felicidade do gênero humano, trabalhar-se a favor da educação da mulher, assim como da sua emancipação, conferindo-se-lhe as mesmas prerrogativas que ao homem são concedidas:

> Instruída, que seja, a sociedade se transformará completamente.[61]
>
> Não basta que compreendamos a utilidade e os atrativos do espírito cultivado, é mister que façamos de nossa parte o maior esforço possível, procurando instruir-nos e desenvolver-nos a bem da pátria e da família.
>
> Quanto mais ilustrada e inteligente for uma mulher, tanto mais zelosa e cumpridora de seus deveres será.[62]

"Saudação", de Cruz e Sousa, sugere que a questão avançava, não em tom reivindicatório de palanque, conferência ou jornal, mas na linearidade das

59 Id., Emancipação da mulher. In: op. cit., p.25.

60 Veríssimo, op. cit., p.129.

61 Barroso, A mulher, *A Mensageira*, p.220-3

62 M. P. C. D., A nossa condição, *A Mensageira*, p.49-50.

redondilhas em que o poeta aqui verseja. Ele defende a vocação educadora da mulher, acrescentando à tese, no entanto, a ideia de que, por ensinar, a mãe é também professora, o que desdobra a recíproca – ideologicamente tranquilizadora – de que a professora é duplicação da mãe:

Ah! Ninguém sabe, por certo,
quanto é bom, quanto é saudável,
sentir a crença adorável
como um clarão sempre aberto.
Ver os germens do futuro
no campo eterno da escola
brilhando como a corola
de um lírio cândido e puro.
Ver morrer – como uns invernos
da vida, os velhos colossos
e ver erguerem-se os moços
como verões sempiternos.
Mães, ó mães tão extremosas,
dos vossos ventres fecundos
saem todos esses mundos
das ideias fulgurosas.
Tudo isto quanto há escrito
do pensamento e crenças
saiu das fontes imensas
de um grande amor infinito.
E desde a escrita à leitura
e desde um livro a uma carta,
a bondade sempre farta
das mães – esplende e fulgura.
Bom dia ao mestre que é guia
das belas crianças louras!
Bom dia às mães porvindouras,
à mocidade – Bom dia![63]

---

63 Sousa, Saudação. In: *Poesia completa*, p.249-51.

No texto de Cruz e Sousa observa-se uma transição que revela, nas entrelinhas, o fundo ideológico do projeto de educação da mulher, desde seus inícios parte da revolução burguesa que, no Brasil, começa a tomar corpo ao longo dos anos 1870, época em que também se intensificam as campanhas em prol da instrução feminina.

O enriquecimento decorrente da exportação do café favorece a emergência de segmentos urbanos, o fortalecimento da classe média e a modificação dos setores dirigentes, associados ainda à propriedade da terra, mas agora também interessados no comércio exterior. Os novos grupos não se satisfazem inteiramente com a fisionomia política, econômica e cultural do país, julgada conservadora e ultrapassada: querem modificá-la, tornando a nação moderna e civilizada, adaptada às inovações tecnológicas, aos novos costumes e ao progresso, característicos do final do século europeu.

Para consolidar tal projeto, cumpria remover elementos arcaicos enraizados na sociedade e remanescentes da vida colonial, sendo um deles a reclusão da população feminina, outro, seu atraso, em tudo homólogo ao analfabetismo da maior parte da população, crianças e adultos. A campanha favorável à educação da mulher acompanha-se de outra, visando à obrigatoriedade do ensino para as crianças, atitude a ser encampada e imposta pelo Estado.

O fato de que, em ambos os casos, se tratava de instruir aproxima as duas campanhas.

Elas se aparentam também porque formar a mulher podia significar capacitar contingentes de professoras à disposição de um mercado de trabalho que precisava expandir-se. A mulher, que em princípio educava os filhos, poderia ser também a mestra de todos, estendendo para fora de casa a tarefa para a qual fora talhada. Do sentido vagamente metafórico de "responsável pela formação do homem de amanhã", o papel formador atribuído à mulher foi se tornando literal, até se colar à identidade feminina uma vocação *natural* para as lides do magistério.

Destinar a mulher ao ensino resolvia diferentes problemas: justificava pragmaticamente a necessidade de educá-la; solucionava a falta de mão de obra para o magistério, profissão pouco procurada porque mal remunerada; desobrigava o Estado de melhorar os proventos dos professores, pois o salário da mulher não precisava (e nem deveria) ser superior ao do homem, e sim complementar ao dele. Essas considerações recobriam-se por outras, de caráter ideológico: idealizava-se a professora, chamando-a de mãe, sugerindo assim que, lecionando, ela continuava fiel à sua natureza maternal. Negava-se o elemento profissional da docência, porque a sala de aula convertia-se num segundo lar.

É claro que, nessas condições, a tarefa de ensinar não comprometia a rígida divisão do universo social entre masculino e feminino, uma vez que não se apresentava como trabalho, e sim como extensão das funções domésticas. Tal contexto sustava (ou atenuava) qualquer eventual pendor emancipatório que essa atividade pudesse conter. Ou seja, o exercício do magistério não escandalizava as bases machistas da sociedade patriarcal brasileira, permanecendo intocada, e também idealizada, a associação mulher-esposa-mãe, mesmo quando esta estivesse fora de casa, ganhando um modestíssimo pão de cada dia.

Em alguns textos, a relação fica mais claramente expressa, como ocorre na conferência em que o escritor gaúcho Oliveira Bello defende, também perante a plateia do Partenon Literário, a necessidade de se instruir a massa. Elencando as vantagens do sistema que propõe, sublinha a dupla face do papel nele reservado à mulher :

> O segredo desse sistema consiste em tornar a escola simpática às crianças, fazendo-a carinhosa como a casa materna; em vez da disciplina pelo rigor, que amedronta e afasta, a ordem pela amizade, que granjeia e retém; em vez da aula taciturna, monótona, ríspida como a alcova de um mosteiro na qual o espírito jovial da infância se estiolava nas sombras úmidas de uma estufa, em vez do cenho carregado e minaz do pedagogo, que se afigurava um verdugo às imaginações intimoratas dos discípulos, um lar ameno, risonho, encantador, com a alegria de ressumbrar de toda a parte e uma palavra amiga, complacente, infundindo as iniciações do ensino com esse zelo paciente e bondoso, com que a ternura da mãe-de-família insinua na inteligência dos filhos os primeiros conselhos da moral e as balbuciantes invocações do Deus da infância. Era mister, porém, descobrir quem ocuparia esse posto delicado do magistério, quem teria em si encanto e força para transformar a escola em lar doméstico e a instrução primária em carinhosa educação das inteligências infantis; não foi

> difícil resolver o problema, confiou-se a infância ao coração feminino, a mulher assumiu o berço do ensino, fez-se mãe-de-família na escola.[64]

Por aí se percebe que os esforços visando à emancipação feminina não fogem ao processo de dominação da mulher pela sociedade burguesa. Mesmo na militância feminista ressoam ideais familistas que, até então, obstavam a mulher de se liberar. A mulher pode, agora, receber instrução e trabalhar, mas seu universo ainda é o da família, da casa e do marido, ao qual cabe dedicar-se. As leituras que lhe são aconselhadas adequam-se a essa moldura: folhetins, romances ou histórias de fantasia são reprovados, porque iludem e afastam a leitora das tarefas domésticas; recomendadas são as obras de moral e religião, que devolvem a mulher para o exercício de suas atividades mais nobres.

Esse é, pelo menos, o espírito dos conselhos de Júlia Lopes de Almeida, no *Livro das noivas*, manual de preparação da futura esposa e mãe. A autora, negando que os livros possam ser nocivos, adere, no capítulo dedicado à leitura, às teses que propugnavam a formação e instrução da mulher:

> Os pais antigos proibiam a leitura às filhas, afirmando que os livros eram os piores inimigos da alma.
>
> Para livrarem então as pobres inocentes de, por qualquer casualidade, entrarem um dia em contato com tão perigosos conselheiros, faziam uma coisa que lá consigo julgavam muito acertada – não as ensinavam a ler!
>
> Era, evidentemente, o meio mais coercitivo.
>
> Hoje em dia o não saber ler é, felizmente, considerado uma vergonha, e não há uma pessoa que propositalmente condene os filhos a tamanha desgraça; agora o que ainda há são chefes de família que abominam os livros, ordenando às filhas que não toquem nunca em semelhante coisa.[65]

Rompendo com a tradição obscurantista e recomendando o contato com livros, Júlia Lopes de Almeida mantém, no entanto, o discurso prescritivo que restringe as leituras, censurando obras que não tenham fundo moral ou

---

64 Bello, A instrução e o século, *Revista do Partenon Literário*, p.1-20.

65 Almeida, *O livro das noivas*, p.35.

pragmático e condenando os textos ditos escapistas. Lamentando o predomínio de "novelas prejudiciais, insalubres, recheadas de aventuras românticas e de heróis perigosos",[66] suas palavras reproduzem a crítica de autores e pedagogos preocupados com os livros consumidos pelas mulheres brasileiras desde o início do século XIX.[67] O singular é que tais críticas repontem agora num timbre de voz feminino e no texto de uma escritora de romances:

> Quem está acostumado a uma leitura sadia, às obras dos mestres, não suporta a linguagem pervertedora dos romances maus.
>
> Mas, desgraçadamente, nós não sabemos ler!
>
> É raro encontrarem-se nas nossas salas duas senhoras que falem de literatura, mostrando interesse pelos bons autores, principalmente pelos do seu país! Do jornal leem o folhetim, isto é, o romance de enredo, onde as deleitam as cenas imprevistas, as astúcias de lacaios e de agentes falsos, os véus negros de adúlteras em entrevistas amorosas, e os lampejos de espadas no campo de honra![68]

Para preencher a função a que se destina – a de ajudar a mulher na educação dos filhos e manutenção do lar –, a leitura precisa ser selecionada:[69]

> A estante de uma mulher de espírito e de coração, isto é, de uma mulher habilitada a aprender e conservar o que ler; que souber que isso a instrui, a torna apta

---

66 Ibid., p.36.

67 E que permanecem vivas na primeira parte do século XX, pelo menos, conforme se pode deduzir das lembranças de d. Brites, nascida em 1903: "Líamos Júlio Diniz, *A morgadinha dos canaviais, As pupilas do senhor reitor*, eu adorei *Uma família inglesa*, tinha uma paixão pelo Carlos! depois apareceu a *Bibliotèque Rose* que os pais costumavam dar às filhas, toda em francês. Guy de Chantepleure, *Titio, o sr. vigário*, que era engraçadíssimo… não sei de quem era… uma menina espeloteada que namorava o primo e embrulhava o vigário que era professor dela. A gente chorava de rir com as mentiras de *Tartarin de Tarascon*. Eça de Queirós não se lia ainda. De Machado de Assis podia-se ler *Helena*, mas *Brás Cubas* não". Cf. Bosi, *Memória e sociedade*, p.251.

68 Almeida, op. cit., p.36-7.

69 Obra ostensivamente comprometida com a educação literária das mulheres no início do século é o livro do Frei Pedro Sinzig, *Através dos romances*, no qual são apresentadas notas sobre 21.553 livros e 6.657 autores. Cf. Sinzig, *Através dos romances: Guia para as consciências*.

> para dirigir a educação dos filhos, dando-lhe superioridade e largueza de vistas; a estante de uma mulher inteligente e cuidadosa, que ama os seus livros, não como um mero adorno de gabinete, mas como a uns mestres sempre consoladores e sempre justos, essa estante é um altar onde o seu pensamento vai, cheio de fé, pedir amparo numa hora de desalento, e conselho num momento de dúvida.
>
> [...]
>
> Aprender para ensinar! eis a missão sagrada da mulher.
>
> É preciso para isso que a sua leitura seja sã, bem feita. O gosto bem educado transmitir-se-á sem mácula e sem esforço aos filhos.
>
> Convençamo-nos de que o espírito, para dominar, deve ter sido dominado pela força suprema e bendita dos que são mais fortes ou trabalham mais.[70]

Eis por que Júlia Lopes de Almeida encerra o assunto com uma convocação: "Vamos! Minhas amigas, comecemos a ler, mas com cuidado",[71] a qual limita, mais uma vez, o universo de circulação do livro. O performativo em primeira pessoa do *nós*, sustado pela adversativa, é o travo ideológico do preconceito de que pais e maridos revestiam a escrita e a leitura, quando, no início do século, impediam filhas e esposas de aprenderem a escrever e ler. A proibição repete-se aqui, adaptada agora ao contexto da sociedade do final do século XIX: escrever e ler são obrigatórios, mas ficam condicionados às necessidades – agora pedagógicas – dos mesmos senhores de então.

A interiorização do preconceito, isto é, do caráter infrator da escrita é, meio que à revelia, registrada por Júlia Lopes de Almeida, que não doura a pílula, quando narra o medo e a apreensão que cercaram suas primeiras incursões literárias. A romancista talvez não perceba a contradição em que essas lembranças, apresentadas a João do Rio, autor do inquérito publicado *O momento literário*, de 1904, fazem mergulhar seu discurso, quando contraposta a seus textos:

> Pois eu em moça fazia versos. Ah! não imagina com que encanto. Era como um prazer proibido! Sentia ao mesmo tempo a delícia de os compor e o medo

---

70 Ibid., p.38-9.

71 Ibid., p.39.

de que acabassem por descobri-los. Fechava-me no quarto, bem fechada, abria a secretária, estendia pela alvura do papel uma porção de rimas...

De repente, um susto. Alguém batia à porta. E eu, com a voz embargada, dando volta à chave da secretária: já vai! já vai![72]

Assim, no conjunto de textos de Júlia Lopes de Almeida, todas as contradições se fazem presentes. Ela direciona as leitoras para livros sadios, afirma a missão educativa da mulher dentro do lar e reitera a desconfiança em relação às más leituras, reproduzindo o processo tal como ele se constitui desde suas origens, no século XVII. Também então se reforçou a noção de que a sociedade carecia de mulheres instruídas, educadas, porém, para as necessidades do grupo social, e não da própria mulher. A leitura, que significaria a liberação, mais uma vez, repetindo-se a observação de Elizabeth Agassiz, serviu ao seu contrário, tornando-se algo a evitar. A sociedade de iletrados preferiu ser letrada pela metade, sacrificando o crescimento da literatura e de seu público às exigências de manutenção do *status quo*.

À revelia ou consentidamente, fruto das mobilizações visando à instrução feminina e da necessidade de formação de professoras, as mulheres acabaram, no entanto, por constituir um grupo de consumidoras dignas de atenção. Leitoras com exigências próprias e escritoras ativas, não podiam ser ignoradas ou marginalizadas. A sociedade, todavia, tratou de controlá-las, usando de alguns mecanismos: converteu o magistério numa extensão da tarefa doméstica e maternal, e desqualificou o trabalho delas aos olhos masculinos; desvalorizou suas leituras, embora não deixasse de fornecê-las em quantidades substanciais e crescentes; condicionou a recepção de obras às necessidades de doutrinação desse público, que reabsorveu valores familistas e patriarcais, traduzidos agora na linguagem da idealização da mulher e de sua tarefa doméstico-pedagógica.

A leitora, como ela foi

Se a maior parte dos depoimentos reproduzidos testemunha a pouca ou quase nenhuma leitura na vida das mulheres brasileiras, cabe lembrar que,

72 Rio, Um lar de artistas. In: *O momento literário*, p.23.

embora mais raras, existem também evocações de leituras femininas. José de Alencar, por exemplo, recorda sua função de *ledor*, que, embora criança, arrancava lágrimas do auditório:

> Essa prenda que a educação deu-me para tomá-la pouco depois, valeu-me em casa o honroso cargo de ledor, com que me eu desvanecia, como nunca me sucedeu ao depois no magistério ou no parlamento.
>
> Era eu quem lia para minha boa mãe não somente as cartas e os jornais, como os volumes de uma diminuta livraria romântica formada ao gosto do tempo.
>
> [...]
>
> Não havendo visitas de cerimônia, sentava-se minha boa mãe e sua irmã d. Florinda com os amigos que apareciam, ao redor de uma mesa redonda de jacarandá, no centro da qual havia um candeeiro.
>
> Minha mãe e minha tia se ocupavam com trabalhos de costuras, e as amigas para não ficarem ociosas as ajudavam. Dados os primeiros momentos à conversação, passava-se à leitura e era eu chamado ao lugar de honra.
>
> [...]
>
> Lia-se até a hora do chá, e tópicos havia tão interessantes que eu era obrigado à repetição. Compensavam esse excesso, as pausas para dar lugar às expansões do auditório, o que desfazia-se em recriminações contra algum mau personagem, ou acompanhava de seus votos e simpatias o herói perseguido.
>
> Uma noite, daquelas em que eu estava mais possuído do livro, lia com expressão uma das páginas mais comoventes da nossa biblioteca. As senhoras, de cabeça baixa, levavam o lenço ao rosto, e poucos momentos depois não puderam conter os soluços que rompiam-lhes o seio.
>
> Com a voz afogada pela comoção e a vista empanada pelas lágrimas, eu também cerrando ao peito o livro aberto, disparei em pranto e respondia com palavras de consolo às lamentações de minha mãe e suas amigas.
>
> Nesse instante assomava à porta um parente nosso, o reverendo padre Carlos Peixoto de Alencar, já assustado com o choro que ouvira ao entrar. Vendo-nos a todos naquele estado de aflição, ainda mais perturbou-se:
>
> – Que aconteceu? Alguma desgraça? – perguntou arrebatadamente.
>
> As senhoras, escondendo o rosto no lenço para ocultar do padre Carlos o pranto e evitar seus remoques, não proferiram palavra. Tomei eu a mim responder:

> – Foi o pai de Amanda que morreu! – disse, mostrando-lhe o livro aberto.
>
> [...]
>
> Nosso repertório romântico era pequeno; compunha-se de uma dúzia de obras entre as quais primavam a *Amanda e Oscar*,[73] *Saint-Clair das Ilhas*,[74] *Celestina*[75] e outras que já não me recordo.[76]

Alencar, nesse texto autobiográfico, dá foros de veracidade ao painel da leitura romântica, que Machado de Assis reproduz mesmo em romances publicados no final do século, como *Dom Casmurro* (1899), em que José Dias exerce o papel desempenhado pelo pequeno *ledor*:

> Foi no corredor, quando íamos para o chá; José Dias vinha andando cheio de leitura de Walter Scott que fizera a minha mãe e a prima Justina. Lia cantado e compassado. Os castelos e os parques saíam maiores da boca dele, os lagos tinham mais água e a "abóbada celeste" contava alguns milhares mais de estrelas centelhantes. Nos diálogos, alternava o som dos vozes, que eram

---

73 Segundo A. Gonçalves Rodrigues, *Amanda e Oscar, ou história da família de Dunreath*, em seis volumes, era a tradução, por Antônio Vicente de Carvalho e Sousa, de *The Children of the Abbey, a Tale*, de autoria de Regina Maria Roche, tendo sido lançado originalmente em Londres, em 1796. O livro foi publicado em Portugal em 1823; uma segunda edição apareceu em 1827. Cf. Rodrigues, *A novelística estrangeira em versão portuguesa no período pré-romântico*.

74 *Saint-Clair das Ilhas, ou os desterrados na Ilha da Barra*, em três volumes, foi traduzido do francês, por Antônio Vicente de Carvalho e Sousa, e publicado em Lisboa, pela Tipografia Rollandiana. Segundo A. Gonçalves Rodrigues, a edição francesa constituía a tradução do original inglês, denominado *St. Clair of the Isles; or the Outlaws of the Barra, a Scotish Tradition*, de Elizabeth Helme, e datado de 1803. Cf. Rodrigues, op. cit.

75 A. Gonçalves Rodrigues relaciona duas obras com esse nome: *Celestina*, "novela espanhola, escrita na língua francesa por Mr. Florian e traduzida na portuguesa", editada em Lisboa, pela Tipografia Rollandiana, em 1819; e *Celestina ou os esposos sem o serem*, publicada pela Oficina de Antônio Rodrigues Galhardo (Rodrigues, op. cit., p.23). O primeiro livro contém 49 páginas, e o segundo, quatro volumes, lançados entre 1813 e 1815; é de supor que Alencar se refira à segunda obra, de título e dimensão folhetinesca.

76 Alencar, *Como e por que sou romancista*, p.24-9.

levemente grossas ou finas, conforme o sexo dos interlocutores, e reproduziam com moderação a ternura e a cólera.[77]

É também na ficção machadiana que se verifica a predileção pelo folhetim, como *Saint-Clair das Ilhas*, o preferido de d. Úrsula, tia de *Helena* (1876), de Nhá Tônia, de *Casa velha* (1885), e dos figurantes dos contos "Aires e Vergueiro", de 1871, e "Anedota pecuniária", de *Histórias sem data* (1884). Nesses dois últimos, unem-se as duas situações: a escolha do texto, indicado como um dos poucos livros do acervo das personagens, e a leitura em voz alta:

> Aires comia pouco; arranjou-lhe ela comidas próprias para lhe vencer o fastio. Conversava com ele longas horas, ensinava-lhe alguns jogos, lia-lhe *Saint-Clair das Ilhas*, aquela velha história de uns desterrados da ilha da Barra.[78]
>
> Ao contrário, a felicidade dos noivos entristeceu-o mais. Ao voltar para casa não achou a carinha meiga de Jacinta. Nunca mais ouviria as cantigas de menina e moça; não seria ela quem lhe traria o chá, quem lhe traria, à noite, quando ele quisesse ler, o velho tomo ensebado do *Saint-Clair das Ilhas*, dádiva de 1850.
>
> [...]
>
> E tudo isso era desnecessário, porque a sobrinha não cuidava realmente senão dele e da casa. Às vezes, como a vista do tio começava a diminuir muito, lia-lhe ela mesma algumas páginas do *Saint-Clair das Ilhas*.[79]

Quincas Borba, romance publicado por Machado de Assis em 1891, cuja ação passa-se em torno de 1870, mostra que *Saint-Clair das Ilhas* ainda se confundia com o acervo bibliográfico dos leitores de classe média no Rio de Janeiro de então:

> Logo que Rubião dobrou a esquina da rua das Mangueiras, d. Tonica entrou e foi ao pai, que se estendera no canapé, para reler o velho *Saint-Clair das ilhas ou*

77 Assis, op. cit., p.79-80.
78 Id., Aires e Vergueiro. In: *Contos fluminenses*, p.45.
79 Id., Anedota pecuniária. In: *Histórias sem data*, p.191-3.

> *os desterrados da ilha da Barra*. Foi o primeiro romance que conheceu; o exemplar tinha mais de vinte anos; era toda a biblioteca do pai e da filha. Siqueira abriu o primeiro volume, e deitou os olhos ao começo do cap. II, que já trazia de cor. Achava-lhe agora um sabor particular, por motivo dos seus recentes desgostos: "'Enchei bem os vossos copos', exclamou Saint-Clair, 'e bebamos de uma vez; eis o brinde que vos proponho. À saúde dos bons e valentes oprimidos, e ao castigo dos seus opressores.' Todos acompanharam Saint-Clair, e foi de roda a saúde."[80]

Reprisam-se, assim, na ficção cenas já encontradas no memorialismo, fato sugestivo de que a ficção de Alencar e de seus contemporâneos incorporava um flagrante do cotidiano brasileiro do século XIX, onde vigorava a leitura oral, doméstica, com participação coletiva, sobretudo de mulheres, que se comovem perante cenas sentimentais.

Também não por acaso várias narrativas apresentam cenas em que os amantes traduzem o sentimento que os une ao partilharem a leitura de uma obra. É o que testemunha Tito, personagem do conto publicado por Machado de Assis, em 1865, no *Jornal das Famílias*, "Linha reta e linha curva", que, ao surpreender amigos recém-casados em plena sessão de leitura doméstica, explicita o mecanismo de envolvimento:

> Azevedo lia alto; Adelaide ouvia-o ler, mas como se ouve um eco do coração, tanto a voz do marido e as palavras da obra correspondiam ao sentimento interior da moça.
>
> [...]
>
> – [...] Eu já suspeitava que com o teu espírito de poeta irias esconder tua felicidade em algum recanto do mundo. Com efeito, isto é verdadeiramente uma nesga do paraíso. Jardim, caramanchões, uma casa leve e elegante; um livro. Bravo! Marília e Dirceu... É completo! *Tityroe, tu patoloe*. Caio no meio de um idílio. Pastorinha, onde está o cajado?[81]

80 Id., op. cit., p.277-8.

81 Id., Linha reta e linha curva. In: *Contos fluminenses*, p.234.

A associação sugerida por Tito revela a matriz do comportamento de leitura já encenado por Alencar nas cenas comentadas de *Lucíola* e *Senhora*: a identificação leitura/leitora decorre de uma superposição entre o que se vive e o que se lê, mecanismo já representado no século XVIII por Gonzaga nos versos de *Marília de Dirceu*, nos quais os amantes concretizam seu amor num contexto mediado por livros e leitura:

> *Nas noites de serão nos sentaremos*
> *c'os filhos, se os tivermos, à fogueira:*
> *entre as falsas histórias, que contares,*
> *lhes contarás a minha, verdadeira:*
> *pasmados te ouvirão; eu, entretanto,*
> *ainda o rosto banharei de pranto.*[82]

O quadro doméstico pintado por Gonzaga apresenta componentes dignos de nota, presentes também nos trechos românticos citados. Ele denota a mescla das "falsas histórias à verdadeira", vivida pelo poeta; situação similar ocorre com Lúcia, em *Lucíola*, quando a moça ouve Paulo lendo *Atala* ou quando lê e discute *A dama das camélias* com o amante. Em ambos os casos, fundem-se ficção e realidade, porque o conteúdo da leitura é vivenciado como verdade pelas personagens. É o que Machado desenha na cena antes transcrita: Azevedo, apaixonado por Adelaide, lê para ela poemas de Gonzaga que descrevem amantes que leem versos de amor; Tito, amigo que os visita de improviso, traduz essa associação para o caso de o leitor não percebê-la.

Amor e leitura se espelham ao infinito, ao mesmo tempo que se explicam um pelo outro.

Em consequência, essa leitura, tomada como verdade e aliada à paixão, constitui um elemento enriquecedor e talvez mesmo imprescindível da vida das pessoas. Aos leitores, absorvam eles as obras pelos olhos ou pelos ouvidos, fica reservada a recepção emocional, como procedem tanto a audiência

---

82 Gonzaga, *Marília de Dirceu e mais poesias*, p.109.

real do menino Alencar quanto os casais fictícios Paulo e Lúcia, Seixas e Aurélia, Azevedo e Adelaide.

Esses dois componentes projetam uma concepção de leitura fundada na noção de identificação: Lúcia aproxima-se de Margarithe Gauthier (que por sua vez se reconhecia em Manon Lescaut), assim como Aurélia, de Desdêmona. Esse modelo, segundo o qual as personagens transportam para a vida comportamentos inspirados pela ficção, já dispunha de um precursor notável, o *Dom Quixote*, que Cervantes publicou em duas partes, entre 1605 e 1615. Nessa obra, ocupa lugar não pequeno a discussão de formas modernas de leitura – regidas pelo envolvimento –, resultantes da revolução que significou a produção em escala industrial de livros.

Mas é comumente outro o modo de transmissão de histórias: sobretudo nas cenas de leitura coletiva, o sistema parece bastante primitivo, remontando às manifestações mais antigas e populares da arte de contar, as mesmas cujo desaparecimento Walter Benjamin lamenta e contextualiza na irreversível industrialização da produção de livros, que empurra o processo de fruição narrativa para a solidão da leitura individual.[83]

Essa precariedade condiz, de um lado, com as condições de vida da sociedade brasileira da primeira metade do século XIX. Alencar, na passagem transcrita, não esclarece se as ouvintes poderiam – tecnicamente, por assim dizer – ler sozinhas as obras que escutavam; em outras palavras, a experiência coletiva e o modo participativo de recepção das histórias eram decorrentes do analfabetismo ou era praxe?[84] O contexto sugere, por outro lado, que as opções de leitura eram poucas e pobres, e que as mulheres estavam reclusas em casa, sublinhando-se, com a força da evocação, a precariedade do panorama apontado por tantos outros.

De outro lado, a mesma primitividade resgata a situação original de audição de histórias, valorizada por Walter Benjamin, perdida pela expansão do processo de reprodução do livro e a consequente facilitação da leitura solitária. De um modo ou de outro, solitária ou coletivamente praticada, a

83 Benjamin, O narrador. In: *Magia e técnica, arte e política*.

84 Lajolo, The role of orality in the seduction of the Brazilian reader: a national challenge for Brazilian writers of fiction, *Poetics Today*, p.553-67.

leitura funda-se agora na identificação, sem a qual talvez não se concretize o projeto emancipatório latente em certas obras. Exemplar dessa nova atitude é a descrição apresentada por Graça Aranha, que também relembra a mãe, leitora inveterada e, segundo o filho, de bom gosto:

> Deliciosos serões com minha mãe. Ela era uma grande devoradora de romances. Quando as provisões que o carinho de meu pai sempre entretinha, se extinguiam, havia o recurso da biblioteca do Gabinete Português de Leitura. A velha Militina era a mensageira dos livros. Minha mãe dispensava nas noites de novidade literária acompanhar meu pai às suas visitas. As crianças estavam recolhidas. Só eu velava ao seu lado. Enquanto ela absorta lia, eu ensaiava escrever dissertações de filosofia e de direito, que eram reminiscências das colheitas das lições de Tobias Barreto. Raramente éramos interrompidos, porque, segundo os costumes, as visitas se anunciavam pelas criadas que, durante o dia, vinham "tirar licença" para as suas senhoras. O que apareciam às vezes, eram pedintes, sempre socorridos. Ou então a visita de umas velhinhas esqueléticas e miúdas. Minha mãe repousava o livro e as ouvia complacente. Vinham vender bonecas de pano que faziam.[85]

Poucos intelectuais veem com benevolência cenas como essa. Mas os ficcionistas valorizam-na, atribuindo aos livros, de natureza talvez conservadora se examinados desde o prisma ideológico, um teor emancipatório quando considerados da perspectiva da recepção que, como ato volitivo, de exercício raro e preço alto na sociedade brasileira, talvez esboce o desenho de uma sociedade mais culta e de intercâmbio mais assíduo entre livros e mulheres.

Resultado disso talvez seja a situação testemunhada, na virada da Monarquia à República, pelo Aires do *Memorial* editado por Machado de Assis, que presencia dona Carmo lendo e formando as opiniões literárias de seu marido:

---

85 Aranha, *O meu próprio romance*, p.167-8.

> Ele compra-lhe os livros, que ela lê e resume para ele ouvir. Como a memória dele é grande, cita também as narrações escritas, com a diferença que ela, tendo impressão direta, a análise que faz é mais viva e interessante. Ouvi-lhe dizer de alguns nomes contemporâneos muita coisa fina e própria.[86]

Num ambiente de poucos leitores e raras leitoras, a ficção romântica acabou por exercer uma função pedagógica, procurando atrair o público para o universo da educação e da arte. Para tanto, precisou, de um lado, negar certos parâmetros de seu tempo e, de outro, investir na imaginação de damas de fino trato e mulheres de projeção, numa representação visivelmente influenciada pelos salões franceses do século XVII, quando engatinhava o processo de liberação feminina.

Quem sabe Macedo, Alencar e seus pares não verbalizavam a utopia de seu tempo, aquela em que os próprios escritores teriam um lugar proeminente, por serem os mentores dessas senhoras emancipadas, por se emanciparem eles mesmos, vivendo de sua atividade e orientando intelectualmente o meio em que viviam?

Leitura sob tutela

Marília, a lírica pastorinha de Tomás Antônio Gonzaga,[87] talvez tenha protagonizado a primeira representação de leitura feminina na literatura brasileira. Não a antecede nenhum leitor masculino, nem mesmo nos sonetos de Cláudio Manuel da Costa, onde os pastores ouvem-se uns aos outros, em duelos poéticos. Gonzaga, intelectual com perfil de vanguarda para a época, morando na então capital Vila Rica, envolve-se com a utopia iluminista e com nossa gorada tentativa de independência. Suas liras celebram uma Marília que, em diversas passagens da obra, tematiza a relação entre a mulher e o livro, entre a leitora e a literatura.

86 Assis, *Memorial de Aires*, p.152.

87 Tomás Antonio Gonzaga publicou as liras de *Marília de Dirceu* entre 1792 e 1799. A primeira edição póstuma aparece em 1810, logo depois da morte do poeta; a edição considerada autêntica é lançada em 1812.

Através de Marília, a literatura brasileira inaugura a reflexão sobre a leitura literária feminina, como ocorre, por exemplo, num poema da terceira parte da obra, que encena uma relação interessante entre mulher e leitura, explicitando o desdobramento necessário para cimentar a relação leitura/literatura/vida privada, bem como para avalizar a passagem da oralidade à escrita, movimentos estes só possíveis no bojo do aburguesamento da sociabilidade e da sensibilidade.[88]

Nessa representação setecentista, a leitura feminina faz parte do cotidiano conjugal, ingrediente de um serão que integra, junto a outras atividades, a vida doméstica futura que o poeta desdobra aos olhos de sua jovem amada:

Verás em cima da espaçosa mesa,
altos volumes de enredados feitos;
ver-me-ás folhear os grandes livros,
E decidir os pleitos.
Enquanto revolver os meus consultos,
Tu me farás gostosa companhia,
Lendo os fastos da sábia, mestra História,
E os cantos da poesia.
Lerás em alta voz, a imagem bela;
eu, vendo que lhe dás o justo apreço,
gostoso tornarei a ler de novo
o cansado processo.[89]

No universo sugerido pelo texto, a atividade de leitura é compartilhada, mas o material de leitura de um e outro não apenas difere, como também não se equivale. A leitura masculina resulta do exercício da profissão: o poeta Tomás Antônio Gonzaga integrava os quadros jurídicos da Colônia; talvez por isso o pastor Dirceu, seu *alter ego* artístico, parece trazer para a sala, onde o par se encontra, a pasta de trabalho do provedor-mor dos Bens dos Defuntos e Ausentes, a papelada descrita, com bastante verossimilhança, como "grandes livros, altos volumes de enredados feitos".

88 Lajolo; Zilberman, *A leitura rarefeita: Leitura e livro no Brasil.*

89 Gonzaga, op. cit., p.168.

O tamanho e a altura dos mencionados livros parecem ter valor conotativo, contrastando a por assim dizer leveza descompromissada da leitura feminina com a sisuda seriedade da leitura masculina. Altura e tamanho são também uma metáfora convincente do relevo e da importância do conteúdo de tais livros, supostamente de Direito, suposição fortalecida pela menção ao papel deles na resolução de pleitos e, logo abaixo, pela vizinhança com um processo.

A força das menções vizinhas ao universo jurídico fundamenta a distinção entre a leitura masculina e a feminina em torno da noção de gênero literário: para ele a leitura profissional, jurídica, administrativa, adstrita ao universo do dever; para ela, a história, que é mestra, e a poesia, inscritas ambas na clave do prazer, que contagia a relação entre os amantes: "tu me farás gostosa companhia"...

De certa maneira, a natureza prazerosa da leitura feminina é ponto de partida para a socialização de sua prática doméstica: "lerás em alta voz a imagem bela" registra o momento em que a leitora, entusiasmada pelo que lê, interrompe a leitura sisuda de seu companheiro, chamado a participar da beleza do texto. Nesse ponto, todavia, o homem assume a função de orientador de leitura, isto é, de interlocutor que sanciona (ou não) tanto o modo de realização, como o produto do ato de leitura feminina: "eu, vendo que lhe dás o justo apreço/ [...] tornarei a ler".

Isto é: ainda que a leitura seja compartilhada, o tipo de interlocução instaurada difere, por alimentar e manter a assimetria da cena. Como se vê, se a mulher conquista o direito de leitura, só pode exercê-lo caso se submeta à hierarquia socialmente estabelecida que o regula, e esta inclui, entre as assimetrias, tanto a do tutor e da tutelada quanto uma outra, mais forte, a da escrita e a da leitura, ficando a primeira reservada para o homem, como insinua outro poema, a lira XXI, da Segunda Parte, do mesmo Gonzaga:

À noite te escrevia na cabana
os versos que de tarde havia feito;
mal tos dava, e os lias, os guardavas
no casto e branco peito.[90]

90 Ibid., p.120.

De toda maneira, o intercâmbio de escrita e leitura acaba por alterar o patamar de relação possível entre o homem e a mulher, banhando em erotismo e sensualidade o objeto da leitura e, por tabela, a própria atividade de ler, já erotizada no verso final da estrofe anterior, o que prossegue na estrofe seguinte:

Beijando os dedos dessa mão formosa,
banhados com as lágrimas do gosto,
jurava não cantar mais outras graças,
que as graças do teu rosto.[91]

A possibilidade de erotização acaba, por assim dizer, por criminalizar a leitura, mesmo quando esta se torna acessível à mulher. A alternativa para isso – preventiva – é impedir a leitura e sua aprendizagem, como apontaram cronistas e como o visconde de Taunay tematizou em *Inocência*, obra de 1872, cuja ação tem por cenário o sertão mineiro por volta de 1860.

A protagonista, que dá nome ao livro, é mantida intencionalmente analfabeta por seu pai e, a partir de certo ponto, sua assumida falta de familiaridade com os livros ganha sentido simbólico: aponta tanto para sua inexperiência amorosa (ela se mostra literalmente *inocente*, conforme sugere a etimologia de seu nome), quanto para a pureza da pessoa do campo, contagiada pela virgindade da natureza. É isso, ao menos, o que se pode ler na fala que a moça dirige ao apaixonado Cirino: "Sou filha dos sertões; nunca morei em povoados, nunca li em livros, nem tive quem me ensinasse coisa alguma... Se eu o magoar, desculpe, será sem querer".[92] Mas a fala transmite igualmente um sentido referencial muito preso ao documental: indica que Pereira, pai de Inocência, intui os perigos embutidos no ato de aprender a ler e escrever, selando – como os patriarcas referidos por Luccock e Debret, entre outros – o destino de analfabeta da filha. Para ele, leitura e escrita equivalem a atividades de moral duvidosa, as quais, portanto, cumpre ao pai zeloso exorcizar:

---

91 Ibid.

92 Taunay, *Inocência*, p.140.

> – Eu repito – disse ele com calor –, isto de mulheres, não há que fiar. Bem faziam os nossos do tempo antigo. As raparigas andavam direitinhas que nem um fuso... Uma piscadela de olho mais duvidosa, era logo pau... Contaram-me que hoje, lá nas cidades... arrenego!... não há menina, por pobrezinha que seja, que não saiba ler livros de letras de forma e garatujar no papel... que deixe de ir a fonçonatas com vestidos abertos na frente [...].[93]

Inocência representa o avesso de Marília, revelando a condição da mulher sertaneja, segregada do mundo das Letras. Ambas são, cada uma a seu modo, contudo, advertidas contra o que esse mundo podia insuflar de comportamentos indesejáveis, carecendo de algum tipo de controle ou admoestação. Velada ou explícita, a fiscalização da leitura se exerce com rigor e, em certa medida, parece até interiorizada. O que parece ensinar que a conquista da leitura, por parte da mulher, não se faz de forma linear, conquista após conquista. Dá-se, ao contrário, por um percurso sinuoso, cheio de idas e vindas, aliás, de certa maneira, mais vindas do que idas.

Ganha, assim, importância de radiografia de um momento da história da leitura da mulher brasileira a cena em que, no conto "Linha reta e linha curva", Azevedo lê para Adelaide os versos de Gonzaga, já citados, como parte dos prazeres da lua de mel do jovem casal:

> Azevedo e Adelaide estavam no jardim que ficava em frente da casa onde ocultavam a sua felicidade. Azevedo lia alto; Adelaide ouvia-o ler, mas como se ouve um eco do coração, tanto a voz do marido e as palavras da obra correspondiam ao sentimento interior da moça.
>
> No fim de algum tempo Azevedo deteve-se e perguntou:
>
> – Queres que paremos aqui?
>
> – Como quiseres – disse Adelaide.
>
> – É melhor – disse Azevedo fechando o livro. As coisas boas não se gozam de uma assentada. Guardemos um pouco para a noite.[94]

---

93 Ibid., p.46.

94 Assis, op. cit., p.234.

Vale observar, uma vez ainda, o caráter passivamente tutelado dessa leitura: Adelaide limita-se a ouvir, atenta e apaixonadamente, deixando a cargo do marido a condução do processo. Cabe a ele a orquestração do ato em curso, a proposta de pausas e adiamentos, em resumo, o estabelecimento do ritmo, nunca deixando, nesse gerenciamento, de manifestar-se a propósito de diferentes qualidades de diferentes leituras.

Outro conto machadiano, "O segredo de Augusta", de 1868, registra, por novo ângulo, a leitura feminina. Augusta não é surpreendida pelo narrador em nenhum ato de leitura, e sim como consumidora, num gesto de compra que iguala livros e vestidos no mesmo universo feminino, em que mãe e filha conversam e desconversam. Um livro na mão e o dedilhar de piano são a moldura de um diálogo canhestro sobre os atos notívagos do marido de Augusta:

> São onze horas da manhã.
>
> D. Augusta Vasconcelos está reclinada sobre um sofá, com um livro na mão. Adelaide, sua filha, passa os dedos pelo teclado do piano.
>
> – Papai já acordou? – pergunta Adelaide à sua mãe.
>
> – Não – responde esta sem levantar os olhos do livro.
>
> Adelaide levantou-se e foi ter com Augusta.
>
> – Mas é tão tarde, mamãe – disse ela. – São onze horas. Papai dorme muito.
>
> Augusta deixou cair o livro no regaço, e disse olhando para Adelaide:
>
> – É que naturalmente recolheu-se tarde.
>
> – Reparei já que nunca me despeço de papai quando me vou deitar. Anda sempre fora.
>
> Augusta sorriu.
>
> – És uma roceira – disse ela –, dormes com as galinhas. Aqui o costume é outro. Teu pai tem que fazer de noite.
>
> – É política, mamãe? – perguntou Adelaide.
>
> – Não sei – respondeu Augusta.
>
> [...]
>
> Logo depois chegaram dois caixeiros: um com alguns vestidos e outro com um romance: eram encomendas feitas na véspera. Os vestidos eram caríssimos, e o romance tinha este título: *Fanny*, por Ernesto Feydeau.[95]

95 Assis, O segredo de Augusta. In: *Contos fluminenses*, p.139-44.

A atitude de desatenção perante os livros tem em d. Benedita, heroína do conto homônimo publicado em *Papéis avulsos*, de 1882, seu exemplo acabado. É nela que Machado concentra e sintetiza sua concepção sobre a leitura feminina, analisada agora por um comentarista que ironiza as preferências literárias dos figurantes dos textos. Longe está o narrador magnânimo e benévolo, idealizador de mocinhas de histórias românticas que protagonizam comportamentos perfeitos; o de agora apresenta mulheres pertencentes aos segmentos dominantes, educadas, mas carentes de seriedade e profundeza:

> Era-lhe tão enfadonho escrever cartas compridas! Esta palavra, fecho do capítulo passado, explica a longa prostração de d. Benedita. Meia hora depois de cair no sofá, ergueu-se um pouco, e percorreu o gabinete com os olhos, como procurando alguma coisa. Essa coisa era um livro. Achou o livro, e podia dizer achou os livros, pois nada menos de três estavam ali, dois abertos, um marcado em certa página, todos em cadeiras. Eram três romances que d. Benedita lia ao mesmo tempo. Um deles, note-se, custou-lhe não pouco trabalho. Deram-lhe notícia na rua, perto de casa, com muitos elogios; chegara da Europa na véspera. D. Benedita ficou tão entusiasmada, que, apesar de ser longe e tarde, arrepiou caminho e foi ela mesma comprá-lo, correndo nada menos de três livrarias. Voltou ansiosa, namorada do livro, tão namorada que abriu as folhas, jantando, e leu os cinco primeiros capítulos naquela noite. Sendo preciso dormir, dormiu; no dia seguinte não pôde continuar, depois esqueceu-o. Agora, porém, passados oito dias, querendo ler alguma coisa, aconteceu-lhe achá-lo à mão.
>
> – Ah!
>
> E ei-la que torna ao sofá, que abre o livro com amor, que mergulha o espírito, os olhos e o coração na leitura tão desastradamente interrompida. D. Benedita ama os romances, é natural; e adora os romances bonitos, é naturalíssimo. Não admira que esqueça tudo para ler este; tudo, até a lição de piano da filha, cujo professor chegou e saiu, sem que ela fosse à sala. Eulália despediu-se do professor; depois foi ao gabinete, abriu a porta, caminhou pé ante pé até o sofá, e acordou a mãe com um beijo.
>
> – Dorminhoca!
>
> [...]

> D. Benedita bocejou. Já não pensava na carta; pensava no colete que encomendara à Charavel, um colete de barbatanas mais moles do que o último. Não gostava de barbatanas duras; tinha o corpo muito sensível. Eulália falou ainda algum tempo do pai, mas calou-se logo, e vendo no chão o livro aberto, o famoso romance, apanhou-o e fechou-o, pô-lo em cima da mesa.[96]

Atitude similar adota Mariana, de "Capítulo dos chapéus", publicado em *Histórias sem data* (1884), que, além de dispor "de mui poucas noções", e sempre ler "os mesmos livros – a *Moreninha* de Macedo, sete vezes; *Ivanhoe* e o *Pirata* de Walter Scott, dez vezes; o *Mot de l'enigme*, de Madame Craven, onze vezes",[97] é tão desatenta quanto d. Benedita:

> Sentou-se ali mesmo com o *Ivanhoe* nas palmas, querendo ler e não lendo nada. Os olhos iam até o fim da página, e tornavam ao princípio, em primeiro lugar porque não apanhavam o sentido, em segundo lugar, porque uma ou outra vez desviavam-se para saborear a correção das cortinas ou qualquer outra feição particular da sala. Santa monotonia, tu acalentavas no teu regaço eterno.[98]

Sofia, musa de Rubião, em *Quincas Borba*, de 1891, e padrão elevado de mulher na acepção corrente do romance machadiano, não é melhor leitora. É distraída como suas antecessoras:

> "Ele merece ser amado", leu Sofia na página aberta do romance, quando ia continuar a leitura; fechou o livro, fechou os olhos, e perdeu-se em si mesma. A escrava que entrou daí a pouco, trazendo-lhe um caldo, supôs que a senhora dormia e retirou-se pé ante pé.[99]

Sofia só chega ao consumo da ficção de seu tempo porque não quer fazer feio perante a alta sociedade da época; mesmo assim, seu leque de leituras não ultrapassa o folhetim difundido pela francesa *Revista dos Dois Mundos*:

---

96 Id., *Papéis avulsos*, p.168-70.

97 Id., Capítulo dos chapéus. In: *Histórias sem data*, p.107.

98 Ibid., p.127-8.

99 Ibid., p.268.

> Afinal, deixou a vista da chuva e do nevoeiro; estava cansada, e para repousar, foi abrir as folhas do último número da *Revista dos Dois Mundos*. Um dia, no melhor dos trabalhos da comissão das Alagoas, perguntara-lhe uma das elegantes do tempo, casada com um senador:
>
> – Está lendo o romance de Feuillet, na *Revista dos Dois Mundos*?
>
> – Estou – acudiu Sofia –; é muito interessante.
>
> Não estava lendo, nem conhecia a *Revista*; mas, no dia seguinte, pediu ao marido que a assinasse; leu o romance, leu os que saíram depois, e falava de todos os que lera ou ia lendo.[100]

"Miss Dollar", de 1870, publicado em *Contos fluminenses*, registra, em ainda outro diapasão, a relação mulher-leitura. Não se trata agora, apenas, de livros compondo um cenário doméstico, de intimidade feminina: o que se tem aqui são imagens, antecipações e expectativas que a leitura feminina deflagra.

Observe-se, inicialmente, que esse conto dispõe de um narrador tagarela, pródigo em conversas com o leitor, cujas expectativas antecipa, analisa e rejeita, numa exemplar pedagogia de leitura.[101] Note-se, entretanto, que esse leitor a quem o narrador se diverte em azucrinar é um leitor masculino, como masculina é também outra personagem, o Mendonça, que o ficcionista envolve igualmente em leituras:

> Um dia de manhã apareceu-lhe em casa o filho de d. Antônia; traziam-no dois motivos: perguntar-lhe por que não ia a Matacavalos, e mostrar-lhe umas calças novas. Mendonça aprovou as calças, e desculpou como pôde a ausência, dizendo que andava atarefado. Jorge não era alma que compreendesse a verdade escondida por baixo de uma palavra indiferente; vendo Mendonça mergulhado no meio de uma chusma de livros e folhetos, perguntou-lhe se estava estudando para ser deputado. Jorge cuidava que se estudava para ser deputado!
>
> – Não, respondeu Mendonça.[102]

---

100 Ibid., p.327.

101 Lajolo, *Do mundo da leitura à leitura do mundo*.

102 Assis, Miss Dollar. In: *Contos fluminenses*, p.35-6.

A desqualificação da política ao ser desvinculada do estudo (ou, vice-versa, a desqualificação da leitura ao ser vinculada à política) funciona como retardamento que introduz o tópico da leitura feminina:

> – É verdade que a prima também lê, anda com livros e não creio que pretenda ir à câmara.
>
> – Ah! Sua prima?
>
> – Não imagina; não faz outra coisa. Fecha-se no quarto, e passa os dias inteiros a ler.
>
> Informado por Jorge, Mendonça supôs que Margarida era nada menos que uma mulher de letras, alguma modesta poetisa, que esquecia o amor dos homens nos braços das musas. A suposição era gratuita e filha mesmo de um espírito cego pelo amor como o de Mendonça. Há várias razões para ler muito sem ter comércio com as musas.[103]

Insinua-se, nas cogitações de Mendonça, o estereótipo da mulher letrada, ser assexuado em cujo universo as musas substituem os homens, numa atitude frente à qual a contenção do narrador não cala completamente a subentendida desaprovação da personagem, de quem se supõe o franzir d'olhos ao imaginar a cena da leitura de Margarida, caricata como uma das *femmes savantes* de Molière.

É, porém, em dois textos de Machado de Assis, publicados em 1870, que o registro das ambiguidades éticas da leitura feminina sobem à flor do texto. No poema "Pálida Elvira", paródia competente de um tipo já vulgarizado de literatura romântica, a leitura feminina é imersa num tom geral de menosprezo, salpicado de ironia. Abrindo o texto – como se disse no primeiro capítulo – com uma contextualização espacial que aponta para estereótipos sentimentais, de simbiose entre a paisagem e o estado de espírito, favorável a devaneios e a fantasmagorias, o narrador insta a leitora virtual a abandonar-se a divagações tidas por poéticas.

Estimulada, num primeiro momento, a identificação entre a leitora prevista e a personagem delineada, logo a seguir, o narrador desarticula as

103 Ibid.

associações apontadas, mostrando-as como fruto da convenção literária e do artifício do artista:

Resumamos, leitora, a narrativa.
Tanta estrofe a cantar etéreas chamas
Pede compensação, musa insensiva,
Que fatigais sem pena o ouvido às damas.
Demais, é regra certa e positiva
Que muitas vezes as maiores famas
Perde-as uma ambição de tagarela;
Musa, aprende a lição; musa, cautela![104]

O fato de a metalinguagem exercer-se sobre o próprio narrador, num texto que superpõe contrição e profissão de fé – simulados ambos –, sugere a força da leitura feminina, já tão institucionalizada, que permite e mesmo fundamenta estereótipos e clichês que tanto atestam a legibilidade do texto como garantem seus efeitos de ironia.

No conto "Confissões de uma viúva moça", de *Contos fluminenses* (1870), substitui-se a ironia pelo tom doutrinal.[105] Tratando-se talvez, dentro do conjunto da obra machadiana, da única história narrada por uma mulher em primeira pessoa, constitui-se de um conjunto de cartas enviadas por uma senhora de Petrópolis a outra, sua amiga, residente no Rio de Janeiro. As cartas, em número de sete, são remetidas diariamente e funcionam como capítulos. A narradora está consciente de que se vale de uma convenção do folhetim; aliás, logo no início, ela deixa claro à sua leitora que domina os recursos narrativos, transformando a primeira carta numa espécie de prólogo ao relato futuro:

> As minhas cartas irão de oito em oito dias, de maneira que a narrativa pode fazer-te o efeito de um folhetim de periódico semanal.

---

104 Id., Pálida Elvira. In: *Poesias*, p.198.

105 A respeito desse conto, veja Zilberman, Leitora de folhetim em um conto do *Jornal das Famílias*. In: *Brás Cubas autor Machado de Assis leitor*.

> Dou-te a minha palavra de que hás de gostar e aprender.
>
> [...]
>
> Devo terminar esta. É o prefácio do meu romance, estudo, conto, o que quiseres. Não questiono sobre a designação, nem consulto para isto mestres d'arte.
>
> Estudo ou romance, isto é simplesmente um livro de verdades, um episódio singelamente contado, na confabulação íntima dos espíritos, na plena confiança de dois corações que se estimam e se merecem.[106]

Aqui, a presença da metalinguagem visa dar foros de verdade ao texto, dentro de um princípio frequente na literatura romântica da época, encontrável no próprio Machado, mas também na abertura de romances como *Lucíola*, de José de Alencar. O pendor pedagógico da literatura é reforçado pela narradora, que, tendo vivido um fracasso amoroso, pode contá-lo e esperar que sua leitora (ou outras mulheres que vierem a conhecer suas cartas) aprenda(m) uma lição:

> E sabe que não ganhei só isso. Ganhei conhecer um homem cujo retrato trago no espírito e que me parece singularmente parecido com outros muitos. Já não é pouco; e a lição há de servir-me, como a ti, como às nossas amigas inexperientes. Mostra-lhes estas cartas; são folhas de um roteiro que se eu tivera antes, talvez não houvesse perdido uma ilusão e dois anos de vida.[107]

O singular é que seja uma mulher que o diga, sugerindo, como ocorre também no poema "Pálida Elvira", um leitorado feminino consistente, capaz de não só decifrar as alusões metalinguísticas, mas supostamente também denunciá-las. Nem por isso, contudo, o texto é menos preconceituoso em relação às mulheres, que continuam precisando de uma mão mais madura para conduzi-las. Não apenas porque são naturalmente ingênuas, mas também porque, tendo sido formadas por leituras enganosas, deixam-se envolver pela lábia de conquistadores baratos, como o Emílio que seduz e abandona a narradora de história: "Até então eu não tinha visto o amor

---

106 Assis, Confissões de uma viúva moça. In: *Contos fluminenses*, p.186-7.
107 Ibid., p.187.

senão nos livros. Aquele homem parecia-me realizar o amor que eu sonhara e vira descrito".[108] Incapaz de discernir entre ficção e realidade, a mulher erra, e só aprende graças à dura lição da experiência. O amadurecimento transforma-a em autora, capaz agora de produzir relatos verdadeiros, equivalentes à melhor literatura de seu tempo; mas seu público só pode ser o feminino, o único com que pode dialogar, e de modo privado, pois tal é seu restrito universo.

Dois anos depois, em 1872, um dos últimos romances de José de Alencar, *Til*, como que arremata uma etapa do longo percurso da construção da familiaridade feminina com papéis e livros, mesmo que a um alto preço. Texto regionalista ambientado em São Paulo, o romance tem uma rede narrativa intrincada, inspirando-se, para seu título, no sinal ortográfico indicador de nasalidade: *til* é a imagem que ocorre a Brás, um idiota, para caracterizar o franzir de sobrancelhas de Berta, a protagonista.

Ameaçando cruzar a página, isto é, abandonando a passividade da poltrona macia onde a leitura é passatempo, a mulher professora, personagem desse romance, emblematiza caminhos mais decisivos na emancipação da leitura feminina.

Outra das personagens desse tardio Alencar não deixa também de ostentar uma significativa atividade intelectual: trata-se de Linda, que, ao ser informada por Miguel que ele empregava seu tempo livre na caça, inicia um diálogo que, não obstante sua artificialidade, sinaliza o cruzamento de fronteiras. Fica para trás a passiva Adelaide que se submetia ao ritmo e aos desígnios de leitura do Azevedo de "Linha reta e linha curva"; em *Til*, a figura feminina toma a iniciativa, ao menos no primeiro momento, de trazer para a conversa assuntos de livros e de leitura. E, mais ainda, no caso de Linda, ela ensaia ocupar o papel de tutora de leitura, até aqui reservado a personagens masculinos:

> – Não lhe diverte mais ler ? Mamãe deu-me um livro mui lindo, que eu acabei ontem. É o *Cabana indiana*. Eu lhe... Mano podia emprestar-lhe.
>
> – Já li – disse simplesmente Miguel.

---

108 Ibid., p.210.

– Não é tão bonito?

– Muito.

– Eu queria ter uma cabana assim – continuou Linda

Miguel sorriu-se da inocente fantasia da moça... [109]

A última fala de Miguel como que desnuda o percurso conflituoso da relação das mulheres com os livros e a leitura na tradição cultural brasileira. O mundo das letras só tardiamente e de forma muito gradual abriu-se para o mundo feminino; o direito de frequentá-lo, porém, não garantiu o direito à autonomia de julgamento. A superioridade da leitura masculina – superioridade da qual o narrador é conivente – fica sempre evidente, sobretudo quando se recorda que o romance em discussão era *La chaumière indienne*, do francês Bernardin de Saint-Pierre, que a Tipografia Rollandiana tinha publicado em Lisboa, em 1807, e a Impressão Régia, como se viu antes, tinha lançado no Brasil já em 1811.

No capítulo 25 do mesmo livro, em que se assiste a uma lição de alfabetização de Brás, primeiro ministrada por Domingão e, posteriormente, por Berta, fica definitivamente selado o novo patamar de familiaridade entre mulheres e livros. Porém, o fato de ser Brás um deficiente rebaixa o resultado, tornando por assim dizer menos igualitária a conquista do direito de, na tutela de leitura, inverter a tradicional relação que dava hegemonia ao sexo masculino.

Mestras de leitura

A mão e a luva, romance de Machado de Assis de 1874, é constituído por personagens para quem o mundo da leitura está fortemente integrado ao universo familiar de namoros e conversas e inclusive se apresenta como hipótese de profissionalização da mulher. O ambiente aristocrático em que se move Guiomar justifica certo refinamento da bibliografia mencionada, renovada sobretudo por participar do livro uma governanta inglesa, Mrs. Oswald, que, em noites de serão, tempera o regime francês comum do

109 Alencar, *Til*, p.48.

leitorado brasileiro com alguns escritores ingleses, cujo valor não hesita em declarar:

> – Por que me não mandou chamar?
>
> – Estava talvez a dormir, ou entretida com o seu Walter Scott...
>
> – Milton – emendou gravemente a inglesa. – Esta manhã foi dedicada a Milton. Que imenso poeta, d. Guiomar![110]

De maneira similar àquela com que Alencar, em seu relato autobiográfico, refere-se a leituras domésticas, também aqui a reunião familiar, aconchegada em páginas de livros, ainda que menos coletiva, dá livre curso a subenredos e enredamentos entre as personagens:

> Jorge veio interrompê-las um pouco, mas só interromper, porque a leitura continuou logo depois, ajudando ele próprio a Guiomar naquela filial tarefa. Veio o chá, veio depois a hora de recolher, e a baronesa deu por findo o serão, ainda que o livro estava quase findo.
>
> – Um capítulo mais – aventurou Jorge com o livro aberto nas mãos.
>
> A baronesa sorriu e voltou os olhos para Guiomar, a cuja conta lançou aquela dedicação do sobrinho; recusou contudo por estar a cair de sono.
>
> – Eu é que não me deito sem saber o resto – declarou Guiomar. – Levo o livro comigo.[111]
>
> Guiomar, molemente sentada numa cadeira baixa, tinha um livro aberto sobre os joelhos e os olhos no ar.
>
> [...]
>
> A moça olhou algum tempo para o livro que tinha diante de si.[112]

O entrelaçamento de livros e de leituras com a oscilante e calculada relação amorosa que Guiomar tece com seus pretendentes Estêvão, Luís Alves e Jorge perdura de começo a fim do romance, o que é outra forma de indicar

110 Assis, op. cit., p.53.

111 Ibid., p.114.

112 Ibid., p.187-8.

a consistência maior com que a instituição da leitura, enquanto esfera já agora também feminina, se apresenta neste livro. Coroa tal espessamento a discussão da profissionalização de Guiomar, cujo horizonte é o magistério:

> Tinha a moça dezesseis anos quando passou para o colégio da tia de Estêvão, onde pareceu à baronesa se lhe poderia dar mais apurada educação. Guiomar manifestara então o desejo de ser professora.
>
> – Não há outro recurso, disse ela à baronesa quando lhe confiou esta aspiração.
>
> – Como assim? – perguntou a madrinha.
>
> – Não há – repetiu Guiomar. – Não duvido, nem posso negar o amor que a senhora me tem; mas a cada qual cabe uma obrigação, que se deve cumprir. A minha é... é ganhar o pão.[113]

As reticências da fala anterior sugerem o embaraço e os limites com que questões de profissionalização – e, além do mais, profissionalização feminina – compunham o enredo de um romance numa sociedade patriarcal e escravocrata. Moça pobre, educada pela madrinha baronesa, Guiomar, ao propor o magistério como profissão, insere-se na longa linhagem das personagens femininas das camadas médias da população brasileira, para as quais a dificuldade de um casamento de conveniência acena com o magistério como alternativa menos pior.

Contudo, ainda que como projeto o magistério sele o ingresso da mulher no mundo da leitura, mundo no qual ela encontra a possibilidade de profissionalizar-se, como prática efetiva parece exercer-se sempre longe das páginas dos romances, onde só chegam alusões a ele. Um dos poucos a mencioná-lo é José de Alencar num romance de 1875, *Senhora*, sua criação mais aproximada da estética realista:

> Aceitando a companhia de d. Firmina, não era intenção de Aurélia tornar-se pesada à sua parenta.

113 Ibid., p.65.

> Passados os oito dias de nojo, enviou pelo dr. Torquato Ribeiro um anúncio ao jornal, oferecendo mediante condições razoáveis seus serviços como professora de colégio, ou mestra em casa de família. [...] Decorreu mais de mês, sem que aparecesse coisa séria.[114]

Aqui, como antes, o magistério paira no horizonte como mera virtualidade, saindo definitivamente de cena quando a protagonista encontra no casamento (ou no recebimento de uma herança, como ocorre a Aurélia) a via de escape da condenação ao trabalho, restabelecendo-se o equilíbrio social.

Em *Iaiá Garcia*, obra de Machado de Assis datada de 1878, cuja ação se passa em 1866, também o magistério é a saída de Estela, que, uma vez concretizado o casamento da protagonista, fica impossibilitada de agregar-se à família da enteada. A alternativa de sobrevivência econômica da viúva é profissionalizar-se, assumindo encargos docentes:[115] "Uma antiga condiscípula de Estela, residente no norte de São Paulo, aceitava a proposta que esta lhe fizera, de ir dirigir-lhe o estabelecimento de educação que ali fundara desde alguns meses".[116]

Assim, na pena leve de Machado, a profissionalização das heroínas pobres nos limites da sala de aula se faz para além do romance. O magistério permanece no nível da abstração, sem que romance nem romancista tenham de dar conta das eventuais, porém efetivas, alterações que a familiaridade com o mundo da leitura traz para a esfera da vida social feminina.

É com *A normalista*, de Adolfo Caminha, de 1893, que a mulher, cruzando as páginas dos livros, cruza ao mesmo tempo os limites dos comportamentos desejados. Nessa obra, os riscos da leitura se devassam em toda a sua profundidade. Maria do Carmo, a protagonista, estudante que se prepara para ser professora, autoriza todos os temores dos pais de família previstos por John Luccock e Jean-Baptiste Debret: ao tornar-se leitora assídua de romances, a moça encontra na leitura uma porta tanto de profissionalização quanto de perdição.

---

114 Alencar, op. cit., p.1069.

115 Stein, *Figuras femininas em Machado de Assis*.

116 Assis, op. cit., p.298.

O texto, aliás, detém-se mais nesta do que naquela. Definitivamente erotizada, a prática da leitura contagia-se da sensualidade das cenas lidas. Num documentalismo raro na ficção brasileira, a obra de Caminha faculta acesso a uma espécie de estante de leituras femininas – disponíveis, posto que condenáveis – já às vésperas do século XX:

> Maria folheou ao acaso aquela obra-prima, disposta a devorá-la. E, com efeito, leu-a de fio a pavio, página por página, linha por linha, palavra por palavra, devagar, demoradamente,
>
> Uma noite o padrinho quase a surpreende no quarto, deitada, com o romance aberto, à luz d'uma vela. Porque ela só lia *O primo Basílio* à noite, no seu misterioso quartinho do meio da casa pegado à sala de jantar.
>
> Que regalo todas aquelas cenas da vida burguesa! Toda aquela complicada história do *Paraíso*!... A primeira entrevista de Basílio com Luíza causou-lhe uma sensação estranha, uma extraordinária superexcitação nervosa; sentiu um como formigueiro nas pernas, titilações em certas partes do corpo, prurido no bico dos seios púberes; o coração batia-lhe apressado, uma nuvem atravessou-lhe os olhos... Terminou a leitura cansada, como se tivesse acabado de um gozo infinito... E veio-lhe à mente o Zuza; se pudesse ter uma entrevista com o Zuza e fazer de Luiza.
>
> Até aquela data só lera romances de José de Alencar, por uma espécie de bairrismo mal entendido, e *A consciência* de Heitor Mallot publicada em folhetins na *Província*. A leitura do *Primo Basílio* despertou-lhe um interesse extraordinário.
>
> – Aquilo é que é um romance. A gente parece que está vendo as coisas, que está sentindo...
>
> Não compreendera bem certas passagens, pensou em consultar a Lídia; sim, a Campelinho devia saber a história da *champagne* passada num beijo para a boca de Luíza.[117]

No entanto, se os créditos naturalistas de Adolfo Caminha nos fazem supor que José de Alencar, Heitor Mallot e Eça de Queiroz efetivamente es-

117 Caminha, *A normalista*, p.24.

tavam entre os autores que atraíam os olhos de jovens leitoras brasileiras do fim do século passado,[118] o próprio romance *A normalista* tematiza o caráter polêmico e contraditório da leitura feminina. Não obstante navegarmos em pleno mar de leitura – trata-se, afinal, da história de uma normalista, alguém que se prepara para o magistério –, esse mar é cruzado por correntes e contracorrentes. De novo encontramos a leitura feminina tutelada, tutela esta que se manifesta em outro nível, exercida por instituições sociais mais complexas do que a família representada pelo pai, marido ou irmão mais velho.

A leitura das alunas da escola normal é dirigida pelo professor Berredo, eco distante da voz daquele Dirceu que aprovava ou desaprovava as reações de leitura de Marília, na Vila Rica do século XVIII. De Dirceu a Berredo, isto é, do marido ao mestre da escola normal, profissionalizou-se a orientação, assim como se preparava para profissionalizar-se a leitora.

Entre livros condenados e sugeridos, vão-se delineando os roteiros da mulher no mundo da leitura:

> E continuou a falar [...], citando Júlio Verne, cujas obras recomendava às normalistas como um "precioso tesouro de conhecimentos úteis e agradáveis". Lessem Júlio Verne nas horas d'ócio; era sempre melhor do que perder tempo com leituras sem proveito, muitas vezes impróprias de uma moça de família...
>
> – Vá esperando... murmurou a Lídia.
>
> – Eu estou certo – dizia o Berredo, convicto, – de que as senhoras não leem livros obscenos, mas refiro-me a esses romances sentimentais que as moças geralmente gostam de ler, umas historiazinhas fúteis de amores galantes, que não significam absolutamente cousa alguma e só servem de transtornar o espírito às incautas... Aposto em como quase todas as senhoras conhecem a *Dama das camélias*, a *Lucíola*...
>
> Quase todas conheciam.
>
> – Entretanto, rigorosamente, são péssimos exemplos...[119]

118 Sobre a leitora brasileira na virada do século XIX para o XX, representada em particular na peça de França Junior, *As doutoras*, cf. Heller, *Mulheres entre linhas: Imagem da leitora brasileira de início do século XX*.

119 Caminha, op. cit., p.50.

As falas de Berredo – dublê de professor e jornalista – trazem para as páginas desse romance as malhas do aparelho cultural da província, culta, pois que discute Zola no fim do século XIX, mas conservadora – Zola não é para senhoritas.

Não é, no entanto, privilégio da província nortista o conservadorismo que inclui Zola no *index*.

Em outro diapasão e já em outro século, o poema "Escândalo", do livro de 1920, *Alma cabocla*, do paulista Paulo Setúbal, retoma o assunto. Por entre os refolhos da evocação sentimental, ressalta a paisagem da vida provinciana preconceituosa, onde a criminalização da leitura, metonimicamente, ocorre à porta da escola. Emblemática é a menção a Zola, sem dúvida matéria de escândalo no âmbito da *terreola* habitada pelos *toscos provincianos.* A leitura má e escandalosa dos naturalistas contrasta com o pastoralismo virgiliano a que alude o protagonista, agora sem escândalo:

> *Era costume, à tarde, em frente à Escola,*
> *Por entre os homens graves da terreola,*
> *Bisbilhotar-se sobre a vida alheia.*
> *Nas rodas que tratavam tais assuntos,*
> *Aquela história de passearmos juntos*
> *Era o supremo escândalo da aldeia!*
> *E o chefe, o juiz de paz, e o boticário,*
> *Teciam o mais negro comentário*
> *Ao nosso ingênuo amor, todo feitiço!*
> *O próprio padre, um santo e velho cura,*
> *Dizia ao ver-nos:* "Eis a má leitura!
> São os livros de Zola que fazem isso..."
> *Mas nós, como pastores de Virgílio,*
> *Vivendo então num descuidoso idílio,*
> *Sorríamos dos toscos provincianos:*
> *E em plena aldeia, desdenhando apodos,*
> *Passávamos de braço, entre eles todos,*
> *Na glória dos que se amam aos vinte anos!*[120]

---

120 Setúbal, *Alma cabocla*, p.139-40.

Ao avançar pelo século XX, os termos da equação mulher/leitura alteram-se. Conforme a nova situação, o acesso da mulher ao mundo dos livros já é quase irreversível: está tão consolidado que, agora, as histórias parecem privilegiar a discussão de suas consequências, o que não deixa de ser uma pedagogia da ameaça. Ultrapassadas as barreiras que separavam mulheres e livros, e reduzidos à devida insignificância os tutores de leitura, resta uma leitora, por um lado liberada, mas por outro condenada à solidão da excepcionalidade.

O "Romance do chopim", conto de Monteiro Lobato publicado em *Cidades mortas*, de 1919, põe em cena uma professora em pleno exercício da profissão, desempenhando com competência o magistério numa cidadezinha do interior paulista, que nada leva a crer diferente daquela decantada por Paulo Setúbal, amodornada entre o chefe, o juiz de paz e o boticário. A protagonista dona Zenóbia inscreve-se no polo oposto da professora descendente de uma família arruinada e para quem o magistério é última saída, quase condenação. A professora em causa é um bom partido, pois tem salário, dinheiro aplicado e economias, e a excepcionalidade de tantas prendas leva à inversão dos tradicionais papéis masculino e feminino, cujo alto preço começa a ser pago pelo registro, em tom de comédia, da história:

> Meu amigo apontou o homem com o beiço e murmurou:
>
> – Um chopim.
>
> – Chopim? repeti interrogativamente, estranhando a palavra que ouvia pela primeira vez.
>
> – Quer dizer *marido de professora*. O povo alcunha-os desse modo por analogia com o passarinho preto que vive à custa do tico-tico. Conheces?[121]

Vêm dessa inversão de papéis os traços cômicos mais fortes do conto, construídos pelo estranhamento do homem confinado à esfera doméstica tradicionalmente reservada à mulher. Tal situação, se não efemina a personagem, torna-a ridícula, porque infratora:

---

121 Lobato, Romance do chopim. In: *Cidades mortas*, p.120.

> Quando a mulher vai à escola, fica o chopim em casa cocando os filhos, arrumando a sala ou mexendo a marmelada. Há sempre para eles uma recomendaçãozinha à hora da saída para a aula.
>
> – As vidraças da frente estão muito feias. Você hoje, quando as Moreiras saírem, passe um pano com gesso. (As Moreiras são as vizinhas da frente).[122]

Outra matriz de comicidade, complementar da primeira, deriva-se da masculinização física da mulher que, com o desaparecimento dos atributos da juventude, perde na bolsa de valores da beleza feminina. Assim, afastada a imagem da sonhadora e impalpável donzela romântica, fica em seu lugar a caricatura de seu avesso, uma quase virago, no limite tão assexuada quanto o chopim que dela se aproxima:

> Um belo dia apareceu na terra uma professora nova, mais ou menos ao molde desta de há pouco. Tipo de mulheraça máscula, angulosa, ar enérgico, autoritária. Gostava de discutir política, entendia de cavalos, lia jornais, tinha ideias sobre a seca do Ceará e o saneamento dos sertões. Apesar de bem conservada, andava perto dos quarenta, não fazendo nenhum mistério disso. Se não se casara até então, não é que fosse infensa ao matrimônio: – não achara ainda o seu tipo d'homem, dizia.[123]

O conto se desata a partir do momento em que dona Zenóbia entretém suas colegas de escola contando diariamente aos pedacinhos uma açucaradíssima novela de sua lavra, mas cuja autoria é atribuída ao marido-chopim. Basta a ele este papel de escritor – suposto autor de *Núpcias fatais*, o título da novela – para apagar a imagem de *chopim*, intolerável aos olhos da cidadezinha-morta qualquer que ainda tinha de engolir, como contrapartida da insolvência econômica do marido, a vertiginosa produtividade de uma dona Zenóbia que

> sabia avir-se com a vida. Ganhava-a folgadamente. Além da escola particular que dirigia tinha a juros um pequeno capital que não cessava de crescer, colo-

---

122 Ibid., p.121.

123 Ibid., p.123-4.

> cado a quatro e cinco por cento ao mês, sob garantias de toda ordem. Casada, continuou à testa dos negócios; o marido, se aparecia nominalmente nalguma transação, era pro forma.[124]

O chopim sugere, então, que prossegue, no início de nosso século, a divisão dos universos de escrita e de leitura, apontando ainda que o cruzamento do limite entre ambos é problemático, muito embora já encontrem formas de expressão complexas e diferenciadas. Dois outros paulistas do início do século encenam novas modalidades que dão curiosa fisionomia ao conjunto.

Em 1920, o engenheiro Toledo Malta, sob o pseudônimo de Hilário Tácito, publica, pela editora da *Revista do Brasil*, de Monteiro Lobato, o romance *Madame Pommery*, história de uma imigrante polonesa que se torna proprietária de um dos principais e melhores bordéis de São Paulo. Este é designado pelo narrador como instituto, a própria Pommery apresenta-se como professora que escolhe as moças para trabalhar, vendo-as como futuras "alunas de renome", que, "com alguma iniciação", emprestariam "glória e renome ao seu colégio".[125]

São muitas as situações em que o narrador qualifica o bordel de escola, indicando o pensamento da protagonista, que vê as prostitutas como "alunas de seu colégio",[126] instituição que presta um relevante serviço à alta sociedade e converte-se em modelo de educação: "Cursar o Paradis Retrouvé ficou sendo, no conceito geral da gente fina, um título de merecimento e remate indispensável de toda educação aprimorada".[127] A inversão da perspectiva é sugestiva das modificações ocorridas no âmbito da ideologia.

Se a professora que trabalha, porque trabalha, inscrevia-se no prisma da masculinidade, pervertendo sua natureza, nada mais lógico do que dar um passo avante e considerar prostituta toda mulher que ganha dinheiro. Hilário Tácito identifica o outro lado do sistema e ri à sua custa: a prostituta é que é professora, a tarefa que exerce, e com a qual ganha dinheiro, é educativa, e ela deve ser admirada por todos.

---

124 Ibid., p.124.

125 Tácito, *Madame Pommery*, p.80.

126 Ibid., p.91.

127 Ibid., p.146.

Mário de Andrade, em *Amar, verbo intransitivo*, de 1927, talvez dialogando com o livro anterior, dá outra volta ao parafuso. O cenário agora é uma sofisticada mansão na Pauliceia desvairada, e protagoniza a história Fräulein, já aqui mencionada como uma ambígua criatura que alia as obrigações ortodoxas de preceptora às pouco convencionais funções de iniciadora sexual de rapazes. Através dela e com o beneplácito da família, os garotões paulistas vivem em domicílio, e ao abrigo dos riscos da rua, o ritual de passagem para o mundo da sexualidade adulta.

Mário de Andrade inverte a equação do engenheiro Malta, para reforçar o quadro que este pintara.

Enquanto oficiante desse ritual, a Fräulein de Mário contagia irremediavelmente o tão duramente conquistado direito da mulher à leitura. De pouco adianta que a moça veja como provisórias suas tarefas de iniciadora sexual, nem tampouco que se apaixone por Carlos, a quem devia, mera e profissionalmente, revelar a sexualidade adulta. Da mesma forma, a cena final do livro, com uma Fräulein fazendo o corso na Avenida Paulista com seu pupilo seguinte, só confirma o veredito, para cuja anulação não basta o sonho de um marido ligado à universidade alemã, nem tampouco a memória dos versos e filósofos germânicos repetidamente evocados.

Com Fräulein, a leitura, e com ela todos os indícios do mundo da cultura, estão estigmatizados. O romance de Mário parece confirmar que, a longo prazo, a mulher leitora cumpre o destino que previam os zelosos pais, maridos e irmãos do século XIX. Culpabilizada a leitura, mas com livros fazendo parte irremediável do universo feminino, resta a expiação da culpa, movimento no qual nos introduz Rachel de Queiroz.

Conceição, protagonista do romance *O quinze*, de 1930, é moça-família de muitas e variadas leituras, proporcionadas por uma estante que herdou do avô, "livre-pensador, maçom e herói do Paraguai".[128] Conceição lê de tudo: os *best-sellers* de Sienkiewicz, versos, romances do francês Couvelain, Nordeau, Renan, leituras resumidas, eventualmente de forma indevida, como socialistas. Como se não bastasse tão indigesto regime de livros para

128 Queiroz, *O quinze*, p.4.

uma moça solteira, Conceição vai além da leitura e envereda pelo universo da escrita: "escrevia um livro sobre pedagogia, rabiscara dois sonetos".[129]

Tanta assiduidade ao mundo dos textos – sobretudo nas duas pontas da leitura e da escrita – não é bem-vista: Conceição começa a ser marcada pela excepcionalidade, estigmatizada pela diferença. A reação da avó Inácia às leituras da neta traz para o Brasil dos anos 1930 os ecos de todos os discursos tradicionais que, tratando do tema, gerenciam e policiam a relação entre mulher e livros.

Criticando a jovem por ela não "largar" os livros, "até em hora de missa", a avó comenta as leituras da neta: "e esses livros prestam para moça ler, Conceição? No meu tempo, moça só lia romance que o padre mandava...". Diante da réplica de Conceição – "isso não é romance, mãe Nácia. Você não está vendo? É um livro sério, de estudo..." –, pergunta: "De que trata? Você sabe que eu não entendo francês...".[130]

Procurando sintetizar o *tema da obra*, com o fito de "ingenuamente encaminhar a avó para as suas tais ideias", Conceição depara-se com a réplica indesejada:

> – Trata da questão feminina, da situação da mulher na sociedade, dos direitos maternais, do problema...
>
> Dona Inácia juntou as mãos, aflita:
>
> – E, minha filha, para que uma moça precisa saber disso? Você quererá ser doutora, dar para escrever livros?[131]

Mal sabia mãe Nácia...

Leitora assídua, empenhada e sobretudo rebelde aos conselhos da avó, com considerável bagagem de livros, autores e personagens como parte de seu horizonte de referências, Conceição toma desse universo – como acontece com os bons leitores – algumas das formas pelas quais apreende

129 Ibid., p.5.
130 Ibid., p.92.
131 Ibid.

e organiza o mundo que a cerca, fazendo com desenvoltura o trânsito do texto para a vida:

> E a moça comparou dona Inácia àquelas senhoras de *alma azul*, de que fala o Machado de Assis...
>
> Foi então que se lembrou de que, provavelmente, Vicente nunca lera o Machado... Nem nada do que ela lia.
>
> Ele sempre dizia que, de livros, só o da nota do gado...[132]

Conceição intui e registra, no discurso indireto livre, o desencontro de universos. Tanta familiaridade com os livros tem um preço alto: assim como a inversão dos papéis econômicos custara a dona Zenóbia uma imagem depreciada que culmina pela ocultação da autoria – substituída pela narração – de sua história, aqui a alteridade de Conceição custa o distanciamento de seu bem-amado Vicente:

> Pensou no esquisito casal que seria o deles, quando à noite, nos serões da fazenda, ela sublinhasse num livro querido um pensamento feliz e quisesse repartir com alguém a impressão recebida. Talvez Vicente levantasse a vista e lhe murmurasse um "é" distraído por detrás do jornal... Mas naturalmente a que distância e com quanta indiferença... [133]

Em oposição a essa leitura, que de tão intensa e extensa se torna viciosa, *O quinze* também registra o universo mais convencional de uma leitura feminina descriminalizada e até integradora, pois consentida pela sociedade. Trata-se de Lurdinha, irmã de Vicente, também sertaneja e também leitora. Mas enquanto as leituras de Conceição são ideológicas e, também por assim dizer, libertárias do ponto de vista feminista, as de Lurdinha são escapistas, embora, a seu modo, também ordenadoras do mundo, mas de um mundo que superestima a dimensão sentimental:

---

132 Ibid., p.58.
133 Ibid., p.58-9.

> Fitando-o pensativamente, lamentou no irmão uma dessas penas de amor, igual às que exaltavam os heróis dos seus romances, e viu nele um "grande industrial" ou um galã de Escrich... Os olhos absortos de Vicente pareciam traduzir tanta saudade, tanta mágoa! É tão triste a gente "tecer um sonho" para o ver depois embaraçado ou desfeito!...[134]

A leitura romanesca que cumpria aos varões do século XIX afastar dos ingênuos olhos de suas tuteladas filhas, esposas e irmãs torna-se agora consentida, por oposição a uma outra leitura mais politizada, por outras razões igualmente perigosas.

A questão da expiação é magnificamente retomada por Madalena, protagonista de *São Bernardo*, de Graciliano Ramos, datado de 1934, onde, por assim dizer, se radicaliza o movimento de criminalização da leitura feminina.

Com a agravante de entrelaçar-se de novo à questão da independência econômica da mulher, com Madalena o conflito de expectativas que a leitura pode deflagrar explode no bojo de outros desencontros: o do sertão com a cidade, o do rico com o pobre. É nesse paradigma de um mundo rompido que chama atenção o fato de que, em *São Bernardo*, o desencontro homem/mulher – Paulo Honório/Madalena – transcreve-se em signos cuja matriz é o mundo das letras: de um lado, as belas-letras; de outro as de câmbio, como intuía a Conceição de *O quinze*.

Professora, Madalena também desperta as mesmas suspeitas que, desde *A normalista*, pairam sobre a mulher que se profissionaliza no mundo da leitura e da escrita. Como se delineava em obras do século XIX, também em Graciliano Ramos o magistério é saída única para a mulher pobre, registrando-se, na sofrida voz de Madalena, os esforços para conseguir o diploma numa estrutura social em que à ineficiência do aparelho educacional soma-se sua corrupção. Sem proteção das baronesas-madrinhas, nem das amigas ricas que povoam o romance machadiano, a vida escolar de Madalena é muito dura:

---

134 Ibid., p.101-2.

> – Escrevia tanto que os dedos adormeciam. Letras miudinhas, para economizar papel. Nas vésperas dos exames dormia duas, três horas por noite. Não tinha proteção, compreende? Além de tudo, a nossa casa na Levada era úmida e fria. No inverno levava os livros para a cozinha. Podia visitar igrejas? Estudar sempre, sempre, com medo das reprovações...[135]

Depois de um primeiro movimento do romance no qual a familiaridade de Madalena com o mundo da cultura escrita é elencado entre as prendas femininas ("uma senhora que vem da escola normal é diferente, é uma excelente professora, mulher superior, faz artigos, muito instruída"), o progressivo desencontro entre o fazendeiro e a professora é creditado por este, como narrador, ao abismo cultural que os separa. O desconchavo permeia as relações do casal:

> Eu narrava o sertão. Madalena contava fatos da escola normal. Depois vinha o arrefecimento. Infalível. A escola normal! Na opinião do Silveira, as normalistas pintam o bode, e o Silveira conhece instrução pública na ponta dos dedos, até compõe regulamentos. As moças aprendem muito na escola normal.[136]

Com a rudeza que lhe é peculiar, Paulo Honório confessa: "não gosto de mulheres sabidas". E complementa: "Chamam-se intelectuais e são horríveis. Tenho visto algumas que recitam versos no teatro, fazem conferências e conduzem um marido ou coisa que o valha".[137]

Agora, o irremediável hiato que separa o mundo cultural masculino do feminino deixa de ser a vaga, porém correta, intuição que atormentava Conceição. Aqui o desencontro atinge outro patamar, na medida em que inclusive se textualiza, indo buscar no mundo da linguagem as metáforas de que o narrador, Paulo Honório, lança mão para configurar o desentendimento entre ambos:

135 Ramos, *São Bernardo*, p.221-2.
136 Ibid., p.191.
137 Ibid.

> Tive, durante uma semana, o cuidado de procurar afinar a minha sintaxe pela dela, mas não consegui evitar numerosos solecismos. Mudei o rumo. Tolice. Madalena não se incomodava com essas coisas. Imaginei-a uma boneca da escola normal. Engano.[138]

Mais adiante, o protagonista retoma a explicação das divergências com termos extraídos da gramática, o que, paradoxalmente, sofistica seu discurso:

> O que eu dizia era simples, direto, e procurava debalde em minha mulher concisão e clareza. Usar aquele vocabulário, vasto, cheio de ciladas, não me seria possível. E se ela tentava empregar a minha linguagem resumida, matuta, as expressões mais inofensivas e concretas eram para mim semelhantes às cobras: faziam voltas, picavam e tinham significação venenosa.[139]

Com Madalena, o caminho é sem volta e chega ao limite. A ruptura definitiva ocorre em presença da escrita, na cena em que Paulo Honório surpreende a mulher escrevendo uma carta, que procura arrebatar das mãos da autora:

> – Mostra a carta – insisti, segurando-a pelos ombros.
>
> Madalena defendia-se, ora levantando o papel com os braços estirados, ora escondendo-o atrás das costas:
>
> – Vá para o inferno, trate de sua vida.
>
> Aquela resistência enfureceu-me:
>
> – Deixa ver a carta, galinha.[140]

A intensidade do debate leva Madalena a rasgar a carta em pedacinhos, atirando-os pela janela, saindo "como um redemoinho" do escritório e acusando o marido, ao chamá-lo de "assassino":

---

138 Ibid., p.152.
139 Ibid., p.212-3.
140 Ibid., p.196.

> Atordoado, murmurei:
>
> – Cachorra!
>
> E fiquei olhando os pedaços de papel que na manhã de vento esvoaçavam pelo jardim, entre as folhas das roseiras. Longe, no salão ou na cozinha, Madalena continuava a gritar:
>
> – Assassino![141]

Ao ciúme possessivo de Paulo Honório, responsável, em última análise, pelo suicídio de Madalena, não é indiferente o fato de a mulher ser-lhe superior nas hierarquias do mundo das letras.

Leitoras do povo

Leitura e escrita, como emblemas do adultério, têm vida longa na tradição literária, bastando talvez registrar-se que, em *Madame Bovary*, de Gustave Flaubert, em 1857, o tema está soberbamente entrelaçado. Desde a escola, até a frequência, depois de casada, em Yonville, ao Gabinete de Leitura, Ema procura os livros, assumindo um comportamento que a sogra entende como negativo e próximo da insanidade. Não menos impressionável foi Luíza, a prima de Basílio, protagonista do livro de Eça de Queirós publicado em 1878, que chegou ao adultério motivada pela sedução do parente, mas também enfeitiçada por romances de amor:

> Tornou a espreguiçar-se. E saltando na ponta do pé descalço, foi buscar ao aparador por detrás de uma compota um livro um pouco enxovalhado, veio estender-se na *voltaire*, quase deitada, e, com o gesto acariciador e amoroso dos dedos sobre a orelha, começou a ler, toda interessada.
>
> Era *A dama das camélias*. [...] Havia uma semana que se interessava por Margarida Gautier: o seu amor infeliz dava-lhe uma melancolia enevoada: via-a alta e magra, com o seu longo xale de caxemira, os olhos negros cheios da avidez da paixão e dos ardores da tísica; nos nomes mesmo do livro – Júlia Duprat, Armando, Prudência, achava o sabor poético de uma vida intensamente amorosa;

141 Ibid., p.200.

> e todo aquele destino se agitava, como numa música triste, com ceias, noites delirantes, aflições de dinheiro, e dias de melancolia no fundo de um *coupé*, quando nas avenidas do Bois, sob um céu pardo e elegante, silenciosamente caem as primeiras neves.[142]

O selo da suspeita, aposto às práticas de leitura feminina, não fica aí; retomado por Aluízio de Azevedo, em *O mulato*, de 1881,[143] e Adolfo Caminha, discípulo confesso de Eça de Queirós, em *A normalista*, de 1893, cruza oceanos e manifesta-se com igual nitidez na tradição brasileira. O episódio da escrita que gera desconfiança e ciúme registrado por Graciliano Ramos repete-se em outra obra igualmente nordestina, na qual os riscos de vida que a suspeita acarreta para a mulher leitora deixam de ser metafóricos.

Trata-se de *Cunfissão de caboco*, de Zé da Luz Brasil. A violência contra a mulher que lê não se enviesa, aqui, pela interiorização do preconceito que gera o suicídio, assassinato em surdina. Na história do cordel, a explícita (posto que canhestra) defesa da leitura e da escrita arma-se nos interstícios da criminalização da leitura feminina, bem como no direito de punição de tal delito.

Tão infundadas quanto o ciúme de Paulo Honório por Madalena são as suspeitas de infidelidade conjugal nutridas pelo narrador do poema. Mas, assim como a improcedência das acusações de Paulo Honório não é suficiente para redimir Madalena (cujo nome, dada a alusão bíblica, é bastante significativo e insere-se no polo oposto do campo semântico ao

142 Queirós, *O primo Basílio*, p.17-8.

143 "E crescera sempre boa de formas. Tinha os olhos pretos e os cabelos castanhos de Mariana, e puxara ao pai as rijezas de corpo e os dentes fortes. Com a aproximação da puberdade, apareceram-lhe caprichos românticos e fantasias poéticas: gostava dos passeios ao luar, das serenatas; arranjou ao lado do seu quarto um gabinete de estudos, uma bibliotecazinha de poetas e romancistas; tinha um Paulo e Virgínia de *biscuit* sobre a estante e, escondido por detrás de um espelho, o retrato do Farol, que herdara de Mariana. Lera com entusiasmo a *Graziela* de Lamartine. Chorou muito com essa leitura e, desdaí todas as noites, antes de adormecer, procurava instintivamente imitar o sorriso de inocência que a procitana oferecia ao seu amante." Azevedo, *O mulato*, p.40.

qual pertence Inocência), também aqui a consciência do crime vem tarde demais, depois do – agora literal – assassinato da mulher tida por infiel.

A história é simples, contada, como é de praxe, em redondilhas: o narrador – caboclo analfabeto, possessivo e violento –, ao surpreender a mulher entregando uma carta a um suposto rival, vizinho que a assediava, acaba por esfaqueá-la. Na delegacia, depois de lamentar seu analfabetismo, por "de não tê prindido a lê", narra seu infortúnio:

Nas letra ali, iscrivida
O que dizia Maria
Pru marvado traidô
Tive pena, sim sinhô
Mas, qui havera di fazê
Se eu nunca prindi a lê?[144]

E pede ao delegado que lhe leia a carta, pivô do crime. Junto com o criminoso, o leitor (se já não desconfiava...) apreende a monstruosidade do crime, já que a carta constitui uma indiscutível fiança da fidelidade conjugal da vítima, ao evidenciar a recusa da moça diante das propostas do sedutor:

Digo a Vossa Sinhuria
Qui só li faço essa carta
Pro sinhô ficá sabendo
Qui eu não sou a muié
Qui o sinhô tá intendendo.

Ameaçando contar tudo, "tudo a meu marido, caso o sinhô cuntinuá cum seus dibique atrivido", pois ela jamais quebrará o sagrado juramento "qui eu jurei nos pé do artá, no dia do casamento", ela afirma sua intenção de honrar, "inté minha morte, o nome do meu marido".

Ao inteirar-se do conteúdo da carta, narrador e leitor ficam transidos: se ao segundo – sobretudo se for mulher – resta a sensação de um *dejà vu*

144 Luz Brasil, *Cunfissão de caboclo.*

pesaroso, no primeiro o discurso da culpabilidade se dissolve no direito à impunidade que o analfabetismo lhe garante, enveredando o final da história por um libelo pró-alfabetização ao qual, no entanto, faltam nuances ideológicas, sobretudo as de gênero:

> *Inucente! Sim, sinhô!*
> *Matei! Maria inucente!*
> *Pruquê, seu Doutô, pruquê?*
> *Matei Maria somente*
> *Pruquê não aprendi a lê!*

O silogismo se completa quando o narrador identifica o verdadeiro criminoso, de quem apenas parcialmente se dissocia:

> *Mangine agora o Doutô*
> *Quanto é grande o meu sofrê!*
> *Sou duas vez criminoso,*
> *Qui castigo, seu Doutô!!*
> *Qui miséra! Qui horrô!*
> *Qui crime num sabê lê!*

Mas, se a impunidade de Zé Caboco se dilui na atribuição da vilania ao impalpável (mas nem por isso menos sério) analfabetismo, a continuação da história pode enveredar por dois caminhos. Em um, encontra Carolina Maria de Jesus, autora e personagem de *Quarto de despejo*, diário de uma catadora de papel estrondosamente lançado em 1960; em outro, desemboca em Macabéa, personagem de *A hora da estrela*, que Clarice Lispector lançou em 1977.

Ambas, por assim dizer, leitoras do quarto dos fundos.

Quarto de despejo funciona como um soco violento no peito das instituições culturais. Mulher, negra e pobre, Carolina parece desafiar, no mero gesto de escrever um livro – e, mais ainda, de sucesso –, todos os limites e infringir todas as normas. A obra, publicada com assessoria textual de Audálio Dantas, jovem jornalista que também intermediou a edição e lançamento do produto final, ficou sob medida para a década que se inaugurava e assistia à multiplicação de escritos femininos.

Estruturado na forma de um diário que cobre cinco anos de vida na favela paulistana do Canindé, *Quarto de despejo* articula-se numa dicção pessoalíssima, na qual as constantes infrações da gramática e da ortografia não silenciam a força de uma linguagem que, se se equivoca acreditando literarizar-se no recurso ao léxico rebuscado,[145] intui corretamente a força da narração desataviada, dos períodos muito curtos, das imagens concretas: "É o inicio do mes. É o ano que deslisa".[146]

Fica assim aberto o espaço para uma reflexão que veja no vertiginoso hibridismo linguístico do livro de Carolina uma rara oportunidade para se conhecerem as representações da escrita literária que circulam por meandros sociais mais distantes das malhas centrais do aparelho cultural.

Tal hibridismo, marca da negritude pobre de Carolina Maria de Jesus, é talvez a primeira infração de seu texto, que já o torna levemente impalatável. Afinal, a linguagem literária não se desataviava nos anos 1950-1960, a literatura não buscava no cotidiano urbano e suburbano as matrizes linguísticas com as quais romperia a herança acadêmico-bacharelesca de nossas letras?

Buscava, mas Carolina não sabia disso.

Daí a inicial, posto que ainda leve, impalatabilidade de seu texto, que desmentia, na impropriedade dos arrebiques que agenciava (a protagonista não se lava, *ablui-se*; não acorda, *desperta*; e o *astro rei* deslisa no espaço),[147] a versão oficial de uma literatura que se modernizava, popularizava, cotidianizava. E que tinha de haver-se com os avessos dessa imagem exatamente quando o polo de sua emissão era uma mulher negra e pobre, expressão concreta daqueles despossuídos dos quais a literatura queria aproximar-se, ao cotidianizar-se, popularizar-se e modernizar-se.

---

145 Exemplos são: "Varias pessoas afluiram-se"; "quando fiquei pronta despertei-lhes para comer"; "deixei o leito as quatro da manha, perpassei o olhar no povo". In: Jesus, *Quarto de despejo: Diário de uma favelada*. Mantiveram-se a ortografia, as regências e as concordâncias originais.

146 Ibid., p.49.

147 Ibid., p.13, p.84.

Tais desencontros, no entanto, se são matéria de reflexão urgente para os profissionais da cultura, em todos seus níveis e instâncias, não calam a percepção fina do cotidiano, que se inscreve com precisão por entre, de um lado, a hipercorreção e, de outro, a hipoconcordância. Nesse precário intervalo, alinhavam-se, na curiosa articulação imposta ao leitor, comentários, reflexões, eventos e esperanças que compõem o dia a dia de uma mulher negra e pobre, que chegou a São Paulo como retirante mineira, perambulou por diferentes empregos de doméstica, transformou-se em catadora de papel e coroa tão inusitado currículo com a escrita de um livro.

Mãe solteira, com três filhos de diferentes pais, a moral familiar é dos primeiros códigos que Carolina infringe: "Não casei e não estou descontente. Os que preferiu-me eram soezes e as condições que eles me impunham eram horríveis",[148] informa ela em meio ao minucioso relato de um dia a dia assombrado pela pobreza, e no qual alimentar a si e aos filhos era preocupação tão maior e absorvente que se transforma em experiência total: "o cheiro de comida era tão agradavel que as lágrimas emanava-se dos meus olhos".[149]

Trata-se, pois, de uma narradora-autora-personagem completamente atípica numa tradição como a brasileira na qual, como bem registra o claricíano narrador de *A hora da estrela*, "se o leitor [...] é pobre, não estará me lendo porque ler-me é supérfluo para quem tem uma leve fome permanente. Faço aqui o papel de vossa válvula de escape e da vida massacrante da média burguesia".[150]

A autora do diário destoa da homogênea origem de classe de nossos escribas, quase sempre brancos e quase nunca famintos. As exceções mulatas de Machado de Assis e Lima Barreto apenas confirmam a regra, tristemente consolidada na cooptação do primeiro e na marginalização do segundo. Além disso, eram ambos homens e frequentadores assíduos da cultura letrada erudita. O que não acontece com Carolina, cujo paradigma é outro, mais aproximado àquele do chefe nhambiquara que surpreende Lévi-Strauss por ter percebido o valor social da escrita antes de dominar-lhe a

148 Ibid., p.18.
149 Ibid., p.103.
150 Lispector, *A hora da estrela*, p.46.

tecnologia.[151] Carolina parecia intuir os usos da escrita e o valor dos livros como fator de ascensão social, ao que se soma o pragmatismo com que ela brande, a seus desafetos da favela, a ameaça de registrar-lhes os malfeitos no livro que escreve.

Assim, reagindo à invasão de seu barraco pelas *mulheres feras*, em quem seus filhos *lhes joga pedras*, ela adverte:

> – Os meus filhos estão defendendo-me. Vocês são incultas, não pode compreender. Vou escrever um livro referente a favela. Hei de citar tudo que aqui se passa. E tudos que vocês me fazem. Eu quero escrever o livro, e vocês com estas cenas desagradáveis me fornece os argumentos.[152]

A tréplica vem em seguida: "a Silvia pediu-me para retirar o seu nome do meu livro",[153] frase que aponta para a eficiência do método.

Contudo, a intimidação resulta produtiva, mas só a curto prazo. A longo prazo, o poder de fogo de *Quarto de despejo* volta à dimensão de seu, mais do que metafórico, premonitório título. Por diversas vezes Carolina relata a estranheza que sua familiaridade com leitura e escrita causa na favela. São muitas e múltiplas as vozes que exprimem, em coro uníssono, que escrita e leitura *não* são assunto de mulheres negras e pobres:

> Comecei fazer o meu diario. De vez em quando parava para repreender os meus filhos. Bateram na porta. [...]. Era o seu João. [...]. Quiz saber o que eu escrevia. Eu disse ser o meu diário.
>
> – Nunca vi uma preta gostar tanto de livros como você.[154]

Em outra passagem, é a filha da Sílvia já mencionada, que agride a vizinha escritora:

151 Lévi-Strauss, *Tristes trópicos*, p.290 ss.
152 Jesus, op. cit., p.21.
153 Ibid., p.21.
154 Ibid., p.27.

> ... Sentei ao sol para escrever. A filha de Sílvia, uma menina de seis anos, passava e dizia:
>
> – Está escrevendo, negra fidida!
>
> A mãe ouvia e não repreendia. São as mães que instigam.[155]

Carolina começa a construir para si mesma uma unanimidade nacional do contra, imperdoável para todos: tanto para os despossuídos da escrita como para os outros, que, por serem usuários da escrita, se consideram seus donos exclusivos. Nas mãos da negra Carolina, a prática da escrita infringe ainda mais um item do código não escrito da instituição literária, que preza a gratuidade desinteressada do gesto de escrever. Escreve-se por escrever, publica-se por publicar. Não se escreve nem se publica por dinheiro, nem tampouco por *status*.

Status e dinheiro vêm – se e quando vêm – como rezam os Evangelhos, por acréscimo.

Carolina avilta seu texto, ao reificá-lo em mercadoria: "estou escrevendo um livro, para vendê-lo. Viso com esse dinheiro comprar um terreno para eu sair da favela",[156] anuncia ela ingenuamente, numa bravata que, à dessemelhança das relações conturbadas com seus vizinhos de barraco, é insuficiente para mudar a realidade de um país onde a produção cultural, para tornar-se economicamente rentável, tem de gerenciar competentemente as contradições de uma sociedade que tem, na desigualdade de sua modernização burguesa, um sólido empecilho para a profissionalização do escritor. E Carolina, mais uma vez ingenuamente, registra sua desilusão, em diálogo com "o Toninho da dona Adelaide, que trabalha na Livraria Saraiva": "Pois é, Toninho, os editores do Brasil não imprime o que escrevo porque sou pobre e não tenho dinheiro para pagar. Por isso eu vou enviar o meu livro para os Estados Unidos".[157] O projeto, contudo, não se concretiza:

> [...] Fui no Correio retirar os cadernos que retornaram dos Estados Unidos. [...] Cheguei na favela. Triste como se tivessem mutilado os meus

---

155 Ibid., p.28.

156 Ibid., p.28.

157 Ibid., p.128.

membros. O *The Reader Digest* devolvia os originais. A pior bofetada para quem escreve é a devolução de sua obra.[158]

Desapercebida da complexidade do campo para o qual suas mal traçadas inevitavelmente a conduzem, Carolina acaba emblematizando, nas contradições que vive e que sua obra textualiza, outra etapa na qual a questão da leitura e da escrita feminina funde-se e confunde-se *em* e *com* categorias mais amplas. Sobretudo nas categorias de classe e étnica.

Seu ganha-pão era a venda de papel velho. Catadora de papel usado, de jornais velhos que careciam ser levados num pesado saco equilibrado às costas, também heresia – e talvez a maior de todas, porque a todas resume – foi dar outro emprego ao material que lhe competia apenas vender. De catadora de papel usado para escritora, é como se Carolina carreasse, para o *status* de sua escrita, o estigma que marca tão degradada proximidade com o papel, como ela registra a propósito do dia em que teve de ir buscar jornal em um prédio de classe média alta: "eu, era o alvo das atenções. Fiquei apreensiva, porque estava catando papel, andrajosa".[159]

Aos poucos, Carolina e sua obra vão amealhando tudo o de que carecem para desagradar a todos, tanto aos que, na base da pirâmide social, interiorizaram uma imagem das práticas de leitura e de escrita como privilégio dos bem-nascidos na vida, quanto aos que a sociedade instituiu como guardiões e fiadores da autenticidade da estética e da legitimidade do literário. Não é de espantar que nos umbrais da Academia Paulista de Letras – emblema do *status quo* – a incômoda presença de Carolina não seja tolerada.

Narrando a chegada ao Largo do Arouche e o início da seção de fotos, conta ela:

> Eu sentei na porta e puis o saco de papel a esquerda. O porteiro apareceu e disse para eu sair da porta. [...] O porteiro pegou o meu saco de catar papel, o saco que para mim tem um valor inestimavel, porque é por seu intermédio que eu ganho o pão de cada dia. O repórter surgiu e disse que foi ele quem

158 Ibid., p.147.

159 Ibid., p.16.

mandou eu sentar no degrau. O porteiro disse que não tinha permissão para deixar quem quer que fosse sentar-se na porta do predio.[160]

Mais adiante, o diálogo tem como interlocutor os balconistas de uma loja, para onde ela se dirige com o repórter: "[...] Fomos na Rua 7 de Abril e o repórter comprou uma boneca para Vera. [...] Eu disse aos balconistas que escrevi um diário que vai ser divulgado no *O Cruzeiro*".[161]

O texto nos franqueia a montagem do cenário no qual, ao longo dos próximos anos, Carolina representa. Nessa sua performance, os improvisos são mais frequentes que a fidelidade ao roteiro da peça que para ela preparam diferentes setores do capital cultural. Publicando ainda mais três títulos, *Casa de alvenaria*, em 1961, *Provérbios*, em 1963, e *Pedaços da fome*, também em 1963, Carolina é progressivamente afastada do palco, até que morre nos arredores de São Paulo, em 1977. O ano é o mesmo do lançamento de *A infância dos mortos*, romance de José Louzeiro que inspira o filme *Pixote, a lei do mais fraco*, dirigido em 1980, por Heitor Babenco, cujo ator principal, Fernando Ramos da Silva, é morto pela polícia em 1987, na favela onde voltara a viver.

A história se repete? A vida imita a arte? Quem é que passou na janela? Foi o tempo ou foi Carolina?

Talvez tenha sido Macabéa, protagonista de *A hora da estrela*, romance de Clarice Lispector, de 1977.

Macabéa encena a mulher profissionalizada fora do magistério, sem maiores intimidades com o mundo da leitura e da escrita. Como Carolina, migrante, no caso, para o Rio de Janeiro, ela é, por assim dizer, descendente de outras personagens femininas, outras moças migrantes em busca de vida melhor. Órfã criada por uma tia mal-humorada, Macabéa é intrusa no mundo das letras, com o qual mantém o intercâmbio mecânico e subalterno de datilógrafa, ofício que ela pratica de modo desajeitado e impróprio:

> [...] Escrevia tão mal, só tinha até o terceiro ano primário. Por ser ignorante era obrigada na datilografia a copiar lentamente letra por letra – a tia é que lhe

160 Ibid., p.157.
161 Ibid., p.157-8.

dera um curso ralo de como bater à máquina. E a moça ganhara uma dignidade: era enfim datilógrafa.[162]

Porém, "Embora, ao que parece, não aprovasse na linguagem duas consoantes juntas e copiava a letra linda e redonda do amado chefe a palavra 'designar' de modo como em língua falada diria: 'desiguinar'".[163]

Boa parte do livro se tece a partir do contato doloroso de Macabéa com palavras e situações de linguagem, que emblematizam sua exclusão do mundo nelas cifrado, não obstante sua determinação de entendê-lo:

> Havia coisas que não sabia o que significavam. Uma era "efeméride". E não é que seu Raimundo só mandava copiar com sua letra linda a palavra efemérides ou efeméricas? Achava o termo efemírides [*sic*] absolutamente misterioso. Quando o copiava prestava atenção a cada letra. Glória era estenógrafa e não só ganhava mais como não parecia se atrapalhar com as palavras difíceis das quais o chefe tanto gostava.[164]

Se, no mundo das letras, a parte que toca a Macabéa é a cópia estropiada da caprichosa letra do bem-amado/chefe, sua participação no mundo cultural não passa pela imprensa: Macabéa é cativa do rádio, cordão umbilical que a liga ao mundo da comunicação de massa, para ela reduzida à desarticulada programação da Rádio Relógio, ouvida "todas as madrugadas, bem baixinho, para não acordar as outras". Ali, ela dispunha de "hora certa e cultura, e nenhuma música, só pingava em som de gotas que caem – cada gota de minuto que passava". Mas seu prazer são os anúncios: "E sobretudo esse canal de rádio aproveitava intervalos entre as tais gotas de minuto para dar anúncios comerciais – ela adorava anúncios".[165]

São os ensinamentos, transmitidos entre "os pingos do tempo", que tornam ainda mais atraente a audiência da Rádio Relógio, a "rádio perfeita", segundo ela:

---

162 Lispector, op. cit., p.29.
163 Ibid.
164 Ibid., p.56.
165 Ibid., p.53.

> Foi assim que aprendeu que o imperador Carlos Magno era na terra dele chamado Carolus. Verdade que nunca achara modo de aplicar essa informação. Mas nunca se sabe, quem espera sempre alcança. Ouvira também a informação de que o único animal que não cruza com filho era o cavalo.
>
> – Isso, moço, é indecência, disse ela para o rádio.[166]

A oralidade do rádio como mídia rima bem com a desataviada oralidade do relato que narra Macabéa. Pelas ondas da Rádio Relógio outros campos da cultura vão se intrometendo na vida da datilógrafa, que os discute com o namorado:

> – Você sabia que na Rádio Relógio disseram que um homem escreveu um livro chamado *Alice no país das maravilhas* e que era também um matemático? Falaram também em *élgebra*. O que é que quer dizer *élgebra*?
>
> – Saber disso é coisa de fresco, de homem que vira mulher. Desculpe a palavra de eu ter dito fresco porque isso é palavrão para moça direita.[167]

Na sequência do diálogo, Olímpico é outra vez questionado pela namorada:

> – Nessa rádio eles dizem essa coisa de "cultura" e palavras difíceis, por exemplo: o que quer dizer "eletrônico"?
>
> Silêncio.
>
> – Eu sei mas não quero dizer.[168]

Por momentos, o mundo da leitura e o mundo do rádio se superpõem. Mas a menção a Lewis Carroll é insuficiente para Macabéa cruzar o mundo do espelho. E o que lhe sobra é a informação justaposta, ponta de novelo nunca tecido que desemboca na pergunta: *O que é que quer dizer **élgebra**?*

Torna-se interessante, aqui, estabelecer o parentesco entre esse segmento da narrativa de Lispector e dois contos antológicos: "O plebiscito", de

166 Ibid.
167 Ibid., p.66.
168 Ibid.

Arthur Azevedo, e "Famigerado", de Guimarães Rosa. Em todos, o tropeço no significado de palavras deflagra a ação, e em todos a resposta à questão "o que quer dizer?" transforma a prática linguística, sobretudo em seu exercício metalinguístico, em jogo de poder, como, aliás, é o jogo de Olímpio, namorado de Macabéa, no episódio em questão.

Ao camuflar na recusa à resposta a ignorância do significado da palavra, Olímpico reproduz, na relação homem/mulher que encena com Macabéa, a mesma relação de poder e superioridade que, em "O plebiscito" e "Famigerado", se delineia, respectivamente, entre adultos e crianças e entre o homem da cidade e o homem do campo que, como a moça que veio do sertão das Alagoas, fica pouco à vontade com polissílabos, sobretudo os proparoxítonos.

Na esfera do sonho de Macabéa, o cinema, mídia que ultrapassa o rádio em modernidade e acrescenta à oralidade desse a visualidade colorida da cultura contemporânea "made in Holliwood", faculta-lhe um intercâmbio já filtrado pela realidade social das diferentes classes. O cinema que Macabéa frequenta é, como ela, um cinema degradado, que só faz aumentar o contraste entre a fantasia que a tela projeta e a realidade empoeirada de uma plateia Macabéa: "Sabe o que eu mais queria na vida? Pois era ser artista de cinema. Só vou ao cinema no dia em que o chefe me paga. Eu escolho cinema poeira, sai mais barato. Adoro as artistas. Sabe que Marylin era toda cor-de-rosa?".[169]

A questão é magnificamente resolvida pela voz narrativa do livro que, por assim dizer, passa a limpo os impasses sempre vividos pelo escritor brasileiro: como representar, com a palavra escrita, de tradição hegemônica, o outro, o despossuído? Ou seja: *como cantar em Babel as cantigas de Sião?* A opção do narrador clariciano é o total despojamento, que inclui o apagamento do traço feminino: quem conta a história é um narrador homem que desconstrói a autoria feminina como requisito para afinar a voz necessária à narração, como ele afirma no trecho a seguir:

> Vejo agora que esqueci de dizer que por enquanto nada leio para não contaminar com luxos a simplicidade de minha linguagem. Pois como eu disse a

169 Ibid., p.70.

> palavra tem que se parecer com a palavra, instrumento meu. Ou não sou um escritor?[170]

E mais adiante:

> Será que eu enriqueceria este relato se usasse alguns difíceis termos técnicos? Mas aí que está: esta história não tem nenhuma técnica, nem de estilo, ela é ao deus-dará. Eu que também não mancharia por nada deste mundo com palavras brilhantes e falsas uma vida parca como a da datilógrafa.[171]

Mas, se o despojamento e a masculinização (naturalização?) da voz narrativa são modos de resolver a questão da escrita, resta por resolver a questão da leitura: se a tradição da literatura como prática simbólica e linguagem social é a solidariedade com a hegemonia e com o centro, também leitura, leitores e leitoras fazem eco a essa seletividade, que exclui do mundo da textualidade escrita tantos e tantas brasileiros e brasileiras, como já assinalavam, desde sempre, as vozes de nossos cronistas.

No entanto, a história de Macabéa registra um alumbramento quando ela, por entre as manchas de dedos sujos no papel da datilografia, em meio aos tropeços nas polissílabas proparoxítonas, "viu algo que por um leve instante cobiçou: um livro que seu Raimundo, dado a literatura, deixara sobre a mesa. O título era *Humilhados e ofendidos*. Ficou pensativa. Talvez tivesse pela primeira vez se definido numa classe social".[172]

Epifania e metalinguagem.

Macabéa reabre o círculo e resgata, na hipótese de uma leitura literária iluminadora de sua identidade social, a ruptura dos horizontes de precariedade, preconceito e segregação que, por tanto tempo, rege(ra)m as relações de mulheres e leituras, na esteira de marílias, inocências e macabéas, horizontes que se refazem dialeticamente, num patamar mais alto, no percurso de conceições, madalenas e carolinas.

---

170 Ibid., p.37.
171 Ibid., p.52.
172 Ibid., p.56.

5
Fechando o livro

Entrou por uma porta, saiu por outra,
manda el-rei nosso senhor que nos conte outra.

Machado de Assis[1]

Ao fechar este livro, vale a pena frisar alguns pressupostos que o balizaram e as conclusões para as quais ele aponta. Relativamente a seus pressupostos, o de maior peso é a hipótese de que hoje não são muitas, nem tampouco parecem muito instigantes as teorias literárias que endossam concepções exclusivamente textuais e/ou imanentes do literário, da literatura, da literariedade. São, ao contrário, cada vez mais raras as teorias que não levam em conta situações concretas de produção e recepção de textos, marcando-se os estudos literários contemporâneos pela ruptura de diferentes variantes da autonomia do estético.

Tal ruptura manifesta-se por um número cada vez mais expressivo de estudos que levam em conta práticas culturais. Sem isso, a historicidade da literatura tende a tornar-se exterior a ela, espécie de pano de fundo com o qual a literatura entretém meras relações de representação, quaisquer que sejam os procedimentos pelos quais tal representação é concebida: desde o cotejo entre enredos ficcionais e fatos verídicos (o romance *A escrava Isaura*

1 Assis, *Esaú e Jacó*, p.82.

e a escravidão no Brasil, por exemplo) até a postulada homologia entre estruturas formais da obra literária e estruturas sociais (por exemplo, os diálogos entre a tragédia de Racine e a França jansenista).

Mas há outros caminhos. Um deles é conceber a literatura como categoria que, a partir do século XVIII, rotula um tipo especial de leitura e de escrita, que é, simultaneamente, matéria-prima e produto de práticas textuais muito determinadas.

Um tal conceito de literatura afasta noções lineares de contexto e trabalha, em lugar disso, com a noção de contextualização contínua, onde cada elemento funciona como contexto do(s) outro(s), de modo que uma época, um autor, uma obra, um problema são, respectiva e reciprocamente, contextualizantes e contextualizáveis.

Com essa noção de contexto passa-se a limpo a forma de compreender os sempre renovados e reescritos pactos entre literatura e sociedade, tópico fundamental que muitas vozes vêm, há muito tempo, trabalhando: que feição tomam as relações postuladas entre mundo da escrita literária e mundo social? A partir de que categorias é preciso recortar o mundo social para que as relações postuladas sejam iluminadoras? A partir de que categorias é preciso recortar o mundo da escrita para que a análise dele faça sentido?

Também pressuposta foi a história canônica da literatura brasileira, estabelecida a partir de Sílvio Romero e que tem sido convincentemente escrita e reescrita. Sem esse andaime, teria sido bastante difícil a construção da perspectiva necessária para uma história plausível do modo de produção, circulação e consumo da literatura brasileira. Ao fim e ao cabo, esta é também a história de pactos constantemente feitos, desfeitos e refeitos, entre escritores, mecenas, editores, críticos, leitores, livreiros e demais participantes desse elenco ao qual hoje se acrescentam outros figurantes, como agentes literários, publicitários, professores, bibliotecários, animadores culturais.

Estes os pressupostos de que partimos, e estas as questões tratadas.

Foi a partir deles e em torno delas que este livro diz o que diz como o diz.

Entre os objetivos, dois maiores: tornar-nos mais compreensíveis enquanto sociedade com feições culturais específicas, bem como, a partir do caso brasileiro, afinar categorias com que os estudos literários vêm trabalhando em outras tradições acadêmicas e em outros meios culturais.

Na concretização desses objetivos, foi possível apresentar um traçado verossímil do surgimento, do fortalecimento e da transformação das práticas brasileiras de leitura, que, se não se confinam à literatura, não deixam também de nela encontrar fonte para estudo e campo de manifestação.

Numa sociedade como a nossa, tais práticas não podiam deixar de ser rarefeitas. Tal rarefação, no entanto, não se mantém constantemente idêntica a si mesma. Não obstante ser sempre inconclusa a modernização social brasileira, as práticas brasileiras de leitura cresceram e espessaram-se ao longo de sua história, ao multiplicarem-se sujeitos e forças nelas envolvidas, e ao diversificarem-se os modos de leitura.

Como se vê, a questão que se colocou a propósito de cada capítulo foi a questão básica do historiador moderno: se se acredita na natureza inevitavelmente mediadora da linguagem, como levar em conta na interpretação o também inevitável espaço entre representação e dado? Melhor dizendo, como garantir a pertinência da transformação de uma representação em dado? E de um dado em realidade?

Se esse foi o desafio teórico, a saída metodológica foi a multiplicação de representações, e suas sucessivas desconstruções, como hipótese para não se deixar iludir (muito) pelas distorções do espelho.

Por outro lado, a investigação das práticas de leitura, com vistas ao estabelecimento de sua história, não pode prescindir das representações de leitura veiculadas pelos próprios textos que fazem parte dessa história. Ao lado das fontes tradicionalmente privilegiadas – escassas e ainda de difícil acesso, no caso brasileiro –, essas representações são fundamentais tanto para sugerir sentidos para os dados estatístico, econômico ou meramente factual, como também para inspirar o resgate do documento ou do dado por elas implicitado.

O caso é que, do primeiro ao último capítulo de *A formação da leitura no Brasil*, da *construção do leitor* à *leitora no banco dos réus*, várias histórias se enovelaram.

O primeiro capítulo ocupou-se da construção textual do leitor brasileiro ao longo de momentos decisivos da ficção nacional. O segundo estudou aspectos da infraestrutura que regula a participação da escrita e da leitura no mundo da produção econômica. Reivindicações de escritores, contratos de edição, anúncios de livros e projetos de associações foram tecendo um percurso no qual, também textualmente, o escriba – analogamente ao leitor do capítulo anterior – foi ganhando um perfil mais nítido, porque construído a partir dos diferentes modos de sua inserção na economia de seu tempo.

Tendo, assim, definido uma face mais concreta para leitores e escritores, que ganham rosto e nome a partir de interações que protagonizam com diferentes práticas culturais e econômicas, o trabalho dobrou uma outra esquina onde se debruçou sobre o livro escolar. Aí foi possível estudar um segmento do mercado cultural e o caso exemplar de uma instituição em torno aos quais orbitam questões de leitura. Nesse capítulo, leitores e autores retornam travestidos: o leitor de papel e tinta do capítulo inicial volta aos bancos escolares, e o escritor do capítulo seguinte serve à Pátria e faz bons negócios.

Livros escolares são fonte insubstituível para qualquer história da leitura: não só porque por hipótese tais livros são um instrumento sistemático para a formação de leitores, mas porque eles são também documentos privilegiados para uma história da educação e da escola, com a qual necessariamente se cruza a história social da leitura. E também a da literatura.

Na encruzilhada das instituições da leitura (onde a escola figura com destaque) e do mercado disponível para o escritor, o livro didático é a dobradiça perfeita: ao mesmo tempo que institucionaliza a formação do leitor (figura que protagoniza o primeiro capítulo), também representa o porto de salvação de escritores a braços com a magreza da remuneração das letras (drama de que se ocupa o segundo capítulo). Mas, dialeticamente contextualizado pelos capítulos que o antecedem, o capítulo sobre o livro didático, pelo que representa de estudo sistemático de uma modalidade muito popular de livro, também prepara o estudo mais sistemático de uma modalidade de leitores: os leitores de saias do Capítulo 4.

A sucessão dos vários capítulos do livro, assim sucessivamente, retoma hipóteses e questões anteriores para recontextualizá-las e, nessa recontextualização, dar-lhes a dimensão que permitiu estabelecer um traçado verossímil para o surgimento, fortalecimento e transformação das práticas brasileiras de leitura.

Ao espessamento das práticas brasileiras de leitura, ainda que intermitente e cheio de recuos, corresponde um – também intermitente e cheio de recuos – amadurecimento do leitor que, na inevitável interação com os múltiplos elementos de práticas mais complexas de leitura, rompe restrições, libera-se da tutela, enfim, alcança a emancipação possível.

Reside aí outro objetivo deste livro. Ao entretecer a história da leitura com diferentes configurações da sociedade brasileira, ele ganha uma bem-vinda dimensão política.

Contar a história da leitura de países com problemas crônicos de educação pode desconstruir mitos.

Nos interstícios da desconstrução, aprendemos que os projetos educacionais brasileiros foram e continuam sendo frágeis, talvez também porque se desconheça a tradição de práticas culturais nas quais eles se inserem. Por outro lado, é a mesma fragilidade de práticas e projetos educacionais – talvez sintomaticamente representada pela constante e duradoura crise por que passam os cursos de Letras – que desfavorece a existência de um espaço maior para as necessárias pesquisas como esta que busca, em campos e objetos não convencionais, respostas para perguntas de dois poetas mineiros: *Que país é esse? Trouxeste a chave?*

Formatada desse modo, a história que *A formação da leitura no Brasil* constrói rompeu a linearidade da cronologia e, ao mesmo tempo, fugiu ao isolamento de capítulos tematicamente fechados. Por isso, seu andamento espiralado, muito ao agrado das pós-modernidades desconfiadas de histórias globalizantes e que, num certo sentido, já se fazia presente em práticas orais de contar histórias, quando o contador provocava seu auditório: *entrou por uma porta, saiu por outra, manda el-rei que conte outra*... terminavam histórias antigas, sugerindo a transitividade do ato de narrar.

Entrou por uma porta, saiu por outra, manda el-rei que conte outra, terminamos nós, passando a palavra aos respeitáveis senhores e senhoras que, nas personas várias de leitoras, leitores e transeuntes em geral são virtuais contadores de outras e outras histórias como esta, que se perfaz no coro de muitas vozes.

Quadro:
Remuneração do trabalho intelectual no Brasil (1820-1930)

Este quadro apresenta dados relativos a aspectos financeiros da leitura, cuja dimensão econômica se estende dos preços de livros, revistas e jornais à remuneração dos escritores. A importância dos cifrões nela envolvidos não fica menor pelo silêncio de que os cerca a tradição de estudos na área. Pelo contrário: pelo fato de as práticas de leitura se cumprirem no bojo de uma sociedade como a brasileira, cujo sistema de trocas ocorre no horizonte do lucro, uma compreensão mais complexa delas não pode dispensar o pressuposto de que o ato de ler se perfaz por sobre uma mercadoria muito específica (livros, revistas, jornais e similares), resultado de um determinado modo de produção, circulação e consumo.

Sendo parte do mundo capitalista, cifras relativas a preços e remunerações vigentes no mundo dos livros não constituem dados isolados; seu sentido se esclarece desde que colocado na contraluz de remunerações e preços vigentes em outros mundos, que não o das obras impressas. Eis por que as outras duas colunas informam preços e remunerações de diferentes produtos e serviços ao longo de um período significativo da vida brasileira, permitindo interpretar de forma mais substantiva os dados especificamente relacionados a livros e escritores.

A dificuldade de levantamento e obtenção de tais dados foi grande, em função da tradição da área de estudos culturais, seguidamente desatenta da materialidade, para não falar do valor de troca, dos objetos e práticas sobre as quais se debruça. Se isso realça a importância do quadro, também explica suas lacunas, sujeito a todos os percalços das travessias pioneiras. Não obstante essa limitação, ele parece oferecer, em suas diferentes colunas, uma visão sugestiva das alterações, permanências e discrepâncias manifestadas pelos valores envolvidos em atividades relativas à leitura, facultando ainda a comparação entre esses valores e os que se associam a outras esferas da vida social.

	PREÇO DE LIVROS, REVISTAS E JORNAIS	REMUNERAÇÃO DE ESCRITORES	OUTRAS REMUNERAÇÕES	VALOR DE DIFERENTES MERCADORIAS
1820	*História das imaginações extravagantes de Oufle, causadas pela leitura dos livros que tratam de mágica, dos endemoninhados, feiticeiros, lobisomens, gênios* – 2$400 *Apologia das mulheres, em que se mostra com exemplos extraídos da história que elas são suscetíveis de virtudes religiosas, políticas e guerreiras, literárias e sociais no grau mais eminente* – 960$		Soldo do sargento-mor comandante do corpo de tropa de linha da província do Ceará – 300$00	batata de Jersey – 600$ a arroba batata inglesa – 400$ a arroba talharim branco – 4$000 a arroba
1821	*Le contrat social* – 4$000 exemplar do *Diário do Rio de Janeiro* – 40$			morada de casa térrea – 1:000$000 açúcar redondo – 2$150 a 2$200 a arroba
1822	*L'esprit des lois* (cinco volumes) – 4$800 *Werther* – 2$400 *Hissope* – 2$400 exemplar do *Correio do Rio de Janeiro* – 80$			quantia paga por Pedro I a Portugal pelo acervo da Biblioteca Real, no ajuste de contas da Independência – 400$000

	PREÇO DE LIVROS, REVISTAS E JORNAIS	REMUNERAÇÃO DE ESCRITORES	OUTRAS REMUNERAÇÕES	VALOR DE DIFERENTES MERCADORIAS
1823			ordenado do professor de primeiras letras da Corte – 240$000 salário de professor – 40$000	peças de prata – 6$400
1824				quantia paga pelo acervo de Francisco de Melo Franco, incorporado à Biblioteca Nacional – 1:200$000
1826	exemplar do *Verdadeiro Liberal* – 80$; assinatura mensal – 800$		Pedido da Câmara de Deputados – salário de 300$000 anuais pagos aos professores públicos.[1] aulas de ler, escrever, contar, doutrina e lições de civilidade – 1$000	
1827	assinatura mensal do *Jornal do Comércio* – 640$		salário do professor – 200$000 a 500$000 anuais	tonelada de carvão de pedra – 10$000 aluguel de casa na Rua do Ourives – 12$800

1 Cf. Moacyr, *A instrução primária e secundária no município da Corte na regência e na maioridade*, p.506.

	PREÇO DE LIVROS, REVISTAS E JORNAIS	REMUNERAÇÃO DE ESCRITORES	OUTRAS REMUNERAÇÕES	VALOR DE DIFERENTES MERCADORIAS
1828	*Aventuras de Telêmaco* – 2$000 assinatura trimestral de *Astreia* – 2$400		ordenado do professor público da Escola de Ensino Mútuo da Corte – 500$000	anuidade de colégio interno feminino – 150$000 gratificação de deputado – 200$ gratificação de senador – 300$
1829	Subscrição do *Parnaso Brasileiro*, de Januário da Cunha Barbosa – 2$000 pelo volume, pagos adiantados. Preço de cada um dos quatro números avulsos – 600$. *Cours d'instruction d'un sourd-muet de naissance avec figures & tableaux* – 5$000 *Que é o clero numa monarquia constitucional* – 4$000		salário anual do professor público – 500$000	partitura de música – 10$000 par de sapatos femininos – 1$600 mensalidade de um internato feminino – 10$000
1830	*Gil Blas de Santillana* – 2$000		salário do diretor da Tipografia Nacional – 800$000 anuais, mais	orçamento da Biblioteca Nacional – 4:485$000

	PREÇO DE LIVROS, REVISTAS E JORNAIS	REMUNERAÇÃO DE ESCRITORES	OUTRAS REMUNERAÇÕES	VALOR DE DIFERENTES MERCADORIAS
			uma gratificação de 5% do rendimento líquido da oficina; salário do administrador da Tipografia Nacional – 750$000 anuais	
1831	volume do *Parnaso brasileiro* – 2$000			cento de cebolas de Portugal – 1$280 libra de sabão – 140$
1832	exemplar do *Astreia* – 80$; assinatura semestral – 6$000		salário anual dos lentes das academias – 1:200$000	
1833	*Ensaio sobre a arte de ser feliz* – 1$000		salário de funcionários da iluminação pública – 12$000	
1834	exemplar de *O Toucador* – 80$ custo da edição da obra de Monte Alverne, conforme Gonçalves de Magalhães – 1:000$000[2]		salário do administrador da Tipografia Nacional – 800$000 anuais, mais 400$000 de gratificação	libra da carne salgada – 60$ sabão inglês – 90$

2 Cf. a carta de Domingos José Gonçalves de Magalhães a Monte Alverne: "Agora novamente lhe peço que trate quanto antes em publicar alguns dos seus excelentes sermões, que para serem considerados como monumentos de eloquência e de língua portuguesa, só lhes faltam pequenos toques nas frases, que no transporte de sublime entusiasmo escapam [...]. Eu desejava possuir não mui-

	PREÇO DE LIVROS, REVISTAS E JORNAIS	REMUNERAÇÃO DE ESCRITORES	OUTRAS REMUNERAÇÕES	VALOR DE DIFERENTES MERCADORIAS
1835	assinatura semestral da *Aurora Fluminense* – 4$000 custo da edição da obra de Monte Alverne, em dois volumes, conforme Gonçalves de Magalhães – 250$000, brochura; 500$000, encadernado[3]		ordenado de professor no RS – 600$000, mais 5$000 por aluno pronto	botins franceses para homens – 5$
1836	exemplar de *O Fluminense*, jornal político e literário – 80$; assinatura – 4$000 custo da edição, de luxo, da obra de Monte Alverne,			trimestralidade de um colégio interno – 20$000 trimestralidade de um colégio externo – 8$000

tos, mas um só conto de réis para fazer à minha custa este serviço à minha pátria e ao meu amigo, mas pois eu não tenho, o Padre Mestre o fará, [...]; pouca será a despesa [...]". Porto Alegre; Magalhães, *Cartas a Monte Alverne*, p.31.

3 Cf. a carta de Domingos José Gonçalves de Magalhães a Monte Alverne: "Tornemos ao primeiro ponto. Tenho tomado imformações sobre impressão de obras. Não mande de nenhum modo seus sermões ao Aillaud que é um L... [*sic*]. Ele há de pedir quatro vezes mais caso que os outros. O Padre Mestre pode mandar imprimir dois volumes de sermões por mil francos, isto é, 250 mil-réis, e eu me encarrego disso. Mande-me os sermões e uma ordem para receber o dinheiro, que o resto eu cá farei, creio que vale a pena. [...] Se quiser que seus livros vão encadernados, mande-me outro tanto; se exceder alguma coisa eu lhe farei saber. Pode contar 500 francos para cada volume de 350 páginas a 400, em oitavo, como o Cousin, tirando-se 500 exemplares". Porto Alegre; Magalhães, op. cit., p.58-9.

	PREÇO DE LIVROS, REVISTAS E JORNAIS	REMUNERAÇÃO DE ESCRITORES	OUTRAS REMUNERAÇÕES	VALOR DE DIFERENTES MERCADORIAS
	em dois volumes, conforme Gonçalves de Magalhães – 4.000 francos[4]			
1837	exemplar de *O Universal* – 80$		salário anual para professores de primeiras letras – 400$000 salário dos professores de latim, grego, aritmética e geografia (uma aula semanal) – 500$000 anuais	despesa provincial com o sustento, vestuário e condução dos presos pobres – 7:000$000
1838			salário anual de Justiniano José da Rocha, professor de Geografia e História no Colégio de Pedro II – 500$000[5]	doação do príncipe herdeiro para a manutenção do Colégio de Pedro II – 2:000$000
1840	assinatura trimestral de *O Analista*, folha política e comercial – 2$500	pagamento para Antônio Gomes Leal, por *A catequese e a civilização dos indígenas* – 300$		preço mensal de cursos de francês – 6$000 a 8$000

4 Cf. a carta de Domingos José Gonçalves de Magalhães a Monte Alverne: "De novo lhe peço que não se esqueça de enviar os seus sermões para aqui se imprimirem. Quatro mil francos apenas bastam para dois belos volumes impressos em luxo". Porto Alegre; Magalhães, op. cit., p.62.

5 Cf. Cardim, *Justiniano José da Rocha*, p.55.

	PREÇO DE LIVROS, REVISTAS E JORNAIS	REMUNERAÇÃO DE ESCRITORES	OUTRAS REMUNERAÇÕES	VALOR DE DIFERENTES MERCADORIAS
	Poesias, de Delfina Benigna da Cunha – 2$000			ingresso de teatro – 10$000, 8$000, 2$000 e 1$000 contribuição de acionistas para o Colégio Público de Ouro Preto – 11:250$000
1841	exemplar de *O Comércio* – 120$ volume de *Coleções da lei mineira de 1840* – 640$00	pagamento pelo poema *A lágrima de um caeté*, de Nísia Floresta – 1$000	ordenado de coronel chefe de legião – 67$800 ordenado de tenente ajudante – 19$900 ordenado de alferes cirurgião ajudante – 18$400	operação com dente incorruptível – 7$000 operação com dente de chumbar com metal – 1$000
1842	assinatura semestral de *O Analista*, folha política e comercial – 5$000	*Graham's Magazine*, nos Estados Unidos, paga 50 dólares por poema a Longfellow, com a garantia de uma compra por mês ou o total de 600 dólares por mês[6]		apartamentos [*sic*] mobiliados no Catete – 40$000 e 60$000 chapéus de Paris – 6$ e 7$ caixinha de purgantes – 1$000

6 Cf. Charvat, *The Profession of Authorship in America*, p.109.

	PREÇO DE LIVROS, REVISTAS E JORNAIS	REMUNERAÇÃO DE ESCRITORES	OUTRAS REMUNERAÇÕES	VALOR DE DIFERENTES MERCADORIAS
				mensalidade de um colégio interno – 30$000 gratificação para quem devolver uma preta fugida – 50$000
1844	assinatura anual da *Revista Médica Brasileira*, da Academia Imperial de Medicina – 6$000		prêmio oferecido pelo Instituto Histórico e Geográfico Brasileiro para o melhor "Plano de se escrever a história antiga e moderna do Brasil", recebido por C. F. von Martius – 200$000	aluno interno por trimestre – 100$000; aluno externo por trimestre – 24$000 aula de música – 4$ passagem – 400$
1846	Custo da impressão, pela Laemmert, dos *Primeiros cantos*, de Gonçalves Dias, pagos pelo autor – 900$000[7]		ordenados e gratificações dos mestres da família imperial – 3:200$000 ordenado do primeiro cirurgião do Hospital Militar da Corte – 1:200$000 salário do professor no RS – 800$000	ingresso para teatro – 2$000 camisas francesas de morim – 2$000 a 4$500 ordenado mensal de uma criada – 5$000 a 6$000 ordenado mensal de uma cozinheira – 12$000

7 Cf. Dias, *Poesia e prosa completas*, p.74.

	PREÇO DE LIVROS, REVISTAS E JORNAIS	REMUNERAÇÃO DE ESCRITORES	OUTRAS REMUNERAÇÕES	VALOR DE DIFERENTES MERCADORIAS
1847	edição ilustrada e encadernada de *Os Lusíadas* – 4$000		ordenado do médico na Câmara de Niterói – 500$000 vencimentos de Gonçalves Dias professor do Liceu Niterói – 1:000$000 anuais[8]	gratificação por informação relativa a escravo fugido – 200$000
1848	Exemplar do *Correio da Tarde* – 120$			caixas com cem charutos da Bahia – 800$ arrecadação da Tesouraria Geral da província do Rio de Janeiro em agosto – 50:641$188
1849	*Mensageiro dos amantes ou cartas de flechas amatórias.* Manual epistolar galante, contendo exemplos práticos [...] que podem com vantagem conduzir a efetuar um feliz himeneu, composto para uso de ambos os sexos [trezentas páginas] – 1$600		vencimentos de Gonçalves Dias professor do Colégio D. Pedro II – 1:000$000[9]	roupas e acessórios femininos para um baile – 184$000, conforme *Rosa*, de Joaquim Manuel de Macedo

8 Pereira, *A vida de Gonçalves Dias*, p.89.

9 Ibid., p.101.

	PREÇO DE LIVROS, REVISTAS E JORNAIS	REMUNERAÇÃO DE ESCRITORES	OUTRAS REMUNERAÇÕES	VALOR DE DIFERENTES MERCADORIAS
1850	exemplar de *A Civilização*, folha política e comercial – 100$		capital da Empresa Tipográfica Dois de Dezembro, de Paula Brito – 60:000$000 salário de professores no RS – 800$000 ordenado de Joaquim Manuel de Macedo, no Colégio Pedro II – 1:200$000	preço de passagem – 1$000
1852			Vencimentos de Gonçalves Dias como oficial da Secretaria de Negócios Estrangeiros – 1:200$000 anuais e gratificação de 80$000 mensais[10]	
1854			Comissão de Gonçalves Dias para estudar os métodos de instrução pública em diversos países europeus e coligir nos	

10 Cf. Dias, op. cit., p.76.

	PREÇO DE LIVROS, REVISTAS E JORNAIS	REMUNERAÇÃO DE ESCRITORES	OUTRAS REMUNERAÇÕES	VALOR DE DIFERENTES MERCADORIAS
			arquivos estrangeiros documentos relativos à história do Brasil – 4:800$000 anuais e 1:500$000 semestrais para paga de copistas[11]	
1857	assinatura anual de *O 25 de Março* – 8$000; assinatura semestral – 5$000		remuneração de advogado por apelações civis e criminais – 200$000 salário de professores de segundo grau no RS – 100$000 gratificação a quem encontrar escravo fugido – 40$000	uma besta regular e mansa – 100$000 uma preta de 24 anos – 2:200$000 músicas para piano: "A esperança" – 2$000; "O sussuro do salto" – 2$000
1858		Compra de *História Média*, obra aprovada pelo Conselho da Instrução Pública, de J. B. Calógeras, por 1:600$000	ordenado de Joaquim Manuel de Macedo, no Colégio Pedro II – 1$600	hipoteca sobre o valor de um escravo – 800$000
1859			lições particulares ministradas por Alfredo de	preço de um escravo – 800$000

11 Id., p.77.

	PREÇO DE LIVROS, REVISTAS E JORNAIS	REMUNERAÇÃO DE ESCRITORES	OUTRAS REMUNERAÇÕES	VALOR DE DIFERENTES MERCADORIAS
			Taunay – 5$000 por aula[12] salário de tipógrafo do Senado – 500$ mensais gratificação a quem encontrar escravo fugido – 50$000	
1860	*Flores silvestres*, de Francisco Leite Bittencourt Sampaio – 200$000			

12 O depoimento do Visconde de Taunay diz respeito às remunerações recebidas entre 1859 e 1862: "Desde esse tempo [1859] me habituei ao trabalho, a dar explicações e a ganhar com que me calçar e vestir, o que fazia com alguma faceirice e certo esmero. Houve até meses em que pude recolher umas centenas de mil-réis, sobretudo quando o Colégio de S. Sebastião, dirigido pelo simpático Eduardo Pereira de Sá me pagou 50$000 mensais por lições tri-hebdomadárias de geografia e história. Tive também depois o colégio do cônego Pereira e que me pagou 30$000, quando eu esperava 90$000, indo diariamente à Rua do Rezende dar aula às 8 horas da manhã; tive o do Leal, esquina das ruas do Núncio e Sabão, que acabou por me calotear redondamente uns três meses inteiros, depois de engraçadas histórias de ativa perseguição minha e hábeis manobras de impenitente devedor; também o curso do excelente João Pedro de Aquino, onde ganhei bem bom dinheiro e ainda o do Guimarães todo cheio de esperanças que nunca se realizaram, deixando a nós, professores, só decepções e trabalho não remunerado. Enfim, fiz o que pude até ser promovido alferes-aluno e ganhar o soldo de 60$000. Se bem me recordo nesses três anos de 1859 a 1862 cheguei a economizar e a pôr de lado algumas centenas de mil-réis, que minha mãe zelosamente guardava". Taunay, *Memórias*, p.85-6.

	PREÇO DE LIVROS, REVISTAS E JORNAIS	REMUNERAÇÃO DE ESCRITORES	OUTRAS REMUNERAÇÕES	VALOR DE DIFERENTES MERCADORIAS
1861		compra dos compêndios de História Antiga e Idade Média, adotados pelo Imperial Colégio de Pedro II, de Justiniano José da Rocha – 997$840 venda de 2 mil exemplares de *Regeneração* – 1$000	pagamento feito a Francisco de Paula Brito, tipógrafo, pela impressão de obras para a Câmara Municipal do Rio de Janeiro – 400$000 Manuel Antônio de Almeida pleiteia o cargo de inspetor itinerante de escola por 3$600	pousada na Cachoeira – 4$000 diária de hotel em Friburgo – 3$000 preço de um escravo – 600$000
1862	volume da Biblioteca Brasileira – 1$500	contrato de Joaquim Norberto com Garnier de copropriedade de treze obras – 2:000$000	criada de quarto – US$13 mensais ama de leite – US$ 16 mensais serviços domésticos gerais – US$ 12 mensais[13]	
1863			Vencimentos de Gonçalves Dias para colher documentos históricos sobre o Brasil na Europa – 300$000 mensais e	

13 "Entre 1860 e 1910, a cotação do mil-réis relativa à moeda americana variou de 0,55 dólar no ponto mais alto (1863 a 1875) a 0,15 dólar no ponto mais baixo (1898 e 1899); em 1910, o mil-réis valia 0,33 dólar." Graham, *Proteção e obediência: Criadas e seus patrões no Rio de Janeiro 1860-1910*, p.9.

	PREÇO DE LIVROS, REVISTAS E JORNAIS	REMUNERAÇÃO DE ESCRITORES	OUTRAS REMUNERAÇÕES	VALOR DE DIFERENTES MERCADORIAS
			1:500$000 para despesas de copistas[14]	
1864	assinatura do *Jornal das Famílias*, publicação mensal, ilustrada, literária, artística, recreativa etc. – 10$000 (Corte); 12$000 (Províncias) *Suspiros poéticos e saudades*, de Gonçalves de Magalhães (encadernado em Paris) – 5$000 exemplar de *O Brasil Agrícola, Industrial, Comercial, Científico, Literário e Noticioso* – 500$ *História Média*, de J. B. Calógeras (dois tomos) – 6$500	Machado de Assis recebe por *Crisálidas* 150$ o exemplar, obra vendida por Garnier a 1$500 venda de edição de mil exemplares de *Meandro poético* – 300$000		barrica de bacalhau – 14$000 afiador para navalhas – 2$000
1865	*História Antiga e Idade Média*, de Justiniano José da Rocha – cada exemplar: 6$400			

14 Cf. Dias, op. cit., p.80.

	PREÇO DE LIVROS, REVISTAS E JORNAIS	REMUNERAÇÃO DE ESCRITORES	OUTRAS REMUNERAÇÕES	VALOR DE DIFERENTES MERCADORIAS
1866	*Alfabeto ilustrado* (Laemmert) – 3$000			orçamento para a compra de livros escolares – 2:000$000 aluguel de casa no Catete – 30$
1868				renda por noite no teatro em São Paulo (encenação de *Os miseráveis*) – 1$800[15]
1869		Fernandes Pinheiro recebe por *Catecismo de doutrina cristã* – 1$800.000 Machado de Assis recebe por *Contos fluminenses* e *Falenas* – 200$ o exemplar; *Ressurreição* e *Histórias da meia-noite* – 400$ a obra comercializada Contrato assinado por Olímpia da Costa Gonçalves Dias com Garnier, para publicação de		

15 Cf. Alves, *Obra completa*, p.752.

	PREÇO DE LIVROS, REVISTAS E JORNAIS	REMUNERAÇÃO DE ESCRITORES	OUTRAS REMUNERAÇÕES	VALOR DE DIFERENTES MERCADORIAS
		Cantos (mil exemplares), cinco poemas extraídos do *Parnaso maranhense* e de *Os timbiras*, de Gonçalves Dias, por 1:200$000		
1870		Bernardo Guimarães vende os originais de *O garimpeiro* a Garnier – 500$000; tiragem prevista – 2 mil exemplares venda a Garnier da propriedade perpétua de *O guarani* (incluindo a tradução gratuita para o francês), *Lucíola*, *Cinco minutos* e *A viuvinha* – 1:000$000	gratificação de Joaquim Manuel de Macedo, no Colégio Pedro II – 640$000	orçamento da produção de *Espumas flutuantes*, de Castro Alves, produzidas em Paris – FF 5000[16] orçamento para publicação de 1500 exemplares de *Espumas flutuantes*, edição paga por Castro Alves – "*pouco mais de um conto de réis*"[17]

16 Cf. correspondência de Castro Alves: "Antes de vir, falei com o Dupont & Mendonça, que me disseram que uma edição de cinquenta poesias, regulando mais ou menos 250 páginas, com encadernação *demi-chagrin*, papel de melhor qualidade, retrato litografado, tudo feito em Paris, poderia montar no máximo em 5 mil francos". Alves, op. cit., p.759.

17 Cf. correspondência de Castro Alves: "Pediu-me por cada folha de impressão, uma edição de quinhentos exemplares, 14$, e mais 7$, por folha em cada quinhentos exemplares que acrescessem na edição. Calculando o volume de duzentas páginas (25 folhas) e a edição de 1500 exemplares, vem a impressão a custar 700$, fora papel e brochura, que poderão fazer subir o custo da impressão completa a pouco mais de 1 conto de réis." Alves, *Obra completa*, p.781.

	PREÇO DE LIVROS, REVISTAS E JORNAIS	REMUNERAÇÃO DE ESCRITORES	OUTRAS REMUNERAÇÕES	VALOR DE DIFERENTES MERCADORIAS
1871				arroba de algodão – 15$000 e 15$500 arroba de açúcar – 3$300 casa térrea no centro do RJ – 10$000
1872	*Contos fluminenses*, de Machado de Assis – 3$000 (encadernado) *Ressurreição*, de Machado de Assis – 2$000 (brochura); 3$000 (encadernado) *Crisálidas*, de Machado de Assis – 2$000 (brochura); 3$000 (encadernado) *Falenas*, de Machado de Assis – 2$000 (brochura); 3$000 (encadernado) *Peregrinações pela província de São Paulo*, de A. Emílio Zaluar – 6$000	Bernardo Guimarães vende os originais de *O seminarista* e *O pão de ouro* por 600$000 Fernandes Pinheiro recebe por *História Sagrada Ilustrada* – 1$800.000		

	PREÇO DE LIVROS, REVISTAS E JORNAIS	REMUNERAÇÃO DE ESCRITORES	OUTRAS REMUNERAÇÕES	VALOR DE DIFERENTES MERCADORIAS
	A noiva de Fontenay-das-Rosas, de Paul de Kock – 3$000 (encadernado) *Carotin*, de Paul de Kock – 3$000 (três volumes) *História da fundação do Império brasileiro*, de J. M. Pereira da Silva – 37$000 (sete volumes encadernados)			
1873		adiantamento por *Lições de corografia brasílica*, de Joaquim Manuel de Macedo – 400 mil tradução de volume de J. Verne – 250$000 a 280$000	subsídio dos deputados – 3:000$000 subsídio dos senadores – 6:000$000 marechal do Exército – 500$000 alferes e segundo-tenente – 60$000	quantia paga pelo acervo de Manuel Ferreira Lagos, incorporado à Biblioteca Nacional – 28:000$000
1874	exemplar de Machado de Assis – 2:000$000 e 3:000$000	venda a Garnier da propriedade de *A captiva Isaura*, de Bernardo Guimarães – 600$000 venda de *Diva*, *As minas de prata* e *Iracema*, de José de Alencar, a Garnier por 1:100$000		ingresso de teatro – 2:000$000 e 3:000$000

	PREÇO DE LIVROS, REVISTAS E JORNAIS	REMUNERAÇÃO DE ESCRITORES	OUTRAS REMUNERAÇÕES	VALOR DE DIFERENTES MERCADORIAS
1875		empréstimo feito por Salvador de Mendonça para pagar a edição de *Marabá*, publicada pela Livraria Garnier – 500$000		
1876	preço dos livros – 2:000$000 a 3:000$000 volume de *Catecismo da doutrina cristã* – 1$000 volume de Macedo – 5$000	*Helena* é vendida por 600$000	renda do fazendeiro – 10:000$000 renda do magistrado – 6:800$000 renda do médico e do advogado – 2:000$000 renda do professor – 1:000$000 aluguel mensal de ama de leite ou mucama – 30$000 a 45$000	aluguel de casa na Candelária – 45$000 aluguel de sobrado na Rua Senhor dos Passos – 85$000 preço de casa com chácara – 4:200$000
1877			preto carpinteiro lustrador – 1$500 preto cozinheiro – 1$200 preta cozinheira e doceira – 1$200	

	PREÇO DE LIVROS, REVISTAS E JORNAIS	REMUNERAÇÃO DE ESCRITORES	OUTRAS REMUNERAÇÕES	VALOR DE DIFERENTES MERCADORIAS
1878		Bernardo Guimarães vende *A ilha maldita* e *O pão de ouro* a Garnier por 600$000.		aluguel de uma loja – 1:000$000 por ano aluguel de quarto com água – 10$000 a 20$000
1880		Venda de *O Evangelho da selva*, de Fagundes Varela, por sua viúva, a Garnier – 726$000 Garnier paga 225$000 a Alfredo do Vale Cabral pela coleção das poesias de Laurindo Rebelo		
1881	*O mulato*, de Aluísio Azevedo – 3$000			
1884		Venda a Garnier de *Histórias sem data*, de Machado de Assis – 300$000 Venda, por Visconti Coaracy a Garnier, da compilação de obras de Fagundes Varela – 150$000		trimestralidade de um colégio interno – 234$000 trimestralidade de um colégio externo – 45$000

	PREÇO DE LIVROS, REVISTAS E JORNAIS	REMUNERAÇÃO DE ESCRITORES	OUTRAS REMUNERAÇÕES	VALOR DE DIFERENTES MERCADORIAS
1887			salário de professor vitalício – 1:000$000 salário de Coelho Neto no cargo de redator na *Gazeta de Notícias*, de José do Patrocínio – 200$000	despesa do Brasil com instrução – 25.115,400 francos[18]
1888			salário dos professores formados pela Escola Normal – 2:000$700 anuais, mais gratificação de 300$000 salário anual de Machado de Assis, diretor da Diretoria Geral do Comércio – 8:000$000	litro de sal – 40$000 quilo de açúcar refinado – 260$000 a 360$000 réstia de cebola – 500$000 quilo de café – 800$000 preço de um piano – 650$000
1889	exemplar do *Dezenove de Dezembro* – 40$000		pensão do governo para a viúva de Joaquim Manuel de Macedo – 1:000$200 anuais.	orçamento da Receita do Rio de Janeiro – 281:969$892;

18 Conforme José Ricardo Pires de Almeida, responsável por essa avaliação, a cotação do franco correspondia, em 1887, a 400 réis. Cf. Almeida, *História da instrução pública no Brasil (1500-1889)*, p.19.

	PREÇO DE LIVROS, REVISTAS E JORNAIS	REMUNERAÇÃO DE ESCRITORES	OUTRAS REMUNERAÇÕES	VALOR DE DIFERENTES MERCADORIAS
				a Despesa – 275:187$032 impressão de mil exemplares de um livro de poesias – 1:100$000 xícara de café, nos botequins – 60$
1890		receita obtida pela encenação, no Rio de Janeiro, de *O crime do Padre Amaro*, de Eça de Queirós – 4.141$500 percentual recebido por Eça de Queirós pela encenação, no Rio de Janeiro, de *O crime do Padre Amaro* – 5%, equivalendo a 2.070$750[19] pagamento a Machado de Assis por conto publicado em jornal – 50$000 *Gazeta de Notícias* paga por conto ou crônica – 25$000 a 30$000		

19 Mérian, *Aluísio Azevedo: Vida e obra*, p.372.

	PREÇO DE LIVROS, REVISTAS E JORNAIS	REMUNERAÇÃO DE ESCRITORES	OUTRAS REMUNERAÇÕES	VALOR DE DIFERENTES MERCADORIAS
1891	*Quincas Borba* – 600$000			
1893		salário mensal de Coelho Neto pago pelo editor Domingos Magalhães por cinco anos em troca de toda a sua produção – 400$000		espólio de Garnier – quase 7:000$000 legado à companheira de Garnier – 80:000$000 aluguel de uma casa em Botafogo – 150$000 orçamento mensal de uma família de sete pessoas: 560$690[20]
1894	*Várias histórias*, de Machado de Assis – 3$000	contrato de Raul Pompéia por *O Ateneu* – 1:500$000 contrato de Felizberto de Carvalho por 5º *Livro de leitura* – 2:500$000 contrato de Adolfo Caminha com Domingos de Magalhães para a publicação de *No país dos ianques* – 400$000		

20 Cf. Affonseca Junior, *O custo da vida na cidade do Rio de Janeiro*, p.17.

	PREÇO DE LIVROS, REVISTAS E JORNAIS	REMUNERAÇÃO DE ESCRITORES	OUTRAS REMUNERAÇÕES	VALOR DE DIFERENTES MERCADORIAS
		contrato de Adolfo Caminha com Domingos de Magalhães para a publicação de *O bom crioulo* – 2:000$000 pagamento a Machado de Assis pela terceira edição de *Memórias póstumas de Brás Cubas* e segunda edição de *Quincas Borba* – 500$000		
1895		contrato de Sílvio Romero por *Doutrina contra doutrina* – 1:000$000 contrato de Sílvio Romero por *Contos populares brasileiros* e *Cantos populares brasileiros* – 3:000$000		
1896		venda por Olavo Bilac dos direitos definitivos de *Poesias infantis* – 2:000$000 pagamento a Olavo Bilac e Coelho Neto por *A pátria brasileira* – 4:000$000 pagamento a Olavo Bilac e Coelho Neto por *Contos*		

	PREÇO DE LIVROS, REVISTAS E JORNAIS	REMUNERAÇÃO DE ESCRITORES	OUTRAS REMUNERAÇÕES	VALOR DE DIFERENTES MERCADORIAS
		pátrios por Francisco Alves – 3:000$000 Pagamento, por Garnier, a Machado de Assis por *Memórias póstumas de Brás Cubas* – 250$000 (1100 exemplares); por *Quincas Borba* – 250$000 (1100 exemplares)		
1897		pagamento a Aluísio Azevedo pelo conjunto de romances e contos – 10:000$000 pagamento, por Garniar, a Machado de Assis por *Iaiá Garcia* – 250$000 (1100 exemplares)		
1899		propriedade da obra de Machado de Assis – 8:000$000		
1900		contrato de João Ribeiro por *Autores contemporâneos* – 3:000$000 contrato de Machado de Assis por *Poesias completas* (Garnier) – 800$000		

	PREÇO DE LIVROS, REVISTAS E JORNAIS	REMUNERAÇÃO DE ESCRITORES	OUTRAS REMUNERAÇÕES	VALOR DE DIFERENTES MERCADORIAS
1902		Participação de Euclides da Cunha na impressão de *Os sertões* – 15:000$000 contrato de Machado de Assis por *Várias histórias* (Garnier) – 1:000$000		
1903	*Os sertões* – 8$000 (brochura); 10$000 (encadernado)	Rendimento líquido da primeira edição de *Os sertões*, pagos pela Editora Laemmert a Euclides da Cunha – 2:198$750[21] Saldo favorável a Euclides da Cunha – 700$000 Valor dos direitos autorais cedidos por Euclides da Cunha à Editora Laemmert pela segunda edição de *Os sertões* – 1:600$000[22]		

21 Galvão; Galotti, *Correspondência de Euclides da Cunha*, p.161.

22 Id., p.145.

	PREÇO DE LIVROS, REVISTAS E JORNAIS	REMUNERAÇÃO DE ESCRITORES	OUTRAS REMUNERAÇÕES	VALOR DE DIFERENTES MERCADORIAS
		contrato de Machado de Assis por *Último* (depois: *Esaú e Jacó*) (Garnier) – 1:500$000		
1904		Pagamento a Sebastião Guimarães Passos por *Dicionário de rimas* – 1:500$000 Cessão, em 22 de abril, da "propriedade plena e inteira" de *Os sertões* a Laemmert e Cia. – 1:800$000, em duas parcelas, 1:000$000 no ato e 800$000 em letra para 22 de julho[23] *Esaú e Jacó* – 1:000$000		carta de até 15 gramas nos Correios – 200$
1905	*Apontamentos de aritmética* – 6$000 *Lições de geografia geral* – 4$000	auxílio da municipalidade de Belém para impressão da obra de Virgílio Cardoso de Oliveira – 5:000$000 pagamento a Olavo Bilac e Coelho Neto por *Teatro Infantil* – 2:000$000	cozinheira – US$ 12,50 a 18,40	hora de carro de praça – 5$000

23 Cf. Bragança, Lendo a história editorial de *Os sertões* de Euclides da Cunha: as edições Laemmert, *Horizontes*, p.165.

	PREÇO DE LIVROS, REVISTAS E JORNAIS	REMUNERAÇÃO DE ESCRITORES	OUTRAS REMUNERAÇÕES	VALOR DE DIFERENTES MERCADORIAS
		pagamento a Olavo Bilac e Guimarães Passos por *Tratado de versificação* – 2:000$000 contrato de Machado de Assis por *Relíquias de casa velha* (Garnier) – 1:500$000		
1906		contrato de José Veríssimo por *A educação nacional* – 2:000$000 contrato de Machado de Assis por *A mão e a luva* (Garnier) – 500$000		
1907	*Manhãs da avó* (Leitura para a infância, dedicada às mães de família) – 2$000	Pagamento de Garnier a Mário de Alencar pela revisão de *O guarani* e *As minas de prata*, de José de Alencar – 100$000 Tradução, por João do Rio, de *Salomé*, de Oscar Wilde, em edição da Garnier – 400$000 Pagamento por Garnier a João do Rio pela propriedade das obras *Momento literário* e *A alma encantadora das ruas* – 2:000$000	Salário anual de subarquivista oferecido a Coelho Neto – 3:600$000 Salário de secretário de jornal no Rio de Janeiro – 600$000 a 1:2000$000 Salário de redator em jornal do Rio de Janeiro – 250$000 a 400$000 Pró-labore dos colaboradores do *Jornal do Comércio* – 50$000 a 70$000	diária do Hotel dos Estrangeiros – 10$000 caixões de primeira classe: adultos e donzelas – 360$000; crianças – 160$000

	PREÇO DE LIVROS, REVISTAS E JORNAIS	REMUNERAÇÃO DE ESCRITORES	OUTRAS REMUNERAÇÕES	VALOR DE DIFERENTES MERCADORIAS
		Pagamento por Garnier a João do Rio pela propriedade de *D. Carlos I* – 800$000		
1908	*Poesias*, de Olavo Bilac – 3$000	Venda de *Era uma vez...* por João do Rio e Viriato Corrêa a Francisco Alves – 3:000$000, recebendo cada autor – 1:500$000 pagamento a Emílio de Menezes por *Poemas da morte* – 1:500$000 venda por Olavo Bilac dos direitos definitivos de *Poesias* – 2:250$000		
1909	*Compêndio de história da literatura brasileira*, de Sílvio Romero e João Ribeiro – 5$000 *Doutrina contra doutrina*, de Sílvio Romero – 3$000 *História do Brasil*, para ginásios e escolas normais, de João Ribeiro – 4$000	Venda de *Dentro da noite*, de João do Rio, a Garnier – 1:000$000 artigo para *A Tribuna*, de Santos – 10$000		dois meses de aluguel de uma casa – 40$000

	PREÇO DE LIVROS, REVISTAS E JORNAIS	REMUNERAÇÃO DE ESCRITORES	OUTRAS REMUNERAÇÕES	VALOR DE DIFERENTES MERCADORIAS
1910		Pagamento da Garnier a João do Rio pela direção de uma coleção de clássicos em vinte volumes – 1:200$000 Pagamento da Garnier a João do Rio pela tradução de cada volume – 350$000 Pagamento da Garnier a João do Rio pela revisão das provas – 50$000 Pagamento a João do Rio por traduções de Aristófanes e Juvenal – 700$000 Venda a Garnier de *Psicologia urbana*, *Vida vertiginosa*, *Portugal d'agora* e *A profissão de Jacques Pedreira*, de João do Rio – 6:000$000		
1911	*Primeiro livro de leitura*, de Felizberto de Carvalho – 1$500 *Quinto livro de leitura*, de Felizberto de Carvalho – 3$000			

	PREÇO DE LIVROS, REVISTAS E JORNAIS	REMUNERAÇÃO DE ESCRITORES	OUTRAS REMUNERAÇÕES	VALOR DE DIFERENTES MERCADORIAS
	A história do Brasil, ensinada pela biografia de seus heróis, de Sílvio Romero – 1$000 *Coração*, de E. de Amicis – 1$500 *Gramática portuguesa da infância*, de João Ribeiro – 1$000			
1912		Custo da impressão de mil exemplares de *Eu*, de Augusto dos Anjos, pagos por Odilon dos Anjos, a serem reavidos com a venda do livro – 550$000[24]		

24 Cf. o "Contrato de edição do *Eu*", que diz: "Pelo presente documento, fica firmado entre Odilon dos Anjos e Augusto dos Anjos, abaixo assinados, que tendo Odilon dos Anjos dispendido, como dispendeu, a importância de Rs. 550$000 (quinhentos e cinquenta mil-réis), na impressão de mil exemplares do livro de versos denominado *Eu*, de propriedade literária de Augusto dos Anjos, fica com direito ao que se segue: I – Reaver, à proporção que os primeiros exemplares do livro forem sendo vendidos, a importância dispendida com a mesma impressão. II – Participar da metade do lucro que se verificar na venda dos exemplares do livro, depois que Augusto dos Anjos, ato contínuo a ter sido reavida a importância da impressão, retirar para si quantia igual a da mesma impressão (Rs.). / Fica considerada como despesa de impressão a quantia de Rs. 50$000 (cinquenta mil-réis), dispendida com a fotografia de Augusto dos Anjos, a fim da mesma figurar

	PREÇO DE LIVROS, REVISTAS E JORNAIS	REMUNERAÇÃO DE ESCRITORES	OUTRAS REMUNERAÇÕES	VALOR DE DIFERENTES MERCADORIAS
1913	*O Ateneu*, de Raul Pompéia – 3$000 *Poesias*, de Olavo Bilac – 3$000 *Rei fantasma*, de Coelho Neto – 3$000 *Miragem*, de Coelho Neto – 2$000			
1914	*A intrusa*, de Júlia Lopes de Almeida – 3$000 *Eles e elas*, de Júlia Lopes de Almeida – 3$000 *Cruel amor*, de Júlia Lopes de Almeida – 3$000 *Histórias da nossa terra*, de Júlia Lopes de Almeida – 2$000			aluguel de uma casa em Botafogo – 300$000 orçamento mensal de uma família de sete pessoas – 796$048[25]

no livro. / Fica considerada como despesa à parte tudo que for gasto com a venda e colocação do livro, cabendo a quem houver feito dita despesa reavê-la, oportunamente. / Rio, em 6-6-1912. ODILON DOS ANJOS / AUGUSTO DOS ANJOS". Anjos, op. cit., p.798.

25 Cf. Affonseca Junior, op. cit., p.17.

	PREÇO DE LIVROS, REVISTAS E JORNAIS	REMUNERAÇÃO DE ESCRITORES	OUTRAS REMUNERAÇÕES	VALOR DE DIFERENTES MERCADORIAS
	O livro das noivas, de Júlia Lopes de Almeida – 7$000 *História do Brasil*, de João Ribeiro – 4$000 *Antologia nacional*, de Fausto Barreto e Carlos de Laet – 4$000			
1915		Arnaldo de Oliveira Barreto recebe 1:950$000 pela entrega dos três primeiros volumes da Biblioteca Infantil Melhoramentos		
1917	*Os caboclos*, de Valdomiro Silveira – 3$000	pagamento de Jacinto Ribeiro dos Santos a Lima Barreto por *Os Bruzundangas* – 70$000 contas de Lima Barreto por *Triste fim de Policarpo Quaresma*[26]		

26 Escreve Lima Barreto no dia 7 de março de 1917: "Eu vendi ao Jacinto [Ribeiro dos Santos] quatrocentos *Policarpos* por 200 mil-réis. Vendi ao Garnier a mil-réis cem, por 100 mil-réis. Vendi ao [Francisco] Alves 700 a 800 réis, 560 mil-réis. 1.200 = 860 mil-réis. / Devo ter recebido uns 600 mil-réis das consignações. 860 = 600 = 1:460$000. / Dei cerca de duzentos exemplares. Tenho ainda a receber 100 mil-réis, se tanto". Barreto, *Diário íntimo*, p.187.

	PREÇO DE LIVROS, REVISTAS E JORNAIS	REMUNERAÇÃO DE ESCRITORES	OUTRAS REMUNERAÇÕES	VALOR DE DIFERENTES MERCADORIAS
1918	volume de *Vida e morte de M. J. Gonzaga de Sá*, de Lima Barreto – 2$000 ou 2$500	Lima Barreto recebe por *Vida e morte de M. J. Gonzaga de Sá* – duas parcelas de 800$000		
1919	plaquete de Albertina Berta – 5$000			
1920				aluguel de uma casa em Botafogo – 380$000 orçamento mensal de uma família de sete pessoas: 1.151$320[27]
1921	*Narizinho Arrebitado*, de Monteiro Lobato – 2$500 *Populações meridionais do Brasil*, de O. Viana – 10$000 *Vida ociosa*, de Godofredo Rangel – 4$000 *Os caboclos*, de Valdomiro Silveira – 4$000			
1923	*Colmeia*, de João Ribeiro – 4$000			

27 Cf. Affonseca Junior, op. cit., p.17.

	PREÇO DE LIVROS, REVISTAS E JORNAIS	REMUNERAÇÃO DE ESCRITORES	OUTRAS REMUNERAÇÕES	VALOR DE DIFERENTES MERCADORIAS
	O homem e a morte, de Menotti del Picchia – 4$000 *O marquês de Rabicó*, de Monteiro Lobato – 2$000 *Cartilha de alfabetização*, de João Tolosa – 2$500			
1924		artigo para a *Revista do Brasil* – 50$000		
1925	*A escrava que não é Isaura*, de Mário de Andrade – 5$000			
1928		Afrânio Peixoto recebe pelo manuscrito de *Uma mulher como as outras* – 10:000$000		

Referências bibliográficas

ABREU, Luciana de. *Preleções*. Prefácio, estudo e coletânea de Dante de Laytano. Porto Alegre: Museu Júlio de Castilhos, 1949.

AFFONSECA JUNIOR, Léo de. *O custo da vida na cidade do Rio de Janeiro*. Rio de Janeiro: Imprensa Nacional, 1920.

AGASSIZ, Louis; AGASSIZ, Elizabeth Cary. Colégio Pedro II, sem linha de cor. In: BANDEIRA, Manuel; ANDRADE, Carlos Drummond de (Orgs.). *Rio de Janeiro em prosa e verso*. Rio de Janeiro: José Olympio, 1964.

______. *Viagem ao Brasil 1865-1866*. Belo Horizonte/São Paulo: Itatiaia/Edusp, 1975.

ALENCAR, José de. *Como e por que sou romancista*. Adaptação ortográfica de Carlos de Aquino Pereira. Campinas: Pontes, 1990.

______. *Diva:* perfil de mulher. São Paulo: Ática, 1980.

______. *Obra completa*. Rio de Janeiro: José Aguilar, 1958. V.I; V.III.

______. *Sonhos d'ouro*. 4.ed. Rio de Janeiro: José Olympio, 1957.

______. *Til*. São Paulo: Ática, 1980.

ALMANAK DE LAEMMERT PARA 1866.

ALMEIDA, José Ricardo Pires. *História da instrução pública no Brasil (1500-1889)*. História e legislação. Trad. Antônio Chizzotti. São Paulo/Brasília: Educ/Inep, 1989.

ALMEIDA, Júlia Lopes de. *O livro das noivas*. 3.ed. Rio de Janeiro: [s.n.], 1895.

ALMEIDA, Manuel Antônio de. *Memórias de um sargento de milícias*. Brasília: Editora da Universidade Nacional de Brasília, 1963.

______. *Obra dispersa*. Introdução, seleção e notas por Bernardo Mendonça. Rio de Janeiro: Graphia, 1991.

ALTICK, Richard D. *The English Common Reader:* A Social History of the Mass Reading Public 1800-1900. Chicago/Londres: The University of Chicago Press, 1963.

ALVES, Castro. *Obra completa*. Ed. comemorativa do sesquicentenário. Organização, fixação do texto e notas de Eugênio Gomes. Rio de Janeiro: Nova Aguilar, 1997.

AMADO, Jorge. *Agonia da noite*. 10.ed. São Paulo: Martins, 1964.

______. *Capitães da areia*. 11.ed. São Paulo: Martins, 1963.

ANDRADE, Carlos Drummond de. *Boitempo & A falta que ama*. Rio de Janeiro: Sabiá, 1968.

______. *Esquecer para lembrar* (Boitempo III). Rio de Janeiro: José Olympio, 1979.

ANDRADE, Mário de. *Amar verbo intransitivo:* Idílio. 19.ed. Belo Horizonte/Rio de Janeiro: Vila Rica, 1993.

______. *Cartas de Mário de Andrade a Álvaro Lins*. Rio de Janeiro: José Olympio, 1983.

______. *Losango cáqui:* Poesias completas. São Paulo: Martins, 1966.

______. *O banquete*. São Paulo: Duas Cidades, 1977.

ANJOS, Augusto dos. *Obra completa*. Rio de Janeiro: Aguilar, 1995.

ANJOS, Cyro dos. *Abdias*. 4.ed. Porto Alegre: Globo, 1965.

ARANHA, Graça. *O meu próprio romance*. São Paulo: Nacional, 1931.

ARARIPE JUNIOR. *Obra crítica*. Rio de Janeiro: Fundação Casa de Rui Barbosa, 1970. V.5.

ARIÈS, Philippe. *História social da criança e da família*. Rio de Janeiro: Zahar, 1979.

ASSIS, Machado de. *A mão e a luva*. São Paulo: Mérito, 1959.

______. *A Semana:* Crônicas (1892-1893). Edição, introdução e notas de John Gledson. São Paulo: Hucitec, 1996.

______. *A Semana*. São Paulo: Mérito, 1959. V.1.

______. *Contos fluminenses*. São Paulo: Mérito, 1959.

______. *Correspondência*. São Paulo: Mérito, 1959.

______. *Crônicas*. São Paulo: Mérito, 1959. V.2; V.3.

______. *Dom Casmurro*. São Paulo: Mérito, 1959.

______. *Esaú e Jacó*. São Paulo: Mérito, 1959.

______. *Helena*. São Paulo: Mérito, 1959.

______. *Histórias românticas*. São Paulo: Mérito, 1959.

______. *Histórias sem data*. São Paulo: Mérito, 1959.

______. *Iaiá Garcia*. São Paulo: Mérito, 1959.

______. *Memorial de Aires*. São Paulo: Mérito, 1959.

______. *Memórias póstumas de Brás Cubas*. São Paulo: Mérito, 1959.

______. *Obra completa*. Org. Afrânio Coutinho. Rio de Janeiro: Aguilar, 1958. V.III.

______. *Páginas recolhidas*. São Paulo: Mérito, 1959.

______. *Papéis avulsos*. São Paulo: Mérito, 1959.

______. *Poesias*. São Paulo: Mérito, 1959.

______. *Quincas Borba*. São Paulo: Mérito, 1959.

ASSIS, Machado de. *Relíquias de casa velha*. São Paulo: Mérito, 1959. V.2.

AUGUSTA, Nísia Floresta Brasileira *Conselhos à minha filha*. 2.ed. Rio de Janeiro: Tipografia Imparcial de F. de Paula Brito, 1845.

______. *Discurso que às suas educandas proferiu em 18 de dezembro de 1847*. Rio de Janeiro: Tipografia Imparcial de F. de Paula Brito, 1847.

AZEVEDO, Aluísio. *O mulato*. São Paulo: Martins, 1964.

AZEVEDO, Fernando. *A cultura brasileira:* Introdução ao estudo da cultura no Brasil. 4.ed. Brasília: Editora Universidade de Brasília, 1963.

AZEVEDO, M. D. Moreira de. Origem e desenvolvimento da imprensa no Rio de Janeiro. *Revista Trimestral*. Rio de Janeiro: Instituto Histórico, Geográfico e Etnográfico do Brasil. Tomo XXVIII, 4º trim. 1865.

______. *O Rio de Janeiro:* Sua história, monumentos, homens notáveis, usos e curiosidades. 3.ed. Rio de Janeiro: Brasiliana, 1969. 2v.

BANDEIRA, Manuel. *Itinerário de Pasárgada*. Rio de Janeiro: Edições Jornal de Letras, 1964.

BARBOSA, Antônio da Cunha. Origem e desenvolvimento da imprensa colonial brasileira. *Revista Trimestral*. Rio de Janeiro: Instituto Histórico e Geográfico Brasileiro 63, Parte 2: p.239-62, 1900.

BARBOSA, Januário da Cunha. *Parnaso Brasileiro de Januário da Cunha Barbosa*. Prefácios e índices. Org., edição e apresentação por José Américo Miranda. Belo Horizonte: Faculdade de Letras da UFMG, 1999.

______. *Parnaso brasileiro ou Coleção das melhores poesias dos poetas do Brasil, tanto inéditas, como já impressas*. Rio de Janeiro: Tipografia Imperial e Nacional, 1829-1831.

BARBOSA, João Alexandre (Org.). *José Veríssimo:* Teoria, crítica e história literária. Rio de Janeiro/São Paulo: Livros Técnicos e Científicos/Edusp, 1977.

BARRETO, Lima Afonso H. de. *Diário íntimo*. Memórias. 2.ed. São Paulo: Brasiliense, 1961.

______. *Recordações do escrivão Isaías Caminha*. 3.ed. São Paulo: Brasiliense, 1968.

______. *Triste fim de Policarpo Quaresma*. 7.ed. São Paulo: Brasiliense, 1969.

BARROSO, Francisco. A mulher. *A Mensageira. Revista literária dedicada à mulher brasileira*. São Paulo, I (14): p.220-3. 30 abr. 1898. Ed. facsimilada. São Paulo: Imprensa Oficial, 1987. 2v.

BASSI, Cristina Mantovani. *Joaquim Manuel de Macedo e a leitora do século XIX*. Campinas: Unicamp, 1993.

BASTOS [P. das Neves], Lúcia Maria. *Corcundas e constitucionais:* A cultura política da Independência (1820-1822). Rio de Janeiro: Revan/Faperj, 2003.

BASTOS, Lúcia Maria. Comércio de livros e censura de ideias: a actividade dos livreiros franceses no Brasil e a vigilância da Mesa do Desembargo do Paço (1795-1822). *Ler História*, 23, p.61-78, 1992.

BAUMGÄRTNER, Alfred Clemens (Org.). *Lesen:* Ein Handbuch. Hamburg: Verlag für Buchmarkt-forschung, 1974.

BELLO, Oliveira. A instrução e o século. *Revista do Partenon Literário*. Porto Alegre: Imprensa Literária (1): p.1-20, jan. 1875.

______. *Imprensa Nacional* (Oficina Oficial). 1808-1908. Apontamentos históricos. Rio de Janeiro: Imprensa Nacional, 1908.

BENJAMIN, Walter. *Magia e técnica, arte e política:* Ensaios sobre literatura e história da cultura. São Paulo: Brasiliense, 1985.

BILAC, Olavo. *A defesa nacional:* Discursos. Rio de Janeiro: Liga de Defesa Nacional, 1917.

______. *Conferências literárias*. Rio de Janeiro: Francisco Alves, 1930.

______. *Ironia e piedade*. Rio de Janeiro: Francisco Alves, 1916.

BINZER, Ina von. *Os meus romanos:* Alegrias e tristezas de uma educadora alemã no Brasil. 5.ed. Trad. Alice Rossi; Luisita da Gama Cerqueira. Rio de Janeiro: Paz e Terra, 1991.

BORGES, Abílio César [Barão de Macaúbas]. *Terceiro livro de leituras para uso das escolas brasileiras*. Nova edição reformada e melhorada. Rio de Janeiro: Francisco Alves, [1890].

BÖSCHE, Eduardo Theodoro. *Quadros alternados de viagens terrestres e marítimas, aventuras, acontecimentos políticos, descrição de usos e costumes de povos durante uma viagem ao Brasil*. Rio de Janeiro: Imprensa Nacional, 1919. Separata do Tomo 83 da *Revista Trimestral* do Instituto Histórico e Geográfico Brasileiro.

BOSI, Ecleia. *Memória e sociedade*. São Paulo: T. A. Queiroz, 1981.

BRAGA, Osvaldo Melo. Cônego Dr. J. C. Fernandes Pinheiro (ensaio bibliográfico). *Revista Trimestral*. Rio de Janeiro: Instituto Histórico e Geográfico Brasileiro. V.240, p.232-77, jul.-set. 1958.

BRAGANÇA, Aníbal. Lendo a história editorial de *Os sertões* de Euclides da Cunha: as edições Laemmert. *Horizontes*, Bragança Paulista, v.15, p.155-79, 1997.

BROCA, Brito. *Escrita e vivência*. Campinas: Edunicamp, 1993.

______. *Naturalistas, parnasianos e decadentistas:* Vida literária do Realismo ao Pré-Modernismo. Campinas: Edunicamp, 1991.

______. *Românticos, pré-românticos ultrarromânticos:* vida literária e Romantismo brasileiro. São Paulo/Brasília: Polis/Instituto Nacional do Livro, 1979.

CABRAL, Alfredo do Vale. *Anais da Imprensa Nacional do Rio de Janeiro de 1808 a 1822*. Rio de Janeiro: Tipografia Nacional, 1881.

CALLADO, Antônio. Em busca de Ina. In: BINZER, Ina von. *Os meus romanos:* Alegrias e tristezas de uma educadora alemã no Brasil. 5.ed. Trad. Alice Rossi; Luisita da Gama Cerqueira. Rio de Janeiro: Paz e Terra, 1991.

CALLAGE, Roque. *Rincão*. 2.ed. Porto Alegre: Livraria do Globo, 1924.

CAMARGO, Ana Maria de Almeida. Dos *Annaes da Imprensa Nacional à Bibliografia da Impressão Régia*. In: CAMARGO, Ana Maria de Almeida; MORAES, Rubens Borba de. *Bibliografia da Impressão Régia do Rio de Janeiro*. São Paulo: Edusp/Kosmos, 1993. v.1.

CAMINHA, Adolfo. *A normalista*. 7.ed. São Paulo: Ática, 1982.

______. *Cartas literárias*. Rio de Janeiro: [Aldina], 1895.

CAMPOS, Paulo Mendes. *Os bares morrem numa quarta-feira*. São Paulo: Ática, 1980.

CANDIDO, Antônio. *Formação da literatura brasileira*. 2.ed. São Paulo: Martins, 1964. 2v.

CARDIM, Elmano. *Justiniano José da Rocha*. São Paulo: Nacional, 1964.

CARDOSO, Maria Helena. *Por onde andou meu coração*. 4.ed. Rio de Janeiro/Brasília: Nova Fronteira/Instituto Nacional do Livro, 1967.

CARPEAUX, Otto Maria. *História da literatura ocidental*. Rio de Janeiro: O Cruzeiro, 1959. V.1.

CARVALHO, Murilo. As duas repúblicas. In: ASSIS, Machado de; NABUCO, Joaquim. *Correspondência*. Introdução, organização e notas de Graça Aranha. 3.ed. Rio de Janeiro: Academia Brasileira de Letras/Topbooks, 2003.

CASTILHO, A. F. de. *Correspondência pedagógica*. Seleção, introdução e notas de Fernando Castelo Branco. Lisboa: Instituto Gulbenkian de Ciência/Centro de Investigação Pedagógica, 1975.

CASTRO, Renato Berbert de. *A Tipografia Imperial e Nacional, da Bahia*. São Paulo: Ática, 1984.

CATÁLOGO DA LIVRARIA DO GABINETE PORTUGUÊS DE LEITURA EM PERNAMBUCO. Recife: Tipografia Universal, 1860.

CATÁLOGO DE OBRAS QUE SE VENDEM NA LOJA DE PAULO MARTIM. Rio de Janeiro: Tipografia Nacional, [1822].

CATÁLOGO DOS LIVROS DA BIBLIOTECA FLUMINENSE. Rio de Janeiro: Tipografia de M. A. da Silva Lima, 1848.

CAVALHEIRO, Edgar. *A correspondência entre Monteiro Lobato e Lima Barreto*. Rio de Janeiro: Ministério de Educação e Cultura, 1955.

CERQUIGLINI, Bernard. *Éloge de la variante:* Histoire critique de la philologie. Paris: Seuil, 1989.

CHARTIER, Roger. Du livre au lire. In: CHARTIER, Roger et al. *Pratiques de la lecture*. Paris/Marseille: Rivages, 1985.

CHARTIER, Roger. *Lecures et lecteurs dans la France d'Ancien Régime*. Paris: Seuil, 1987.

______. Livres bleues et lectures populaires. In: ______. *Histoire de l'édition française*. Paris: Promodies, 1985. Tomo II.

______. Strategies éditoriales et lectures popularies. 1530-1660. In: MARTIN, Henry-Jean; CHARTIER, Roger. *Histoire de l'édition française*. Paris: Promodies, 1982. Tomo I.

CHARVAT, William. *The Profession of Authorship in America*. 1800-1870. New York: Columbia University Press, 1992.

COARACY, Vivaldo. *Memórias da cidade do Rio de Janeiro*. Rio de Janeiro: José Olympio, 1955.

COELHO NETO. *A conquista*. 5.ed. Porto: Lello & Irmãos, [s.d.]

______. *O morto*. In: ______. *Obra seleta*. V.1: Romances. Rio de Janeiro: José Aguilar, 1958.

CORALINA, Cora. *Poemas dos becos de Goiás e estórias mais*. 6.ed. São Paulo: Global, 1984.

CORREIA, Viriato. *Cazuza*. 9.ed. Rio de Janeiro: Civilização Brasileira, 1960.

CORRESPONDÊNCIA DE MACHADO DE ASSIS COM MAGALHÃES DE AZEREDO. Ed. prefaciada por Carmelo Virgílio. Rio de Janeiro: Instituto Nacional do Livro, 1969.

COUTO, Pedro do. O ensino no Brasil. *Almanaque Brasileiro Garnier*. Rio de Janeiro: Garnier, 1906.

CURTIUS, Ernst-Robert. *Literatura europeia e Idade Média latina*. Rio de Janeiro: Instituto Nacional do Livro, 1957.

DANN, Otto (Org.). *Lesegesellschaften und bürgerlische Emanzipation:* Ein europäischen Vergleich. München: Beck, 1981.

DARNTON, Robert. *The Literary Underground of the Old Regime*. Cambridge/London: Harvard University Press, 1982.

DE MARCO, Valéria. *O império da cortesã: Lucíola* – um perfil de Alencar. São Paulo: Martins Fontes, 1986.

DEBRET, Jean Baptiste. *Viagem pitoresca e histórica ao Brasil*. Trad. e notas de Sérgio Milliet. Belo Horizonte/São Paulo: Itatiaia/Edusp, 1989. Tomo 3.

DENIS, Ferdinand. *Brésil*. Paris: Firmin Didot, 1837.

DEUS, João de. *Cartilha maternal, ou Arte de leitura*. Publicada pelo seu amigo Cândido J. A. de Madureira, abade de Arcozelo. Porto: Livraria Universal de Magalhães & Moniz, 1876.

DIAS, Gonçalves. *Poesia e prosa completas*. Org. Alexis Bueno. Rio de Janeiro: Nova Aguilar, 1998.

DONZELOT, Jacques. *The Policing of Families*. New York: Pantheon, 1979.

DOURADO, Autran. *O risco do bordado*. 9.ed. São Paulo: Record, 1982.

DUARTE, Constância Lima. *Nísia Floresta:* vida e obra. Natal: Ed. Universitária, 1995.

DUARTE, Paulo. *Mário de Andrade por ele mesmo.* São Paulo: Edart, 1971.

EDMUNDO, Luís. *O Rio de Janeiro do meu tempo.* Rio de Janeiro: Imprensa Nacional, 1938. 3v.

EWBANK, Thomas. *A vida no Brasil; ou Diário de uma visita à terra do cacaueiro e das palmeiras, com um apêndice contendo ilustrações das artes sul-americanas antigas.* Trad. Jamil Almansur Haddad. Belo Horizonte/São Paulo: Itatiaia/Edusp, 1976.

EXPILLY, Charles. *Mulheres e costumes do Brasil.* Trad. Gastão Penalva. São Paulo: Nacional, 1935.

FEBVRE, Lucien; MARTIN, Henri-Jean. *L'apparition du livre.* Paris: Albin Michel, 1971.

FERNANDES, Florestan. *A revolução burguesa no Brasil.* Ensaio de interpretação sociológica. 2.ed. Rio de Janeiro: Zahar, 1976.

FERREIRA, Ascenso. *Catimbó.* Recife: Oficinas da "Revista do Norte", 1927.

FERREIRA, Athos Damasceno. *Gabinetes de leitura e bibliotecas do Rio Grande do Sul no século XIX.* Porto Alegre: Centro Regional de Pesquisas Educacionais do Sul; Instituto Nacional de Estudos e Pesquisas Educacionais; Ministério de Educação e Cultura, [s.d.]

FERREIRA, Joaquim. *Verdadeiro método de estudar* por Luís António Verney. Com prefácio e notas. Porto: Domingos Barreira, [s.d.]

FLAUBERT, Gustave. *Madame Bovary.* Trad. Nair Lacerda. Rio de Janeiro: Biblioteca Universal Popular, 1965.

FLEUISS, Max. *Páginas de história.* 2.ed. Rio de Janeiro: Imprensa Nacional, 1930.

______. Sessão especial, comemorativa, do centenário natalício do Barão de Macaúbas. *Revista Trimestral.* Rio de Janeiro: Instituto Histórico e Geográfico Brasileiro 96 (150): p.420-34, 1924.

FLORES, Moacyr. Apolinário Porto Alegre. O professor e o político. In: FLORES, Hilda A. Hübner (Org.). *Vidas e costumes.* Porto Alegre: Martins Livreiro/Nova Dimensão, 1994.

FLORESTA, Nísia. *Opúsculo humanitário.* Edição atualizada com estudo introdutório e notas de Peggy Sharpe-Valadares. São Paulo/Brasília: Cortez/Inep, 1989.

FONSECA, Rubem. *Bufo & Spallanzani.* 13.ed. Rio de Janeiro: Francisco Alves, 1985.

FOUCAULT, Michel. What is an Author? In: HARARI, Josue (ed.). *Textual Strategies:* Perspectives in Post Structuralist Criticism. Ithaca: Cornell University Press, 1979.

FREITAS, Manuel José de. *Compêndio da gramática inglesa e portuguesa para uso da mocidade adiantada nas primeiras letras.* Rio de Janeiro: Impressão Régia, 1820.

FREYRE, Gilberto. *O escravo nos anúncios de jornais brasileiros do século XIX*. 2.ed. São Paulo: Nacional, 1979.

GALVÃO, Benjamin Franklin Ramiz. O imperador e a instrução pública *Revista Trimestral*. Rio de Janeiro: Instituto Histórico e Geográfico Brasileiro 98 (152): p.363-70, 1925.

GALVÃO, Walnice Nogueira; GALOTTI, Oswaldo. *Correspondência de Euclides da Cunha*. São Paulo: Edusp, 1997.

GARRETT, Almeida. Bosquejo da história da poesia e língua portuguesa. In: ______. *Obras completas*. Dir. Teófilo Braga. Lisboa: H. Antunes Livraria Editora, 1904. V. 2.

______. *Tratado da educação*. In: ______. *Obras completas*. Dir. Teófilo Braga. Lisboa: H. Antunes Livraria Editora, 1904. V. 2.

GAZOLLA, Ana Lúcia Almeida. Mulheres à deriva: Viajantes anglo-americanas no Brasil. *Cadernos de Pesquisa* 27. Belo Horizonte: NAPq/Fale/UFMG, jun. 1995.

GELLRICH, Jesse M. *The Idea of the Book in the Middle Ages:* Language, Theory, Mythology, and Fiction. Ithaca/Londres: Cornell University Press, 1985.

GONDIM, Eunice Ribeiro. *Vida e obra de Paula Brito*. Rio de Janeiro: Brasiliana, 1965.

GONZAGA, Tomás Antônio de. *Marília de Dirceu e mais poesias*. Com prefácio e notas de M. Rodrigues Lapa. 3.ed. Lisboa: Sá da Costa, 1961.

GRAHAM, Maria. *Journal of a Voyage to Brazil and Residence there during Part of the Years 1821, 1822, 1823*. Londres: Longman, 1824.

GRAHAM, Sandra Lauderdale. *Proteção e obediência:* Criadas e seus patrões no Rio de Janeiro 1860-1910. São Paulo: Companhia das Letras, 1992.

GUEDES, Fernando. *O livro e a leitura em Portugal:* Subsídios para a sua história. Séculos XVIII-XIX. Lisboa: Verbo, 1987.

GUIMARÃES, Bernardo. *O seminarista*. 18.ed. São Paulo: Ática, 1991.

HALLEWELL, Laurence. *Books in Brazil:* A History of the Publishing Trade. Metuchen/Londres: The Scarecrow Press, 1982.

______. *O livro no Brasil:* Sua história. Trad. Maria da Penha Villalobos; Lólio Lourenço de Oliveira; Geraldo Gerson de Souza. 2.ed. revis. ampl. São Paulo: Editora da Universidade de São Paulo, 2005.

HARRIS, William V. *Ancient Literacy*. Cambridge/Londres: Harvard University Press, 1989.

HELLER, Bárbara. *Mulheres entre linhas:* imagem da leitora brasileira de início do século XX. São Paulo: Escola de Comunicação e Artes/Universidade de São Paulo, 1990. (mimeo).

HÜLTENSCHMIDT, Erika. L'École Normale de l'an III. Une utopie enciclopediste. In: ESPAGNE, M.; WERNER, M. (eds.). *Philologiques, I.* Contribuitions à l'histoire des disciplines littéraires en France et en Allemagne au XIXe siècle. Paris: Éd. de la Maison des Sciences de l'Homme, 1990.

ISER, Wolfgang. *Der Akt des Lesens*. München: Fink, 1976.

______. *The Implied Reader*. Baltimore: The Johns Hopkins University Press, 1978.

IVO, Lêdo. *Confissões de um poeta*. 2.ed. São Paulo: Global, 1985.

JAMES, Louis (ed.). *Print and the People 1819-1851*. Londres: Penguin, 1978.

JARDIM, Antônio da Silva. *Relatório apresentado a S. Ex. o Sr. Presidente da Província do Espírito Santo Dr. H. M. Inglês de Sousa sobre a história e resultado da propaganda do método de leitura João de Deus*. Vitória: Tipografia da "Província", 1882.

JAUSS, Hans Robert. Der Leser als Instanz einer neuen eschichte der Literatur. *Poetica* 7 (1975), p.325-44.

______. *Literaturgeschichte als Provokation*. Frankfurt: Suhrkamp, 1970.

JESUS, Carolina Maria de. *Quarto de despejo:* Diário de uma favelada. São Paulo: Oficinas Gráficas de Linográfica Editora, 1960.

JUVENAL, Amaro. *Antônio Chimango*. Porto Alegre: Martins, 1978.

KIDDER, Daniel P. *Reminiscências de viagens e permanências nas províncias do Norte do Brasil, compreendendo Notícias Históricas e Geográficas do Império e das diversas províncias*. Trad. Moacir N. Vasconcelos. Belo Horizonte/São Paulo: Itatiaia/Edusp, 1980.

KIDDER, Daniel; FLETCHER, J. C. *O Brasil e os brasileiros:* Esboço histórico e descritivo. Trad. Elias Donianiti. São Paulo: Nacional, 1941.

KIEFER, Charles. *Mercúrio veste amarelo:* A poética nas cartas de Mário de Andrade. Porto Alegre: Mercado Aberto, 1994.

KNOOP, Ulrich. Die Verschriftlichung der Märchen durch die Brüder Grimm. *Zeitschrift für Literaturwissenschaft und Lingustik* 59, p.82-93. Göttingen: Vandenhoek und Ruprecht, 1985.

KOSERITZ, Carl von. *Imagens do Brasil:* Trad., pref. e notas Afonso Arinos de Melo Franco. São Paulo: Martins/Edusp, 1972.

KOSTER, Henry. *Viagens ao Nordeste do Brasil*. Trad. e notas Luiz da Câmara Cascudo. São Paulo: Nacional, 1942.

LABARRE, Albert. *Histoire du livre*. Paris: PUF, 1979.

LAFETÁ, João Luís. O mundo à revelia. In: RAMOS, Graciliano. *São Bernardo*. 38.ed. São Paulo: Record, 1981.

LAJOLO, Marisa. *Do mundo da leitura à leitura do mundo*. São Paulo: Ática, 1993.

______. The role of orality in the seduction of the Brazilian reader: a national challenge for Brazilian writers of fiction. *Poetics Today* 15-4: p.553-67. Winter 1994.

______. *Usos e abusos da literatura na escola*. Porto Alegre: Globo, 1982.

LAJOLO, Marisa; ZILBERMAN, Regina. *A leitura rarefeita:* Leitura e livro no Brasil. São Paulo: Ática, 2002.

______. *Literatura infantil brasileira*: história & histórias. 6.ed. São Paulo: Ática, 2011.

______. *O preço da leitura*. São Paulo: Ática, 2001.

______. *Um Brasil para crianças:* Para conhecer a literatura infantil brasileira: histórias, autores e textos. São Paulo: Global, 1986.

LEAL, Antônio José. *Plano em que se dão as ideias gerais de educação*. Rio de Janeiro: Imprensa Nacional, 1822.

LEÃO, Múcio. *Salvador de Mendonça:* Ensaio biobibliográfico. Rio de Janeiro: Academia Brasileira, 1952.

LEITE, Míriam Moreira (Org.). *A condição feminina no Rio de Janeiro:* Século XIX. São Paulo/Brasília: Hucitec/Instituto Nacional do Livro, 1984.

LEITHOLD, T. von; RANGO, L. von. *O Rio de Janeiro visto por dois prussianos em 1819*. Trad. e notas Joaquim de Sousa Leão Filho. São Paulo: Nacional, 1966.

Leser und Lesen im 18. Jahrhundert. Colloquium der Arbeitsstelle Achtzehntes Jahrhundert Gesamthochschule Wuppertal. Heidelberg: Carl Winter Universitätsverlag, 1977.

LESSA, Orígenes. *O feijão e o sonho*. Rio de Janeiro: Cia. Brasil, 1938.

LÉVI-STRAUSS, Claude. *Tristes trópicos*. Lisboa: Edições 70, 1981.

LIMA, Herman. *O Tico-Tico:* Revista Pioneira de Literatura Infantil. (Evocação). *Revista do Livro* XIII-340: p.15-25. 1º trim. 1970.

LIMA, José Inácio de Abreu e. *Bosquejo histórico, político e literário do Brasil*. Niterói: Niterói, 1835.

LINS, Osman. *Do ideal e da glória:* Problemas inculturais brasileiros. São Paulo: Summus, 1977.

LISPECTOR, Clarice. *A hora da estrela*. 22.ed. Rio de Janeiro: Francisco Alves, 1993.

______. *A legião estrangeira*. Rio de Janeiro: Editora do Autor, 1964.

LOBATO, Monteiro. *A barca de Gleyre*. São Paulo: Brasiliense, 1972.

______. *A onda verde* e *O presidente negro*. 13.ed. São Paulo: Brasiliense, 1969.

______. *Cartas escolhidas*. São Paulo: Brasiliense, 1972.

______. *Cidades mortas*. São Paulo: Brasiliense, 1959.

LORENZ, Karl M. Os livros didáticos e o ensino de ciências na escola secundária brasileira do século XIX. *Ciência e Cultura* 38(3): p.426-35.

LORETO, Barão de. A instrução a cargo da União e da Municipalidade do Distrito Federal. In: OURO PRETO, Visconde de et al. *Década republicana*. 2.ed. rev. e ampl. Brasília: Editora Universidade de Brasília/Instituto Nacional do Livro, 1986. V.1.

LUCCOCK, John. *Notas sobre o Rio de Janeiro e partes meridionais do Brasil*. Trad. Milton da Silva Rodrigues. Belo Horizonte/São Paulo: Itatiaia/Edusp, 1975.

LUSTOSA, Isabel. *Brasil pelo método confuso:* Humor e boemia em Mendes Fradique. Rio de Janeiro: Bertrand Brasil, 1993.
LUZ BRASIL, Zé da. *Cunfissão de Caboclo.* 6.ed. João Pessoa: Acauan, 1988.
M. P. C. D., A nossa condição. *A Mensageira. Revista literária dedicada à mulher brasileira.* São Paulo I(4): p.49-51. 30 nov. 1897. Ed. facsimilada. São Paulo: Imprensa Oficial, 1987. 2v.
MACEDO, Joaquim Manoel de. *O culto do dever.* Rio de Janeiro: Aurora, [s.d.].
______. *Memórias da Rua do Ouvidor.* São Paulo: Nacional, [s.d.].
______. *Um passeio pela cidade do Rio de Janeiro.* Rio de Janeiro: Zélio Valverde, 1942.
______. *Uma paixão romântica.* São Paulo: Martins, 1945.
MAGALHÃES JÚNIOR, Raimundo. *A vida vertiginosa de João do Rio.* Rio de Janeiro/Brasília: Civilização Brasileira/Instituto Nacional do Livro, 1978.
MANET, Edouard. *Lettres de jeunesse 1848-1849:* Voyage a Rio. Paris: Louis Rouart & Fils, Éditeurs, 1928.
MARROU, Henri-Irenée. *História da educação na Antiguidade.* Brasília/São Paulo: Instituto Nacional do Livro/Editora Pedagógica e Universitária, 1978.
MASSA, Jean Michel. *Dispersos.* Rio de Janeiro: Instituto Nacional do Livro, 1965.
______. *A juventude de Machado de Assis:* 1839-1870. Ensaio de biografia intelectual. Rio de Janeiro: Civilização Brasileira, 1971.
MENDES, Murilo. *A idade do serrote.* Rio de Janeiro: Sabiá, 1968.
MENDONÇA, Carlos Süssekind de. *Salvador de Mendonça:* Democrata do Império e da República. Rio de Janeiro: Instituto Nacional do Livro, 1960.
MENDONÇA, Salvador de. Cousas do meu tempo. *Revista do Livro,* Rio de Janeiro, dez. 1960.
MENESES, Raimundo de. *Aluísio de Azevedo:* Uma vida de romance. São Paulo: Martins [s.d.].
MÉRIAN, Jean-Yves. *Aluísio Azevedo:* Vida e obra (1857-1913). Brasília/Rio de Janeiro: Instituto Nacional do Livro/Espaço e Tempo, 1988.
MESQUITA, Alfredo. *Sílvia Pélica na Liberdade.* 2.ed. São Paulo: Duas Cidades, 1979.
MEYER, Augusto. *No tempo da flor.* Rio de Janeiro: O Cruzeiro, 1966.
MIGUEL-PEREIRA, Lúcia. *Prosa de ficção:* 1870-1920. Rio de Janeiro/Brasília: José Olympio/Instituto Nacional do Livro, 1973.
MINISTÉRIO DE EDUCAÇÃO E SAÚDE. *Exposição Machado de Assis.* Centenário do nascimento. 1839-1939. Rio de Janeiro: Ministério de Educação e Saúde, 1939.
MOACYR, Primitivo. *A instrução e as Províncias.* (Subsídios para a história da educação no Brasil). 1835-1889. São Paulo: Nacional, 1939. 3v.
______. *A instrução e o Império:* Subsídios para a história da educação no Brasil. São Paulo: Nacional, 1936.

MOACYR, Primitivo. *A instrução primária e secundária no Município da Corte na Regência e na Maioridade*. Separada dos Anais do Terceiro Congresso de História Nacional. Rio de Janeiro: Imprensa Nacional, 1942.

MORAES, Rubens Borba de. A Impressão Régia do Rio de Janeiro: origens e produção. In: CAMARGO, Ana Maria de Almeida; MORAES, Rubens Borba de. *Bibliografia da Impressão Régia do Rio de Janeiro*. São Paulo: Edusp/Kosmos, 1993. v.1.

MORAES, Vinícius de. O operário em construção. In: *Vinícius de Moraes*. São Paulo: Abril Educação, 1980.

MORAIS Filho, Alexandre José de Melo. *Factos e memórias*. Rio de Janeiro: Garnier, 1904.

MORLEY, Helena. *Minha vida de menina*. Rio de Janeiro: Livraria José Olympio, 1968.

MOTTIN, Antônio J. S. et al. *O ensino universitário e as fontes da Revolução Farroupilha*. Porto Alegre: Subcomissão de Publicações e Concursos/Sesquicentenário da Revolução Farroupilha/Corag, 1985.

NUNES, Cassiano (Org.). *Monteiro Lobato vivo*. Rio de Janeiro: MPM Propaganda/Record, 1986.

O ESTADO DE S. PAULO, 12 abr. 1921.

O LIVRO DE ENOCH. Trad. Márcio Pugliesi; Norberto de Paula Lima. São Paulo: Hemus, 1982.

OLIVEIRA, Manuel Botelho de. *Música do Parnaso*. Rio de Janeiro: Instituto Nacional do Livro, 1953.

OLIVEIRA, Virgílio Cardoso. *A Pátria brasileira:* Leitura escolar ilustrada com 260 gravuras. Bruxelas: Estabelecimento Tipolitográfico Constant Gouweloos & C., 1903.

OS EDITORES. A quem ler. In: SILVA, J. M. Pereira da. *Parnaso brasileiro, ou Seleção de poesias dos melhores poetas brasileiros desde o descobrimento do Brasil*. Rio de Janeiro: Eduardo e Henrique Laemmert, 1843.

PEIXOTO, Afrânio. *A esfinge*. 5.ed. Rio de Janeiro: Francisco Alves, 1923.

______. *Uma mulher como as outras*. 3.ed. São Paulo: Nacional, 1940.

PEREIRA, Lúcia Miguel. *A vida de Gonçalves Dias*. Rio de Janeiro: José Olympio, 1943.

PINHEIRO, Joaquim Caetano Fernandes. *Episódios da história pátria contados à infância*. 3.ed. Rio de Janeiro: Garnier, 1864.

POMPEIA, Raul. *O Ateneu*. In: ______. *Obras*. Org. e notas Afrânio Coutinho. Rio de Janeiro/Brasília: Civilização Brasileira/Oficina Literária Afrânio Coutinho/Fename, 1981. V.2.

PORTO ALEGRE, Aquiles. *Através do passado:* Crônica e história. Porto Alegre: Oficinas Gráficas da Livraria do Globo, 1920.

PORTO ALEGRE; MAGALHÃES, Gonçalves de. *Cartas a Monte Alverne*. São Paulo: Conselho Estadual de Cultura, 1964.

POSSATO, Maria Carmem Guimarães. *O narratário em* Memórias de um sargento de milícias. São José do Rio Preto: Instituto de Biociências, Letras e Ciências Exatas, Unesp, 1991. (Dissertação de mestrado).

POSTER, Mark. *Teoria crítica da família*. Rio de Janeiro: Zahar, 1979.

QUEIRÓS, Eça de. *O primo Basílio*. Episódio doméstico. Lisboa: Livros do Brasil, [s.d.]

QUEIROZ, Rachel de. *O quinze*. 22.ed. Rio de Janeiro: José Olympio, 1977.

QUINTANA, Mario. *A vaca e o hipogrifo*. Porto Alegre: Garatuja, 1977.

RABINOWICS, Peter J. *Before Reading:* Narrative Conventions and the Politics of Interpretation. Ithaca/Londres: Cornell University Press, 1987.

RAMOS, Graciliano. *Cartas*. 8.ed. São Paulo: Record, 2011.

______. *Infância*. 7.ed. São Paulo: Martins, 1969.

______. *São Bernardo*. 17.ed. São Paulo: Martins, 1972.

RAMOS, Vítor. *A edição de lingua portuguesa em França* 1800-1850. Paris: Fundação Calouste Gulbenkian, 1972.

REGO, José Lins do. *Doidinho*. 25.ed. Rio de Janeiro: Nova Fronteira, 1984.

______. *Meus verdes anos*. (Memórias). 2.ed. Rio de Janeiro: José Olympio, 1957.

RENAULT, Delso. *A vida brasileira no final do século XIX:* Visão sociocultural e política de 1890 a 1901. Rio de Janeiro/Brasília: José Olympio/Instituto Nacional do Livro, 1986.

______. *O dia-a-dia no Rio de Janeiro segundo os jornais* (1870-1889). Rio de Janeiro/ Brasília: Civilização Brasileira/Instituto Nacional do Livro, 1988.

______. *O Rio antigo nos anúncios de jornais* 1808-1850. Rio de Janeiro: José Olympio, 1969.

______. *Rio de Janeiro: a vida da cidade refletida nos jornais* (1850-1870). Rio de Janeiro/ Brasília: Civilização Brasileira/Instituto Nacional do Livro, 1978.

REVISTA BRASILEIRA I: p.5, 1879.

REVISTA TRIMESTRAL do Instituto Histórico e Geográfico do Brasil. Tomo 10: p.547-8, 4º trim. 1848.

REVISTA TRIMESTRAL. Rio de Janeiro: Instituto Histórico e Geográfico Brasileiro, 47, Parte I: p.167-8, 1884.

REVISTA TRIMESTRAL. Rio de Janeiro: Instituto Histórico e Geográfico do Brasil. Tomo 9: p.420-2, 3º trim. 1847.

RIBEIRO, João. *Crítica*. Rio de Janeiro: Academia Brasileira de Letras, 1959. V.III.

RIBEIRO, Santiago Nunes. Parnaso Brasileiro. *Minerva Brasiliense*. Ano I, n.2, 15 nov. 1845.

RIBEYROLLES, Charles. *Brasil pitoresco:* História – Descrições – Viagens – Instituições – Colonização. Rio de Janeiro: Tipografia Nacional, 1869. Tomo II.

RICHTER, Dieter; MERKEL, Johannes. *Märchen, Phantasie und soziales Leben*. Berlim: Basis Verlag, 1974.

RIO, João do. *O momento literário*. Rio de Janeiro/Paris: Garnier, 1905.

RIZZINI, Carlos. *O livro, o jornal e a tipografia no Brasil 1500-1822*. Com um breve estudo geral sobre a informação. Rio de Janeiro/São Paulo/Porto Alegre: Livraria Kosmos Editora, 1945.

RODRIGUES, A. Gonçalves. *A novelística estrangeira em versão portuguesa no período pré--romântico*. Coimbra: Biblioteca da Universidade, 1951.

RÖHRICH, Lutz. *Märchen und Wirklichkeit*. Wiesbaden: Franz Steiner Verlag, 1974.

ROLOFF, Volker. Von der Leserpsychologie des Fin de Siècle zum Lectüreroman. Zur Thematizierung der Lektüre bei Autoren der Jahrhundertwende. In: SCHLIEBEN-LANGE, Brigitte (org.). *Lesen:* historisch. Zeitschrift für Literaturwissenchaft und Linguistik. Göttingen: Vandenhoek und Ruprecht, 1985. V.57-58.

ROMERO, Sílvio. *Estudos de literatura contemporânea:* Páginas de crítica. Rio de Janeiro: Tipografia Universal de Laemmert & C., 1885.

SANTOS, Luiz Gonçalves dos. *Memórias para servir à história do Reino do Brasil*. Pref. e notas Noronha Santos. Rio de Janeiro: Zélio Valverde, 1943.

SCHENDA, Rudolf. *Die Lesestoffe der kleinen Leute:* Studien zur populären Literatur im 19. und 20. Jahrhundert. München: Beck, 1976.

______. *Volk ohne Buch*. Studien zur Sozialgeschichte der populären Lesestoffe. München: DTV, 1977.

SCHLIEBEN-LANGE, Brigitte (org.). *Lesen:* historisch. Zeitschift für Literaturwissenschaft und Linguistik. Göttingen: Vandenheoek und Ruprecht, 1985. V.57-58.

SCHÜLER, Donaldo. *Eros*: dialética e retórica. São Paulo: Edusp, 1992.

SENNA, Ernesto. *O velho comércio do Rio de Janeiro*. Rio de Janeiro: Garnier, 1910.

SERRA, Tania Rebelo Costa. *Joaquim Manuel de Macedo ou Os dois Macedos*. Rio de Janeiro: Fundação Biblioteca Nacional, 1994.

SETÚBAL, Paulo. *Alma cabocla*. São Paulo: Livraria Carlos Pereira Editora, 1923.

SHORTER, Edward. *The Making of the Modern Family*. Glasgow: Fontana-Collins, 1979.

SILVA, Eduardo (Org.). *Ideias políticas de Quintino Bocaiúva:* Cronologia, introdução, notas bibliográficas e textos selecionados. Brasília/Rio de Janeiro: Senado Federal/Fundação Casa de Rui Barbosa, 1986. V.I.

SILVA, J. J. da. Duas palavras. In: IRIEMA [Apolinário Porto Alegre]. *Paisagens*. Porto Alegre: Imprensa Literária, 1875.

SILVA, J. M. Pereira da. *História da fundação do Império Brasileiro*. 2.ed., revista, correta e acrescentada. Rio de Janeiro/Paris: B. L. Garnier, Editor/E. Belhatte, Livreiro, 1877. Tomo I.

______. *Variedades literárias*. Rio de Janeiro: Garnier, 1862.

SILVA, João Romão da. *Plano do Real Colégio de Nossa Senhora e São Caetano*. Rio de Janeiro: Impressão Régia, 1816.

SILVA, Manuel Antônio da. *Notícia de catálogo de livros*. Rio de Janeiro: Impressão Régia, 1811.

SILVA, Maria Beatriz Nizza da. *Cultura e sociedade no Rio de Janeiro* (1808-1821). 2.ed. São Paulo: Nacional, 1978.

______. Livro e sociedade no Rio de Janeiro (1808-1821). *Revista de História*. XLVI: p.94. Ano XXIV. São Paulo: abr.-jun. 1973.

______. Transmissão, conservação e difusão da cultura no Rio de Janeiro (1808-1821). *Revista de História*. XLVII: p.97. Ano XXV. São Paulo: jan.-mar. 1974.

SINZIG, Frei Pedro. *Através dos romances*: guia para as consciências. Petrópolis: Vozes, 1915.

SODRÉ, Nelson Werneck. *História da imprensa no Brasil*. 2.ed. Rio de Janeiro: Graal, 1977.

______. *Memórias de um escritor*: formação. Rio de Janeiro: Civilização Brasileira, 1970.

SOUSA, Cruz e. *Poesia completa*. Florianópolis: Fundação Catarinense de Cultura, 1981.

SOUSA, J. Galante de. *Machado de Assis e outros estudos*. Rio de Janeiro/Brasília: Cátedra/Instituto Nacional do Livro, 1979.

SOUSA, Octávio Tarquínio de. *Evaristo da Veiga*. Belo Horizonte/São Paulo: Itatiaia/Edusp, 1988.

SPIX, Johann Baptist von; MARTIUS, Carl F. Philip von. *Viagem pelo Brasil*. 1817-1820. Trad. Lúcia Furquim Lahmeyer. Rev. B. F. Ramiz Galvão; Basílio Magalhães. 2.ed. São Paulo: Melhoramentos, [s.d.].

STEIN, Ingrid. *Figuras femininas em Machado de Assis*. Rio de Janeiro: Paz e Terra, 1984.

STEINBERG, S. H. *Five Hundred Years of Printing*. Londres: Penguin, 1979.

STONE, Lawrence. *The Family, Sex and Marriage in England 1550-1800*. Londres: Pelican, 1979.

TÁCITO, Hilário [Toledo Malta]. *Madame Pommery*. Intr., estabelecimento de texto e notas Júlio Castañon Guimarães. 4.ed. Campinas/Rio de Janeiro: Edunicamp/Fundação Casa de Rui Barbosa, 1992.

TANURI, Leonor Maria. *O ensino normal no Estado de São Paulo* 1890-1930. São Paulo: Faculdade de Educação da Universidade de São Paulo, 1994.

TAUNAY, Visconde de. *Inocência*. 31.ed. São Paulo: Melhoramentos, 1992.

______. *Memórias*. São Paulo: Instituto Progresso Editorial, 1948.

TOBIAS, José Antônio. *História da educação brasileira*. 3.ed. São Paulo: Ibrasa, 1986.

VARNHAGEN, Francisco Adolfo. *Correspondência ativa*. Coligida e anotada por Clado Ribeiro de Lessa. Rio de Janeiro: Instituto Nacional do Livro, 1961.

VAZ, Léo. *O professor Jeremias*. 4.ed. São Paulo: Monteiro Lobato & C., 1921.

VERISSIMO, Erico. *Solo de Clarineta:* Memórias. 5.ed. Porto Alegre: Globo, 1974. V.1.

______. *Um certo Henrique Bertaso*. Porto Alegre: Globo, 1973.

VERÍSSIMO, José. *A educação nacional*. 2.ed. aumentada. Rio de Janeiro: Francisco Alves, 1906.

______. *A educação nacional*. 3.ed. Porto Alegre: Mercado Aberto, 1985.

______. *Estudos de literatura brasileira:* 3ª série. Belo Horizonte/São Paulo: Itatiaia/Edusp, 1977.

______. Leitura e livros. *Caderno de Leitura* nº 4. São Paulo: Edusp, 1993.

VERNE, E. Literacy and Industrialization – the Dispossesseion of Speech. In: BATAILLE, Léon (ed.). *A Turning Point for Literacy:* Proceedings of the Internacional Symposium for Literacy. Oxford: Pergamon Press, 1975.

VERNEY, Luís António. *Verdadeiro método de estudar*. Org. António Salgado Júnior. Lisboa: Sá da Costa, 1950. 7v.

VIANNA, Antônio Manuel Couto. *João de Deus e um século de literatura infantil em Portugal*. Campo Livre: Edição do Templo, 1976.

WALSH, Robert. *Notícias do Brasil*. Trad. Regina Regis Junqueira. Belo Horizonte/São Paulo: Itatiaia/Edusp, 1985.

WERNECK, Maria Helena Vicente. *Mestra entre agulhas e amores – a leitora do século XIX na literatura de Machado e Alencar*. Rio de Janeiro: Pontifícia Universidade Católica do Rio de Janeiro, 1985. (mimeo).

WOODMANNSEE, Marta; JASCI, Peter. *The Construction of Authorship:* Textual Appropriation in Law and Literature. Durham/Londres: Duke University Press, 1994.

WUTHEROW, Ralph-Rainer. *Im Buch die Bücher oder Der Held als Leser*. Frankfurt: Europäische Verlaganstalt, 1980.

ZALUAR, Augusto Emílio. *Peregrinação pela Província de São Paulo* (1860-1861). Belo Horizonte/São Paulo: Itatiaia/Edusp, 1975.

ZILBERMAN, Regina. *A leitura e o ensino da literatura*. São Paulo: Contexto, 1988.

______. *Brás Cubas autor Machado de Assis leitor*. Ponta Grossa: Ed. da UEPG, 2012.

______. De leitor para leitores: políticas públicas e programas de incentivo à leitura. In: ABREU, Márcia (org.). *Leituras no Brasil*. Antologia Comemorativa pelo 10º COLE. Campinas: ALB/Mercado de Letras, 1995.

______. *Estética da recepção e história da literatura*. 3.ed. Porto Alegre: Editora UniRitter, 2015.

ZILBERMAN, Regina. Mário de Andrade, ou como um modernista editava. *Itinerários*. Araraquara: Faculdade de Ciências e Letras, Universidade Estadual Paulista/ Unesp, 7 : p.113-24.

______. *São Bernardo e os processos da comunicação*. Porto Alegre: Instituto Estadual do Livro/Movimento, 1975.

ZMEGAC, Viktor. A história literária como problema. In: BARRENTO, João. *História literária:* Problemas e perspectivas. 2.ed. Lisboa: Apaginastantas, 1986.

SOBRE O LIVRO

Formato: 16 x 23 cm

Mancha: 27,8 x 48 paicas

Tipologia: Venetian 301 12,5/16

Papel: Off-white 80 g/m² (miolo)

Cartão Supremo 250 g/m² (capa)

1ª edição Editora Unesp: 2019

1ª reimpressão: 2023

EQUIPE DE REALIZAÇÃO

Edição de texto

Silvia Massimini Felix (Copidesque)

Tulio Kawata (Revisão)

Capa

Negrito Editorial

Fotos de capa

Acervo Fotográfico do Museu da Cidade de São Paulo

Biblioteca Infantil Municipal Monteiro Lobato Capa:

autor desconhecido, 1946

Quarta capa: foto de Gabriel Zellaui, 1940-1950

Editoração eletrônica

Eduardo Seiji Seki

Assistência editorial

Alberto Bononi

Rettec artes gráficas e editora

Rua Xavier Curado, 388 • Ipiranga - SP • 04210 100
Tel.: (11) 2063 7000
rettec@rettec.com.br • www.rettec.com.br